맛있는 스쿨 ▶ 단과 강좌 할인 쿠폰

인강
할인
이벤트

할인 코드 **jrchina03om**

단과 강좌 할인 쿠폰
20% 할인

할인 쿠폰 사용 안내
1. 맛있는스쿨(cyberjrc.com)에 접속하여 [회원가입] 후 로그인을 합니다.
2. 메뉴中[쿠폰] → 하단[쿠폰 등록하기]에 쿠폰번호 입력 → [등록]을 클릭하면 쿠폰이 등록됩니다.
3. [단과] 수강 신청 후, [온라인 쿠폰 적용하기]를 클릭하여 등록된 쿠폰을 사용하세요.
4. 결제 후, [나의 강의실]에서 수강합니다.

쿠폰 사용 시 유의 사항
1. 본 쿠폰은 맛있는스쿨 단과 강좌 결제 시에만 사용이 가능합니다.
2. 본 쿠폰은 타 쿠폰과 중복 할인이 되지 않습니다.
3. 교재 환불 시 쿠폰 사용이 불가합니다.
4. 쿠폰 발급 후 60일 내로 사용이 가능합니다.
5. 본 쿠폰의 할인 코드는 1회만 사용이 가능합니다.
*쿠폰 사용 문의 : 카카오톡 채널 @맛있는스쿨

맛있는 톡 ◎ 할인 쿠폰

전화 화상
할인
이벤트

할인 코드 **jrcphone2qsj**

전화&화상 외국어 할인 쿠폰
10,000원

할인 쿠폰 사용 안내
1. 맛있는톡 전화&화상 중국어(phonejrc.com), 영어(eng.phonejrc.com)에 접속하여 [회원가입] 후 로그인을 합니다.
2. 메뉴中[쿠폰] → 하단[쿠폰 등록하기]에 쿠폰번호 입력 → [등록]을 클릭하면 쿠폰이 등록됩니다.
3. 전화&화상 외국어 수강 신청 시 [온라인 쿠폰 적용하기]를 클릭하여 등록된 쿠폰을 사용하세요.

쿠폰 사용 시 유의 사항
1. 본 쿠폰은 전화&화상 외국어 결제 시에만 사용이 가능합니다.
2. 본 쿠폰은 타 쿠폰과 중복 할인이 되지 않습니다.
3. 교재 환불 시 쿠폰 사용이 불가합니다.
4. 쿠폰 발급 후 60일 내로 사용이 가능합니다.
5. 본 쿠폰의 할인 코드는 1회만 사용이 가능합니다.
*쿠폰 사용 문의 : 카카오톡 채널 @맛있는스쿨

맛있는 일본어 상용한자 1026

문선희 저

맛있는 books

| 초판 1쇄 발행 | 2023년 6월 30일 |
| 초판 2쇄 발행 | 2024년 12월 15일 |

저자	문선희
발행인	김효정
발행처	맛있는books
등록번호	제2006-000273호

주소	서울시 서초구 명달로 54 JRC빌딩 7층
전화	구입문의 02·567·3861 l 02·567·3837
	내용문의 02·567·3860
팩스	02·567·2471
홈페이지	www.booksJRC.com

| ISBN | 979-11-6148-074-9 13730 |
| 정가 | 18,500원 |

머리말

지금까지 일본어 교육 현장에서 강의하면서 일본어 입문 시리즈, 일상 회화 및 일본 여행지에서 사용할 수 있는 회화, 현장에서 바로 사용할 수 있는 서비스 일본어 등 다양한 교재를 집필했습니다. 시대가 변화를 거듭하면서 예전보다 미디어, 모바일 등 다양한 매체를 통한 어학 공부 훈련법도 다양해지고 있고, 학습자 역시 원하는 내용을 실용적으로 학습할 수 있도록 쉽고 재미있게 공부하는 것을 더 선호하는 추세입니다.

입문, 회화, 시험 대비 교재 등 일본어 학습에서 공통적인 과제가 되고 있는 건 역시 한자 공부라고 할 수 있습니다. 우리나라에서 쓰는 한자 중에 일본 한자와 같거나 비슷한 한자들이 많이 있어서 어렵지 않을 것 같아도 의외로 한자를 잘 모르고 한자 공부를 어려워하는 학습자들이 꽤 많습니다. 게다가 일본 한자는 음독과 훈독으로 구분하여 각각의 발음을 익혀야 하기 때문에 학습자들이 더 어렵게 느끼는 게 사실입니다.

『맛있는 일본어 상용한자 1026』은 일본 초등학교 1학년부터 6학년까지의 한자 1026개를 30일 완성으로 한자를 주제별로 분류하였습니다. 또 한자의 구성과 부수를 고려하여 이해하기 쉽게 설명하고 스토리텔링 연상 학습이 가능하도록 재미있게 구성하였습니다.

학습할 한자의 음독과 훈독 중 많이 쓰이는 발음으로 연상할 수 있게 최대한 표현하여 한자와 발음을 암기하는 데 효과적이며, 단어와 예문 역시 주제별로 실생활에서 활용도가 높은 문장을 선별하였기에 회화 학습에도 도움이 됩니다.

DAY별 첫 페이지에 일부 한자의 연상법을 일러스트로 표현하여 학습의 부담감을 줄이고 흥미롭게 한자를 익히도록 구성하였고, 음원 QR코드와 단어 복습 퀴즈, JLPT 문제 등으로 학습한 단어와 예문을 복습하여 한자 암기와 JLPT 시험 대비가 동시에 가능하도록 하였습니다. 또한 휴대용 암기장과 부록으로 제공되는 JLPT 한자 읽기 문제로 실전에 중요한 단어를 점검할 수 있습니다.

마지막으로 좋은 교재가 나오기까지 수고해 주신 맛있는북스 김효정 대표님과 출판 관계자 분들, 이 책이 완성되기까지 많은 격려와 도움을 아끼지 않으신 김성국 선생님, 김의옥 선생님과 감수를 맡아 주신 오노야마 하루카 선생님, 아키야마 야스코 선생님과 문정희 학생, 김세민 학생을 비롯한 사랑하는 학생들과 가족, 오랜 지인들에게 감사의 마음을 전하고 싶습니다.

저자 **문선희**

차례&학습 플랜

이 책의 구성

『**맛있는 일본어 상용한자 1026**』은 일본 문부과학성이 지정한 상용한자 중에서 일본의 초등학생이 반드시 학습해야 하는 **교육 한자 1026개**를 주제별로 **분류**하여 구성했습니다.

- **상용한자**: 총 2136자로 일본 문부과학성이 법령이나 공용 문서, 신문, 잡지, 방송 등 일반 사회 생활에서 사용하기를 권장하는 한자입니다.
- 초등학생 **교육 한자**는 총 1026자로, **1학년 80자, 2학년 160자, 3학년 200자, 4학년 202자, 5학년 193자, 6학년 191자**입니다. 나머지 상용한자 1110자는 중학교 이후에 배우는 한자입니다.

오늘의 한자 주제 ——

흥미 있는 삽화와 함께
주요 한자의 연상법을
재미있게 익힐 수 있어요.

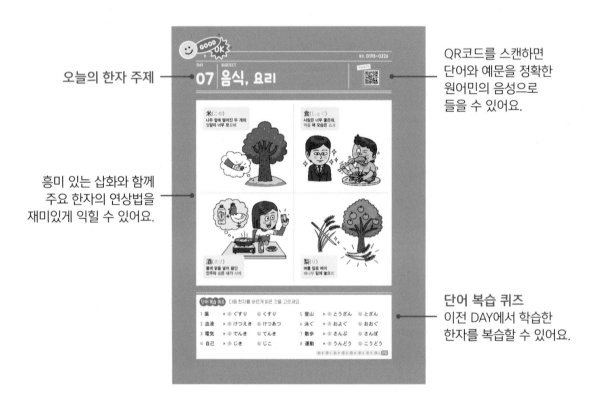

QR코드를 스캔하면
단어와 예문을 정확한
원어민의 음성으로
들을 수 있어요.

단어 복습 퀴즈
이전 DAY에서 학습한
한자를 복습할 수 있어요.

♦ 확인 테스트&도전! JLPT

2일치 한자를 학습한 후에는 확인 테스트와
JLPT 유형의 문제를 풀며 자신의 실력을 체크해요.

♦ JLPT 한자 읽기 문제

30일 학습 후에 JLPT 한자 문제를 풀며
확실하게 마무리해요.

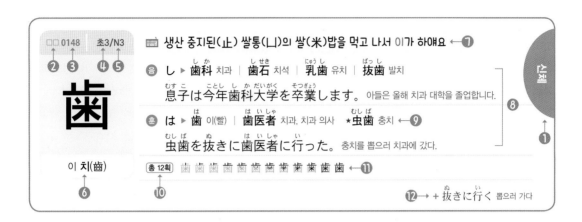

□□ 0148　초3/N3

🀫 생산 중지된(止) 쌀통(ㄴ)의 쌀(米)밥을 먹고 나서 이가 하얘요 ←❼

歯

이 치(歯)

음 し ▶ 歯科 치과 | 歯石 치석 | 乳歯 유치 | 抜歯 발치

息子は今年歯科大学を卒業します。 아들은 올해 치과 대학을 졸업합니다.

훈 は ▶ 歯 이(빨) | 歯医者 치과, 치과 의사 | ★虫歯 충치 ←❾

虫歯を抜きに歯医者に行った。 충치를 뽑으러 치과에 갔다.

총 12획 歯歯歯歯歯歯歯歯歯歯歯歯 ←⓫

신체

⓬→ + 抜きに行く 뽑으러 가다

❶ **인덱스**: 한자 주제를 쉽게 찾을 수 있습니다.

❷ **체크 박스**: 외우기 어려운 한자에 표시해 두었다가 복습할 때 활용해 보세요.

❸ **한자 번호**: 학습할 한자를 1~1026으로 표기했습니다.

❹ **초등학교 학년**: 초등학생 교육 한자를 학년별로 초1~초6으로 표기했습니다.

❺ **JLPT 급수**: N5~N1까지 JLPT에 해당하는 급수를 표기했습니다.

❻ 우리말 음훈과 함께 우리나라에서 쓰는 한자와 다른 경우에는 별도로 제시해 놓았습니다.

❼ **연상법**: 스토리텔링 연상법으로 한자를 재미있게 익힐 수 있습니다.

❽ 자주 쓰이는 음독과 훈독의 대표 단어와 함께 예문을 익힐 수 있습니다. 음은 음독, 훈은 훈독을 나타냅니다.

❾ 특별하게 읽거나 주의해야 하는 단어는 ★로 표시했습니다.

❿ **총획**: 한자의 총획을 표시했습니다.

⓫ **획순**: 한자를 바르게 쓸 수 있도록 획순을 제시했습니다.(일본 한자의 획순은 우리와 다른 경우도 있습니다.)

⓬ **참고 단어**: 예문을 이해하기 쉽도록 참고 단어를 제시했습니다.

✦ 학년별 한자표

초등학교 학년별 한자를 한눈에 알아보기 쉽게 정리해 놓았습니다.

✦ 휴대용 암기장(별책)

각 DAY에서 학습한 한자를 대표적인 음독, 훈독과 함께 수록해 놓았습니다. 가볍게 들고 다니면서 익혀 보세요.

✦ MP3 파일

맛있는북스 홈페이지에서 MP3 파일을 다운로드할 수 있습니다.

알기 쉬운 일본어 한자

일본어는 히라가나(ひらがな), 가타카나(カタカナ), 한자(漢字) 이 세 가지 문자를 사용해 표기합니다.
히라가나는 일본어를 표기하는 가장 기본적인 문자로 주로 조사, 조동사, 활용어미 등과 같은 문법적인 어휘나 한자가 없는 일본 고유어를 표기할 때 사용합니다. **가타카나**는 외래어나 의성어, 의태어, 강조하고 싶은 표현을 나타낼 때 사용합니다. **한자**는 한자어나 어구의 실질적인 의미를 나타낼 때 사용합니다.

1 일본어 한자를 읽는 법, 음독(音読み)과 훈독(訓読み)

우리나라에서는 한자를 음으로만 읽지만, 일본에서는 음으로 읽는 음독과 뜻으로 읽는 훈독 두 가지 방법으로 한자를 읽습니다. **음독**은 중국어 한자의 발음으로 읽는 것이고, **훈독**은 일본어 고유의 발음으로 읽는 것입니다. 일본어 한자는 음독과 훈독이 다양하며 읽는 방법에 따라 의미가 달라지므로 단어마다 읽는 법을 잘 알아야 합니다.

水 물 수
음독 すい
훈독 みず

下 아래 하
음독 か, げ
훈독 さ(がる), さ(げる), くだ(る), お(りる), お(ろす), した, しも, もと

2 한자의 뜻을 구분해 주는 오쿠리가나(送り仮名)

오쿠리가나란 일본어를 한자로 표기할 때 뜻을 명확히 구분하기 위해 활용하는 어미를 한자 뒤로 빼서 히라가나로 표기하는 것을 말합니다. 오쿠리가나는 기본적으로 훈독으로 읽는 동사, い형용사, な형용사, 일부 부사에 있는데, 아래 예시 단어에서 밑줄 친 부분이 오쿠리가나입니다.

동사	生きる 살다　生まれる 태어나다 ｜ 起きる 일어나다　起こす 깨우다, 일으키다
い형용사	苦しい 괴롭다　苦い (맛이) 쓰다 ｜ 貴い 존귀하다　貴い 소중하다
な형용사	幸いだ 다행스럽다　幸せだ 행복하다
부사	全て 전부, 모두　全く 전혀

*명사는 원칙적으로는 오쿠리가나를 붙이지 않으나 二つ(두 개), 祭り(축제), 後ろ(뒤, 후) 같은 예외가 있습니다.
**본책에서는 훈독의 예시에서 오쿠리가나를 괄호로 표시했습니다.

❸ 일본어 발음의 변화

일본어 한자는 앞이나 뒤에 오는 다른 한자의 발음에 따라 발음이 변하는 경우가 있습니다.

❶ 연탁(連濁) 현상

뒤 한자의 첫 번째 음이 청음에서 탁음으로 변하는 것을 말합니다.

> 예 手(て) + 紙(かみ) → 手紙(てがみ) 편지

❷ 반탁(半濁) 현상

앞 한자의 마지막이 つ나 ん으로 끝나고 뒤 한자의 발음이 は행으로 시작할 때 뒤의 は행이 ぱ행으로 변하는 것을 말합니다.

> 예 失(しつ) + 敗(はい) → 失敗(しっぱい)* 실패   *이 경우에는 촉음화 현상이 함께 나타납니다.
> 散(さん) + 歩(ほ) → 散歩(さんぽ) 산책

❸ 촉음화(促音化)

앞 한자의 음이 뒤 한자의 음의 영향을 받아 촉음으로 변하는 것을 말합니다.

- き, く + か행
- ち, つ + か행, さ행, た행
- ち, つ + は행

> 예 学(がく) + 校(こう) → 学校(がっこう) 학교
> 예 雑(ざつ) + 誌(し) → 雑誌(ざっし) 잡지
> 예 八(はち) + 百(ひゃく) → 八百(はっぴゃく)* 팔백(800)

*이 경우에는 반탁 현상이 함께 나타납니다.

❹ 연성(連声) 현상

앞 한자의 마지막이 ん, ち, つ로 끝나고 뒤 한자의 발음이 あ행, や행, わ행으로 시작할 때 뒤의 あ행, や행, わ행이 ま행, な행, た행으로 변하는 것을 말합니다.

> 예 因(いん) + 縁(えん) → 因縁(いんねん) 인연
> 反(はん) + 応(おう) → 反応(はんのう) 반응

DAY | SUBJECT
01 | 때, 순서

어느 봄날 하루 春(はる)

24

夜(や)
밤엔 심야 영화

朝(ちょう)
어느새 아침이 되었죠

予(よ)
그날 할 일은 미리 해요

18

6

時(じ)
이제 다시 일할 때지

午(ご)
낮에 일하고

12

□□ 0001 　초1/N5

⌨ 세일 첫째 날 2단 서랍장(日)이 빅히트

日

날 일

음 にち, じつ ▶ 一日 하루 ｜ 毎日 매일 ｜ 当日 당일 ｜ 平日 평일 ｜ 本日 오늘

★今日·今日 오늘 ｜ ★一日 1일, 초하루

よい一日を。 좋은 하루 보내세요.

훈 ひ, か ▶ 朝日 아침 해 ｜ 日曜日 일요일 ｜ 日帰り 당일치기 ｜ ★二十日 20일

日曜日に日帰りで遊びに行きましょう。 일요일에 당일치기로 놀러 갑시다.

〔총 4획〕 日 日 日 日

□□ 0002 　초1/N5

⌨ 멀리(冂) 보이는 2(二)월의 달

月

달 월

음 げつ, がつ ▶ 月曜日 월요일 ｜ 来月 다음 달 ｜ 五月 5월 ｜ ★生年月日 생년월일

来月の二十日は私の誕生日です。 다음 달 20일은 나의 생일입니다.

훈 つき ▶ 月 달 ｜ 毎月 매달

毎月お小遣いをもらっています。 매달 용돈을 받고 있습니다.

〔총 4획〕 月 月 月 月

+ お小遣い 용돈

□□ 0003 　초1/N5

⌨ 장작 두 개(人) 위의 작은 두 불씨(ㆍㆍ)

火

불 화

음 か ▶ 火曜日 화요일 ｜ 火災 대형 화재 ｜ 火山 화산 ｜ 火事 화재

レストランで火事が起きました。 레스토랑에서 화재가 일어났습니다.

훈 ひ, ほ ▶ 火 불 ｜ 花火 불꽃놀이 ｜ 火影 불빛, 등불

火曜日は花火大会に行こう。 화요일은 불꽃 축제에 가자.

〔총 4획〕 火 火 火 火

+ 行こう 가자[行く의 권유, 의지형]

□□ 0004 　초1/N5

⌨ ㄱ부터 K까지 다양한 회사의 물

水

물 수

음 すい ▶ 水曜日 수요일 ｜ 水泳 수영 ｜ 水族館 수족관 ｜ 香水 향수

水曜日に香水を買いに行きましょう。 수요일에 향수를 사러 갑시다.

훈 みず ▶ 水 물 ｜ 水着 수영복 ｜ 鼻水 콧물

鼻水が出る時、この薬を飲んでください。 콧물이 나올 때, 이 약을 드세요.

〔총 4획〕 水 水 水 水

+ ～に行く ～하러 가다 ｜ 薬を飲む 약을 먹다

□□ 0005 　초1/N5

⌨ 나무 열(十) 그루에 뻗은 양쪽 가지(人)를 치며 키우기

음 もく, ぼく ▶ 木曜日 목요일 | 木材 목재 | 木造 목조 | ★土木 토목

木曜日は何をしますか。 목요일은 무엇을 합니까?

훈 き, こ ▶ 木 나무 | 並木 가로수 | 木の葉 나뭇잎

春には桜並木がきれいです。 봄에는 벚꽃 가로수가 예쁩니다.

나무 목

총 4획　木 木 木 木

□□ 0006 　초1/N5

⌨ 한 사람(人)이 왕(王)이 되어 두(丶丶) 쇠칼로 평정한 킹덤

음 きん, こん ▶ 金曜日 금요일 | 金色 금색 | 金庫 금고 | 税金 세금 | 金色 황금
빛 ★黄金 황금

金曜日に漢字テストがあります。 금요일에 한자 시험이 있습니다.

훈 かね, かな ▶ お金 돈 | お金持ち 부자 | 金槌 망치

毎月お金を貯めています。 매달 돈을 모으고 있습니다.

쇠 금

총 8획　金 金 金 金 金 金 金 金

＋ お金を貯める 돈을 모으다

□□ 0007 　초1/N5

⌨ 하나(一)부터 열(十)까지 모두 흙으로 만든 도자기

음 ど, と ▶ 土曜日 토요일 | 国土 국토 | 土地 토지

土曜日は水泳に行きたいです。 토요일은 수영하러 가고 싶습니다.

훈 つち ▶ 土 흙 | 土屋 토옥

まず、土で形を作ります。 먼저 흙으로 모양을 만듭니다.

흙 토

총 3획　土 土 土

□□ 0008 　초2/N4

⌨ 해(日)에 비친 꿩(翟)의 깃털처럼 빛날 거예요

음 よう ▶ 月曜日 월요일 | 土曜日 토요일 | 何曜日 무슨 요일

バイトは土曜日までします。 아르바이트는 토요일까지 합니다.

今日は何曜日ですか。 오늘은 무슨 요일입니까?

빛날 요

총 18획　曜 曜 曜 曜 曜 曜 曜 曜 曜 曜 曜 曜 曜 曜 曜 曜

＋ バイト 아르바이트

0009 초2/N5

⌨ 늘 사람(⺧)에게 신세 지지 말라는(母) 마이 맘

음 まい ▶ **毎日** 매일 | **毎週** 매주 | **毎月** 매달 | **毎年** 매년 | **毎朝** 매일 아침

毎日電車に乗って会社へ行きます。 매일 전철을 타고 회사에 갑니다.

毎朝公園で散歩をしています。 매일 아침 공원에서 산책을 합니다.

(총 6획) 毎 毎 毎 毎 毎 毎

毎

매양 매(毎)

0010 초2/N4

⌨ 쉬엄쉬엄 가서(辶) 땅을 두루두루(周) 돌았슈

음 しゅう ▶ **週末** 주말 | **先週** 지난주 | **今週** 이번 주 | **来週** 다음 주 | **一週間**
일주일

週末は平日より忙しいです。 주말은 평일보다 바쁩니다.

先週の土曜日は何をしましたか。 지난주 토요일은 무엇을 했습니까?

(총 11획) 週 週 週 週 週 週 週 週 週 週 週

週

돌 주(週)

+ **平日** 평일 | **忙しい** 바쁘다

0011 초2/N5

⌨ 이제 그 사람(人)과 한(一) 테이블(ㄱ)에 누워 먹는 콘

음 こん, きん ▶ **今月** 이번 달 | **今度** 이번 | **今晩** 오늘 밤 | **古今・古今** 고금, 옛날과
지금 ★**今日** 오늘 ★**今年** 올해 ★**今朝** 오늘 아침

妹は今年の九月に留学に行きます。 여동생은 올해 9월에 유학을 갑니다.

훈 いま ▶ **今** 지금

今何をしていますか。 지금 무엇을 하고 있습니까?

(총 4획) 今 今 今 今

今

이제 금

+ 동작성 명사 + **に行く** ~하러 가다

0012 초1/N5

⌨ 사람(⺧)이 열(十) 명에게 허리를 구부리는(一) 해

음 ねん ▶ **年末年始** 연말연시 | **一年生** 1학년 | **新年** 신년 | **来年** 내년

私は来年大学一年生になります。 저는 내년에 대학교 1학년이 됩니다.

훈 とし ▶ **年下** 손아랫사람, 연하 | **毎年** 매년 | **お年玉** 세뱃돈 | **お年寄り** 노인

★**とら年** 호랑이띠 ★**同い年** 동갑

息子はお正月にお年玉をもらった。 아들은 설날에 세뱃돈을 받았다.

(총 6획) 年 年 年 年 年 年

年

해 년

+ 명사 + **になる** ~이(가) 되다

□□ 0013　초1/N5

先

먼저 선

⌨ 먼저 흙(土) 위에 발자국(丿)을 남기고 간 어진 사람(儿)의 생애

음 せん ▶ 先月 지난달 | 先週 지난주 | 先生 선생 | 先輩 선배

先週の金曜日に田中先輩に会った。 지난주 금요일에 다나카 선배를 만났다.

훈 さき ▶ 先に 먼저

お先にどうぞ。 먼저 하세요.

총 6획　先 先 先 先 先 先

+ ～に会う ～을(를) 만나다

□□ 0014　초4/N3

昨

어제 작

⌨ 일요일(日)인 어제 잠깐(乍) 다녀온 사쿠라 축제

음 さく ▶ 昨年 작년 | 昨夜 어젯밤 | ★昨日·昨日 어제 | ★昨今 요즘

昨日は試験の準備で徹夜をしました。 어제는 시험 준비로 밤을 샜습니다.

昨今、彼の演説は世界的に注目を集めている。
요즘 그의 연설은 세계적으로 주목을 받고 있다.

총 9획　昨 昨 昨 昨 昨 昨 昨 昨 昨

+ 徹夜をする 밤새다, 철야하다

□□ 0015　초2/N5

時

때 시

⌨ 일요일(日)과 토(土)요일은 뼈마디(寸)가 아플 때지

음 じ ▶ 時間 시간 | 時刻表 시간표 | 時代 시대 | 当時 당시 | 何時 몇 시

道で学生時代の友達に会いました。 길에서 학창 시절 친구를 만났습니다.

훈 とき ▶ 時 때 | 時々 때때로, 가끔 | 時計 시계

時々朝寝坊をすることもあります。 때때로 늦잠을 자는 일도 있습니다.

총 10획　時 時 時 時 時 時 時 時 時 時

+ 朝寝坊 늦잠

□□ 0016　초2/N4

朝

아침 조

⌨ 열(十) 명이 일찍(早)부터 달(月)을 보다 아침이 되었죠

음 ちょう ▶ 朝刊 조간 | 朝食 조식, 아침 식사 | 早朝 조조

朝食は何時から何時までですか。 조식은 몇 시부터 몇 시까지입니까?

훈 あさ ▶ 朝 아침 | 朝日 아침 해 | 朝ご飯 아침밥 | 朝寝坊 늦잠 | ★今朝 오늘 아침

今朝七時に起きて朝ご飯を食べた。 오늘 아침 7시에 일어나서 아침밥을 먹었다.

총 12획　朝 朝 朝 朝 朝 朝 朝 朝 朝 朝 朝 朝

14

⌨ 자(尺)로 아침(旦)부터 길이를 쟀더니 낮이 되었네

昼

낮 주(晝)

음　ちゅう ▶ 昼食 중식, 점심 ｜ 昼夜 주야

昼食は外で食べましょうか。 점심은 밖에서 먹을까요?

훈　ひる ▶ 昼 점심 ｜ 昼ご飯 점심밥 ｜ 昼休み 점심시간 ｜ 昼寝 낮잠

昼休みは何時までですか。 점심시간은 몇 시까지입니까?

총 9획　昼 昼 昼 昼 昼 昼 昼 昼 昼

⌨ 그 사람(𠂉)은 열십(十)자로 누워 낮잠을 자고

午

낮 오

음　ご ▶ 午前 오전 ｜ 午後 오후 ｜ 正午 정오

会議は午前九時から十一時までです。
회의는 오전 9시부터 11시까지입니다.

午後から晴れるそうです。 오후부터 (날이) 갠다고 합니다.

총 4획　午 午 午 午

⌨ 저녁에 쿠(ク)키에 초콜릿 색 점(ヽ)을 찍어유

夕

저녁 석

음　せき ▶ 朝夕 아침저녁, 자주 ｜ 一朝一夕 일조일석, 하루아침

ダイエットは一朝一夕にはできないことだ。
다이어트는 하루아침에 되지 않는 것이다.

훈　ゆう ▶ 夕ご飯 저녁밥 ｜ 夕食 석식 ｜ 夕方 저녁 무렵 ｜ 夕立 소나기 ｜ 夕日 석양

夕方、家に帰ってすぐに寝てしまった。
저녁 무렵, 집에 돌아와서 바로 자버렸다.

총 3획　夕 ク 夕

⌨ 갓(亠)을 쓴 한 사람(亻)이 저녁(夕)부터 밤까지 야근

夜

밤 야

음　や ▶ 夜景 야경 ｜ 今夜 오늘 밤 ｜ 昨夜 어젯밤 ｜ 深夜 심야 ｜ 徹夜 철야, 밤샘

これは東京の夜景を撮った写真です。 이것은 도쿄의 야경을 찍은 사진입니다.

훈　よる, よ ▶ 夜 밤 ｜ 夜明け 새벽 ｜ 夜中 한밤중 ｜ 月夜 달밤

夜遅くまで残業をして終電に乗った。 밤 늦게까지 야근을 하고 막차를 탔다.

총 8획　夜 夜 夜 夜 夜 夜 夜 夜

＋ 終電 마지막 전철

□□ 0021　초2/N4

⌨ 두(二) 개의 큰(大) 나무 아래에서 힐링하는 봄날(日)의 하루

春

봄 춘

음 しゅん ▶ 青春 청춘 ｜ 春夏秋冬 춘하추동 ｜ 春分 춘분 ｜ 立春 입춘

「春」という青春ドラマは10時からです。
「봄」이라는 청춘 드라마는 10시부터입니다.

훈 はる ▶ 春 봄 ｜ 春先 초봄 ｜ 春雨 봄비

今春雨が降っています。 지금 봄비가 내리고 있습니다.

총 9획 春春春春春春春春春

□□ 0022　초2/N4

⌨ 여름에 왜 머리(百)를 다쳐 뒤처져 온(夊) 걸까

夏

여름 하

음 か, げ ▶ 夏季 하계 ｜ 夏期 하기 ｜ 初夏 초여름 ｜ 夏至 하지

夏期休暇はいつ始まりますか。 여름휴가는 언제 시작됩니까?

훈 なつ ▶ 夏 여름 ｜ 夏バテ 더위 먹음 ｜ 夏休み 여름방학 ｜ 夏服 하복 ｜ 真夏 한여름

森の中は真夏でも涼しいですね。 숲속은 한여름이어도 시원하네요.

총 10획 夏夏夏夏夏夏夏夏夏夏

+ 始まる 시작되다

□□ 0023　초2/N4

⌨ 가을날, 벼(禾)를 수확한 화(火)요일에 들려 오는 악기 소리

秋

가을 추

음 しゅう ▶ 秋季 추계 ｜ 秋気 가을 공기 ｜ 秋分 추분 ｜ 中秋 중추, 추석 ｜ 立秋 입추

秋季運動会は来週からです。 추계 운동회는 다음 주부터입니다.

훈 あき ▶ 秋 가을 ｜ 秋雨 가을비 ｜ 秋風 가을 바람 ｜ 秋晴れ 쾌청한 가을 날씨

秋になると涼しくなります。 가을이 되면 시원해집니다.

총 9획 秋秋秋秋秋秋秋秋秋

+ 명사 + になると ~이(가) 되면 ｜ 涼しくなる 시원해지다

□□ 0024　초2/N4

⌨ 겨울에 뒤처져 온(夊) 두 얼음(冫) 썰매 위에서 먹는 낫토

冬

겨울 동

음 とう ▶ 冬季 동계 ｜ 冬至 동지 ｜ 冬眠 동면

冬季オリンピックの開幕日はいつですか。 동계올림픽 개막일은 언제입니까?

훈 ふゆ ▶ 冬 겨울 ｜ 冬休み 겨울방학 ｜ 冬服 동복 ｜ 真冬 한겨울

冬休みはスキーに行く予定です。 겨울방학은 스키 타러 갈 예정입니다.

총 5획 冬冬冬冬冬

□□ 0025　초5/N2

⌨ 옛날엔 매달 1(ㅣ)일(日)에 한 아이큐 테스트

旧

옛 구(舊)

음 きゅう ▶ **旧式** 구식 | **旧暦** 음력 | **新旧** 신구 | **復旧** 복구

旧暦のお正月はいつからですか。 음력설은 언제부터입니까?

先週から道路の復旧作業が続いています。
지난주부터 도로 복구 작업이 계속되고 있습니다.

총 5획 旧 旧 旧 旧 旧

+ 続く 계속되다

□□ 0026　초3/N3

⌨ 옛 울타리(艹) 밑에서 매일(日) 울고 있는 새끼 양

昔

옛 석

음 せき, しゃく ▶ **昔日** 옛날 | **往昔** 오랜 옛날 | ★**今昔** 지금과 옛날

『今昔物語』はどんな内容ですか。 『곤자쿠모노가타리』는 어떤 내용입니까?

훈 むかし ▶ **昔** 옛날 | **昔話** 옛날이야기

昔、ここは工場でした。 옛날에 여기는 공장이었습니다.

총 8획 昔 昔 昔 昔 昔 昔 昔 昔

+ 今昔物語 일본의 설화(집)

□□ 0027　초3/N3

⌨ 가타카나 マ와 고무래정 丁은 미리 외우세요

予

미리 예(豫)

음 よ ▶ **予算** 예산 | **予習** 예습 | **予想** 예상 | **予定** 예정 | **予約** 예약 | ★**予め** 미리

明日は子供と水族館に行く予定です。 내일은 아이와 수족관에 갈 예정입니다.

資料を予め準備しておきました。 자료를 미리 준비해 두었습니다.

총 4획 予 予 予 予

+ ～ておく ~해 두다

□□ 0028　초5/N2

⌨ 7개의 장작(乀)을 오랜 시간 피워 완성한 바베큐

久

오랠 구

음 きゅう, く ▶ **永久** 영구 | **持久** 지구[오래 버티어 냄] | **耐久** 내구 | **久遠** 구원

このボタンを押すと永久に削除されます。
이 버튼을 누르면 영구히 삭제됩니다.

훈 ひさ(しい) ▶ **久しい** 오랜만이다 | **久しぶり** 오랜만 | **久々** 오랜만

久しぶりに弟とサウナに行ってきました。
오랜만에 남동생과 사우나에 갔다 왔습니다.

총 3획 久 久 久

+ ボタンを押す 버튼을 누르다 | 削除される 삭제되다 | サウナ 사우나

때/순서

⌨ 침(冫) 튀기며 하품하는(欠) 그에 버금가는 사람이지

次

음 じ, し ▶ 次回 다음 번 | 次長 차장 | 目次 목차 | 次第 순서, ~하는 대로

木村次長は今会議室にいます。 기무라 차장은 지금 회의실에 있습니다.

훈 つぎ, つ(ぐ) ▶ 次 다음 | 次ぐ 잇따르다

次の方、どうぞ。 다음 분 들어오세요.

버금 차

총 6획 次 次 次 次 次 次

⌨ 대나무(𥫗) 숲에서 차례로 아우(弟)가 발견한 다이아

第

음 だい ▶ 第一 제일, 첫째 | 第二次 제2차 | 次第 순서, ~하는 대로 | 落第 낙제

それが第二次世界大戦が起こった原因です。
그것이 제2차 세계대전이 일어난 원인입니다.

確認次第、ご連絡いたします。
확인하는 대로 연락드리겠습니다.

차례 제

총 11획 第 第 第 第 第 第 第 第 第 第 第

+ 起こる 일어나다

⌨ 집(广)에서 미리(予) 예약하고 차례대로 비행기를 타죠

序

음 じょ ▶ 序文 서문 | 序論 서론 | 順序 순서 | 秩序 질서

序論、本論、結論に分けて書きなさい。
서론, 본론, 결론으로 나누어 쓰시오.

まず、社会人として秩序を守らなければならない。
먼저 사회인으로서 질서를 지켜야 한다.

차례 서

총 7획 序 序 序 序 序 序 序

+ 守る 지키다 | ～なければならない ～하지 않으면 안 된다, ～해야 한다

⌨ 분별하기(采) 위해 밭(田)에서 차례로 증거를 찾은 방범

番

음 ばん ▶ 番組 프로그램 | 番号 번호 | 一番 첫 번째, 가장 | 順番 순번, 차례, 순서

荷物を預ける際は電話番号をお書きください。
짐을 맡길 때는 전화번호를 써 주십시오.

順番通りに並んでください。 차례대로 줄을 서 주세요.

차례 번

총 12획 番 番 番 番 番 番 番 番 番 番 番

+ お書きください 써 주십시오[존경 표현] | 並ぶ 한 줄로 서다, 늘어서다

0033 초4/N2

⌨ 내(川) 머리(頁)에서 물살이 순할 때 건널 준비

🔊 じゅん ▶ 順位 순위 | 順調 순조 | 語順 어순

日本語と英語は語順が違います。 일본어와 영어는 어순이 다릅니다.

一年生から順調にテストが進んでいます。
1학년부터 순조롭게 시험이 진행되고 있습니다.

順

순할 **순**

총 12획 順 順 順 順 順 順 順 順 順 順 順 順

0034 초6/N2

⌨ 다음 날 깃털(羽) 펴고 서(立) 있는 공작새의 본능적 욕구

🔊 よく ▶ 翌朝 다음 날 아침 | 翌月 다음 달 | 翌日 다음 날 | 翌年・翌年 이듬해 |
翌晩 다음 날 밤

試験の翌日は休みです。 시험 다음 날은 휴일입니다.

翌年九月に第一子が生まれた。 이듬해 9월에 첫째 아이가 태어났다.

翌

다음날 **익**

총 11획 翌 翌 翌 翌 翌 翌 翌 翌 翌 翌 翌

+ 生まれる 태어나다

0035 초5/N2

⌨ 점(丶)선까지 물(水)을 채우려면 기다리는 시간이 길어, 에이~

🔊 えい ▶ 永遠 영원 | 永久 영구 | 永住 영주 | 永眠 영면

彼は最近永住権を取ったそうだ。 그는 최근에 영주권을 취득했다고 한다.

🔊 なが(い) ▶ 永い 영원하다, (시간·세월이) 길다

結婚する友達に『末永くお幸せに』と言った。
결혼하는 친구에게 "영원히 행복해"라고 말했다.

永

길 **영**

총 5획 永 永 永 永 永

0036 초6/N2

⌨ 나뭇조각(丬)으로 장수의 손톱(爫)과 손마디(寸)를 만든 쇼

🔊 しょう ▶ 将棋 장기 | 将軍 장군 | 将来 장래 | 主将 주장 | 名将 명장

将来に備えて毎月貯蓄するつもりです。
장래에 대비하여 매달 저축할 생각입니다.

私は子供の頃、父に将棋を習いました。
나는 어린 시절 아버지에게 장기를 배웠습니다.

将

장수 **장**/장차 **장**(將)

총 10획 将 将 将 将 将 将 将 将 将 将

+ 備える 준비하다, 대비하다 | 貯蓄 저축

DAY | SUBJECT

02 | 수, 단위

Track02

一(いち)
여기에 가로선이 하나 이찌

二(に)
이 한자는 가로선이 둘이 니

三(さん)
세 개의 선으로 쌓아 올린 산 모양의 모래시계

十(じゅう)
열 번째 사거리를 지나면 zoo가 나와요

千(せん)
십자가 위에 천 송이의 꽃을 장식하는 센스!

단어 복습 퀴즈 다음 한자를 바르게 읽은 것을 고르세요.

1 月曜日 ▶ ⓐ がつようび ⓑ げつようび
2 週末 ▶ ⓐ しゅうまつ ⓑ しゅまつ
3 毎日 ▶ ⓐ まいひ ⓑ まいにち
4 今年 ▶ ⓐ いまどし ⓑ ことし

5 朝食 ▶ ⓐ ちょうしょく ⓑ あさごはん
6 昨日 ▶ ⓐ きょう ⓑ きのう
7 予約 ▶ ⓐ よやく ⓑ ようやく
8 将来 ▶ ⓐ しょうらい ⓑ しょうない

정답 1ⓑ 2ⓐ 3ⓑ 4ⓑ 5ⓐ 6ⓑ 7ⓐ 8ⓐ

□□ 0037 　초1/N5

⌨ 여기에 가로선(一)이 하나 이찌

음　いち, いっ ▶ 一月 1월 ｜ 一番 가장, 첫 번째 ｜ 一階 1층
(いちがつ) (いちばん) (いっかい)

今日は一月一日です。　오늘은 1월 1일입니다.
(きょう)(いちがつついたち)

훈　ひと, ひと(つ) ▶ 一人 한 명 ｜ 一つ 한 개 ｜ 一口 한 입 ｜ ★一日 1일, 초하루
(ひとり) (ひと) (ひとくち) (ついたち)

学生は一人だけです。　학생은 한 명뿐입니다.
(がくせい)(ひとり)

한 일

총 1획 一

□□ 0038 　초1/N5

⌨ 이 한자는 가로선(二)이 둘이 니

음　に ▶ 二回 2회 ｜ 二月 2월 ｜ 二時 두 시
(にかい) (にがつ) (にじ)

テストは二時からです。　시험은 2시부터입니다.
(にじ)

훈　ふた, ふた(つ) ▶ 二人 두 명 ｜ 二つ 두 개 ｜ ★二十歳 20살 ｜ ★二十日 20일
(ふたり) (ふた) (はたち) (はつか)

二人は二月二十日にはじめて会いました。
(ふたり) (にがつはつか) (あ)
두 사람은 2월 20일에 처음 만났습니다.

두 이

총 2획 二 二

□□ 0039 　초1/N5

⌨ 세 개의 선(三)으로 쌓아 올린 산 모양의 모래시계

음　さん ▶ 三階 3층 ｜ 三時 세 시 ｜ 三年生 3학년
(さんがい) (さんじ) (さんねんせい)

私は大学三年生です。　나는 대학교 3학년입니다.
(わたし)(だいがくさんねんせい)

훈　み, み(つ), みっ(つ) ▶ 三つ 세 개 ｜ 三日 3일
(みっ) (みっか)

今日は三月三日ひな祭りです。　오늘은 3월 3일 히나마쓰리입니다.
(きょう)(さんがつみっか)(まつ)

석 삼

총 3획 三 三 三

□□ 0040 　초1/N5

⌨ 네모난 창문(口)에 커튼(儿)이 달려 있어요

음　し ▶ 四月 4월 ｜ 四季 사계
(しがつ) (しき)

昨日は四月四日でした。　어제는 4월 4일이었습니다.
(きのう)(しがつよっか)

훈　よ, よん, よ(つ), よっ(つ) ▶ 四時 네 시 ｜ 四円 4엔 ｜ 四年生 4학년 ｜
(よじ) (よえん) (よねんせい)
四枚 네 장 ｜ 四つ角 네 모퉁이, 네거리 ｜ 四つ 네 개
(よんまい) (よ)(かど) (よっ)

大人、四枚ください。　어른 네 장 주세요.
(おとな)(よんまい)

넉 사

총 5획 四 四 四 四 四

+ 大人 어른
(おとな)

⌨ 다섯 개의 다리미(五)로 다리고

음 ご ▶ 五月 5월 ｜ 五時 다섯 시 ｜ 五人 다섯 명 ｜ 五年 5년

今日は五月五日子どもの日です。　오늘은 5월 5일 어린이날입니다.

훈 いつ, いつ(つ) ▶ 五日 5일 ｜ 五つ 다섯 개

皿の上にみかんが五つあります。　접시 위에 귤이 다섯 개 있습니다.

다섯 오

총 4획　五 五 五 五

⌨ 갓(亠)을 쓴 여섯 명의 댄서와 여덟(八) 곡의 rock

음 ろく ▶ 六月 6월 ｜ 六時 여섯 시 ｜ 六人 여섯 명 ｜ 六年 6년

私は毎朝六時に起きます。　나는 매일 아침 6시에 일어납니다.

훈 む, むい, むつ, むっ(つ) ▶ 六日 6일 ｜ 六つ 여섯 개

三月六日は結婚記念日です。　3월 6일은 결혼기념일입니다.

여섯 륙/육

총 4획　六 六 六 六

⌨ 철봉(一)에 기대고 일곱 명이 앉으면(乚) 혼나나?

음 しち ▶ 七月 7월 ｜ 七時 일곱 시 ｜ 七人 일곱 명

教室の中に学生が七人います。　교실 안에 학생이 일곱 명 있습니다.

훈 なな, なな(つ), なの ▶ 七つ 일곱 개 ｜ 七回 7회 ｜ 七百 칠백(700) ｜ 七日 7일

うどん定食は七百円です。　우동 정식은 700엔입니다.

일곱 칠

총 2획　七 七

⌨ 여덟 명이 양손(八)으로 야구

음 はち ▶ 八月 8월 ｜ 八時 여덟 시 ｜ 八人 여덟 명 ｜ 八年 8년

私の誕生日は八月八日です。　제 생일은 8월 8일입니다.

훈 や, やつ, やっ(つ), よう ▶ 八百屋 채소 가게 ｜ 八つ 여덟 개 ｜ 八日 8일

箱の中にりんごが八つあります。　상자 안에 사과가 여덟 개 있습니다.

여덟 팔

총 2획　八 八

＋ 誕生日 생일 ｜ 箱 상자

□□ 0045 초1/N5

⌨ 무릎(乀) 꿇고 엎드려(丿) 아홉 번 절을 했구

九

아홉 구

음 く, きゅう ▶ 九月 9월 | 九時 아홉 시 | 九人 아홉 명 | 九年 9년
この列車は九時に出発します。 이 열차는 9시에 출발합니다.

훈 ここの, ここの(つ) ▶ 九日 9일 | 九つ 아홉 개
試験は九月九日からです。 시험은 9월 9일부터입니다.

총 2획 九 九

+ 列車 열차

□□ 0046 초1/N5

⌨ 열 번째 사거리(十)를 지나면 zoo가 나와요

十

열 십

음 じゅう, じっ ▶ 十月 10월 | 十時 열 시 | 十人 열 명 | 十年 10년 |
二十世紀 20세기
男の人は十人います。 남자는 열 명 있습니다.

훈 と, とお ▶ 十日 10일
友達と十日間旅行に行く予定です。 친구와 10일 동안 여행 갈 예정입니다.

총 2획 十 十

□□ 0047 초1/N5

⌨ 한(一) 개의 흰(白) 상자는 일백 엔, 일본어로 햐꾸(ひゃく)엔

百

일백 백

음 ひゃく ▶ 百円 백 엔 | 百貨店 백화점 | 百人 백 명 | 百年 백 년
百貨店はセール中だそうです。 백화점은 세일 중이라고 합니다.
このビルは百年前に建てられました。 이 빌딩은 100년 전에 지어졌습니다.

총 6획 百 百 百 百 百 百

+ 建てられる 지어지다[建てる의 수동형]

□□ 0048 초1/N5

⌨ 십자가(十) 위에 천 송이의 꽃을 장식하는 센스!

千

일천 천

음 せん ▶ 千円 천 엔 | 千人 천 명 | 千年 천 년
去年に比べて人口が千人増えました。 작년에 비해서 인구가 천 명 늘었습니다.

훈 ち ▶ 千代 영원 | 千切る 손으로 찢다 | 千代紙 색무늬가 있는 수공용 종이
レシートを二つに千切って捨てました。
영수증을 두 조각으로 찢어서 버렸습니다.

총 3획 千 千 千

+ ～に比べて ～에 비하여 | レシート(receipt) 영수증 | 捨てる 버리다

⌨ 일만 엔을 받고 한(一) 아이가 엄지척(力) 만세

🔊 **まん, ばん** ▸ **万年筆** 만년필 | **万が一** 만에 하나, 만약 | **一万円** 만 엔 | **万国** 만국 | **万歳** 만세 | **万能** 만능

一万円を出しておつりをもらいました。 만 엔을 내고 거스름돈을 받았습니다.

万が一の場合を考えてみましょう。 만일의 경우를 생각해 봅시다.

万

일만 만(萬)

총 3획　万 万 万

＋ おつり 거스름돈 | 場合 경우

⌨ 사람(イ)의 참뜻(意)은 몇 억으로 헤아릴 수 없구

🔊 **おく** ▸ **億万長者** 억만장자 | **一億** 1억 | **数億** 수억

この車が一億円もするんですか。 이 차가 1억 엔이나 합니까?

彼女は億万長者と結婚したがっている。 그녀는 억만장자와 결혼하고 싶어 한다.

億

억 억

총 15획　億 億 億 億 億 億 億 億 億 億 億 億 億 億 億

＋ 〜も 〜이나 | 結婚したがる (제3자가) 결혼하고 싶어 하다

⌨ 1조를 가진 어진 사람(儿)이 얼음(冫)과 얼음(冫) 사이에 있죠

🔊 **ちょう** ▸ **一兆** 1조 | **吉兆** 길조 | **前兆** 전조

会社の財産が一兆円以上だそうです。 회사 재산이 1조 엔 이상이라고 합니다.

🔊 **きざ(す), きざ(し)** ▸ **兆す** 싹트다, 징조가 보이다 | **兆し** 징조, 전조

年間売上100億円の兆しが見えます。 연간 매상 100억 엔의 조짐이 보입니다.

兆

조 조

총 6획　兆 兆 兆 兆 兆 兆

＋ 〜そうです 〜라고 합니다[전문] | 〜が見える 〜이(가) 보이다

⌨ 탁자(冂)의 두 서랍(口) 안에 있는 둥글둥글한 엔화

🔊 **えん** ▸ **円** 엔 | **円形** 원형 | **円高** 엔고 | **円満** 원만

最近は円高なので両替しない方がいい。

요즘은 엔고로 환전하지 않는 편이 좋다.

🔊 **まる(い)** ▸ **円い** 둥글다

あの円いお皿は五百円です。 저 둥근 접시는 500엔입니다.

円

둥글 원(圓)

총 4획　円 円 円 円

＋ 両替 환전 | お皿 접시

□□ 0053 　초6/N2

冊

책 **책**

⌨ 책장(冂)에 있는 스무(卄) 권의 책을 다 샀구

🔊 さつ, さく ▸ 一**冊** 한 권 | 何**冊** 몇 권 | 別**冊** 별책 | **冊**子 책자 | 短**冊** 글씨를

쓰거나 물건을 매달 때 사용되는 종이

この雑誌は一冊、いくらですか。 이 잡지는 한 권에 얼마입니까?

この料理冊子は一冊しか残っていません。

이 요리책은 한 권밖에 안 남았습니다.

총 5획 ﾞ冊 冊 冊 冊 冊

　　　　+ 雑誌 잡지 | ～しか ~밖에 | 残る 남다

□□ 0054 　초5/N2

個

낱 **개**

⌨ 그 사람(亻) 입(口) 안의 옛날(古) 사탕은 낱개 판매였고

🔊 こ ▸ **個**人 개인 | **個**性 개성 | **個**別 개별 | 一**個** 한 개 | 二**個** 두 개 | 三**個** 세 개

りんごは三個で千円です。 사과는 세 개에 천 엔입니다.

個別に粗品を一個ずつお送りします。

개별적으로 사은품을 한 개씩 보내드리겠습니다.

총 10획 個 個 個 個 個 個 個 個 個 個

　　　　+ ～ずつ ~씩

□□ 0055 　초6/N2

枚

낱 **매**

⌨ 낱개로 나무(木) 지팡이(一)에 X자를 새긴 마이 썬

🔊 まい ▸ **枚**数 매수 | 何**枚** 몇 장 | 二**枚**舌 일구이언

メモ用紙は何枚必要ですか。 메모 용지는 몇 장 필요합니까?

切符の枚数を数えてみてください。 표 매수를 세어 보세요.

총 8획 枚 枚 枚 枚 枚 枚 枚 枚

　　　　+ メモ用紙 메모 용지 | 数える (수를) 세다

□□ 0056 　초3/N2

階

섬돌 **계**

⌨ 언덕(阝) 섬돌 계단에서 함께(皆) 찍은 장소는 보라카이

🔊 かい ▸ **階**級 계급 | **階**層 계층 | **階**段 계단 | 一**階** 1층 | 段**階** 단계

お手洗いは二階にあります。 화장실은 2층에 있습니다.

レベルは一段階から三段階まであります。

레벨은 1단계부터 3단계까지 있습니다.

총 12획 階 階 階 階 階 階 階 階 階 階 階 階

　　　　+ お手洗い 화장실 | レベル(level) 레벨, 수준

⌨ 벼(禾) 수확이 적어(少) 분초를 다투는 밭에 일손이 비어

秒

🔊 びょう ▸ 秒針 초침 | 秒速 초속 | 一秒 1초 | 毎秒 매초

一分一秒を大切に過ごしてください。 1분 1초를 소중하게 보내세요.

時計の秒針が突然止まってしまった。 시계 초침이 갑자기 멈춰버렸다.

총9획 秒 秒 秒 秒 秒 秒 秒 秒 秒

분초 초

＋ 大切に 소중하게, 중요하게 | 突然 돌연, 갑자기 | 止まる 멈추다

⌨ 벼리를 당긴 실(糸)그물 몸(己)통에 달린 키링

紀

🔊 き ▸ 紀元 기원 | 紀行 기행 | 世紀 세기

私たちは21世紀を生きています。 우리는 21세기를 살고 있습니다.

紀元前のエジプトの歴史について調べている。

기원전 이집트 역사에 대해 조사하고 있다.

총9획 紀 紀 紀 紀 紀 紀 紀 紀 紀

벼리 기

＋ 生きる 살다, 생존하다 | ～について ～에 대해서

⌨ 토대 없는 사사로운(厶) 일로 입(口)에 오르면 DIE

台

🔊 だい, たい ▸ 台所 부엌 | 一台 한 대 | 台風 태풍 | 屋台 포장마차

家の前に車が一台止まっています。 집 앞에 차가 한 대 서 있습니다.

台風九号が近づいています。 태풍 9호가 가까이 오고 있습니다.

총5획 台 台 台 台 台

토대 대(臺)

＋ 止まる 서다. 멈추다 | 近づく 가까이 오다, 다가오다

⌨ T자 모양의 고무래가 있죠

丁

🔊 ちょう, てい ▸ 一丁目 잇쵸메[일본의 행정 구역] | 丁寧 정중함. 공손함

ラーメン屋は一丁目商店街にあります。 라면집은 잇쵸메 상점가에 있습니다.

10時に開店してお客様に丁寧に挨拶します。

10시에 개점해서 손님에게 정중히 인사합니다.

총2획 丁 丁

고무래 정

＋ 商店街 상점가 | お客様 손님 | 挨拶 인사

□□ 0061 | 초3/N3

⌨ 하나(一)의 먼(冂) 산(山) 위에 두 명이 있구료

両

두 량(兩)

(음) りょう ▶ 両替 환전 | 両親 양친, 부모 | 両手 양손 | 両方 양쪽

100ドル両替ができますか。 100달러 환전을 할 수 있습니까?

両手にみかんが六つあります。 양손에 귤이 여섯 개 있습니다.

(총 6획) 両 両 両 両 両 両

□□ 0062 | 초2/N3

⌨ 점령할(占) 종목에 대한 불(灬) 같은 환호성은 정점 텐션

点

점 점(點)

(음) てん ▶ 点数 점수 | 欠点 결점 | 弱点 약점 | 争点 쟁점 | 総点 총점 | 百点 백점 | 満点 만점

もし百点だったらおいしいものをおごります。

만약 100점이라면 맛있는 것을 쏘겠습니다.

日本語能力試験で満点を取りました。 일본어 능력 시험에서 만점을 맞았습니다.

(총 9획) 点 点 点 点 点 点 点 点 点

+ おごる 한턱 내다, (좋은 기분을 표현하는 뜻으로) 쏘다 | 満点を取る 만점을 맞다

□□ 0063 | 초3/N4

⌨ 집(广)에서 스무(廿) 번째 또(又) 가르친 한자, 법도 도

度

법도 도/헤아릴 탁

(음) ど, と, たく ▶ 温度 온도 | 今度 이번, 다음 | 湿度 습도 | 法度 법도 | 支度 준비

お風呂の温度を45度に合わせてください。 욕실의 온도를 45도로 맞춰 주세요.

(훈) たび ▶ 度に ~할 때마다 | 度々 때때로

友達は旅行に行く度にお土産を一つ買ってくる。

친구는 여행 갈 때마다 (여행) 선물을 한 개 사 온다.

(총 9획) 度 度 度 度 度 度 度 度 度

□□ 0064 | 초3/N1

⌨ 등급을 매긴 수입실(糸)이 상품에 미친(及) 영향

級

등급 급

(음) きゅう ▶ 階級 계급 | 高級 고급 | 上級 상급 | 中級 중급 | 等級 등급

高級ホテルを九月にオープンする予定です。

고급 호텔을 9월에 오픈할 예정입니다.

中級クラスは11時から12時までです。 중급 클래스는 11시부터 12시까지입니다.

(총 9획) 級 級 級 級 級 級 級 級 級

읽기 다음 한자를 히라가나로 쓰세요.

01 土曜日 → _____

02 今日 → _____

03 春 → _____

04 二階 → _____

05 時間 → _____

06 何枚 → _____

쓰기 밑줄 친 히라가나를 한자로 쓰세요.

07 明日は子供と水族館に行く<u>よてい</u>です。 → _____

08 <u>まいつき</u>お小遣いをもらっています。 → _____

09 <u>いちまんえん</u>を出しておつりをもらいました。

→ _____

10 去年に比べて人口が<u>せんにん</u>増えました。 → _____

듣기 다음 문장을 듣고 빈칸을 채우세요.

Track03

11 _____に香水を買いに行きましょう。

12 _____遅くまで残業をして終電に乗った。

13 中級クラスは11時から_____までです。

14 _____は結婚記念日です。

28

01 よい<u>一日</u>を。

　① いちにち　　　② ついにち　　　③ ついたち　　　④ ついたつ

02 <u>来月</u>の二十日は私の誕生日です。

　① らいしゅう　　② らいげつ　　　③ らいがつ　　　④ さらいがつ

03 <u>今朝</u>七時に起きて朝ご飯を食べた。

　① こんあさ　　　② きょう　　　　③ けさ　　　　　④ きんちょう

04 家の前に車が<u>一台</u>止まっています。

　① いちだい　　　② いつだい　　　③ いったい　　　④ いっだい

05 友達は旅行に行く<u>度</u>にお土産を一つ買ってくる。

　① ど　　　　　　② どう　　　　　③ たび　　　　　④ かび

06 <u>むかし</u>、ここは工場でした。

　① 昔　　　　　　② 借　　　　　　③ 返　　　　　　④ 旧

07 <u>ゆうがた</u>、家に帰ってすぐに寝てしまった。

　① 夕防　　　　　② 夜方　　　　　③ 夕方　　　　　④ ク方

08 教室の中に学生が<u>しちにん</u>います。

　① 八人　　　　　② ヤ人　　　　　③ 七人　　　　　④ 十人

09 100ドル<u>りょうがえ</u>ができますか。

　① 帰　　　　　　② 両方　　　　　③ 両替　　　　　④ 両親

10 この料理冊子は<u>いっさつ</u>しか残っていません。

　① 一編　　　　　② 一冊　　　　　③ 一皿　　　　　④ 一棚

DAY | SUBJECT

03 | 연애, 감정, 성품

Track04

想(そう)
나무 3단 서랍에 내 마음과
생각을 담았소

泣(きゅう)
물을 뒤집어 쓰고 서서
우는 장면 큐

好(こう)
그 여자는 원하는 아들을
얻었으니 얼마나 좋을고

交(こう)
여섯 명의 여자와 동시에
사귈 생각은 전혀 없고

단어 복습 퀴즈 다음 한자를 바르게 읽은 것을 고르세요.

1 二人 ▶ ⓐ ふたり　　ⓑ にじん
2 四時 ▶ ⓐ よじ　　　ⓑ よんじ
3 七月 ▶ ⓐ ななかつ　ⓑ しちがつ
4 一万円 ▶ ⓐ いちまんえん ⓑ まんえん

5 一階 ▶ ⓐ いちかい　ⓑ いっかい
6 台所 ▶ ⓐ だいどころ ⓑ たいどころ
7 両方 ▶ ⓐ りょうほう ⓑ りょほう
8 今度 ▶ ⓐ こんと　　ⓑ こんど

정답 ⓐ8 ⓐ7 ⓐ6 ⓑ5 ⓐ4 ⓑ3 ⓐ2 ⓐ1

0065 · 초2/N4

心

마음 심

⌨ 무릎 꿇고(ㄴ) 눈물 세 방울(ヽ) 흘린 마음의 심리

🔊 **しん** ▶ **心身** 심신 │ **心臓** 심장 │ **心理** 심리 │ **安心** 안심 │ **関心** 관심 │ **中心** 중심

彼女は心理治療を受けています。 그녀는 심리 치료를 받고 있습니다.

🔊 **こころ** ▶ **心** 마음 │ **心づかい** 배려 │ **心細い** 불안하다 │ **親心** 부모 마음

心を込めてプレゼントを選びました。 마음을 담아서 선물을 골랐습니다.

총 4획 心 心 心 心

+ 治療を受ける 치료를 받다 │ 心を込める 마음을 담다

0066 · 초3/N3

想

생각 상

⌨ 나무(木) 3단 서랍(目)에 내 마음(心)과 생각을 담았소

🔊 **そ, そう** ▶ **愛想** 붙임성 │ **想像** 상상 │ **想念** 상념 │ **空想** 공상 │ **思想** 사상 │
予想 예상

彼との恋愛は想像するだけでうきうきする。
그와의 연애는 상상만으로도 설렌다.

最近、楽しい空想にふけることが多い。 요즘 즐거운 공상에 빠지는 일이 많다.

총 13획 想 想 想 想 想 想 想 想 想 想 想 想 想

+ うきうき (신이 나서) 마음이 들뜬(설레는) 모양

0067 · 초4/N3

愛

사랑 애

⌨ 손톱(爫)을 덮고(冖) 뒤처져 와도(夂) 마음(心)으로 사랑하는 아이

🔊 **あい** ▶ **愛** 사랑 │ **愛情** 애정 │ **愛想** 붙임성 │ **愛着** 애착 │ **親愛** 친애 │ **恋愛** 연애

この感動的な小説は長年愛されています。
이 감동적인 소설은 오랜 세월 사랑받고 있습니다.

恋愛漫画のおすすめを教えてください。 연애 만화 추천작을 알려 주세요.

총 13획 愛 愛 愛 愛 愛 愛 愛 愛 愛 愛 愛 愛 愛

+ 長年 긴 시간, 긴 세월 │ 愛される 사랑받다 │ おすすめ 추천

0068 · 초5/N3

情

뜻 정(情)

⌨ 내 마음(忄)과 뜻을 다해 푸른(青) 하늘을 바라보죠

🔊 **じょう, せい** ▶ **情勢** 정세 │ **情緒** 정서 │ **情熱** 정열 │ **情報** 정보 │ **感情** 감정

感情のままに行動することが少ない。 감정 그대로 행동하는 일이 적다.

🔊 **なさ(け)** ▶ **情け** 정, 인정, 동정 │ **情けない** 무정하다, 인정이 없다 │

情け深い 동정심이 많다

父は情けをかけてその人を許した。 아버지는 불쌍히 여기고 그 사람을 용서했다.

총 11획 情 情 情 情 情 情 情 情 情 情 情

+ 感情のままに 감정 그대로 │ 情けをかける 불쌍히 여기다 │ 許す 용서하다

⌨ 길한(吉) 날 풀(ㅛ) 위에서 입(口)으로 악기를 불면 기쁠 거야

音 き ▸ 喜寿 희수[77세] | 喜楽 희락 | 歓喜 환희 | 喜怒哀楽 희로애락

喜怒哀楽の激しい性格です。 감정(희로애락)의 기복이 심한 성격입니다.

訓 よろこ(ぶ) ▸ 喜ぶ 기뻐하다

彼女は試験に合格して喜んでいます。 그녀는 시험에 합격해서 기뻐하고 있습니다.

喜 기쁠 희

총 12획 喜喜喜喜喜喜喜喜喜喜喜喜

+ 激しい 격렬하다, 심하다

⌨ 아닌(非) 마음(心)이 들 때는 슬플 거야

音 ひ ▸ 悲運 비운 | 悲観 비관 | 悲願 비원 | 悲劇 비극 | 悲鳴 비명 | 慈悲 자비

悲劇のヒロインを演じました。 비극의 여주인공을 연기했습니다.

訓 かな(しい), かな(しむ) ▸ 悲しい 슬프다 | 悲しむ 슬퍼하다

あまり悲しまないでください。 너무 슬퍼하지 마세요.

悲 슬플 비

총 12획 悲悲悲悲悲悲悲悲悲悲悲悲

+ 演じる 연기하다 | ～ないでください ～하지 마세요

⌨ 대나무(⺮) 숲으로 어린(夭) 시절 웃을 때처럼 달려와라

音 しょう ▸ 苦笑 쓴웃음, 고소 | 談笑 담소 | 微笑 미소 | 冷笑 냉소

友達は先生と談笑しています。 친구는 선생님과 담소를 나누고 있습니다.

訓 わら(う), え(む) ▸ 笑う 웃다 | 笑む 미소 짓다 | 微笑み 미소 | ★笑顔 웃는 얼굴

彼女の笑顔を見て嬉しくなりました。 그녀의 웃는 얼굴을 보고 기뻐졌습니다.

笑 웃을 소

총 10획 笑笑笑笑笑笑笑笑笑笑

+ 嬉しくなる 기뻐지다

⌨ 물(氵)을 뒤집어 쓰고 서서(立) 우는 장면 큐

音 きゅう ▸ 感泣 감읍, 감격하여 눈물 흘림 | 号泣 호읍, 통곡

悲しいドラマを見て号泣しました。 슬픈 드라마를 보고 많이 울었습니다.

訓 な(く) ▸ 泣く 울다 | 泣き出す (갑자기) 울기 시작하다 | 泣き声 우는 소리 | 泣き虫 울보

小さい頃は泣き虫でした。 어릴 때는 울보였습니다.

울 읍

총 8획 泣泣泣泣泣泣泣泣

□□ 0073　초4/N3

⌨ 그 여자(女)는 원하는 아들(子)을 얻었으니 얼마나 좋을고

音 こう ▶ 好意 호의 | 好感 호감 | 好調 호조 | 愛好 애호 | 格好 모습 | 友好 우호

社内でKさんは好感度が高いです。 사내에서 K씨는 호감도가 높습니다.

訓 この(む), す(く) ▶ 好む 좋아하다, 즐기다 | 好み 좋아함, 기호 | 好きだ 좋아하다

優しくて穏やかな人が好きです。 자상하고 온화한 사람을 좋아합니다.

好
좋을 호

[총 6획] 好 好 好 好 好 好

＋ 優しい 자상하다 | 穏やかなだ 온화하다

□□ 0074　초3/N3

⌨ 모든(咸) 마음(心)을 느낄 때의 직감

音 かん ▶ 感覚 감각 | 感情 감정 | 感動 감동 | 予感 예감 | 感じる 느끼다

夫は感情を表に出さない方だ。 남편은 감정을 겉으로 드러내지 않는 편이다.
突然のプロポーズに感動しました。 갑작스러운 프러포즈에 감동했습니다.

[총 13획] 感 感 感 感 感 感 感 感 感 感 感 感 感

感
느낄 감

＋ 表に出す 겉으로 드러내다

□□ 0075　초5/N3

⌨ 소(牛)를 바치고 입(口)으로 고할 시간인데, 쯔쯧…

音 こく ▶ 告訴 고소 | 告知 고지 | 告白 고백 | 告別 고별 | 勧告 권고 | 警告 경고 | 広告 광고 | 忠告 충고 | 報告 보고

あの人は人の忠告を受け入れない。 저 사람은 다른 사람의 충고를 받아들이지 않는다.

訓 つ(げる) ▶ 告げる 고하다, 알리다

彼に別れを告げて後悔している。 그에게 이별을 고하고 후회하고 있다.

告
고할 고

[총 7획] 告 告 告 告 告 告 告

＋ 受け入れない 받아들이지 않다[受け入れる의 부정형] | 別れを告げる 이별을 고하다 | 後悔 후회

□□ 0076　초2/N3

⌨ 여섯(六) 명의 여자와 동시에 사귈 생각은 전혀 없고(X)

音 こう ▶ 交際 교제 | 交差点 교차점, 사거리 | 交代 교대 | 交番 파출소 | 外交 외교

外交官の彼女と交際しています。 외교관인 그녀와 교제하고 있습니다.

訓 か(う), か(わす), まじ(わる), まじ(える), ま(じる), ま(ざる) ▶ 交わす 주고받다 | 交わる 교차하다 | 交える 교차시키다 | 交じる 섞이다 | 交ざる 섞이다

残念ながら彼女とメールを交わしたこともない。
유감스럽게도 그녀와 메일을 주고받은 적도 없다.

交
사귈 교

[총 6획] 交 交 交 交 交 交

＋ 〜たこともない 〜한 적도 없다

⌨ 망한(亡) 후의 아쉬운 마음(心)은 잊을 수 없나 보우

忘

잊을 망

음 ぼう ▸ 忘恩 망은, 은혜를 잊음 │ 忘却 망각 │ 忘年会 망년회 │ 健忘 건망 │ 備忘録 비망록

忘年会がきっかけで付き合い始めました。
망년회를 계기로 사귀기 시작했습니다.

훈 わす(れる) ▸ 忘れる 잊다 │ 忘れ物 유실물 │ 物忘れ 건망증

彼女との記念日を忘れてしまった。 그녀와의 기념일을 잊어버렸다.

총7획 忘忘忘忘忘忘忘

+ きっかけ 계기 │ 付き合い始める 사귀기 시작하다

⌨ 태어날(生) 때부터 가지고 있는 마음(忄)이 성품이지

性

성품 성

음 せい, しょう ▸ 性格 성격 │ 性向 성향 │ 性別 성별 │ 異性 이성 │ 女性 여성 │ 男性 남성 │ 性分 성분 │ 相性 성격이 잘 맞음 │ 本性 본성

彼女は明るくて積極的な性格です。 그녀는 밝고 적극적인 성격입니다.
それが男性と女性の違いだと思います。
그것이 남성과 여성의 차이라고 생각합니다.

총8획 性性性性性性性性

+ 積極的 적극적 │ 違い 차이

⌨ 헤어질(另) 때는 칼(刂)같이 나눌 거야, 베츠베츠(べつべつ)

別

나눌 별

음 べつ ▸ 区別 구별 │ 送別 송별 │ 特別 특별 │ 離別 이별 │ ★別紙 별지

特別なイベントを準備しています。 특별한 이벤트를 준비하고 있습니다.

훈 わか(れる) ▸ 別れる 헤어지다, 이별하다

先月、彼女と別れたそうです。 지난달에 여자 친구와 헤어졌다고 합니다.

총7획 別別別別別別別

+ そうです ~라고 합니다[전문]

⌨ 또(亦) 뒤처져 오면(夂) 마음이 변할 행동

変

변할 변(變)

음 へん ▸ 変化 변화 │ 変更 변경 │ 変心 변심 │ 変身 변신 │ 大変 대단함, 중요함

大変申し訳ございませんでした。 대단히 죄송했습니다.

훈 か(わる), か(える) ▸ 変わる 바뀌다, 변하다 │ 変える 변화시키다, 바꾸다

その話を聞いて彼女の顔色が急に変わった。
그 이야기를 듣고 그녀의 얼굴색이 갑자기 바뀌었다.

총9획 変変変変変変変変変

□□ 0081　초4/N3

信

믿을 신

⌨ 사람(イ)의 말(言)에서 느끼는 믿을 만한 신뢰감

음 しん ▶ 信号 신호 | 信用 신용 | 信頼 신뢰 | 自信 자신 | 通信 통신 | 信じる 믿다

周りの人から信頼されています。 주변 사람으로부터 신뢰받고 있습니다.

あなたには信じられる友達がいますか。
당신에게는 믿을 수 있는 친구가 있습니까?

총 9획 信 信 信 信 信 信 信 信 信

＋ 信じられる 믿을 수 있다

□□ 0082　초4/N2

仲

버금 중

⌨ 아는 사람(イ) 중(中)에 선수 버금가는 공 낚아채기

음 ちゅう ▶ 仲介 중개 | 仲裁 중재 | 中秋 중추, 추석 | 伯仲 백중, (세력이) 팽팽함

仲介型の結婚相談所に登録しました。 중개형 결혼 상담소에 등록했습니다.

훈 なか ▶ 仲 사이, 관계 | 仲間 동료 | 仲良し 사이가 좋음 | 仲直り 화해
★仲人 중매쟁이

幼い頃から仲良くしています。 어릴 때부터 사이 좋게 지내고 있습니다.

총 6획 仲 仲 仲 仲 仲 仲

＋ 幼い 어리다

□□ 0083　초4/N3

静

고요할 정(靜)

⌨ 푸른(青) 숲에서 다투니(争) 주변이 고요할세

음 せい, じょう ▶ 静止 정지 | 静粛 정숙 | 安静 안정 | 冷静 냉정 | 静脈 정맥

社長はどんな状況でも冷静に対処します。
사장님은 어떤 상황에서도 냉정하게 대처합니다.

훈 しず, しず(か), しず(まる), しず(める) ▶ 静か 조용함, 고요함 | 静まる 안정되
다, 조용해지다 | 静める 진정시키다, 조용하게 하다

Aさんは静かで大人しいです。 A씨는 조용하고 어른스럽습니다.

총 14획 静 静 静 静 静 静 静 静 静 静 静 静 静 静

＋ 状況 상황 | 対処 대처 | 大人しい 어른스럽다

□□ 0084　초4/N4

特

특별할 특

⌨ 소(牛)고기 먹는 특별한 토(土)요일의 한마디(寸) 토크

음 とく ▶ 特集 특집 | 特色 특색 | 特徴 특징 | 特別 특별 | 独特 독특
★特価 특가 | ★特急 특급 | ★特許 특허

彼女に対して特別な気持ちを持っています。
그녀에 대해 특별한 마음을 가지고 있습니다.

今週の雑誌のテーマは恋愛特集です。 이번 주 잡지 테마는 연애 특집입니다.

총 10획 特 特 特 特 特 特 特 特 特 特

結

맺을 결

⌨ 실(糸)이 길게 이어져 길한(吉) 인연을 맺을 거야, 무스비처럼

🔊 けつ ▸ **結果** 결과 | **結局** 결국 | **結構** 좋음 | **結婚** 결혼 | **結成** 결성 | **終結** 종결 | **集結** 집결 | **団結** 단결

心理検査の結果は明日出ます。　심리 검사 결과는 내일 나옵니다.

🔊 むす(ぶ), ゆ(う), ゆ(わえる) ▸ **結ぶ** 매다, 잇다, 맺다 | **結う** 매다, 묶다, 엮다 | **結わえる** 매다, 묶다

彼女と赤い糸で結ばれていたようです。
그녀와 붉은 실로 묶여 있었던 것 같습니다.

⬜ 총 12획　結 結 結 結 結 結 結 結 結 結

+ 赤い糸 붉은 실, 운명적으로 사랑하는 사람

約

맺을 약

⌨ 점(丶)선 따라 실(糸)로 싸(勹)둔 후에 맺을 약속

🔊 やく ▸ **約束** 약속 | **解約** 해약 | **契約** 계약 | **婚約** 약혼 | **節約** 절약 | **予約** 예약

彼女は約束を必ず守る人です。　그녀는 약속을 반드시 지키는 사람입니다.

私の代わりに予約をしてくれてありがとう。
나 대신에 예약을 해 줘서 고마워.

⬜ 총 9획　約 約 約 約 約 約 約 約 約

+ 必ず 반드시 | ～の代わりに ~대신에

純

순수할 순

⌨ 실(糸)을 엮어 진을 친(屯) 의도가 순수할까

🔊 じゅん ▸ **純粋** 순수 | **純白** 순백 | **清純** 청순 | **単純** 단순

映画なら純粋なラブストーリーが好きです。
영화라면 순수한 러브 스토리를 좋아합니다.

純白のドレスを着た彼女の姿を想像した。
순백의 드레스를 입은 그녀의 모습을 상상했다.

⬜ 총 10획　純 純 純 純 純 純 純 純 純 純

+ 姿 모습 | 想像 상상

素

본디 소

⌨ 본디 세(三) 막대를 뚫어(丨) 실(糸)로 감으려 했던 소년

🔊 そ, す ▸ **素朴** 소박 | **元素** 원소 | **酸素** 산소 | **水素** 수소 | **要素** 요소 | **素顔** 맨 얼굴, 민낯, 원래의 본모습 | **素足** 맨발 | ★**素人** 아마추어, 풋내기

彼の素朴な性格が気に入っています。　그의 소박한 성격이 마음에 듭니다.

彼女の素顔を知る人は誰もいない。　그녀의 본모습을 아는 사람은 아무도 없다.

⬜ 총 10획　素 素 素 素 素 素 素 素 素 素

+ 気に入る 마음에 들다

0089　초6/N1

孝

효도 효

⌨ 진흙(土)에 막대(ノ)를 꽂은 아들(子)이 언제 커서 **효도**할고

🔊 こう ▶ **孝道** 효도 ｜ **親孝行** 효도 ｜ **親不孝** 불효

親孝行をしたいといつも考えています。
효도하고 싶다고 항상 생각하고 있습니다.

うちの子は孝行息子です。 우리 아이는 효자입니다.

총 7획　孝 孝 孝 孝 孝 孝 孝

0090　초6/N2

敬

공경할 경

⌨ 진실로(苟) 매를 친(攵) 스승을 **공경**할게

🔊 けい ▶ **敬意** 경의 ｜ **敬語** 경어 ｜ **敬礼** 경례 ｜ **尊敬** 존경

尊敬できる人に出会えました。 존경할 만한 사람을 만날 수 있었습니다.

🔊 うやま(う) ▶ **敬う** 존경하다, 공경하다 ｜ **敬い** 존경, 공경

敬いと感謝の気持ちを伝えました。 존경과 감사의 마음을 전했습니다.

총 12획　敬 敬 敬 敬 敬 敬 敬 敬 敬 敬 敬 敬

＋ 気持ちを伝える 마음을 전하다

0091　초6/N1

聖

거룩할 성/성인 성

⌨ 귀(耳)로 듣고 입(口)으로 말하는 **거룩**한 왕(王)

🔊 せい ▶ **聖火** 성화 ｜ **聖書** 성경, 성서 ｜ **聖人** 성인 ｜ **聖地** 성지 ｜ **聖堂** 성당
神聖 신성 ｜ **聖なる** 거룩한

聖火ランナーに選ばれて嬉しいです。 성화 주자로 선택되어 기쁩니다.

聖書は神聖な愛について教えてくれます。
성서는 신성한 사랑에 대해서 가르쳐 줍니다.

총 13획　聖 聖 聖 聖 聖 聖 聖 聖 聖 聖 聖 聖 聖

＋ 選ばれる 선택되다[選ぶ의 수동형] ｜ ～について ～에 대해서

0092　초4/N2

省

살필 성/덜 생

⌨ 적은(少) 수의 학생들의 눈(目)도 **살필** 새 없다

🔊 せい, しょう ▶ **帰省** 귀성 ｜ **反省** 반성 ｜ **省略** 생략 ｜ **厚生省** 후생성[보건복지부에
해당함] ｜ **文部省** 문부성[교육부에 해당함]

嘘をついたことを反省しなさい。 거짓말한 것을 반성해라.

🔊 かえり(みる), はぶ(く) ▶ **省みる** 돌이켜보다, 반성하다 ｜ **省く** 생략하다, 간단히 하다

自分を省みる機会を設けました。 자신을 돌아보는 기회를 가졌습니다.

총 9획　省 省 省 省 省 省 省 省 省

＋ 嘘をつく 거짓말을 하다 ｜ 機会を設ける 기회를 가지다(마련하다)

⌨ 다섯(乂) 벌의 베(布)옷으로 더 바랄 게 없는 기분

音 き ▶ **希求** 희구, 바라고 요구함 | **希少** 희소 | **希薄** 희박 | **希望** 희망

希望を持って乗り越えましょう。　희망을 가지고 극복합시다.

Bさんは我が社で希少性の高い人材です。
B씨는 우리 회사에서 희소성이 높은 인재입니다.

希

총 7획　希 希 希 希 希 希 希

바랄 희

＋ 乗り越える 극복하다 | 我が社 우리 회사 | 人材 인재

⌨ 말씀(言)을 몸(身) 마디마디(寸)에 새겨 사례한 샤갈

音 しゃ ▶ **謝意** 사의, 감사의 뜻 | **謝罪** 사죄 | **謝絶** 사절 | **謝礼** 사례 | **感謝** 감사

感謝の気持ちを込めてプレゼントをした。　감사의 마음을 담아서 선물을 했다.

謝

訓 あやま(る) ▶ **謝る** 사과하다, 용서를 빌다

自分から謝って仲直りしたい。　내가 먼저 사과하고 화해하고 싶다.

사례할 사

총 17획　謝 謝 謝 謝 謝 謝 謝 謝 謝 謝 謝 謝 謝 謝 謝 謝 謝

＋ 仲直り 화해

⌨ 눈앞에 보이는(ネ) 형(兄)의 축복을 빌어요

音 しゅく, しゅう ▶ **祝日** 축일, 국경일 | **祝福** 축복 | **祝言** 축언, 축사

結婚が決まってみんなから祝福されました。
결혼이 정해져서 모두에게 축복받습니다.

祝

訓 いわ(う) ▶ **祝う** 축하하다 | **お祝い** 축하 또는 축하 선물이나 행사

お祝いの歌を歌いました。　축가를 불렀습니다.

빌 축(祝)

총 9획　祝 祝 祝 祝 祝 祝 祝 祝 祝

⌨ 언덕(原) 머리(頁)에서 서로를 원할 때 최강

音 がん ▶ **願書** 원서 | **願望** 원망, 원하고 바람 | **祈願** 기원 | **請願** 청원

行きたい学校に入学願書を提出しました。
가고 싶은 학교에 입학 원서를 제출했습니다.

願

訓 ねが(う) ▶ **願う** 바라다, 기원하다 | **お願い** 바람, 소원, 부탁, 간청

日本では七夕に願いを込めて短冊を書く。
일본에서는 칠월 칠석에 소원을 담아 단자쿠를 쓴다.

원할 원

총 19획　願 願 願 願 願 願 願 願 願 願 願 願 願 願 願 願 願 願 願

＋ 七夕 칠월 칠석 | 願いを込める 소원을 담다 | 短冊 글씨를 쓰거나 물건을 매달 때 사용되는 종이

0097 초3/N3

⌨ 다행히 흙(土)으로 8(八)개의 방패(干)를 만들었고

幸

다행 행

음 こう ▸ 幸運 행운 | 幸福 행복 | 多幸 다행, 복이 많음 | 不幸 불행

ポジティブな考え方は幸福をもたらす。 긍정적인 사고방식은 행복을 가져온다.

훈 さいわ(い), さち, しあわ(せ) ▸ 幸い 다행, 행복 | 幸 행운, 행복 | 幸せ 행복

プロポーズされて幸せです。 프러포즈 받아서 행복합니다.

총 8획 幸 幸 幸 幸 幸 幸 幸 幸

+ ポジティブ(positive) 긍정적, 적극적 | もたらす 가져오다, 초래하다

0098 초2/N4

⌨ 마음이 통할 때 쉬엄쉬엄 가서(辶) 길(甬)을 내려 가요

通

통할 통(通)

음 つう, つ ▸ 通勤 통근 | 通行 통행 | 共通 공통 | 交通 교통 | 通じる 통하다 | お通夜 (죽은 사람의 유해를 지키며) 밤샘

交通事故で道が混んでいらいらした。 교통사고로 길이 막혀서 초조했다.

훈 かよ(う), とお(る), とお(す) ▸ 通う 다니다 | 通る 지나가다 | 大通り 대로 | 通す 통하게 하다

気持ちが通い合って付き合うことになった。 마음이 서로 통해 사귀게 되었다.

총 10획 通 通 通 通 通 通 通 通 通 通

+ いらいらする 초조해하다 | 気持ちが通い合う 마음이 서로 통하다 | 付き合う 사귀다, 교제하다

0099 초5/N1

⌨ 깍지(臼) 끼고 함께(同) 하나(一)부터 여덟(八)까지 사업을 일으켰고

興

일 흥

음 こう, きょう ▸ 振興 진흥 | 新興 신흥 | 復興 부흥 | 興味 흥미 | 即興 즉흥

野球に興味を持って夢中になりました。 야구에 흥미를 갖고 열중했습니다.

훈 おこ(る), おこ(す) ▸ 興る 일어나다, 번성하다 | 興す 일어나게 하다

リーダーシップを発揮して彼が事業を興した。
리더십을 발휘해서 그가 사업을 일으켰다.

총 16획 興 興 興 興 興 興 興 興 興 興 興 興 興 興 興 興

+ 夢中になる 열중하다, 몰두하다 | 発揮 발휘 | 事業 사업

0100 초6/N1

⌨ 큰(大) 새(隹)가 나는 것처럼 밭(田)농사로 명성을 떨칠 훈장

奮

떨칠 분

음 ふん ▸ 奮闘 분투 | 奮発 분발 | 興奮 흥분 | 孤軍奮闘 고군분투

興奮しないでゆっくり話してください。 흥분하지 말고 천천히 이야기하세요.

훈 ふる(う) ▸ 奮う 떨치다, 용기를 내다, 분발하다

勇気を奮って人を助けました。 용기를 내어 사람을 구했습니다.

총 16획 奮 奮 奮 奮 奮 奮 奮 奮 奮 奮 奮 奮 奮 奮 奮 奮

DAY | SUBJECT

04 | 관계

Track05

相(そう)
나무 아래 남녀가 내 눈앞에서
서로 **뽀뽀했소**

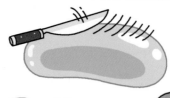

切(さい)
일곱 번 칼로 베어도 끊을
수 없는 부부 **사이**

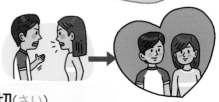

要(よう)
덮을 담요가 이 여성에겐
요긴할 것이요

間(あいだ)
양 문 **사이**의 2단 상자에
있는 애는 내 **아이다**

단어 복습 퀴즈 다음 한자를 바르게 읽은 것을 고르세요.

1 心理 ▶ ⓐ しんりん   ⓑ しんり

2 感情 ▶ ⓐ かんじょう ⓑ かんぞう

3 好感 ▶ ⓐ こかん   ⓑ こうかん

4 広告 ▶ ⓐ こうこく   ⓑ ごうきょく

5 交番 ▶ ⓐ こばん   ⓑ こうばん

6 忘年会 ▶ ⓐ ぼうねんかい ⓑ もうねんかい

7 性格 ▶ ⓐ せいがく   ⓑ せいかく

8 静かだ ▶ ⓐ せずかだ   ⓑ しずかだ

□□ 0101　초3/N3

相

서로 **상**

⌨ 나무(木) 아래 남녀가 내 눈(目)앞에서 서로 뽀뽀했소

🔉 そう, しょう ▶ **相対** 상대 │ **相当** 상당함 │ **真相** 진상 │ **手相** 손금 │ **首相** 수상

真相を明らかにしてください。 진상을 밝혀 주세요.

🔉 あい ▶ **相変**わらず 변함없이 │ **相席** 합석 │ **相手** 상대

今度の試合の対戦**相手**が決まりました。 이번 시합의 대전 상대가 정해졌습니다.

[총 9획] 相 相 相 相 相 相 相 相 相

➕ 明らかにする 명백하게 밝히다

□□ 0102　초3/N3

対

대할 **대**(對)

⌨ 글자(文) 마디마디(寸)에 표현된 작가의 마음을 대할 타이밍

🔉 たい, つい ▶ **対応** 대응 │ **対抗** 대항 │ **対策** 대책 │ **対処** 대처 │ **対立** 대립 │
対する 대하다 │ **一対** 한 쌍

国際関係についての**対応**策を練りました。 국제 관계에 대한 대응책을 짰습니다.

孫に**対**する祖母の愛が感じられます。 손자에 대한 할머니의 사랑이 느껴집니다.

[총 7획] 対 対 対 対 対 対 対

➕ 感じられる 느껴지다[感じる의 수동형]

□□ 0103　초3/N3

和

화할 **화**

⌨ 벼(禾) 농사가 잘되어 화목하니 입(口)에서 자꾸 웃음이 나와

🔉 わ ▶ **和解** 화해 │ **和合** 화합 │ **穏和** 온화 │ **柔和** 유화, 온화함 │ **平和** 평화

和解するまでに時間がかかりました。 화해할 때까지 시간이 걸렸습니다.

🔉 なご(む), なご(やか), やわ(らぐ), やわ(らげる) ▶ **和**む 온화해지다 │ **和**やか
온화함 │ **和**らぐ 누그러지다 │ **和**らげる 누그러뜨리다, 완화하다

彼と話して心が**和**らぎました。 그와 이야기하고 마음이 누그러졌습니다.

[총 8획] 和 和 和 和 和 和 和 和

□□ 0104　초5/N3

解

풀 **해**

⌨ 뿔(角)을 칼(刀)로 베고 자루를 풀고 소고기(牛)를 먹었어

🔉 かい, げ ▶ **解決** 해결 │ **解説** 해설 │ **解答** 해답 │ **読解** 독해 │ **理解** 이해 │
解毒 해독 │ **解熱剤** 해열제

彼女の気持ちを**理解**しようとしました。 그녀의 기분을 이해하려고 했습니다.

🔉 と(く), と(かす), と(ける), ほど(く), ほど(ける) ▶ **解**く 풀다 │ **解**かす 녹이
다, 빗다 │ **解**ける 풀리다 │ **解**く 풀다 │ **解**ける 풀어지다

お互いの誤**解**が**解**けました。 서로의 오해가 풀렸습니다.

[총 13획] 解 解 解 解 解 解 解 解 解 解 解

⌨ 숨겨 둔(L) 쌀(米)과 고기 한 근(斤) 그리고 끊을 수 없는 당

断

음 だん ▶ **断絶** 단절 │ **断定** 단정 │ **決断** 결단 │ **遮断** 차단 │ **中断** 중단

相手のメッセージを遮断してしまった。 상대방의 메시지를 차단해 버렸다.

훈 ことわ(る), た(つ) ▶ **断る** 거절하다, 사절하다 │ **断つ** 끊다, 절단하다

上司の頼みは断りにくいです。 상사의 부탁은 거절하기 힘듭니다.

끊을 단(斷)

총 11획 断 断 断 断 断 断 断 断 断 断 断

+ メッセージ(message) 메시지 │ 頼み 부탁

⌨ 일곱(七) 번 칼(刀)로 베어도 끊을 수 없는 부부 사이

切

음 せつ, さい ▶ **切実** 절실함 │ **親切** 친절함 │ **大切** 소중함, 중요함 │ **一切** 일절, 일체

親切心から手伝うことにしました。 친절한 마음에서 도와주기로 했습니다.

훈 き(れる), き(る) ▶ **切れる** 끊어지다 │ **切る** 자르다 │ **切手** 우표 │ **切符** 표

連絡が途切れてしまいました。 연락이 끊어져 버렸습니다.

끊을 절/모두 체

총 4획 切 切 切 切

+ 手伝う 돕다 │ ~ことにする ~하기로 하다 │ 途切れる (도중에) 끊어지다, 중단되다

⌨ 손(扌) 잡고 서(立) 있는 여(女)인의 뒤를 이을 사람

接

음 せつ ▶ **接客** 접객 │ **接近** 접근 │ **接触** 접촉 │ **接続** 접속 │ **直接** 직접 │ **面接** 면접

最近患者といつ接触しましたか。 최근 환자와 언제 접촉했습니까?

훈 つ(ぐ) ▶ **接ぐ** 잇다 │ **接ぎ木** 접목

木に竹を接ぐことになる。 나무에 대나무를 접붙이는 (부자연스러운) 일이 된다.

이을 접

총 11획 接 接 接 接 接 接 接 接 接 接 接

+ 木に竹を接ぐ 나무에 대나무를 접붙이다. 질이 다른 것을 무리하게 합쳐서 부자연스러움, 부조화의 비유

⌨ 저녁까지 실(糸)을 팔고(売) 아침부터 계속 하는 족구

続

음 ぞく ▶ **続出** 속출 │ **継続** 계속 │ **持続** 지속 │ **接続** 접속 │ ★**続行** 속행

人との関係を持続するには何が必要ですか。
사람과의 관계를 지속하려면 무엇이 필요합니까?

훈 つづ(く), つづ(ける) ▶ **続く** 계속되다 │ **続ける** 계속하다 │ **手続き** 수속, 절차

2週間以内に手続きを完了させてください。 2주일 이내에 수속을 마쳐 주세요.

계속 속/이을 속(續)

총 13획 続 続 続 続 続 続 続 続 続 続 続 続 続

+ 完了させる 완료시키다, 마치다

□□ 0109　초4/N3

⌨ 고객의 마음(心)에 반드시 한 획(ノ)을 그을 장어덮밥

음 ひつ ▶ 必死 필사 | 必修品 필수품 | 必読 필독 | 必要 필요

彼は我が社に必要な人材です。 그는 우리 회사에 필요한 인재입니다.

훈 かなら(ず) ▶ 必ず 반드시, 꼭

必ず約束は守ってください。 반드시 약속은 지켜 주세요.

必

반드시 필

총 5획 　必 必 必 必 必

+ 守る 지키다

□□ 0110　초4/N3

⌨ 덮을(覀) 담요가 이 여성(女)에겐 요긴할 것이요

음 よう ▶ 要求 요구 | 要請 요청 | 要望 요망 | 重要 중요 | 必要 필요

重要な会議に参加しました。 중요한 회의에 참석했습니다.

훈 い(る), かなめ ▶ 要る 필요하다 | 要 가장 중요한 것 또는 인물, 요점

彼女はうちのチームの要です。 그녀는 우리 팀의 가장 중요한 인물입니다.

要

요긴할 요

총 9획 　要 要 要 要 要 要 要 要 要

□□ 0111　초3/N3

⌨ 돌이킬 수 없는 운명의 언덕(厂)에서 또(又) 반항

음 はん, ほん, たん ▶ 反省 반성 | 反応 반응 | 違反 위반 | 謀反 모반 | 反物 옷감

相手の反応を見ることにしました。 상대방의 반응을 보기로 했습니다.

훈 そ(る), そ(らす) ▶ 反る 휘다 | 反らす 돌리다, 뒤로 젖히다

気まずくて視線を反らしてしまった。 민망해서 시선을 돌려버렸다.

反

돌이킬 반

총 4획 　反 反 反 反

+ 気まずい 민망하다

□□ 0112　초5/N3

⌨ 실(糸)로 짠 색색(色)의 옷감을 끊을 때 후회했다

음 ぜつ ▶ 絶好 절호 | 絶対 절대 | 絶妙 절묘 | 拒絶 거절 | 謝絶 사절

面会謝絶で会えませんでした。 면회 사절로 못 만났습니다.

훈 た(える), た(つ), た(やす) ▶ 絶える 끊어지다 | 絶つ 끊다, 자르다 | 絶やす
끊다, 없애다 | 途絶える 끊어지다, 두절되다

彼との連絡を絶ちました。 그와의 연락을 끊었습니다.

絶

끊을 절

총 12획 　絶 絶 絶 絶 絶 絶 絶 絶 絶 絶 絶

⌨ 사람(𠂉)이 대(大)성하여 잃을 것이 없는데 왜 우시나

失

잃을 실

🔊 しつ ▶ **失敗** 실패, 실수 | **失恋** 실연 | **遺失物** 유실물 | **過失** 과실 | **損失** 손실

人間関係で失敗しないコツは何ですか。
인간관계에서 실패하지 않는 요령은 무엇입니까?

🔊 うしな(う) ▶ **失う** 잃다, 상실하다 | **見失う** (시야에서) 놓치다, 잃다

大切な存在を失わないようにしましょう。 소중한 존재를 잃지 않도록 합시다.

총 5획 　失 失 失 失 失

⌨ 망할(亡) 나라를 위해 달(月)과 북방(壬)을 보며 바랄 소원이 있나 보우

望

바랄 망

🔊 ぼう, もう ▶ **望遠鏡** 망원경 | **希望** 희망 | **失望** 실망 | **絶望** 절망 | **展望** 전망 | **本望** 본래 희망

絶望的な状況を乗り越えました。 절망적인 상황을 극복했습니다.

🔊 のぞ(む) ▶ **望む** 원하다, 바라보다 | **望み** 소원, 희망, 전망

私が君に望むのはただ幸せに生きることだ。
내가 네게 바라는 것은 단지 행복하게 사는 것이다.

총 11획 　望 望 望 望 望 望 望 望 望 望 望

⌨ 양 문(門) 사이의 2단 상자(日)에 있는 애는 내 아이다

間

사이 간

🔊 かん, けん ▶ **間接** 간접 | **時間** 시간 | **世間** 세간 | ★**人間** 인간

間接的な表現を用いてください。 간접적인 표현을 사용해 주세요.

🔊 あいだ, ま ▶ **間** 사이, 동안 | **間に合う** 제시간에 대다 | **間違う** 틀리다

いつの間にか親しくなりました。 어느새 친해졌습니다.

총 12획 　間 間 間 間 間 間 間 間 間 間 間 間

＋ **用いる** 사용하다, 쓰다 | **いつの間にか** 어느새, 어느새인가

⌨ 행사 관계자가 웃으며(㡭) 문(門) 앞에서 추는 캉캉 댄스

関

관계할 관(關)

🔊 かん ▶ **関係** 관계 | **関心** 관심 | **関連** 관련 | **関する** 관하다 | **機関** 기관 | **玄関** 현관 | **税関** 세관

信頼関係を損なわないようにしましょう。
신뢰 관계를 손상시키지 않도록 합시다.

🔊 かか(わる), せき ▶ **関わる** 관계되다, 관련되다 | **関所** 관문

新規事業に深く関わることになった。 신규 사업에 깊이 관여하게 되었다.

총 14획 　関 関 関 関 関 関 関 関 関 関 関 関 関 関

＋ **損なう** 손상시키다 | **深く** 깊게

0117 초4/N3

⌨ 귀(耳)에 대고 또(又) 가로되(曰) 가장 친한 사이

最

가장 **최**

🔊 **さい** ▶ 最近 최근 | 最後 최후 | 最高 최고 | 最初 최초 | 最新 최신 | 最大 최대

それが日本との関係における最大の効果です。
그것이 일본과의 관계에 있어서 최대 효과입니다.

🔊 **もっと(も)** ▶ 最も 가장, 제일

彼はクラスの中で最も仲の良い友達です。
그는 우리 반 중에서 가장 사이 좋은 친구입니다.

총 12획　最 最 最 最 最 最 最 最 最 最 最 最

+ ～における ～에 있어

0118 초5/N3

⌨ 말한(言) 대로 상황이 허락할 때 낮(午)에 출발할꺼?

許

허락할 **허**

🔊 **きょ** ▶ 許可 허가 | 許諾 허락 | 許容 허용 | 特許 특허 | 免許 면허

外出許可を取って会いに行きました。 외출 허가를 받고 만나러 갔습니다.

🔊 **ゆる(す)** ▶ 許す 허락하다, 용서하다

時間の許す限り、あなたと一緒にいたい。
시간이 허락하는 한, 당신과 함께 있고 싶다.

총 11획　許 許 許 許 許 許 許 許 許 許 許

+ 동사 + 限り ～하는 한

0119 초3/N3

⌨ 말씀(言)을 듣고 불(火)꽃 튀는 신경전을 벌인 담화

談

말씀 **담**

🔊 **だん** ▶ 談判 담판 | 談話 담화 | 会談 회담 | 冗談 농담 | 相談 상담

まず先輩に相談してみます。 우선 선배님께 상담해 보겠습니다.

ここで首脳会談が行われました。 여기에서 정상(수뇌) 회담이 실시되었습니다.

총 15획　談 談 談 談 談 談 談 談 談 談 談 談 談

+ 行われる 실시되다[行う의 수동형]

0120 초5/N3

⌨ 쉬엄쉬엄 가서(辶) 보면 밑동(啇)의 크기가 딱 맞을 거야

適

맞을 **적(適)**

🔊 **てき** ▶ 適応 적응 | 適切 적절 | 適当 적당함 | 快適 쾌적함 | 最適 최적

家庭的な雰囲気なので、すぐに適応できました。
가정적인 분위기여서 바로 적응할 수 있었습니다.

適切な対応が必要だと思います。 적절한 대응이 필요하다고 생각합니다.

총 14획　適 適 適 適 適 適 適 適 適 適 適 適 適 適

進

나아갈 진(進)

⌨ 쉬엄쉬엄 가서(辶) 새(隹)장을 산 후, 나아갈 방향 신호

🔊 しん ▸ 進化 진화 ｜ 進学 진학 ｜ 前進 전진 ｜ 先進国 선진국 ｜ 昇進 승진 ｜
促進 촉진

先進国との関係を深めました。　선진국과의 관계를 돈독히 했습니다.

🔊 すす(む), すす(める) ▸ 進む 나아가다, 전진하다 ｜ 進める 앞으로 나아가게 하다

ワークショップを円滑に進めてください。　워크숍을 원활하게 진행해 주세요.

[총 11획] 進 進 進 進 進 進 進 進 進 進 進

＋ 深める 깊게 하다, 돈독히 하다 ｜ ワークショップ(workshop) 워크숍 ｜ 円滑だ 원활하다

取

가질 취

⌨ 귀(耳)에 들린 대로 말하면 또(又) 가질 수 있슈

🔊 しゅ ▸ 取材 취재 ｜ 取得 취득 ｜ 採取 채취 ｜ 先取 선취

ある事件について取材しました。　어떤 사건에 대해서 취재했습니다.

🔊 と(る) ▸ 取る 취하다, 잡다, 따다 ｜ 取り消し 취소 ｜ 取り除く 제거하다, 없애다

心理カウンセラーの資格を取りました。　심리 상담사 자격(증)을 땄습니다.

[총 8획] 取 取 取 取 取 取 取 取

＋ カウンセラー(counselor) 상담사, 카운슬러 ｜ 資格を取る 자격(증)을 따다(취득하다)

協

화합할 협

⌨ 십(十)자로에서 세 명이 힘(力)을 모아 화합할꺼

🔊 きょう ▸ 協議 협의 ｜ 協定 협정 ｜ 協同 협동 ｜ 協力 협력 ｜ 妥協 타협

ご協力をお願いします。　많은 협조 부탁드립니다.
それは妥協の余地がありませんね。　그것은 타협의 여지가 없네요.

[총 8획] 協 協 協 協 協 協 協 協

収

거둘 수(收)

⌨ 또(又) 얽힐(丩) 수 있어도 유종의 미를 거둘 수 있어

🔊 しゅう ▸ 収穫 수확 ｜ 収入 수입 ｜ 収納 수납 ｜ 吸収 흡수 ｜ 減収 감수 ｜
領収証 영수증

彼は収入の全額を寄付したようです。　그는 수입의 전액을 기부한 것 같습니다.

🔊 おさ(まる), おさ(める) ▸ 収まる 수습되다, 원만해지다, 해결되다 ｜ 収める 거두다,
얻다, 성과를 올리다

ビジネスで成功を収めました。　비즈니스에서 성공을 거뒀습니다.

[총 4획] 収 収 収 収

＋ ～ようです ~인 것 같습니다 ｜ ビジネス(business) 비즈니스, 일, 사업

0125 　초4/N2

競

다툴 경

⌨ 서(立) 있는 형(兄) 두 명이 다툴 땐 한쪽이 KO

음 **きょう, けい** ▶ **競技** 경기 | **競争** 경쟁 | **競走** 경주 | **競売** 경매 | **競馬** 경마

競争社会のメリットについて考えました。
경쟁 사회의 장점에 대해 생각했습니다.

훈 **きそ(う), せ(る)** ▶ **競う** 경쟁하다, 다투다, 겨루다 | **競る** 다투다, 경쟁하다, 서로 다투어 값을 매기다 | **競い合う** 서로 경쟁하다, 힘쓰다

リレー競技で競い合うことになりました。
릴레이 경기에서 경쟁하게 되었습니다.

[총 20획] 競

+ メリット(merit) 메리트, 장점

0126 　초6/N1

敵

대적할 적

⌨ 밑부분(啇)을 치면(攵) 대적할 수가 없어

음 **てき** ▶ **敵意** 적의 | **敵国** 적국 | **敵視** 적시(적대시) | **強敵** 강적 | **無敵** 무적

彼女は私を敵視しています。 그녀는 저를 적대시합니다.

훈 **かたき** ▶ **敵** 원수, 적 | **敵役** 악역

彼は敵役専門の俳優です。 그는 악역 전문 배우입니다.

[총 15획] 敵 敵 敵 敵 敵 敵 敵 敵 敵 敵 敵 敵 敵 敵 敵

0127 　초4/N2

改

고칠 개

⌨ 몸(己)을 쳐서(攵)라도 나쁜 습관을 고칠 수 있을까

음 **かい** ▶ **改革** 개혁 | **改札口** 개찰구 | **改正** 개정 | **改善** 개선 | **改造** 개조

関係の改善に努めてください。 관계 개선에 힘써 주세요.

훈 **あらた(まる), あらた(める)** ▶ **改まる** 고쳐지다, 달라지다 | **改める** 고치다, 바꾸다

期日を改めてご連絡します。 기일을 다시 변경해서 연락드리겠습니다.

[총 7획] 改 改 改 改 改 改 改

+ 努める 힘쓰다, 노력하다

0128 　초6/N1

障

막을 장

⌨ 언덕(阝)에 서서(立) 일찍(早)부터 막을 벽돌을 사와

음 **しょう** ▶ **障害** 장애 | **障壁** 장벽 | **故障** 고장 | **保障** 보장

障害者を助けるボランティアをしています。
장애인을 돕는 자원봉사를 하고 있습니다.

훈 **さわ(る)** ▶ **障る** 방해가 되다, 지장이 있다 | **目障り** 눈에 거슬림, 보는 데 장애가 됨

あの人の行動はたまに目障りな時がある。
저 사람의 행동은 가끔 (눈에) 거슬릴 때가 있다.

[총 14획] 障 障 障 障 障 障 障 障 障 障 障 障 障 障

⌨ 집(宀)의 대나무 문 마디마디(寸)를 잘 지킬 수 있어

🔊 しゅ, す ▶ 守備 수비 ｜ 厳守 엄수 ｜ 保守 보수 ｜ 留守 부재중

一人で留守番することになりました。 혼자서 집을 지키게 되었습니다.

🔊 まも(る), も(り) ▶ 守る 지키다 ｜ 見守る 지켜보다 ｜ 守り 지킴, 지킴이, 지기

彼のことは優しく見守ってあげてください。 그는 다정하게 지켜봐 주세요.

총 6획 守守守守守守

守
지킬 수

⌨ 말한(言) 대로 풀(艹)숲에 새(隹)집을 또(又) 만드는 일을 도울 것이고

🔊 ご ▶ 看護 간호 ｜ 救護 구호 ｜ 警護 경호 ｜ 弁護 변호 ｜ 保護 보호

彼女は人権弁護士になりたがっています。
그녀는 인권 변호사가 되고 싶어 합니다.

迷子の子供を保護しました。 길 잃은 아이를 보호했습니다.

총 20획 護護護護護護護護護護護護護護護護護護護護

護
도울 호

＋ 人権 인권 ｜ 迷子 미아, 일행에서 떨어짐

⌨ 활(弓) 쏘기에서 장(長)수왕이 만찬을 베풀었죠

🔊 ちょう ▶ 拡張 확장 ｜ 緊張 긴장 ｜ 誇張 과장 ｜ 主張 주장 ｜ 出張 출장 ｜
膨張 팽창

彼の主張は説得力があります。 그의 주장은 설득력이 있습니다.

🔊 は(る) ▶ 張る 덮이다, 뻗다, 펼치다 ｜ 欲張り 욕심쟁이

欲張りすぎるといいことはありませんよ。 너무 욕심부리면 좋을 게 없어요.

총 11획 張張張張張張張張張張張

張
베풀 장

＋ 欲張りすぎる 너무(지나치게) 욕심내다

⌨ 마음 놓을 곳 없어 방향(方) 잃고 가슴 치는(攵) 그녀가 화났으려나

🔊 ほう ▶ 放心 방심 ｜ 放送 방송 ｜ 放置 방치 ｜ 解放 해방 ｜ 追放 추방

放送関係者から連絡が来ました。 방송 관계자로부터 연락이 왔습니다.

🔊 はな(す), はな(つ), はな(れる), ほう(る) ▶ 放す 풀어 주다 ｜ 放つ 놓아주다,
추방하다 ｜ 放れる 풀리다 ｜ 放る 던지다, 방치하다

公園でペットを放し飼いにしないでください。
공원에서 애완동물을 풀어놓지 마세요.

총 8획 放放放放放放放放

放
놓을 방

＋ 放し飼い 방목, 아이들을 방임함 ｜ ～ないでください ～하지 마세요

□□ 0133　초5/N1

⌨ 집(广)에서 마음(心)의 안정을 취한 후 대답에 응할 것이오

応

응할 응(應)

음 おう ▶ **応援** 응원 ｜ **応対** 응대 ｜ **応用** 응용 ｜ **応じる** 응하다 ｜ **対応** 대응
★**反応** 반응

応援メッセージを送りました。 응원 메시지를 보냈습니다.

훈 こた(える) ▶ **応える** 대답하다, 응답하다

期待に**応え**られるよう**頑張**ります。 기대에 부응할 수 있도록 노력하겠습니다.

총 7획 応 応 応 応 応 応 応

□□ 0134　초5/N3

⌨ 손님을 초대할 때는 손(扌)으로 부르쇼(김)

招

초대할 초/부를 초

음 しょう ▶ **招集** 초집, 소집 ｜ **招請** 초청 ｜ **招待** 초대 ｜ **招致** 초지, 초청하여 오게 함 ｜ **招聘** 초빙

先輩から**招待状**をもらいました。 선배한테 초대장을 받았습니다.

훈 まね(く) ▶ **招く** 초대하다, 부르다

結婚披露宴に**招**かれました。 결혼식 피로연에 초대받았습니다.

총 8획 招 招 招 招 招 招 招 招

＋ **招**かれる 초대받다[**招**く의 수동형]

□□ 0135　초6/N3

⌨ 정하지 못하고(𠂊) 의심할 땐 마(マ)이크 두 짝(疋) 잡고 웃다 가기

疑

의심할 의

음 ぎ ▶ **疑心** 의심 ｜ **疑念** 의념, 의심스러운 생각 ｜ **疑問** 의문 ｜ **疑惑** 의혹 ｜ **容疑** 용의

彼は**詐欺疑惑**を**否定**しています。 그는 사기 혐의를 부정하고 있습니다.

훈 うたが(う) ▶ **疑う** 의심하다

容疑者として**疑**われています。 용의자로 의심받고 있습니다.

총 14획 疑 疑 疑 疑 疑 疑 疑 疑 疑 疑 疑 疑 疑 疑

＋ **疑**われる 의심받다[**疑**う의 수동형]

□□ 0136　초5/N3

⌨ 돌(石) 옆의 학(寉)을 보며 굳은 다짐

確

굳을 확

음 かく ▶ **確執** 확집 ｜ **確実** 확실 ｜ **確定** 확정 ｜ **確認** 확인 ｜ **正確** 정확

遺伝子検査の**結果**、**親子関係**が**確認**された。
유전자 검사 결과, 친자 관계가 확인되었다.

훈 たし(か), たし(かめる) ▶ **確か** 확실함, 정확함 ｜ **確かめる** 확인하다

事実かどうか**確**かめてみる**必要**があります。
사실인지 아닌지 확인해 볼 필요가 있습니다.

총 15획 確 確 確 確 確 確 確 確 確 確 確 確 確 確 確

읽기 다음 한자를 히라가나로 쓰세요.

01 感動 → _____

02 想像 → _____

03 仲間 → _____

04 相談 → _____

05 適応 → _____

06 改札口 → _____

쓰기 밑줄 친 히라가나를 한자로 쓰세요.

07 この感動的な小説は長年あいされています。 → _____

08 こころを込めてプレゼントを選びました。 → _____

09 彼はクラスの中でもっとも仲の良い友達です。

→ _____

10 今度の試合の対戦あいてが決まりました。 → _____

듣기 다음 문장을 듣고 빈칸을 채우세요.

Track06

11 あなたには_____友達がいますか。

12 _____ゆっくり話してください。

13 _____約束は守ってください。

14 _____会議に参加しました。

01 彼女は試験に合格して喜んでいます。

　① よろんで　　　② よろこんで　　　③ うれしんで　　　④ こんで

02 彼女の笑顔を見て嬉しくなりました。

　① えかお　　　　② わらがお　　　　③ えがお　　　　④ えがん

03 彼女との記念日を忘れてしまった。

　① すぐれて　　　② わかれて　　　　③ われて　　　　④ わすれて

04 人との関係を持続するには何が必要ですか。

　① じそく　　　　② じぞく　　　　　③ ちそく　　　　④ ちぞく

05 いつの間にか親しくなりました。

　① ま　　　　　　② もん　　　　　　③ かん　　　　　④ ぶん

06 きぼうを持って乗り越えましょう。

　① 希望　　　　　② 希亡　　　　　　③ 希忘　　　　　④ 希盲

07 きょうそう社会のメリットについて考えました。

　① 協奏　　　　　② 競走　　　　　　③ 競争　　　　　④ 戦争

08 心理カウンセラーの資格をとりました。

　① 取りました　　② 撮りました　　　③ 練りました　　④ 乗りました

09 先輩からしょうたいじょうをもらいました。

　① 招持常　　　　② 年賀状　　　　　③ 招待状　　　　④ 正体状

10 関係のかいぜんに努めてください。

　① 開善　　　　　② 海前　　　　　　③ 改宣　　　　　④ 改善

DAY · SUBJECT

05 | 신체

頭(あたま)
아~ 타마 💡같은 머리

目(め)
넌 참 눈매가 예쁘구나

耳(みみ)
귀에 미미하게 들린다

鼻(はな)
코는 하나 있지

口(くち)
내 입은 명품 구찌

手(て)
야! 손 테!

足(あし)
아시, 다리 아파

단어 복습 퀴즈 다음 한자를 바르게 읽은 것을 고르세요.

1 首相 ▶ ⓐ しゅしょう　ⓑ しゅうしょう

2 理解 ▶ ⓐ りかい　ⓑ いかい

3 親切 ▶ ⓐ しんせつ　ⓑ しんせき

4 反応 ▶ ⓐ はんおう　ⓑ はんのう

5 失敗 ▶ ⓐ しっぱい　ⓑ しつぱい

6 最近 ▶ ⓐ さいきん　ⓑ さいこう

7 免許 ▶ ⓐ めんきょう　ⓑ めんきょ

8 協力 ▶ ⓐ きょうりょく　ⓑ ぎょりょく

정답 1 ⓐ 2 ⓐ 3 ⓐ 4 ⓑ 5 ⓐ 6 ⓐ 7 ⓑ 8 ⓐ

□□ 0137　초1/N3　⌨ 귀에 미미하게 들린다

耳

귀 이

음 じ ▶ 耳鼻咽喉科 이비인후과(=耳鼻科) | 耳鳴 이명 | 耳目 이목

耳鼻咽喉科は何時までですか。 이비인후과는 몇 시까지입니까?

훈 みみ ▶ 耳 귀 | 初耳 초문, 처음 들음

お父さんの耳とそっくりですね。 아버지 귀와 꼭 닮았네요.

[총 6획] 耳 耳 耳 耳 耳 耳

+ そっくり 꼭 닮음

□□ 0138　초1/N4　⌨ 넌 참 눈매가 예쁘구나

目

눈 목

음 もく ▶ 科目 과목 | 注目 주목 | 目次 목차 | 目的 목적 | 目標 목표

10キロ痩せるという目標を達成しました。

10킬로그램을 뺀다는 목표를 달성했습니다.

훈 め, ま ▶ 目 눈 | 目上 손윗사람 | 一つ目 첫 번째 | 目覚まし時計 자명종 시계 |

目の当たり 눈앞, 목전

その子は目が大きくてかわいいです。 그 아이는 눈이 크고 귀엽습니다.

[총 5획] 目 目 目 目 目

□□ 0139　초1/N4　⌨ 내 입은 명품 구찌

口

입 구

음 こう, く ▶ 口座 계좌 | 人口 인구 | 口調 어조

彼は強い口調で怒った。 그는 강한 어조로 화냈다.

훈 くち ▶ 口 입 | 一口 한 입, 한 모금 | 口紅 립스틱 | ★入口 입구 | ★出口 출구

彼は1番出口の前で腕を組んでいます。

그는 1번 출구 앞에서 팔짱을 끼고 있습니다.

[총 3획] 口 口 口

+ 怒る 화내다 | 腕を組む 팔짱을 끼다

□□ 0140　초3/N2　⌨ 코는 하나 있지

鼻

코 비

음 び ▶ 鼻炎 비염 | 鼻音 비음 | 耳鼻咽喉科 이비인후과

アレルギー性鼻炎に効果の高い薬です。 알레르기성 비염에 효과 좋은 약입니다.

훈 はな ▶ 鼻 코 | 鼻歌 콧노래 | 鼻血 코피 | 鼻水 콧물

熱もあるし、鼻水も出ます。 열도 있고, 콧물도 나옵니다.

[총 14획] 鼻 鼻 鼻 鼻 鼻 鼻 鼻 鼻 鼻 鼻 鼻 鼻 鼻 鼻

⌨ 야! 손 테!

🔊 しゅ ▶ **手術** 수술 ｜ **手話** 수화 ｜ **歌手** 가수 ｜ **選手** 선수

この間、手術を受けました。 얼마 전에 수술을 받았습니다.

🗣 て, た ▶ **手** 손 ｜ **手紙** 편지 ｜ **手袋** 장갑 ｜ **切手** 우표 ｜ **両手** 양손 ｜ **手繰る**
(양손으로 번갈아) 끌어당기다

両手を伸ばしてください。 양손을 펴 주세요.

총 4획 手 手 手 手

手

손 수

⌨ 아시, 다리 아파

🔊 そく ▶ **一足** 한 켤레, 한 발 ｜ **遠足** 소풍 ｜ **不足** 부족 ｜ ★**満足** 만족

寝不足のせいか、一日中眠いです。 잠이 부족한 탓인지 하루 종일 졸립니다.

🗣 あし, た(りる), た(る), た(す) ▶ **足** 발 ｜ **手足** 손발 ｜ **足りる** 충분하다 ｜ **足る**
만족하다, ~할 만하다 ｜ **足す** 더하다

歩きすぎて足が痛いです。 너무 많이 걸어서 다리가 아픕니다.

총 7획 足 足 足 足 足 足 足

足

발 족

+ ～のせいか ～의 탓인지 ｜ 一日中 하루 종일 ｜ 眠い 졸리다 ｜ 歩きすぎる 너무 많이 걷다[ます형 + すぎる]

⌨ 뚜껑(ノ) 있는 3단 서랍장(目) 몸(통)에 삐침(ノ)을 그어

🔊 しん ▶ **身体** 신체 ｜ **身長** 신장 ｜ **出身** 출신 ｜ **心身** 심신 ｜ **全身** 전신

去年より身長が10センチ伸びました。 작년보다 신장이 10센티 자랐습니다.

🗣 み ▶ **身** 몸, 신체, 자신 ｜ **身分** 신분 ｜ **中身** 내용물

彼女はいつもスカーフを身につけている。
그녀는 항상 스카프를 몸에 걸치고 있다.

총 7획 身 身 身 身 身 身 身

身

몸 신

+ 伸びる 자라다, 발전하다

⌨ 이 사람(イ)이 책(本)을 보고 몸소 만든 넥타이

🔊 たい, てい ▶ **体育** 체육 ｜ **体重** 체중 ｜ **体力** 체력 ｜ **身体** 신체 ｜ **体裁** 체재

彼は体育の先生です。 그는 체육 선생입니다.

🗣 からだ ▶ **体** 몸 ｜ **体付き** 몸매, 체격

偏食は体に悪いです。 편식은 몸에 안 좋습니다.

体

몸 체(體)

총 7획 体 体 体 体 体 体 体

0145 초2/N3

⌨ 머리에 풀잎(⺧)을 스스로(自) 단 아이의 뚜렷한 이목구비

首

머리 수

음 しゅ ▶ 首相 수상 | 首席 수석 | 首都 수도 | 自首 자수

首相の腰痛はよくなったそうです。 수상의 허리 통증은 좋아졌다고 합니다.

훈 くび ▶ 首 목 | 足首 발목 | 手首 손목

首が痛くて病院へ行ってきました。 목이 아파서 병원에 갔다 왔습니다.

총 9획 首首首首首首首首首

+ 腰痛 허리 통증, 요통

0146 초2/N3

⌨ 아~ 타마 같은 머리

頭

머리 두

음 とう, ず, と ▶ 先頭 선두 | 頭巾 두건 | 頭痛 두통 | 頭脳 두뇌
★音頭 선창, 선도 ★船頭 선장, 뱃사공

頭が痛いなら、この頭痛薬を飲んでみてください。
머리가 아프면 이 두통약을 먹어 보세요.

훈 あたま, かしら ▶ 頭 머리 | 頭 우두머리 | 頭書き 서두의 말 | 頭文字 머리글자

その学生は頭はいいけど、あまり勉強しません。
그 학생은 머리는 좋지만 별로 공부하지 않습니다.

총 16획 頭頭頭頭頭頭頭頭頭頭頭頭頭頭頭頭

+ 〜なら 〜라면

0147 초2/N2

⌨ 세(彡) 개의 숨은(乚) 머리털을 너에게 보여줄게

毛

털 모

음 もう ▶ 毛髪 모발 | 毛布 담요 | 増毛 증모 | 羊毛 양모

健康な毛髪を保っています。 건강한 모발을 유지하고 있습니다.

훈 け ▶ 毛 털 | 毛糸 털실 | 髪の毛 머리카락, 머리털 ★眉毛 눈썹

姉に髪の毛を結んでもらいました。 언니(누나)가 머리를 묶어 주었습니다.

총 4획 毛毛毛毛

+ 結ぶ 묶다

0148 초3/N3

⌨ 생산 중지된(止) 쌀통(凵)의 쌀(米)밥을 먹고 나서 이가 하얘요

歯

이 치(齒)

음 し ▶ 歯科 치과 | 歯石 치석 | 乳歯 유치 | 抜歯 발치

息子は今年歯科大学を卒業します。 아들은 올해 치과 대학을 졸업합니다.

훈 は ▶ 歯 이(빨) | 歯医者 치과, 치과 의사 ★虫歯 충치

虫歯を抜きに歯医者に行った。 충치를 뽑으러 치과에 갔다.

총 12획 歯歯歯歯歯歯歯歯歯歯歯歯

+ 抜きに行く 뽑으러 가다

眼

□□ 0149　초5/N1

⌨ 눈(目)동자 굴리는 것을 그치자(艮) 밝게 보이는 눈

🔊 がん, げん ▶ 眼科 안과 | 眼球 안구 | 近眼 근시 | 老眼 노안 | 開眼 개안[불교]

父は昨日眼科で手術を受けた。 아버지는 어제 안과에서 수술을 받았다.

🔊 まなこ ▶ 眼 눈, 눈동자 | 血眼 혈안 | ★眼鏡 안경

先生は眼鏡をかけてスーツを着ています。

선생님은 안경을 쓰고 정장을 입고 있습니다.

총 11획 眼 眼 眼 眼 眼 眼 眼 眼 眼 眼 眼

+ 手術を受ける 수술을 받다 | 眼鏡をかける 안경을 쓰다 | スーツを着る 정장을 입다

눈 안

舌

□□ 0150　초6/N1

⌨ 천(千) 개의 솜사탕을 입구(口)에서 혀끝에 대니 맛있다

🔊 ぜつ ▶ 口舌・口舌 구설 | 毒舌 독설 | 筆舌 필설[글과 말] | 弁舌 언변
★舌戦 설전, 말다툼

彼は毒舌で有名です。 그는 독설로 유명합니다.

🔊 した ▶ 舌 혀 | 舌先 언변, 감언이설 | 猫舌 뜨거운 것을 잘 못 먹는 것 또는 그런 사람

私は猫舌です。 저는 뜨거운 것을 잘 못 먹습니다.

총 6획 舌 舌 舌 舌 舌 舌

혀 설

背

□□ 0151　초6/N3

⌨ 북쪽(北)에 놓인 고기(月)를 보다가 등을 돌리세

🔊 はい ▶ 背筋力 배근력 | 背景 배경 | 背後 배후 | 背信 배신

背筋力を測定しました。 배근력을 측정했습니다.

🔊 せ, せい, そむ(く), そむ(ける) ▶ 背 키 | 背中 등 | 背広 양복 | 背格好・
背格好 몸집 | 背く 등지다 | 背ける 외면하다. (눈길을) 돌리다. 등지다

彼は背が高くて男らしいタイプです。 그는 키가 크고 남자다운 타입입니다.

총 9획 背 背 背 背 背 背 背 背 背

등 배/배반할 배

腹

□□ 0152　초6/N3

⌨ 다시(复) 고기(月)의 배 부분을 잡고 기도하라

🔊 ふく ▶ 腹痛 복통 | 腹部 복부 | 空腹 공복

空腹を満たしてくれる飲み物です。 공복을 채워 주는 음료입니다.

🔊 はら ▶ 腹 배, 복부 | 腹が立つ 화가 나다 | 腹を割る 본심을 털어놓다 | 腹黒い
속이 검다. 엉큼하다

腹を割って話せる親友です。 속마음을 터놓고 이야기할 수 있는 친한 친구입니다.

총 13획 腹 腹 腹 腹 腹 腹 腹 腹 腹 腹 腹 腹

배 복

+ 話せる 이야기할 수 있다[話す의 가능형] | 親友 친한 친구

56

0153 초3/N3

면 낮 면

⌨ 선반(一)에 이어진(ノ) 네모난(口) 사다리(目)에서 낯가리며 먹는 라멘

음 **めん** ▶ 面会 면회 | 面倒 귀찮음 | 画面 화면 | 紙面 지면 | 正面 정면

正面から見たら足が長く見える。 정면에서 보면 다리가 길어 보인다.

훈 **おも, おもて, つら** ▶ 面影 모습 | 面 얼굴, 표면 | 泣き面 울상

彼の面影を急に思い出しました。 그의 모습을 갑자기 떠올렸습니다.

총 9획 面 面 面 面 面 面 面 面 面

+ 〜たら 〜하면[가정형] | 急に 갑자기 | 思い出す 떠올리다

0154 초5/N3

용 얼굴 용

⌨ 집(宀) 앞 골짜기(谷)에서 얼굴을 씻는 뉴욕커

음 **よう** ▶ 容器 용기 | 容認 용인 | 形容 형용 | 内容 내용 | 美容 미용

解剖学の授業内容をノートに書きなさい。

해부학 수업 내용을 노트에 쓰세요.

美容室で前髪を切りました。 미용실에서 앞머리를 잘랐습니다.

총 10획 容 容 容 容 容 容 容 容 容 容

+ 切る 자르다[예외 5단 동사]

0155 초2/N3

안 얼굴 안

⌨ 얼굴이 큰 선비(彦)는 머리(頁) 흔들며 어디 가오

음 **がん** ▶ 顔色・顔色 안색, 얼굴색 | 洗顔 세안 | 童顔 동안 | 老顔 노안

Mさんは年の割に童顔ですね。 M씨는 나이에 비해 동안이네요.

훈 **かお** ▶ 顔 얼굴 | 顔立ち 이목구비, 생김새 | ★笑顔 웃는 얼굴

笑顔で楽しく過ごしています。 웃는 얼굴로 즐겁게 지내고 있습니다.

총 18획 顔 顔 顔 顔 顔 顔 顔 顔 顔 顔 顔 顔 顔 顔 顔 顔 顔 顔

+ 〜の割に 〜에 비해

0156 초5/N2

액 이마 액

⌨ 집(宀)에서 각자(各) 머리(頁)와 이마를 맞대고 가끔 논다

음 **がく** ▶ 金額 금액 | 差額 차액 | 残額 잔액 | 半額 반액, 반값 | 額縁 액자

目にいいサプリは今日まで半額です。 눈에 좋은 영양제는 오늘까지 반값입니다.

훈 **ひたい** ▶ 額 이마

額に手を当てて熱を測りました。 이마에 손을 대고 열을 쟀습니다.

총 18획 額 額 額 額 額 額 額 額 額 額 額 額 額 額 額 額 額 額

+ サプリ(＝サプリメント) 영양제, 보충제 | 手を当てる 손을 대다(얹다) | 熱を測る 열을 재다

⌨ 멀리(冂) 하나(一)의 구멍을 뚫어(丨) 뼈 사이의 살(骨)을 바르네

骨

음 こつ ▶ 骨格 골격 | 納骨 납골 | ★骨子 골자 | ★骨折 골절

交通事故で足を骨折しました。 교통사고로 다리가 골절되었습니다.

훈 ほね ▶ 骨 뼈 | 骨身 몸

骨を丈夫にする食べ物は何ですか。 뼈를 튼튼하게 하는 음식은 무엇입니까?

뼈 골

총 10획　骨骨骨骨骨骨骨骨骨骨

+ 丈夫にする 튼튼히 하다

⌨ 고기(月)를 작은(⺍) 화로(凵)에서 구우면 안 돼(X), 골치 아파 NO!

脳

음 のう ▶ 脳 뇌 | 脳出血 뇌출혈 | 脳波 뇌파 | 頭脳 두뇌

脳の健康状態がすぐわかります。 뇌의 건강 상태를 바로 알 수 있습니다.

脳波で動かすロボットです。 뇌파로 움직이는 로봇입니다.

골 뇌(腦)

총 11획　脳脳脳脳脳脳脳脳脳脳脳

+ 動かす 움직이(게 하)다

⌨ 밭(田)에서 고기(月)를 먹었는데 위가 아프다는 아이

胃

음 い ▶ 胃 위 | 胃炎 위염 | 胃癌 위암 | 胃薬 위장약 | 胃腸 위장

胃がもたれたので、何も食べなかった。 체해서 아무것도 못 먹었다.

胃薬はあそこのコーナーにあります。 위장약은 저쪽 코너에 있습니다.

밥통 위/위 위

총 9획　胃胃胃胃胃胃胃胃胃

+ 胃がもたれる 체하다

⌨ 고기(月) 옆에 감취져(蔵) 있는 것은 오장이죠

臓

음 ぞう ▶ 臓器 장기 | 肝臓 간장 | 心臓 심장 | 内臓 내장

この薬は心臓病にいいそうです。 이 약은 심장병에 좋다고 합니다.

お酒の飲みすぎは肝臓によくありません。
술을 너무 많이 마시는 것은 간장에 좋지 않습니다.

오장 장(臟)

총 19획　臓臓臓臓臓臓臓臓臓臓臓臓臓臓臓臓臓臓臓

+ 心臓病 심장병 | ～そうです ~라고 합니다[전문] | よくありません 좋지 않습니다[いい의 부정형]

□□ 0161 초6/N2

⌨ 몸(月) 굽혀 흉한(凶) 곳을 싸매니(勹) 가슴의 상처가 금방 아무네

胸

음 きょう ▶ **胸囲** 가슴둘레 | **胸部** 흉부 | **度胸** 담력, 배짱

胸囲を測りました。 가슴둘레를 잽니다.

훈 むね, むな ▶ **胸** 가슴 | **胸焼け** 가슴이 쓰리고 아픔 | **胸騒ぎ** (걱정으로) 가슴이 두근거림

突然胸がドキドキしました。 갑자기 가슴이 두근거렸습니다.

가슴 흉

총 10획 胸 胸 胸 胸 胸 胸 胸 胸 胸 胸

+ **突然** 갑자기 | **ドキドキ** 두근두근, 울렁울렁

□□ 0162 초6/N1

⌨ 허파와 고기(月)를 사러 시장(市)에 갔다가 친구랑 하이파이브

肺

음 はい ▶ **肺** 폐 | **肺炎** 폐렴 | **肺癌** 폐암 | **肺結核** 폐결핵

佐藤さんは肺炎で入院しました。 사토 씨는 폐렴으로 입원했습니다.

病院で肺癌患者をケアしている。 병원에서 폐암 환자를 케어하고 있다.

허파 폐

총 9획 肺 肺 肺 肺 肺 肺 肺 肺 肺

□□ 0163 초6/N1

⌨ 고기(月)의 창자를 볕(昜)이 잘 드는 곳에 두었죠

腸

음 ちょう ▶ **腸** 장 | **腸炎** 장염 | **胃腸** 위장 | **大腸** 대장 | **盲腸** 맹장

腸に良い野菜や果物を食べた方がいい。
장에 좋은 야채랑 과일을 먹는 편이 좋다.

腸炎のせいで、水しか飲めない。 장염 때문에 물밖에 못 마신다.

창자 장

총 13획 腸 腸 腸 腸 腸 腸 腸 腸 腸 腸 腸 腸 腸

+ **~た方がいい** ~하는 편이 좋다 | **~のせいで** ~때문에 | **~しか + 부정** ~밖에 ~하지 않다

□□ 0164 초3/N3

⌨ 손(扌)으로 뜻(旨)을 가리킬 때 쓰이는 지시대명사

指

음 し ▶ **指揮** 지휘 | **指示** 지시 | **指定** 지정 | **指名** 지명 | **指紋** 지문

指紋認証をしてください。 지문 인증을 해 주세요.

훈 ゆび, さ(す) ▶ **指** 손가락 | **指輪** 반지 | **親指** 엄지손가락 | **小指** 새끼손가락 |

指す 가리키다

記念日にもらった指輪が指に合わない。
기념일에 받은 반지가 손가락에 안 맞는다.

가리킬 지

총 9획 指 指 指 指 指 指 指 指 指

06 | 건강, 운동

Track08

血(ち)
뚜껑 있는 그릇을
깨뜨려 손에서 피가 났지

泳(えい)
물에서 헤엄칠 때 호흡이
길어서 결과는 A

動(どう)
무거운 차를 움직일 때
힘쓰는 행사 도우미

○○ 모터쇼

針(しん)
금색 실 십자수 세트에 포함된 바늘 심

단어 복습 퀴즈 다음 한자를 바르게 읽은 것을 고르세요.

1 出口 ▶ ⓐ でぐち　　ⓑ てくち
2 鼻水 ▶ ⓐ はなみず　ⓑ はなすい
3 選手 ▶ ⓐ せんしゅう ⓑ せんしゅ
4 足 ▶ ⓐ あし　　　ⓑ あじ

5 頭 ▶ ⓐ あたま　　ⓑ あだま
6 髪の毛 ▶ ⓐ がみのけ　ⓑ かみのけ
7 顔 ▶ ⓐ がお　　　ⓑ かお
8 指輪 ▶ ⓐ ゆびわ　　ⓑ ゆびは

정답 ⓐ 1 ⓐ 2 ⓑ 3 ⓐ 4 ⓐ 5 ⓑ 6 ⓑ 7 ⓐ 8

□□ 0165　초3/N4

病

병 병

⌨ 병들어(疒) 누울 땐 남쪽(丙)으로 눕는 게 아니야

🔊 びょう, へい ▶ **病院** 병원 ｜ **病気** 병 ｜ **病名** 병명 ｜ **仮病** 꾀병 ｜ ★**疾病** 질병

病院で治療を受けています。 병원에서 치료를 받고 있습니다.

🔊 や(む), やまい ▶ **病む** 앓다, 병들다 ｜ **病** 병, 결점

絵を見るだけで病が癒されるようです。

그림을 보는 것만으로도 병이 치유되는 것 같습니다.

총 10획 病 病 病 病 病 病 病 病 病 病

+ 治療を受ける 치료를 받다 ｜ 동사 + だけで ~하는 것만으로 ｜ 癒される 치유받다[癒す의 수동형]

□□ 0166　초6/N3

痛

아플 통

⌨ 병들어(疒) 누워 아플 땐 마(マ)를 먹으면 쓸모(用)가 있다이

🔊 つう ▶ **苦痛** 고통 ｜ **歯痛** 치통 ｜ **頭痛** 두통 ｜ **鎮痛** 진통 ｜ **腹痛** 복통

ドラッグストアで頭痛薬が買えます。 드러그스토어에서 두통약을 살 수 있습니다.

🔊 いた(い), いた(む), いた(める) ▶ **痛い** 아프다 ｜ **痛む** 아프다, 괴롭다 ｜ **痛める**

아프게 하다, 고통을 주다

腰が痛いなら横になって休んだ方がいい。

허리가 아프면 누워서 쉬는 편이 낫다.

총 12획 痛 痛 痛 痛 痛 痛 痛 痛 痛 痛 痛 痛

+ ドラッグストア(drugstore) 드러그스토어, (일용품을 함께 파는) 약국 ｜ ~なら ~라면 ｜ ~た方がいい ~하는 편이 좋다

□□ 0167　초3/N2

血

피 혈

⌨ 뚜껑(ノ) 있는 그릇(皿)을 깨뜨려 손에서 피가 났지

🔊 けつ ▶ **血圧** 혈압 ｜ **血液** 혈액 ｜ **献血** 헌혈 ｜ **受血** 수혈 ｜ ★**血管** 혈관

この薬は高血圧に効くそうです。 이 약은 고혈압에 잘 듣는다고 합니다.

🔊 ち ▶ **血** 피 ｜ **鼻血** 코피

鼻血が出てしまいました。 코피가 나와 버렸습니다.

총 6획 血 血 血 血 血 血

□□ 0168　초5/N2

圧

누를 압(壓)

⌨ 언덕(厂)에서 흙(土)바닥을 누를 때 지압 효과

🔊 あつ ▶ **圧力** 압력 ｜ **強圧** 강압 ｜ **血圧** 혈압 ｜ **指圧** 지압 ｜ ★**圧縮** 압축

ここに座って血圧を測ってください。 여기에 앉아서 혈압을 재 주세요.

このスリッパは指圧効果もあります。 이 슬리퍼는 지압 효과도 있습니다.

총 5획 圧 圧 圧 圧 圧

+ ~に座る ~에 앉다 ｜ 測る 재다, 측정하다

⌨ 이 사람(イ)과 저 사람(ヽ)은 다칠 수 있으니 아침(旦)부터 일 시키지 마쇼(勿)

傷

다칠 상

🔊 しょう ▶ **傷害** 상해 | **外傷** 외상 | **重傷** 중상 | **負傷** 부상

その選手は負傷してすぐに病院に運ばれました。
그 선수는 부상 후 바로 병원에 옮겨졌습니다.

🔊 きず, きず(つく), きず(つける), いた(む), いた(める) ▶ **傷** 상처, 흉터 |
傷跡 상처 자국, 흉터 | **傷口** 상처, 흠집 | **傷つく** 다치다 | **傷つける** 상처를 입히다
| **傷む** 아프다, 고통스럽다 | **傷める** 아프게 하다

言葉で人を傷つけないでください。 말로 남에게 상처 주지 마세요.

총 13획 傷傷傷傷傷傷傷傷傷傷傷傷傷

＋すぐに 바로 | 運ばれる 옮겨지다[運ぶ의 수동형] | ～ないでください ～하지 마세요

⌨ 풀(艹)숲에서 노래(楽) 부르는 환자에게 줄 약

薬

약 약(藥)

🔊 やく ▶ **薬剤** 약제 | **薬草** 약초 | **薬品** 약품 | **試薬** 시약 | ★**薬局** 약국

薬局でなんこうを買った。 약국에서 연고를 샀다.

🔊 くすり ▶ **薬** 약 | **薬指** 약지 | ★**胃薬** 위약

薬は食後30分以内に飲んでください。 약은 식후 30분 이내에 드세요.

총 16획 薬薬薬薬薬薬薬薬薬薬薬薬薬薬薬薬

⌨ 지팡이(ノ) 하나(一)로 아궁이(乀)에 불을 지피면 안(メ) 되는 기운

気

기운 기(氣)

🔊 き, け ▶ **気温** 기온 | **気分** 기분 | **天気** 날씨 | **電気** 전기 | **人気** 인기 | **気配**
기색, 낌새 | **寒気** 한기

いい天気なので、散歩しようと思います。 날씨가 좋아서 산책하려고 합니다.
最近人気のスポーツは何ですか。 요즘 인기 있는 스포츠는 무엇입니까?

총 6획 気気気気気気

⌨ 우리 애가 몸으로 기역(ㄱ) 다음에 디귿(ㄷ)이라고 썼고

己

몸 기

🔊 こ, き ▶ **自己** 자기 | **利己** 이기 | **克己** 극기

自己管理を徹底的にしています。 자기 관리를 철저히 하고 있습니다.

🔊 おのれ ▶ **己** 자기 자신

彼は己に厳しいので、毎日四時間運動する。
그는 자기 자신에게 엄격해서 매일 4시간 운동한다.

총 3획 己己己

0173　초6/N1

看

볼 간

⌨ 세(三) 개의 노(丿)를 넣은 삼단 서랍(目)을 볼 수 있는 칸

🔊 **かん** ▶ **看過** 간과 ｜ **看護** 간호 ｜ **看守** 간수 ｜ **看破** 간파 ｜ **看板** 간판 ｜ **看病** 간병

健康の大切さを看過してはいけない。　건강의 소중함을 간과해서는 안 된다.

妹は来月看護学科を卒業します。　여동생은 다음 달에 간호학과를 졸업합니다.

총 9획　看 看 看 看 看 看 看 看 看

＋ 大切さ 소중함, 중요함[大切だ의 명사화]

0174　초6/N1

視

볼 시(視)

⌨ 눈에 보이는(ネ) 흥미로운 볼(見)거리가 많은 도시

🔊 **し** ▶ **視野** 시야 ｜ **視力** 시력 ｜ **監視** 감시 ｜ **重視** 중시 ｜ **無視** 무시

免許更新のために視力検査を受けました。

면허 갱신을 위해 시력 검사를 받았습니다.

両親は健康を非常に重視しています。　부모님은 건강을 아주 중요시합니다.

총 11획　視 視 視 視 視 視 視 視 視 視 視

＋ 免許更新 면허 갱신 ｜ 〜のために ～을(를) 위해 ｜ 検査を受ける 검사를 받다 ｜ 非常に 매우, 대단히, 아주

0175　초3/N3

打

칠 타

⌨ 손(扌)으로 홈런 칠 때 잇쵸(丁)에 위로 공이 보인다

🔊 **だ** ▶ **打撃** 타격 ｜ **打者** 타자 ｜ **打破** 타파 ｜ **安打** 안타 ｜ **乱打** 난타

その選手は最強の二番打者と呼ばれています。

그 선수는 최강의 2번 타자라고 불립니다.

🔊 **う(つ)** ▶ **打つ** 치다 ｜ **打ち合わせ** 미리 상의함 ｜ **打ち込む** 열중하다, 몰두하다

中学時代は野球に打ち込みました。　중학교 시절은 야구에 몰두했습니다.

총 5획　打 打 打 打 打

＋ 最強 최강 ｜ 呼ばれる 불리다, 일컬어지다

0176　초3/N3

投

던질 투

⌨ 손(扌)으로 몽둥이(殳)를 들고 던질 거예요

🔊 **とう** ▶ **投資** 투자 ｜ **投手** 투수 ｜ **投入** 투입 ｜ **投票** 투표 ｜ **投与** 투여

患者に薬を投与しました。　환자에게 약을 투여했습니다.

🔊 **な(げる)** ▶ **投げる** 던지다 ｜ **投げ続ける** 계속해서 던지다 ｜ **投げやり** 중도 포기

A投手が六回まで投げ続けました。　A투수가 6회까지 계속해서 던졌습니다.

총 7획　投 投 投 投 投 投 投

📖 세상 등지고(癶) 콩(豆)을 먹으며 산에 오를 때

음 とう, と ▶ **登**園 등원 | **登**校 등교 | **登**場 등장 | **登**録 등록 | **登**山 등산

スポーツセンターに登録しました。 스포츠 센터에 등록했습니다.

훈 のぼ(る) ▶ **登**る 오르다, 올라가다

山に登って頂上で写真を撮った。 산에 올라 정상에서 사진을 찍었다.

오를 등

총 12획 登登登登登登登登登登登登

+ 山に登る 산에 오르다

📖 벼(禾)와 풀(++)을 칼로 한(一) 번에 베고 차에 탈 때죠

음 じょう ▶ **乗**客 승객 | **乗**車 승차 | **乗**馬 승마 | 搭**乗** 탑승

毎週土曜日は乗馬を習います。 매주 토요일은 승마를 배웁니다.

훈 の(る), の(せる) ▶ **乗**る 타다 | **乗**せる 태우다 | **乗**り換え 환승 | **乗**り場 승차장

毎日一時間ずつ自転車に乗ります。 매일 1시간씩 자전거를 탑니다.

탈 승(乗)

총 9획 乗乗乗乗乗乗乗乗乗

+ 習う 배우다 | 〜ずつ 〜씩 | 〜に乗る 〜을(를) 타다

📖 물(氵)에서 헤엄칠 때 호흡이 길어서(永) 결과는 A

음 えい ▶ **泳**法 수영법 | 遠**泳** 원영, 장거리 수영 | 競**泳** 경영, 수영을 겨룸 | 水**泳** 수영

いつかは遠泳に参加したいです。 언젠가는 장거리 수영에 참가하고 싶습니다.

훈 およ(ぐ) ▶ **泳**ぐ 헤엄치다 | 背**泳**ぎ 배영 | 平**泳**ぎ 평영

平泳ぎより背泳ぎの方が難しいです。 평영보다 배영이 더 어렵습니다.

헤엄칠 영

총 8획 泳泳泳泳泳泳泳泳

📖 사람(イ)이 하늘을 뚫고(丨) 날아(ㄱ) 올라

음 ひ ▶ **飛**行機 비행기 | **飛**翔 비상, 하늘을 낢 | **飛**躍 비약 | 突**飛** 뜻밖임, 엉뚱함

治療のために飛行機に乗って来ました。 치료를 위해 비행기를 타고 왔습니다.

훈 と(ぶ), と(ばす) ▶ **飛**ぶ 날다 | **飛**ばす 날리다

花粉が飛ぶ時期なので、マスクをして運動しよう。
꽃가루가 날리는 시기이니 마스크를 하고 운동하자.

날 비

총 9획 飛飛飛飛飛飛飛飛飛

+ 〜のため(に) 1) 〜을(를) 위해 2) 〜때문에

□□ 0181　초3/N4

⌨ 무거운(重) 차를 움직일 때 힘(力)쓰는 행사 도우미

動
움직일 동

🔉 どう ▸ 動作 동작 | 動物 동물 | 移動 이동 | 運動 운동 | 活動 활동 | 行動 행동

運動場でサッカーをしている。 운동장에서 축구를 하고 있다.

🔉 うご(く), うご(かす) ▸ 動く 움직이다 | 動かす 움직이게 하다

患者の心臓が再び動き出しました。 환자의 심장이 다시 움직이기 시작했습니다.

[총 11획] 動 動 動 動 動 動 動 動 動 動 動

+ 再び 다시 | 動き出す (멈췄던 것이) 움직이기 시작하다 [ます형 + 出す ~하기 시작하다]

□□ 0182　초3/N4

⌨ 좋은 차(車)란 이를테면(云) 바퀴가 구를 때 하이 텐션

転
구를 전(轉)

🔉 てん ▸ 転換 전환 | 転職 전직 | 運転 운전 | 逆転 역전 | 自転車 자전거

夜遅くまで自転車に乗らない方がいいです。
밤 늦게까지 자전거를 타지 않는 편이 좋습니다.

🔉 ころ(がる), ころ(げる), ころ(がす), ころ(ぶ) ▸ 転がる 구르다, 넘어지다 |
転げる 구르다 | 転がす 굴리다, 넘어뜨리다 | 転ぶ 구르다, 넘어지다

転んでけがをしないように注意しなさい。 넘어져 다치지 않도록 주의해라.

[총 11획] 転 転 転 転 転 転 転 転 転 転

+ けがをする 다치다 | ～ないように ~하지 않도록

□□ 0183　초5/N1

⌨ 고기(月)의 꼬리(巴) 부분은 먹어도 살찔 염려가 없고

肥
살찔 비

🔉 ひ ▸ 肥大 비대 | 肥満 비만 | 肥沃 비옥 | 肥料 비료

肥満予防のために運動します。 비만 예방을 위해서 운동합니다.

🔉 こえ, こ(える), こ(やす), こ(やし) ▸ 肥 거름, 비료 | 肥える 살찌다 | 肥やす

살찌우다, 기름지게 하다, 비옥하게 하다 | 肥やし 거름, 비료

肥えた犬を朝から散歩させた。 살찐 개를 아침부터 산책시켰다.

[총 8획] 肥 肥 肥 肥 肥 肥 肥 肥

□□ 0184　초6/N1

⌨ 말의 힘줄을 끊고 대나무(⺮)로 갈빗대(肋)를 고정한 king

筋
힘줄 근

🔉 きん ▸ 筋骨 근골 | 筋トレ 근육 트레이닝 | 筋肉 근육 | 鉄筋 철근 | 腹筋 복근

最近兄は筋トレをしています。 요즘 오빠(형)는 근육 트레이닝을 하고 있습니다.

🔉 すじ ▸ 筋 힘줄, 줄기, 줄거리 | 粗筋 개략, 개요

運動しすぎて足の筋を痛めた。 운동을 (너무) 많이 해서 다리 힘줄을 다쳤다.

[총 12획] 筋 筋 筋 筋 筋 筋 筋 筋 筋 筋 筋 筋

+ 痛める 다치다

66

0185 | 초5/N1

脈

줄기 맥

⌨ 고기(月) 옆에 여러 갈래(𠂢)로 찢어진 미역 줄기

🔊 みゃく ▸ 脈拍 맥박 | 脈絡 맥락 | 山脈 산맥 | 静脈 정맥 | 動脈 동맥 |
文脈 문맥

脈拍数を一分間測定してください。 맥박수를 1분간 측정해 주세요.

静脈注射を打ってもらいました。 정맥주사를 맞았습니다.

[총 10획] 脈 脈 脈 脈 脈 脈 脈 脈 脈 脈

+ 注射を打つ 주사를 놓다 | 〜てもらう 〜해 받다

0186 | 초4/N1

節

마디 절

⌨ 한 마디의 대나무(⺮)에 걸려 넘어져서 즉시(即) 바른 후시딘

🔊 せつ, せち ▸ 節電 절전 | 節約 절약 | 関節 관절 | 調節 조절 | お節料理 일본
의 설날 음식

試合のため、体重調節をしました。 시합을 위해 체중 조절을 했습니다.

🔊 ふし ▸ 節 마디, 관절 | 節々 마디마디

祖父は体の節々が痛いそうです。 할아버지는 몸 마디마디가 아프다고 합니다.

[총 13획] 節 節 節 節 節 節 節 節 節 節 節 節 節

+ 体 몸 | 〜そうです 〜라고 합니다[전문]

0187 | 초6/N2

針

바늘 침

⌨ 금(金)색 실 십(十)자수 세트에 포함된 바늘 심

🔊 しん ▸ 検針 검침 | 指針 지침 | 秒針 초침 | 方針 방침

健康のための運動指針を読みました。 건강을 위한 운동 지침을 읽었습니다.

🔊 はり ▸ 針 바늘, 침, 가시 | 針金 철사 | ★釣り針 낚싯바늘

針を血管に刺しました。 바늘을 혈관에 찔렀습니다.

[총 10획] 針 針 針 針 針 針 針 針 針 針

+ 〜のための 〜을(를) 위한 | 刺す 찌르다, 꽂다

0188 | 초6/N3

吸

마실 흡

⌨ 입(口)으로 마실 때도 몸에 좋은 영향을 미칠(及) 수 있어

🔊 きゅう ▸ 吸引 흡인 | 吸湿 흡습, 습기를 빨아들임 | 吸収 흡수 | 吸入 흡입 |
呼吸 호흡

汗をよく吸収する素材です。 땀을 잘 흡수하는 소재입니다.

🔊 す(う) ▸ 吸う 빨다, 들이마시다 | 吸いがら 담배꽁초

タバコを吸わないでください。 담배를 피우지 마세요.

[총 6획] 吸 吸 吸 吸 吸 吸

+ 〜ないでください 〜하지 마세요

□□ 0189　초5/N2

⌨ 바른 교제(交)는 힘(力)을 다해 좋은 점을 본받을 수 있고

效

본받을 효(效)

🔊 こう ▶ **効果** 효과 | **効率** 효율 | **効力** 효력 | **時効** 시효 | **有効** 유효

視力回復に効果がある商品です。 시력 회복에 효과가 있는 상품입니다.

🔊 き(く) ▶ **効く** 효과가 있다, (약효 등이) 듣다 | **効き目** 효과, 효능

この薬は頭痛によく効きます。 이 약은 두통에 잘 듣습니다.

총 8획　効 効 効 効 効 効 効 効

□□ 0190　초4/N3

⌨ 장작(丨) 두(二) 개를 흩을 때 달(月)밤에 북 치는(攵) 상상

散

흩을 산

🔊 さん ▶ **散歩** 산책 | **散漫** 산만 | **解散** 해산 | **閑散** 한산 | **発散** 발산

運動でエネルギーを発散しました。 운동으로 에너지를 발산했습니다.

🔊 ち(る), ち(らす), ち(らかる), ち(らかす) ▶ **散る** 흩어지다, 떨어지다 | **散らす** 흩트리다 | **散らかる** 흩어지다 | **散らかす** 어지르다, 흩트리다

桜が散る頃にハイキングに行かない? 벚꽃이 질 무렵에 하이킹하러 안 갈래?

총 12획　散 散 散 散 散 散 散 散 散 散 散 散

＋ エネルギー(energy) 에너지 | ハイキング(hiking) 하이킹 | 〜に行かない? 〜하러 안 갈래?

□□ 0191　초4/N3

⌨ 부드럽게(巽) 쉬엄쉬엄 갈(辶) 때 장단점을 가릴 만한 센스

選

가릴 선(選)

🔊 せん ▶ **選挙** 선거 | **選手** 선수 | **選択** 선택 | **再選** 재선 | **当選** 당선 | **予選** 예선

明日はサッカーの予選があります。 내일은 축구 예선이 있습니다.

🔊 えら(ぶ) ▶ **選ぶ** 선택하다, 고르다

好きなスポーツを選んでください。 좋아하는 스포츠를 선택해 주세요.

총 15획　選 選 選 選 選 選 選 選 選 選 選 選 選 選 選

□□ 0192　초5/N2

⌨ 조금 걸으며(彳) 천천히 다시(复) 회복할 줄 알았는데 빨리 회복했네

復

회복할 복/다시 부

🔊 ふく ▶ **復学** 복학 | **復習** 복습 | **復職** 복직 | **復帰** 복귀 | **往復** 왕복 | **回復** 회복 | ★**復活** 부활

会社まで自転車で往復2時間かかります。
회사까지 자전거로 왕복 2시간 걸립니다.

B選手は回復して来年の四月に復帰します。
B선수는 회복하고 내년 4월에 복귀합니다.

총 12획　復 復 復 復 復 復 復 復 復 復 復 復

읽기 다음 한자를 히라가나로 쓰세요.

01 体育 → _____ 　　02 目標 → _____

03 背中 → _____ 　　04 登録 → _____

05 自転車 → _____ 　　06 節約 → _____

쓰기 밑줄 친 히라가나를 한자로 쓰세요.

07 お父さんの<ruby>み<rt>とう</rt></ruby>みとそっくりですね。　　　　→ _____

08 <ruby>彼女<rt>かのじょ</rt></ruby>はいつもスカーフをみにつけている。　→ _____

09 <ruby>最近<rt>さいきん</rt></ruby>にんきのスポーツは<ruby>何<rt>なん</rt></ruby>ですか。　　→ _____

10 <ruby>じこ<rt>かんり</rt></ruby>管理を<ruby>徹底的<rt>てっていてき</rt></ruby>にしています。　　→ _____

듣기 다음 문장을 듣고 빈칸을 채우세요.

Track09

11 <ruby>彼<rt>かれ</rt></ruby>は_____<ruby>男<rt>おとこ</rt></ruby>らしいタイプです。

12 その<ruby>子<rt>こ</rt></ruby>は_____かわいいです。

13 タバコを_____ください。

14 <ruby>患者<rt>かんじゃ</rt></ruby>の<ruby>心臓<rt>しんぞう</rt></ruby>が<ruby>再<rt>ふたた</rt></ruby>び_____。

68

01 偏食は体に悪いです。

① たい　　　　② たらだ　　　　③ からだ　　　　④ ほん

02 先生は眼鏡をかけてスーツを着ています。

① めかね　　　② めがね　　　　③ めれい　　　　④ がんきょ

03 頭が痛いなら、この頭痛薬を飲んでみてください。

① あたまやく　② あたまつうやく　③ ずつやく　　④ ずつうやく

04 病院で治療を受けています。

① びょうき　　② びょいん　　　③ びよいん　　　④ びょうえん

05 好きなスポーツを選んでください。

① せんで　　　② てらんで　　　③ えらんで　　　④ あそんで

06 目にいいサプリは今日まではんがくです。

① 金額　　　　② 半額　　　　　③ 価格　　　　　④ 半学

07 この間、しゅじゅつを受けました。

① 手術　　　　② 美術　　　　　③ 主術　　　　　④ 芸術

08 妹は来月かんご学科を卒業します。

① 看護　　　　② 患護　　　　　③ 保護　　　　　④ 観護

09 視力回復にこうかがある商品です。

① 効巣　　　　② 校果　　　　　③ 効果　　　　　④ 交果

10 治療のためにひこうきに乗って来ました。

① 飛公機　　　② 飛行船　　　　③ 航空機　　　　④ 飛行機

정답　① 1 ③ 2 ② 3 ④ 4 ③ 5 ② 6 ① 7 ① 8 ③ 9 ④ 10

DAY | SUBJECT

07 | 음식, 요리

Track10

米(こめ)
나무 앞에 떨어진 두 개의
쌀알이 너무 쪼꼬메

食(しょく)
사람은 너무 좋은데,
먹을 때 모습은 쇼크

酒(さけ)
물에 닭을 넣어 끓인
안주와 술은 내가 사께

梨(り)
벼를 칼로 베어
배나무 밑에 놓으리

단어 복습 퀴즈 다음 한자를 바르게 읽은 것을 고르세요.

1 薬 ▶ ⓐ ぐすり ⓑ くすり
2 血液 ▶ ⓐ けつえき ⓑ けつあつ
3 電気 ▶ ⓐ でんき ⓑ てんき
4 自己 ▶ ⓐ じき ⓑ じこ

5 登山 ▶ ⓐ とうざん ⓑ とざん
6 泳ぐ ▶ ⓐ およぐ ⓑ おおぐ
7 散歩 ▶ ⓐ さんぷ ⓑ さんぽ
8 運動 ▶ ⓐ うんどう ⓑ こうどう

□□ 0193　초2/N3

　나무(木) 앞에 떨어진 두 개의 쌀알(丷)이 너무 포꼬메

米

음　べい, まい ▶ 米国 미국 | 米寿 미수[88세] | 欧米 구미, 유럽과 미국 | 南米 남미 |
玄米 현미 | 新米 햅쌀 | 白米 백미

新米のおいしい季節になりました。 햅쌀이 맛있는 계절이 왔습니다.

훈　こめ ▶ 米 쌀 | 米粒 쌀알

このお菓子は米で作られました。 이 과자는 쌀로 만들어졌습니다.

총 6획　米 米 米 米 米 米

쌀 미

+ 作られる 만들어지다[作る의 수동형]

□□ 0194　초2/N5

　사람(人)은 너무 좋은데(良), 먹을 때 모습은 쇼크

食

음　しょく, じき ▶ 食事 식사 | 食堂 식당 | 食料品 식료품 | 昼食 중식, 점심 |
朝食 조식 | 夕食 석식 | 和食 일식 | ★断食 단식

朝食は和食にしました。 조식은 일식으로 했습니다.

훈　た(べる), く(う), く(らう) ▶ 食べる 먹다 | 食べ物 음식 | 食う 먹다 | 食らう

먹다, 마시다, 먹고 살다, 당하다

辛い料理はあまり食べられません。 매운 요리는 별로 못 먹습니다.

총 9획　食 食 食 食 食 食 食 食 食

밥 식

□□ 0195　초2/N4

　쿠(ク)바의 수수밭(田)에서 불(灬)에 구울 물고기는 내가 사까나?

魚

음　ぎょ ▶ 魚介類 어패류 | 金魚 금붕어 | 人魚 인어 | 熱帯魚 열대어

ここは魚介類が豊富な地域です。 여기는 어패류가 풍부한 지역입니다.

훈　うお, さかな ▶ 魚市場 어시장 | 魚 물고기, 생선 | ★焼き魚 생선구이

魚市場で新鮮な魚を買いました。 어시장에서 신선한 생선을 샀습니다.

총 11획　魚 魚 魚 魚 魚 魚 魚 魚 魚 魚 魚

물고기 어

+ 豊富だ 풍부하다 | 地域 지역

□□ 0196　초2/N4

　먼(冂) 곳으로 두 사람(人)이 가서 먹은 고기는 야키니쿠

肉

음　にく ▶ 肉 고기 | 肉食 육식 | 肉体 육체 | 牛肉 소고기 | 鶏肉 닭고기 | 豚肉
돼지고기 | ラム肉 양고기

肉と魚とどちらが好きですか。 고기와 생선 중 어느 쪽을 좋아합니까?
牛肉でカレーを作ろうと思います。 소고기로 카레를 만들려고 합니다.

고기 육　총 6획　肉 肉 肉 肉 肉 肉

牛

소 우

⌨ 지팡이(ノ)를 십(十)자로 놓고 그 위에 구워 먹는 소고기

🔊 ぎゅう ▶ 牛丼 소고기 덮밥 ┃ 牛肉 소고기 ┃ 牛乳 우유 ┃ 和牛 와규, 일본산 소고기 ┃ 牛タン 소의 혀 요리

牛乳を毎日飲んでいます。 우유를 매일 마시고 있습니다.

🔊 うし ▶ 牛 소 ┃ 牛小屋 외양간 ┃ 子牛 송아지

牛タンというのは牛の舌です。 '牛タン'이라는 것은 소의 혀입니다.

[총 4획] 牛 牛 牛 牛

羊

양 양

⌨ 뿔(ソ)이 달린 양 세(三) 마리가 지나는 길을 뚫을(丨) 것이요

🔊 よう ▶ 羊羹 양갱 ┃ 羊毛 양모 ┃ 牧羊 목양, 양을 침 ┃ 綿羊 면양

祖母は羊羹が大好きです。 할머니는 양갱을 너무 좋아합니다.

🔊 ひつじ ▶ 羊 양 ┃ 羊飼い 양치기, 목동 ┃ 羊雲 양떼구름 ┃ 子羊 어린 양

ラム肉は羊の肉のことです。 'ラム肉'는 양고기를 말합니다.

[총 6획] 羊 羊 羊 羊 羊 羊

豆

콩 두

⌨ 한(一)입(口)에 풀(ㅛ)밭에 떨어진 콩을 먹는 게 맘에 든다

🔊 ず, とう ▶ 大豆 대두, 콩 ┃ 豆乳 두유 ┃ 豆腐 두부 ┃ 納豆 낫토

豆腐の原料は大豆です。 두부의 원료는 대두입니다.

🔊 まめ ▶ 豆 콩 ┃ 豆油 콩기름 ┃ 豆粒 콩알 ┃ 黒豆 검은콩 ┃ 煮豆 콩자반 ┃ コーヒー豆 커피콩 ┃ ★小豆 팥

この店は豆を使ったデザートが有名です。
이 가게는 콩을 사용한 디저트가 유명합니다.

[총 7획] 豆 豆 豆 豆 豆 豆 豆

麦

보리 맥(麥)

⌨ 보리를 삼(三)단으로 쌓고 세운 봉(丨)을 뒷걸음치며(夂) 바꾸기!

🔊 ばく ▶ 麦芽 맥아 ┃ 麦芽糖 맥아당, 엿당 ┃ 麦秋 맥추, 보릿가을

麦芽と米粉の割合を8対2にしました。 맥아와 쌀가루의 비율을 8대 2로 했습니다.

🔊 むぎ ▶ 麦 보리 ┃ 麦茶 보리차 ┃ 麦飯 보리밥 ┃ 小麦粉 밀가루

小麦粉を使ってクッキーを作りました。
밀가루를 사용하여 쿠키를 만들었습니다.

[총 7획] 麦 麦 麦 麦 麦 麦 麦

＋ 米粉 쌀가루 ┃ 割合 비율

0201 초4/N4

⌨ 식사(食)를 뒤집어서(反) 다시 지은 밥 한 끼

飯
밥 반(飯)

🔊 **はん** ▶ ご飯 밥 | 炊飯 취반, 밥을 지음 | 米飯 미반, 쌀밥 | 夕飯 저녁밥

★残飯 잔반, 남은 밥

夕飯は何を食べましょうか。 저녁은 무엇을 먹을까요?

🔊 **めし** ▶ 飯 밥 | 釜飯 일본의 가마솥밥 | 麦飯 보리밥

家族と釜飯を食べてきました。 가족과 가마메시를 먹고 왔습니다.

총 12획 飯 飯 飯 飯 飯 飯 飯 飯 飯 飯 飯 飯

0202 초3/N4

⌨ 식사(食)가 부족해서(欠) 산 마실 음료

飲
마실 음(飲)

🔊 **いん** ▶ 飲酒 음주 | 飲食 음식 | 飲用 음용 | 飲料 음료

清涼飲料水を飲みながら運動します。 청량음료수를 마시면서 운동합니다.

🔊 **の(む)** ▶ 飲む 마시다 | 飲み会 회식, 술자리 | 飲み屋 선술집, 주점

カフェでコーヒーを飲んでいます。 카페에서 커피를 마시고 있습니다.

총 12획 飲 飲 飲 飲 飲 飲 飲 飲 飲 飲 飲 飲

＋ 清涼飲料水 청량음료수 | カフェ(café) 카페

0203 초2/N4

⌨ 풀(++) 냄새를 맡으며 그 사람(人)이 나무(木) 아래에서 마신 차는 녹차

茶
차 다/차

🔊 **さ, ちゃ** ▶ 茶道 다도 | 喫茶店 찻집, 다방 | お茶 차 | お茶漬け 오차즈케[녹차에

밥을 말아먹는 일본 요리] | 茶碗蒸し 계란찜 | 紅茶 홍차 | 緑茶 녹차

茶道を習って10年になります。 다도를 배운 지 10년이 됩니다.

静岡県は緑茶とわさびで有名です。 시즈오카현은 녹차와 와사비로 유명합니다.

총 9획 茶 茶 茶 茶 茶 茶 茶 茶 茶

0204 초3/N3

⌨ 물(氵)에 닭(酉)을 넣어 끓인 안주와 술은 내가 사게

酒
술 주

🔊 **しゅ** ▶ 禁酒 금주 | 清酒 청주 | 日本酒 일본 술 | 洋酒 양주

お土産で日本酒を買ってきました。 여행 선물로 일본 술을 사 왔습니다.

🔊 **さけ, さか** ▶ 酒 술 | 甘酒 단술, 감주 | 酒屋 술집 | 居酒屋 선술집

お酒はあまり飲めません。 술은 별로 못 마십니다.

총 10획 酒 酒 酒 酒 酒 酒 酒 酒 酒 酒

⌨ 두 개의 나뭇잎 위에 각각 붙어 있는 곤충 알을 산란

卵

음 らん ▶ 卵子 난자 ｜ 卵巣 난소 ｜ 卵白 흰자 ｜ 卵黄 노른자 ｜ 産卵 산란

卵白と卵黄を分けてください。 흰자와 노른자를 나눠 주세요.

훈 たまご ▶ 卵 계란 ｜ 生卵 생계란, 날달걀 ｜ ゆで卵 삶은 계란

親子丼の材料は鶏肉と卵です。 오야코동 재료는 닭고기와 계란입니다.

알 란

총 7획 卵 卵 卵 卵 卵 卵 卵

+ 分ける 나누다

⌨ 손톱(爫)을 깎은 아들(子)이 숨어(乚) 있는 소의 젖을 짜면서 듣는 뉴스

乳

음 にゅう ▶ 乳児 유아 ｜ 乳製品 유제품 ｜ 牛乳 우유 ｜ 豆乳 두유 ｜ 母乳 모유

ヨーグルトとチーズは乳製品です。 요구르트와 치즈는 유제품입니다.

훈 ちち, ち ▶ 乳 젖 ｜ 乳しぼり 젖 짜는 일, 착유 ｜ 乳飲み子 젖먹이, 유아

牧場で乳しぼり体験をしました。 목장에서 젖 짜기 체험을 했습니다.

젖 유

총 8획 乳 乳 乳 乳 乳 乳 乳 乳

⌨ 벼(禾)를 칼(刂)로 베어 배나무(木) 밑에 놓으리

梨

음 り ▶ 梨園 이원, 극단[가부키(歌舞伎) 사회] ｜ 梨花 이화, 배꽃

梨園、茶道、和食は日本の文化です。 리엔, 다도, 와쇼쿠는 일본 문화입니다.

훈 なし ▶ 梨 배 ｜ 梨の木 배나무 ｜ 山梨県 야마나시현[지명]

千葉県は梨の産地です。 지바현은 배의 원산지입니다.

배나무 리

총 11획 梨 梨 梨 梨 梨 梨 梨 梨 梨 梨 梨

+ 産地 원산지

⌨ 풀(艹)만 먹고 풍채(采)를 유지하려고 나물을 사왔나

菜

음 さい ▶ 菜食 채식 ｜ 白菜 배추 ｜ 野菜 야채

彼女は菜食主義者です。 그녀는 채식주의자입니다.

훈 な ▶ 菜っ葉 푸성귀 잎[잎을 먹는 야채] ｜ 青菜 푸른 채소

青菜で作った野菜ジュースです。 푸른 채소로 만든 야채주스입니다.

나물 채

총 11획 菜 菜 菜 菜 菜 菜 菜 菜 菜 菜 菜

0209 · 초3/N4

味

맛 미

⌨ 입(口)이 아닌(未) 혀로 느끼는 맛의 미학

음 **み** ▶ 味覚 미각 | 興味 흥미 | 地味 수수함 | 趣味 취미 | 調味料 조미료

フランス料理に興味があります。 프랑스 요리에 흥미가 있습니다.

훈 **あじ, あじ(わう)** ▶ 味 맛 | 味付け 맛을 냄, 맛을 내는 것 | 味わう 맛보다

調味料を入れて味付けをします。 조미료를 넣어서 맛을 냅니다.

총 8획 味 味 味 味 味 味 味 味

＋ 調味料を入れる 조미료를 넣다

0210 · 초4/N2

香

향기 향

⌨ 벼(禾) 이삭을 날마다(日) 보며 느끼는 가을 향기

음 **こう** ▶ 香辛料 향신료 | 香水 향수 | 香木 향목 | 芳香剤 방향제

香辛料を加えましょう。 향신료를 첨가합시다.

훈 **か, かお(り), かお(る)** ▶ 香 향기, 냄새 | 香り 향기 | 香る 향기 나다

このパスタはハーブのいい香りがする。 이 파스타는 허브의 좋은 향기가 난다.

총 9획 香 香 香 香 香 香 香 香 香

＋ 加える 더하다, 첨가하다 | 香りがする 향기가 나다

0211 · 초3/N3

苦

쓸 고

⌨ 옛(古)날 장터에서 사온 풀잎(++) 반찬은 맛이 쓸 거야

음 **く** ▶ 苦情 불만, 불평 | 苦戦 고전 | 苦痛 고통 | 苦悩 고뇌 | 苦労 노고, 고생

苦労して育てた野菜を売ります。 고생해서 키운 야채를 판매합니다.

훈 **くる(しい), くる(しむ), くる(しめる), にが(い), に(がる)** ▶ 苦しい 괴롭다, 고통스럽다 | 苦しむ 고민하다, 괴로워하다 | 苦しめる 괴롭히다, 걱정시키다 | 苦い (맛이) 쓰다 | 苦手 서투름 | 重苦しい 답답하다, 울적하다

ゴーヤは苦い味がします。 여주는 쓴맛이 납니다.

총 8획 苦 苦 苦 苦 苦 苦 苦 苦

＋ 育てる 기르다, 키우다 | 売る 팔다

0212 · 초5/N1

酸

실 산

⌨ 닭(酉)죽에 맏(允)형이 뒤져 오다(夂) 쏟은 식초는 맛이 실 텐데…

음 **さん** ▶ 酸化 산화 | 酸性 산성 | 酸素 산소 | 酸味 산미, 신맛 | 炭酸 탄산

この店のコーヒーは酸味が強いですね。 이 가게의 커피는 산미가 강하네요.

훈 **す(い)** ▶ 酸い 시다 | 酸っぱい 시다, 시큼하다

梅干しは酸っぱいです。 우메보시는 십니다.

총 14획 酸 酸 酸 酸 酸 酸 酸 酸 酸 酸 酸 酸 酸 酸

⌨ 구멍 세(三) 개를 뚫지(丨) 말고(母) 독을 빼니 식욕이 돋구

음 どく ▸ **毒素** 독소 | **毒薬** 독약 | **解毒** 해독 | **消毒** 소독 | **中毒** 중독 | **食中毒** 식중독

毒

キャベツには解毒作用があります。 양배추에는 해독 작용이 있습니다.

食中毒を予防しましょう。 식중독을 예방합시다.

독 독(毒)

총 8획 毒 毒 毒 毒 毒 毒 毒 毒

⌨ 물(氵)을 넣고 밤(夜)새 진액을 끓인 액기스

음 えき ▸ **液状** 액상 | **液体** 액체 | **血液** 혈액 | **粘液** 점액 | **溶液** 용액

液

これは液状タイプの調味料です。 이것은 액상 타입의 조미료입니다.

玉ねぎは血液をサラサラにしてくれます。

양파는 혈액 순환을 원활하게 해줍니다.

진 액

총 11획 液 液 液 液 液 液 液 液 液 液 液

+ サラサラ 술술, 거침없이 나아가는 모양

⌨ 쌀(米)로 만든 엿을 당나라(唐)에 팔기 위한 토론

음 とう ▸ **糖分** 당분 | **糖尿病** 당뇨병 | **砂糖** 설탕 | **製糖** 제당

糖

砂糖と塩を加えて調理しました。 설탕과 소금을 더해서 조리했습니다.

糖尿病患者のためのレシピを開発した。 당뇨병 환자를 위한 레시피를 개발했다.

엿 당

총 16획 糖 糖 糖 糖 糖 糖 糖 糖 糖 糖 糖 糖 糖 糖 糖

+ 加える 더하다 | 患者 환자 | 〜のための〜 〜을(를) 위한 〜

⌨ 쌀(米)을 빻아서 나눈(分) 가루

음 ふん ▸ **粉砕** 분쇄 | **粉末** 분말 | **花粉** 꽃가루 | **花粉症** 꽃가루 알레르기 | **澱粉**

전분, 녹말

粉末スープを入れました。 분말 스프를 넣었습니다.

훈 こ, こな ▸ **小麦粉** 밀가루 | **そば粉** 메밀가루 | **粉** 가루, 분말 | **粉薬** 가루약 |

粉々 산산조각

粉

この店はそば粉で作った麺が有名です。

이 가게는 메밀가루로 만든 면이 유명합니다.

가루 분

총 10획 粉 粉 粉 粉 粉 粉 粉 粉 粉 粉

+ 麺 면

0217 초3/N2

根

뿌리 근

⌨ 나무(木) 벌목을 그쳐도(艮) 뿌리는 남았네

음 こん ▶ **根幹** 근간 | **根拠** 근거 | **根性** 근성 | **根本** 근본 | **大根** 무

料理する前に大根を切っておきました。 요리하기 전에 무를 썰어 두었습니다.

훈 ね ▶ **根** 뿌리 | **垣根** 울타리 | **屋根** 지붕

三つ葉は根っこも料理に使えます。
파드득나물은 뿌리도 요리에 사용할 수 있습니다.

총 10획 根 根 根 根 根 根 根 根 根 根

+ 三つ葉 파드득나물

0218 초6/N1

穀

곡식 곡(穀)

⌨ 선비(士)가 덮고(冖) 볏(禾)단을 몽둥이(殳)로 때린 건 우리 곡식

음 こく ▶ **穀倉** 곡창 | **穀物** 곡물 | **五穀** 오곡 | **雑穀** 잡곡 | **新穀** 신곡[햇곡식], 햅쌀

世界三大穀物について調べましょう。 세계 3대 곡물에 대해서 알아봅시다.

雑穀米を食べ始めました。 잡곡밥을 먹기 시작했습니다.

총 14획 穀 穀 穀 穀 穀 穀 穀 穀 穀 穀 穀 穀 穀 穀

+ 雑穀米 잡곡밥 | 食べ始める 먹기 시작하다

0219 초2/N4

作

지을 작

⌨ 그 사람(亻)이 잠깐(乍) 와서 지을 주택을 사

음 さく, さ ▶ **作品** 작품 | **作業** 작업 | **作動** 작동 | **動作** 동작 | **発作** 발작
★**作家** 작가

作業台の上でピザの生地を作った。 작업대 위에서 피자의 반죽을 만들었다.

훈 つく(る) ▶ **作る** 만들다 | **作り方** 만드는 법 | **手作り** 수제, 직접 손으로 만듦

作り方が詳しく書いてあります。 만드는 법이 자세히 적혀 있습니다.

총 7획 作 作 作 作 作 作 作

+ 生地 본래의 성질, 옷감, 천 | 詳しい 자세하다 | 書いてある 적혀 있다

0220 초3/N4

注

부을 주

⌨ 주인(主)이 화단에 물(氵)을 부을 시간의 소소함

음 ちゅう ▶ **注意** 주의 | **注射** 주사 | **注入** 주입 | **注目** 주목 | **発注** 발주

アイデア料理が注目を集めています。 아이디어 요리가 주목을 받고 있습니다.

훈 そそ(ぐ) ▶ **注ぐ** 붓다, 따르다, 정신을 쏟다

粉末スープを入れてお湯を注いだ。 분말 스프를 넣고 뜨거운 물을 부었다.

총 8획 注 注 注 注 注 注 注 注

⌨ 햇볕(昜)이 강할 때 물(氵)을 끓일게

湯

끓일 탕

音 とう ▸ 給湯 뜨거운 물을 공급함 | 銭湯 대중목욕탕 | 入湯 입탕, 목욕탕에 들어감 | 熱湯 열탕 | 薬湯 약탕

家では給湯器を使っています。 집에서는 급탕기를 사용하고 있습니다.

訓 ゆ ▸ お湯 뜨거운 물, 목욕물 | 湯気 수증기, 김 | 湯舟 목욕통, 욕조

まずお湯を沸かしてください。 먼저 물을 끓여 주세요.

총 12획 湯湯湯湯湯湯湯湯湯湯湯湯

+ 給湯器 급탕기 | 沸かす 끓이다

⌨ 손을 씻을 때 물(氵)을 먼저(先) 받으셈

洗

씻을 세

音 せん ▸ 洗顔 세안 | 洗顔フォーム 세안품, 폼클렌징 | 洗浄機 세정기, 세척기 | 洗濯 세탁 | 洗面台 세면대

食事後に食器洗浄機を使いました。 식사 후에 식기세척기를 사용했습니다.

訓 あら(う) ▸ 洗う 씻다, 닦다 | お手洗い 화장실 | 皿洗い 설거지

食べる前に手を洗ってください。 먹기 전에 손을 씻어 주세요.

총 9획 洗洗洗洗洗洗洗洗洗

⌨ 물(氵)을 넣어 맏(昆)아들이 섞을 땐 곤란해

混

섞을 혼

音 こん ▸ 混合 혼합 | 混雑 혼잡 | 混成 혼성 | 混線 혼선 | 混乱 혼란

このラーメン屋はいつも混雑している。 이 라면 집은 항상 혼잡하다.

訓 こ(む), ま(ざる), ま(じる), ま(ぜる) ▸ 混む 붐비다, 혼잡하다 | 混ざる 섞이다 | 混じる 섞이다 | 混ぜる 섞다

卵黄と砂糖を混ぜてください。 노른자와 설탕을 섞어 주세요.

총 11획 混混混混混混混混混混混

0224 　초6/N1

熟

익을 숙

⌨ 누군가(孰) 불(灬)화로에 넣은 감자가 익을 때쯤

음 じゅく ▶ 熟語 숙어 ｜ 熟成 숙성 ｜ 熟練 숙련 ｜ 成熟 성숙 ｜ 半熟 반숙 ｜ 未熟 미숙 ｜ ★熟考 숙고

時間をかけて熟成させました。 시간을 들여서 숙성시켰습니다.

훈 う(れる) ▶ 熟れる 익다, 여물다

トマトが熟れて食べ頃です。 토마토가 잘 익어서 먹기 좋을 때입니다.

총 15획　熟 熟 熟 熟 熟 熟 孰 孰 孰 孰 孰 熟 熟 熟

+ 食べ頃 먹기 좋을 때, 제철

0225 　초6/N2

蒸

찔 증

⌨ 풀(艹)을 넣고 김이 오를(烝) 때까지 찔 거죠

음 じょう ▶ 蒸気 증기 ｜ 蒸発 증발 ｜ 蒸留水 증류수 ｜ 水蒸気 수증기

水分を蒸発させてください。 수분을 증발시켜(없애) 주세요.

훈 む(す), む(れる), む(らす) ▶ 蒸す 찌다 ｜ 蒸れる 뜸들다 ｜ 蒸らす 뜸들이다 ｜ 蒸し暑い 무덥다

蒸し料理のレシピを調べました。 찜 요리의 레시피를 알아봤습니다.

총 13획　蒸 蒸 蒸 蒸 蒸 蒸 蒸 蒸 蒸 蒸 蒸 蒸 蒸

+ 蒸し料理 찜 요리 ｜ 調べる 조사하다, 알아보다

0226 　초4/N2

焼

불사를 소(燒)

⌨ 불(火)에 풀(卉)이 우뚝하게(兀) 솟을 만큼 불사를 쇼

음 しょう ▶ 焼却 소각 ｜ 焼失 소실 ｜ 焼酎 소주 ｜ 全焼 전소 ｜ 燃焼 연소

焼酎を使って料理をする時がある。 소주를 사용하여 요리를 할 때가 있다.

훈 や(く), や(ける) ▶ 焼く 태우다, 굽다 ｜ 焼ける 타다, 구워지다 ｜ 日焼け 피부가 햇볕에 타서 검게 됨 ｜ 焼肉 야키니쿠[숯불구이] ｜ 焼き魚 생선구이 ｜ お好み焼 오코노미야키 [일본식 부침개]

会社が終わってから焼肉を食べました。
회사가 끝나고 나서 야키니쿠를 먹었습니다.

총 12획　焼 焼 焼 焼 焼 焼 焼 焼 焼 焼 焼 焼

DAY | SUBJECT

08 | 도구, 재료

果(か)
올해 밭에 있는 나무의
실과는 풍성할까

皿(さら)
줄무늬가 있는 이 그릇은
네가 사라

塩(しお)
흙 지팡이와 네모난 소금
그릇을 가져오시오

炭(たん)
산 언덕 캠핑장에서
숯불이 탄다

단어 복습 퀴즈 다음 한자를 바르게 읽은 것을 고르세요.

1 食堂 ▶ ⓐ しょくとう　ⓑ しょくどう

2 肉 ▶ ⓐ にく　ⓑ たい

3 牛乳 ▶ ⓐ ぎゅにゅ　ⓑ ぎゅうにゅう

4 ご飯 ▶ ⓐ ごばん　ⓑ ごはん

5 注意 ▶ ⓐ しゅうい　ⓑ ちゅうい

6 野菜 ▶ ⓐ やさい　ⓑ あさい

7 香水 ▶ ⓐ こうすい　ⓑ かおすい

8 作品 ▶ ⓐ さくひん　ⓑ つくひん

정답 1ⓑ 2ⓐ 3ⓑ 4ⓑ 5ⓑ 6ⓐ 7ⓐ 8ⓐ

0227 초4/N2

⌨ 나무(木)에서 재주(才) 부릴 때 필요한 재료는 자이리톨

材

재료 재/재목 재

음 ざい ▸ 材質 재질 │ 材料 재료 │ 教材 교재 │ 取材 취재 │ 食材 식자재 │ 人材 인재 │ 素材 소재 │ 木材 목재

この教材は試験の役に立ちました。 이 교재는 시험에 도움이 되었습니다.

新鮮な食材で作った料理です。 신선한 식자재로 만든 요리입니다.

[총 7획] 材 材 材 材 材 材 材

0228 초4/N4

⌨ 쌀(米) 한 말(斗)을 헤아릴 때 도구가 필요하구료

料

헤아릴 료

음 りょう ▸ 料金 요금 │ 料理 요리 │ 飲料 음료 │ 材料 재료 │ 食料品 식료품 │ 無料 무료

まず、材料を切っておきましょう。 먼저, 재료를 썰어 둡시다.

食料品は30%割引です。 식료품은 30% 할인입니다.

[총 10획] 料 料 料 料 料 料 料 料 料 料

+ 切っておく 썰어 두다 │ 割引 할인

0229 초4/N3

⌨ 올해 밭(田)에 있는 나무(木)의 실과는 풍성할까

果

실과 과

음 か ▸ 果実 과실 │ 果樹園 과수원 │ 因果 인과 │ 効果 효과 │ 成果 성과

この薬の効果が知りたいです。 이 약의 효과를 알고 싶습니다.

훈 は(たす), は(てる), は(て) ▸ 果たす 달성하다, 다하다 │ 果てる 끝나다, 다하다 │ 果て 끝 ★果物 과일

果樹園で果物を収穫しました。 과수원에서 과일을 수확했습니다.

[총 8획] 果 果 果 果 果 果 果 果

0230 초3/N3

⌨ 집(宀) 앞 큰(大) 나무의 열매 2(二)개를 따 먹었네, 그놈이

実

열매 실(實)

음 じつ ▸ 実現 실현 │ 実力 실력 │ 実話 실화 │ 現実 현실 │ 真実 진실 │ 誠実 성실함 │ ★実験 실험

実験道具は用意できましたか。 실험 도구는 준비되었습니까?

훈 み, みの(る) ▸ 実 열매, 씨앗 │ 実る 열매를 맺다, 결실하다

柿がたくさん実っています。 감이 많이 열려 있습니다.

[총 8획] 実 実 実 実 実 実 実 実

+ 用意 준비 │ できる 1) 되다, 이루어지다 2) 생기다 3) 가능하다 │ 柿 감

羽

□□ 0231　초2/N2

⌨ 새가 두 날개의 깃을 펄럭이려 하네

🔵 う ▶ 羽化 곤충이 유충에서 성충이 되는 과정 | 羽毛 깃털 | 羽翼 우익, 새의 날개

羽毛布団は暖かいです。　오리털 이불은 따뜻합니다.

🟠 は, はね, わ ▶ 羽織 기모노 위에 입는 짧은 겉옷 | 羽 날개 | 羽布団 새털 이불 |
一羽 (새나 토끼의) 한 마리

鳥の羽で扇子を作りました。　새의 날개로 부채를 만들었습니다.

깃 우

総6획　羽 羽 羽 羽 羽 羽

＋ 布団 이부자리, 이불 | 鳥 새

皮

□□ 0232　초3/N2

⌨ 기슭(厂)을 뚫고(丨) 또(又) 부는 바람을 막을 가죽

🔵 ひ ▶ 皮革 피혁, 가죽 | 皮肉 가죽과 살, 신체, 빈정거림 | 皮膚 피부 | 表皮 표피
★脱皮 탈피

皮革製品を販売しています。　가죽 제품을 판매하고 있습니다.

🟠 かわ ▶ 皮 가죽, 껍질 | 毛皮 털가죽

りんごの皮をむきました。　사과 껍질을 깎았습니다.

가죽 피

総5획　皮 皮 皮 皮 皮

＋ 販売 판매 | 皮をむく 껍질을 깎다

革

□□ 0233　초6/N2

⌨ 스무(廿) 개의 입구(口) 중 열(十) 개를 뚫은 가죽 가방을 갖구

🔵 かく ▶ 革新 혁신 | 革命 혁명 | 改革 개혁 | 変革 변혁

革新的な製品を開発しました。　혁신적인 제품을 개발했습니다.

🟠 かわ ▶ 革 가죽 | 革靴 가죽신 | 革ジャン 가죽 자켓 | 革製品 가죽 제품

5階で革製品を販売しています。　5층에서 가죽 제품을 판매하고 있습니다.

가죽 혁

総9획　革 革 革 革 革 革 革 革 革

布

□□ 0234　초5/N2

⌨ 왼쪽(ナ)의 삼베로 만든 수건(巾)을 펼 사람은 who?

🔵 ふ ▶ 布教 포교 | 布団 이불 | 財布 지갑 | 分布 분포 | 毛布 모포, 담요 | 流布 유포

この財布の素材は何ですか。　이 지갑의 소재는 무엇입니까?

🟠 ぬの ▶ 布 직물의 총칭, 삼베, 무명 | 布地 천, 피륙

布地を染めて服を作りました。　천을 염색해서 옷을 만들었습니다.

베 포/펼 포

総5획　布 布 布 布 布

＋ 染める 염색하다, 물들이다

0235 초3/N2

氷

얼음 빙

⌨ 물 수(水)에 점(ヽ)을 찍으면 얼음 빙

음 ひょう ▶ 氷河 빙하 | 氷山 빙산 | 氷点 빙점 | 流氷 유빙 | ★結氷 결빙

それは氷山の一角に過ぎない。 그것은 빙산의 일각에 지나지 않는다.

훈 こおり, ひ ▶ 氷 얼음 | かき氷 빙수 | 氷雨 우박, 진눈깨비

マンゴーかき氷が一番人気です。 망고 빙수가 제일 인기입니다.

총 5획 氷 氷 氷 氷 氷

+ ～に過ぎない ～에 지나지 않다

0236 초3/N2

油

기름 유

⌨ 바닷물(氵)에 유조선 침몰로 말미암은(由) 기름 유출

음 ゆ ▶ 油断 방심 | 油田 유전 | 醤油 간장 | 石油 석유

醤油を入れたらもっとおいしくなった。 간장을 넣었더니 더 맛있어졌다.

훈 あぶら ▶ 油 기름 | 油揚げ 유부 | 油絵 유화 | ごま油 참기름 | 油っぽい 기름지다, 번들거리다

ごま油を使って味付けをしました。 참기름을 사용해서 맛을 냈습니다.

총 8획 油 油 油 油 油 油 油 油

+ 味付け 맛을 냄

0237 초3/N2

皿

그릇 명

⌨ 줄무늬가 있는 이 그릇은 네가 사라

훈 さら ▶ 皿 접시 | 皿洗い 설거지 | 皿回し 접시 돌리기 | 小皿 작은 접시 | 灰皿 재떨이

皿に絵を描きました。 접시에 그림을 그렸습니다.

小皿を二枚用意してください。 작은 접시를 두 개 준비해 주세요.

총 5획 皿 皿 皿 皿 皿

+ 絵を描く 그림을 그리다 | 枚 얇고 넓적한 물건을 세는 단위 | 用意 준비

0238 초4/N1

器

그릇 기(器)

⌨ 네모난(口) 네 개의 큰(大) 그릇 안의 쿠키

음 き ▶ 器具 기구 | 器用 손재주나 재능이 있음 | 器量 기량 | 楽器 악기 | 消火器 소화기 | 食器 식기

7才の時から楽器を演奏しています。 일곱 살 때부터 악기를 연주하고 있습니다.

훈 うつわ ▶ 器 그릇, 용기

野菜を器に盛りました。 야채를 용기에 담습니다.

총 15획 器 器 器 器 器 器 器 器 器 器 器 器 器 器 器

+ 才(=歳) 세, 살[나이] | 盛る 그릇에 넣다, 담다

□□ 0239 　초2/N4

⌨ 실(糸)타래처럼 많은 성씨(氏)를 종이에 적는 시간

紙

종이 지

음 し ▶ 紙幣 지폐 ｜ 紙面 지면 ｜ 日刊紙 일간지 ｜ 表紙 표지 ｜ 用紙 용지

メモ用紙をよく使います。 메모 용지를 자주 사용합니다.

훈 かみ ▶ 紙 종이 ｜ 紙袋 종이 봉투 ｜ 手紙 편지 ｜ ★折り紙 종이접기

折り紙で鶴を折りました。 종이접기로 학을 접었습니다.

총 10획 紙 紙 紙 紙 紙 紙 紙 紙 紙 紙

+ 折る 접다, 꺾다

□□ 0240 　초6/N1

⌨ 실(糸) 사이의 장구벌레(月)가 비단 위를 기어가네

絹

비단 견

음 けん ▶ 絹糸・絹糸 견사, 비단실 ｜ 絹布 견포, 비단 ｜ 純絹 순견 ｜ 人絹 인견 ｜ 素絹 무늬 없는 비단

絹糸は医療分野でも使われています。
견사는 의료 분야에서도 사용되고 있습니다.

훈 きぬ ▶ 絹 명주, 비단, 실크 ｜ 絹織物 견직물, 비단 ｜ 絹地 비단 천

このスカーフは絹100%なので、柔らかいです。
이 스카프는 실크 100%라서 부드럽습니다.

총 13획 絹 絹 絹 絹 絹 絹 絹 絹 絹 絹 絹 絹 絹

+ 柔らかい 부드럽다

□□ 0241 　초5/N2

⌨ 실(糸)로 짠 하얀(白) 수건(巾)에서 뽑아서 솜을 만든 맨

綿

솜 면

음 めん ▶ 綿花 면화 ｜ 綿棒 면봉 ｜ 綿密 면밀 ｜ 脱脂綿 탈지면 ｜ 木綿 목면, 솜

綿棒で塗ってください。 면봉으로 발라 주세요.

훈 わた ▶ 綿 솜, 목화 ｜ 綿菓子(=綿あめ) 솜사탕 ｜ 真綿 풀솜, 설면자

綿菓子の作り方を教えてください。 솜사탕 만드는 법을 알려 주세요.

총 14획 綿 綿 綿 綿 綿 綿 綿 綿 綿 綿 綿 綿 綿 綿

+ 塗る 바르다, 칠하다

□□ 0242 　초2/N2

⌨ 실(糸)을 띄운 샘(泉)에 줄이 생겨

線

줄 선

음 せん ▶ 線路 선로 ｜ 光線 광선 ｜ 水平線 수평선 ｜ 直線 직선 ｜ 点線 점선 ｜ 電線 전선 ｜ 路線 노선

路線図を見ながら決めましょう。 노선도를 보면서 정합시다.
電線の上に鳩がいます。 전선 위에 비둘기가 있습니다.

총 15획 線 線 線 線 線 線 線 線 線 線 線 線 線 線 線

0243 초3/N3

球

공구

⌨ 임금(王)이 구한(求) 공은 왕비를 향한 큐피트

🔊 きゅう ▶ **球技** 구기 │ **球体** 구체, 공 모양으로 된 물체 │ **卓球** 탁구 │ **地球** 지구 │
電球 전구 │ **野球** 야구

球技大会に出場しました。 구기 대회에 출전했습니다.

🔊 たま ▶ **球** 공

球に当たって怪我をしました。 공에 맞아서 다쳤습니다.

총 11획 球 球 球 球 球 球 球 球 球 球

+ **出場** 출전, 출장 │ **球に当たる** 공에 맞다 │ **怪我をする** 다치다

0244 초3/N2

板

널빤지 판

⌨ 나무(木)를 찾다 돌이켜(反) 보니 여기 널빤지가 있다

🔊 はん, ばん ▶ **看板** 간판 │ **合板** 합판 │ **黒板** 칠판, 흑판 │ **鉄板** 철판

鉄板焼きを食べに行きましょうか。 철판구이를 먹으러 갈까요?

🔊 いた ▶ **板** 판자 │ **板前** 주방, 요리사 │ **まな板** 도마

まな板を買ったばかりです。 도마를 산 지 얼마 안 됐습니다.

총 8획 板 板 板 板 板 板 板 板

+ **〜たばかり** 〜한 지 얼마 안 됨

0245 초4/N2

塩

소금 염(鹽)

⌨ 흙(土) 지팡이(⼇)와 네모난(口) 소금 그릇(皿)을 가져오시오

🔊 えん ▶ **塩酸** 염산 │ **塩田** 염전 │ **塩分** 염분 │ **塩類** 염류 │ **食塩** 식염

食塩水の濃度を測りました。 식염수 농도를 측정했습니다.

🔊 しお ▶ **塩** 소금 │ **塩辛い** 짜다

塩につけて食べました。 소금에 찍어 먹었습니다.

총 13획 塩 塩 塩 塩 塩 塩 塩 塩 塩 塩 塩 塩 塩

+ **濃度を測る** 농도를 측정하다

0246 초4/N3

種

씨 종

⌨ 벼(禾) 수확을 위해 무거운(重) 씨를 뿌렸다네

🔊 しゅ ▶ **種子** 종자 │ **種目** 종목 │ **種類** 종류 │ **雑種** 잡종 │ **人種** 인종 │ **品種** 품종

種類が多すぎて選べません。 종류가 너무 많아서 못 고르겠습니다.

🔊 たね ▶ **種** 종자, 씨 │ **種まき** 씨뿌리기, 파종 │ **種物** 씨앗, 초목의 씨

アボカドは種から育てます。 아보카도는 씨에서 키웁니다.

총 14획 種 種 種 種 種 種 種 種 種 種 種 種 種 種

+ **多すぎる** 너무 많다 │ **選ぶ** 고르다, 선택하다 │ **アボカド(avocado)** 아보카도

⌨ 의자(丿) 위 테이블(ㅗ)이 테트리스 조각 같다

片

조각 편

🔊 **へん** ▸ 片雲 편운, 조각구름 ｜ 破片 파편 ｜ 木片 목편, 나무 조각 ｜ ★断片 단편

ガラスの破片が刺さってしまった。 유리 파편이 박혀 버렸다.

🔊 **かた** ▸ 片思い 짝사랑 ｜ 片方 한쪽, 한편 ｜ 片道 편도 ｜ 片付く 정리되다, 정돈되다 ｜ 片付ける 정리하다, 정돈하다

本を箱に入れて片付けました。 책을 상자에 넣고 정리했습니다.

총 4획 片 片 片 片

＋ ガラス(glas) 유리 ｜ 刺さる 박히다, 찔리다

⌨ 금(金)값 폭등이 그쳐도(艮) 나는 은반지 사서 조킹

銀

은 은

🔊 **ぎん** ▸ 銀貨 은화 ｜ 銀河 은하 ｜ 銀行 은행 ｜ 金銀 금은 ｜ 水銀 수은 ｜ ★銀杏 은행나무

これは銀で作られた指輪です。 이것은 은으로 만들어진 반지입니다.

銀行で海外送金をしました。 은행에서 해외 송금을 했습니다.

총 14획 銀 銀 銀 銀 銀 銀 銀 銀 銀 銀 銀 銀 銀 銀

＋ 指輪 반지

⌨ 구리가 아닌 금(金) 같은(同) 보석이라니, 하늘이 도우셨네

銅

구리 동

🔊 **どう** ▸ 銅銭 동전 ｜ 銅線 동선 ｜ 銅像 동상 ｜ 銅メダル 동메달 ｜ 青銅 청동

オリンピックで銅メダルを取りました。 올림픽에서 동메달을 땄습니다.

青銅は刀の材料にも使われた。 청동은 칼의 재료로도 사용되었다.

총 14획 銅 銅 銅 銅 銅 銅 銅 銅 銅 銅 銅 銅 銅 銅

＋ 刀 칼 ｜ 材料 재료

⌨ 금(金) 캐러 산등성이(岡)로 가 강철만 얻은 그의 직업이 화가네

鋼

강철 강

🔊 **こう** ▸ 鋼鉄 강철 ｜ 型鋼 형강 ｜ 製鋼 제강 ｜ 鉄鋼 철강

その国は鉄鋼を輸入しています。 그 나라는 철강을 수입하고 있습니다.

🔊 **はがね** ▸ 鋼 강철

彼女の心は鋼のように強いです。 그녀의 마음은 강철처럼 강합니다.

총 16획 鋼 鋼 鋼 鋼 鋼 鋼 鋼 鋼 鋼 鋼 鋼 鋼 鋼 鋼 鋼

＋ ～のように ～처럼, ～와(과) 같이

□□ 0251　초3/N2

鉄

쇠 철(鐵)

⌨ 금(金)을 잃고(失) 쇠를 얻을 순 없대

🔊 てつ ▶ **鉄道** 철도 | **鉄棒** 철봉 | **地下鉄** 지하철 | **電鉄** 전철 | ★**鉄筋** 철근

鉄棒で逆上がりの練習をしました。 철봉에서 거꾸로 오르기 연습을 했습니다.

地下鉄で30分ぐらいかかります。 지하철로 30분 정도 걸립니다.

총 13획　鉄 鉄 鉄 鉄 鉄 鉄 鉄 鉄 鉄 鉄 鉄 鉄 鉄

+ **逆上がり** 거꾸로 오르기

□□ 0252　초5/N2

鉱

쇳돌 광(鑛)

⌨ 금(金)을 캐러 간 넓은(広) 광산에서 쇳돌을 얻고

🔊 こう ▶ **鉱山** 광산 | **鉱物** 광물 | **採鉱** 채광 | **炭鉱** 탄광 | **鉄鉱** 철광

鉱物資源とは何ですか。 광물 자원이라는 것은 무엇입니까?

昔の炭鉱を訪ねました。 옛날 탄광을 방문했습니다.

총 13획　鉱 鉱 鉱 鉱 鉱 鉱 鉱 鉱 鉱 鉱 鉱 鉱 鉱

+ **〜とは** 〜라는 것은 | **昔** 옛날 | **訪ねる** 방문하다

□□ 0253　초3/N2

炭

숯 탄

⌨ 산(山) 언덕(厂) 캠핑장에서 숯불(火)이 탄다

🔊 たん ▶ **炭鉱** 탄광 | **炭酸** 탄산 | **炭素** 탄소 | **石炭** 석탄 | **木炭** 목탄

蒸気機関車の燃料は石炭です。 증기 기관차의 연료는 석탄입니다.

🔊 すみ ▶ **炭** 숯 | **炭火** 숯불

炭火焼肉の店に食べに行きました。 숯불 고기집에 먹으러 갔습니다.

총 9획　炭 炭 炭 炭 炭 炭 炭 炭 炭

+ **蒸気機関車** 증기 기관차 | **燃料** 연료

□□ 0254　초6/N3

除

덜 제

⌨ 언덕(阝) 풀의 나머지(余)는 덜어 버리죠

🔊 じょ, じ ▶ **除外** 제외 | **除去** 제거 | **除草** 제초 | **解除** 해제 | **削除** 삭제 | **免除** 면제 | **掃除** 청소

掃除機を買いに行きました。 청소기를 사러 갔습니다.

🔊 のぞ(く) ▶ **除く** 없애다, 제거하다 | **取り除く** 제거하다, 없애다

雑巾で汚れを取り除きました。 걸레로 더러운 곳을 제거했습니다.

총 10획　除 除 除 除 除 除 除 除 除 除

+ **掃除機** 청소기 | **汚れ** 더러움, 오점

읽기 다음 한자를 히라가나로 쓰세요.

01 和食 → _____

02 牛肉 → _____

03 作業 → _____

04 用紙 → _____

05 地下鉄 → _____

06 片道 → _____

쓰기 밑줄 친 히라가나를 한자로 쓰세요.

07 このお菓子はこめで作られました。 → _____

08 ゴーヤは苦いあじがします。 → _____

09 これはぎんで作られた指輪です。 → _____

10 ごまあぶらを使って味付けをしました。 → _____

듣기 다음 문장을 듣고 빈칸을 채우세요.

Track12

11 _____習って10年になります。

12 辛い料理はあまり_____。

13 _____を見ながら決めましょう。

14 本を箱に入れて_____。

88

01 カフェでコーヒーを飲んでいます。
① よんで　　　② のみんで　　　③ のんで　　　④ とんで

02 魚市場で新鮮な魚を買いました。
① ぎょ　　　② ざかな　　　③ さか　　　④ さかな

03 粉末スープを入れてお湯を注いだ。
① ちゅういだ　　② ささいだ　　③ そそいだ　　④ そぞいだ

04 食料品は30%割引です。
① しょくりょひん　② しょくざいひん　③ りょうりひん　④ しょくりょうひん

05 実験道具は用意できましたか。
① じっけん　　② じけん　　③ しけん　　④ じつげん

06 つくりかたが詳しく書いてあります。
① 史り方　　② 昨り方　　③ 作り方　　④ 使い方

07 玉ねぎはけつえきをサラサラにしてくれます。
① 血夜　　② 血液　　③ 皿液　　④ 血圧

08 このさいふの素材は何ですか。
① 財巾　　② 財布　　③ 毛布　　④ 材布

09 しゅるいが多すぎて選べません。
① 重類　　② 手類　　③ 種類　　④ 主類

10 そうじ機を買いに行きました。
① 掃余　　② 掃除　　③ 削除　　④ 帰除

DAY | SUBJECT
09 | 자연(1)

森(しん)
나무 세 그루가 모여
수풀이 된 신비

林(りん)
수풀 안에 있는 나무
사이에 떨어진 ring

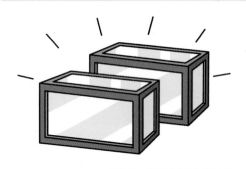

松(しょう)
목공소에서 소나무로
공평하게 제작된 쇼케이스

桜(さくら)
앵두나무 아래 작은
여자아이의 이름은 사쿠라

さくら

단어 복습 퀴즈 다음 한자를 바르게 읽은 것을 고르세요.

1 料金 ▶ ⓐ りょうきん ⓑ りょきん
2 材料 ▶ ⓐ ざいりょう ⓑ ざいりょ
3 果物 ▶ ⓐ くだぶつ   ⓑ くだもの
4 皿　 ▶ ⓐ ざら   ⓑ さら

5 手紙 ▶ ⓐ てがみ   ⓑ でがみ
6 野球 ▶ ⓐ やきゅう   ⓑ たっきゅう
7 塩　 ▶ ⓐ しお   ⓑ しよ
8 銀行 ▶ ⓐ きんこう   ⓑ ぎんこう

정답 1ⓐ 2ⓐ 3ⓑ 4ⓑ 5ⓐ 6ⓐ 7ⓐ 8ⓑ

☐☐ 0255　초1/N5

⌨ 뫼비우스 띠 같은 세 개의 화살표로 된 촛대(山) 모양의 산

山

뫼 산

음 **さん** ▸ **山林** 산림 ｜ **沢山** 많음, 충분함 ｜ ★**火山** 화산 ｜ **登山** 등산

火山が噴火している写真です。 화산이 분화하고 있는 사진입니다.

훈 **やま** ▸ **山** 산 ｜ **山火事** 산불 ｜ **山登り** 등산, 산에 오름 ｜ **山道** 산길

ごみを山に捨てないでください。 쓰레기를 산에 버리지 마세요.

[총 3획] 山 山 山

＋ **噴火** 분화 ｜ **捨てる** 버리다

☐☐ 0256　초1/N5

⌨ 마을에 흐르는 세 줄기(川)의 내는 물살이 센 편

川

내 천

음 **せん** ▸ **河川** 하천

大雨で河川に被害が出ています。 폭우로 하천에 피해가 나고 있습니다.

훈 **かわ** ▸ **川** 강, 내 ｜ **川上** 상류, 강 위쪽 ｜ **川下** 하류, 강 아래쪽

川の水が海に流れ込みます。 강물이 바다로 흘러 들어갑니다.

[총 3획] 川 川 川

＋ **大雨** 폭우 ｜ **被害が出る** 피해가 나다 ｜ **流れ込む** 흘러 들어가다

☐☐ 0257　초1/N5

⌨ 일(一)자로 손을 크게(大) 벌려 하늘을 보니 감성 포텐

天

하늘 천

음 **てん** ▸ **天気** 날씨 ｜ **天才** 천재 ｜ **天然** 천연 ｜ **天文台** 천문대 ｜ **雨天** 우천

天気がよければドライブに行きましょう。 날씨가 좋으면 드라이브하러 갑시다.

훈 **あま, あめ** ▸ ★**天の川** 은하수 ｜ ★**天地** 천지

天の川がよく見える場所と時間が知りたいです。
은하수가 잘 보이는 장소와 시간을 알고 싶습니다.

[총 4획] 天 天 天 天

＋ **よければ** 좋으면

☐☐ 0258　초1/N4

⌨ 구멍(穴)을 장인(工)이 뚫어 속이 텅 빌 때, 속으로 아이쿠

空

빌 공

음 **くう** ▸ **空間** 공간 ｜ **空気** 공기 ｜ **空港** 공항

空気が乾燥していますね。 공기가 건조하네요.

훈 **そら, あ(く), あ(ける), から** ▸ **空** 하늘 ｜ **空く** 비다 ｜ **空ける** 비우다 ｜ **空手**
빈손 ｜ ★**青空** 푸른 하늘

空を見上げました。 하늘을 올려다봤습니다.

[총 8획] 空 空 空 空 空 空 空 空

＋ **乾燥** 건조 ｜ **見上げる** 올려다보다

⌨ 나무(木) 세 그루가 모여 수풀이 된 신비

森

음 ▸ しん ▸ 森林 삼림
しんりん

明日、森林公園へ行くことにしました。　내일 삼림공원에 가기로 했습니다.
あした　しんりんこうえん　い

훈 ▸ もり ▸ 森 숲
もり

森の中にきれいな花が咲いていました。　숲속에 예쁜 꽃이 피어 있었습니다.
もり　なか　　　　　　　はな　さ

수풀 삼

총 12획 森森森森森森森森森森森森

⌨ 수풀 안에 있는 나무(木) 사이에 떨어진 ring

林

음 ▸ りん ▸ 林業 임업 │ 林野 임야 │ 森林 삼림
りんぎょう　　　りん や　　　しんりん

私ものんびり森林浴したいです。　나도 여유롭게 삼림욕하고 싶습니다.
わたし　　　　　　しんりんよく

훈 ▸ はやし ▸ 林 숲 │ ★松林 송림, 솔숲
はやし　　　まつばやし

弟は林の中で道に迷いました。　남동생은 숲속에서 길을 잃었습니다.
おとうと　はやし　なか　みち　まよ

수풀 림

총 8획 林林林林林林林林

+ のんびり 여유롭게, 한가로이 │ 迷う (길을) 잃다
　　　　　　　　　　　　　　　　　まよ

⌨ 산(山) 밑에 있는 돌(石)은 바위만큼 큰가

岩

음 ▸ がん ▸ 岩石 암석 │ 火成岩 화성암 │ 砂岩 사암 │ 溶岩 용암
がんせき　　　か せいがん　　　さ がん　　　ようがん

溶岩が流れています。　용암이 흐르고 있습니다.
ようがん　なが

훈 ▸ いわ ▸ 岩 바위 │ 岩場 바위가 많은 곳, 암벽 │ 岩山 바위산
いわ　　　いわ ば　　　　　　　いわやま

船の底が岩に触れました。　배 아랫부분이 바위(암초)에 닿았습니다.
ふね　そこ　いわ　ふ

바위 암(巖)

총 8획 岩岩岩岩岩岩岩岩

+ 流れる 흐르다 │ 底 바닥 │ 触れる 닿다, 접촉하다
　なが　　　　　　そこ　　　ふ

⌨ 하나(一)의 노(ノ)를 넣은 네모 상자(口)는 돌이신가

石

음 ▸ せき, しゃく, こく ▸ 石炭 석탄 │ 石油 석유 │ 化石 화석 │ 宝石 보석 │ 磁石
せきたん　　　せき ゆ　　　か せき　　　ほうせき　　　じ しゃく

자석 │ 石高 미곡의 수확량
こくだか

その国は石油が豊富です。　그 나라는 석유가 풍부합니다.
くに　せき ゆ　ほう ふ

훈 ▸ いし ▸ 石 돌 │ 石段 돌계단 │ 石橋 돌다리 │ 小石 작은 돌
いし　　　いしだん　　　いしばし　　　こ いし

この作品は石で作られています。　이 작품은 돌로 만들어졌습니다.
さくひん　いし　つく

돌 석

총 5획 石石石石石

+ 作られる 만들어지다[作る의 수동형]
　つく　　　　　　　　　　　つく

0263 초1/N5

⌨ T자 우산통(冂)에 빗방울(丶)이 네 개, 비가 올 땐 우산을…

雨

비 우

음 う ▶ 雨季 우기 | 雨天 우천 | 雨量 강수량 | 豪雨 호우 | 細雨 이슬비 | ★梅雨 장마

雨量が400ミリを超えました。 강우량이 400밀리를 넘었습니다.

훈 あめ, あま ▶ 雨 비 | 大雨 큰비, 폭우 | 雨具 우비 | 雨水 빗물

来週は大雨の恐れがあります。 다음 주는 폭우의 우려가 있습니다.

[총 8획] 雨 雨 雨 市 市 雨 雨 雨

\+ 超える 넘다, 초과하다 | 恐れがある 우려가 있다, 위험이 있다

0264 초2/N4

⌨ 바람이 부는 날 천막(几) 안에 벌레(虫)가 들어와 입으로 후우

風

바람 풍

음 ふう, ふ ▶ 風雨 바람과 비 | 風景 풍경 | 風流 풍류 | お風呂 목욕탕

★露天風呂 노천탕

雪景色を見ながら、露天風呂に入った。
눈 오는 풍경을 보면서 노천탕에 들어갔다.

훈 かぜ, かざ ▶ 風 바람 | 風車 풍차 | 風下 바람이 불어 가는 방향 | ★風邪 감기

風が強く吹いています。 바람이 세게 불고 있습니다.

[총 9획] 風 風 風 風 風 風 風 風 風

\+ 雪景色 눈 오는 풍경

0265 초2/N3

⌨ 비(雨) 내린 날 산 빗자루(ヨ)로 쌓인 눈을 쓸고 있는 유키상

눈 설(雪)

음 せつ ▶ 雪原 설원 | 除雪 제설 | 積雪 적설 | ★雪崩 눈사태

この場所で除雪作業が行われます。 이 장소에서 제설 작업이 행해집니다.

훈 ゆき ▶ 雪 눈 | 雪国 설국 | 雪雲 눈구름 | 雪だるま 눈사람 | 初雪 첫눈

山は雪に覆われています。 산은 눈에 덮여 있습니다.

[총 11획] 雪 雪 雪 雪 雪 雪 雪 雪 雪 雪 雪

\+ 行われる 행해지다 | 覆われる 덮이다

0266 초2/N5

⌨ 비(雨)가 오고 천둥 번개(电) 친 날, 수문이 열린 댐

電

번개 전

음 でん ▶ 電気 전기 | 電車 전철 | 電話 전화 | 家電 가전 | 終電 막차 | 充電 충전

| 発電所 발전소

環境のために、電気自動車を買いました。
환경을 위해서 전기 자동차를 샀습니다.

海の近くに風力発電所があります。 바다 근처에 풍력 발전소가 있습니다.

[총 13획] 電 電 電 電 電 電 電 電 電 電 電 電 電

□□ 0267　초2/N2

⌨ 비(雨)는 이를테면(云) 구름 속에서 만들어질 운명

雲

구름 운

🔊 うん ▶ 雲海 구름 바다 | 星雲 성운 | 青雲 청운 | 風雲 풍운

「青雲」というのはどんな意味ですか。 '청운'이란 무슨 의미입니까?

🔊 くも ▶ 雲 구름 | 雲間 구름 사이 | 雨雲 비구름

雲間から差す光を撮影しました。 구름 사이로 비치는 빛을 촬영했습니다.

[총 12획] 雲雲雲雲雲雲雲雲雲雲雲雲

+ 差す 비치다, 뻗다

□□ 0268　초2/N3

⌨ 세(ツ) 개의 우뚝 솟은(兀) 촛대를 들고 있는 사람 위로 빛이 비췄고

光

빛 광

🔊 こう ▶ 光景 광경 | 光線 광선 | 観光 관광 | 日光 일광 | 日光浴 일광욕

大勢の人が日光浴を楽しんでいます。 많은 사람이 일광욕을 즐기고 있습니다.

🔊 ひかり, ひか(る) ▶ 光 빛 | 光る 빛나다

美しい星がきらきら光っています。 아름다운 별이 반짝반짝 빛나고 있습니다.

[총 6획] 光光光光光光

+ 大勢 많은 사람, 여럿 | 楽しむ 즐기다 | 美しい 아름답다 | きらきら 반짝반짝

□□ 0269　초2/N2

⌨ 호랑이는 매일(日) 생(生)고기를 노린다, 별밤에 호시탐탐

星

별 성

🔊 せい, しょう ▶ 星座 별자리 | 火星 화성 | 土星 토성 | 明星 명성, 샛별 | 木星 목성

先輩は星座について話してくれました。
선배는 별자리에 대해 이야기해 주었습니다.

🔊 ほし ▶ 星 별 | 星空 별이 빛나는 하늘 | 流れ星 유성, 별똥별

昨日の夜、流れ星を見ました。 어젯밤, 유성을 봤습니다.

[총 9획] 星星星星星星星星星

□□ 0270　초3/N3

⌨ 볕(昜)이 잘 드는 언덕(阝)에 올라가세요

陽

볕 양

🔊 よう ▶ 陽気 양기, 밝음 | 陽子 양자[물리] | 陰陽 음양 | 太陽 태양

太陽の光をいっぱい浴びました。 태양 빛을 많이 쬐었습니다.

何でも陰陽のバランスが大事だ。 뭐든지 음양의 조화가 중요하다.

[총 12획] 陽陽陽陽陽陽陽陽陽陽陽陽

+ 浴びる 뒤집어쓰다, 흠뻑 쓰다 | バランス(balance) 균형, 조화

94

□□ 0271　초2/N2

⌨ 여덟(八) 명의 사람(人)이 입(口)으로 노래했다니, 골짜기에서

音 こく ▸ 峡谷 협곡 | 渓谷 계곡

夏休みに渓谷に行きましょうか。 여름방학에 계곡에 갈까요?

訓 たに ▸ 谷 골짜기 | 谷川 골짜기 물 | 谷底 골짜기 밑바닥[たにぞこ라고도 읽음] | 谷間
산골짜기

山と谷を越えて行きました。 산과 골짜기를 넘어서 갔습니다.

총 7획 谷 谷 谷 谷 谷 谷 谷

골짜기 곡

+ 越える 넘다, 건너다

□□ 0272　초1/N4

⌨ 네모난(□) 밭을 네 등분으로 나눠 갈았다

音 でん ▸ 田園 전원 | 塩田 염전 | 水田 수전 | 油田 유전

佐藤さんは田園住宅に住んでいます。 사토 씨는 전원주택에 살고 있습니다.

訓 た ▸ 田 논 | 田植え 모내기 | 田畑 논밭

田植えの時期になりました。 모내기 시기가 되었습니다.

총 5획 田 田 田 田 田

밭 전

+ 住宅 주택 | 時期 시기

□□ 0273　초2/N4

⌨ 마을(里)이 나(予)에게 나누어 준 것은 들이야

音 や ▸ 野球 야구 | 野菜 야채 | 野生 야생 | 分野 분야 | 平野 평야

庭で野菜を育てています。 정원에서 야채를 기르고 있습니다.

訓 の ▸ 野 들 | 野花 들꽃 | 野良猫 길고양이

ここは野花をテーマとした公園です。 여기는 들꽃을 테마로 한 공원입니다.

총 11획 野 野 野 野 野 野 野 野 野 野 野

들 야

+ 育てる 키우다, 기르다

□□ 0274　초3/N2

⌨ 불(火)이 난 화전 밭(田)을 바라보며 하타 요가를 한다

訓 はたけ, はた ▸ 畑 밭 | 畑作 밭농사 | 田畑 논밭 | ★麦畑 보리밭

畑で野菜を育てるという趣味ができました。
밭에서 야채를 기르는 취미가 생겼습니다.

畑作農家を訪ねました。 밭농사 농가를 방문했습니다.

총 9획 畑 畑 畑 畑 畑 畑 畑 畑 畑

화전 전

+ 訪ねる 방문하다

⌨ 아침(早)에 풀밭(艹)에 있는 풀을 베고 일찍 가자, 아사쿠사

草

풀 초

음 そう ▸ 草原 초원 | 草書 초서 | 雑草 잡초

草原を走る子供たちを見つめています。
초원을 달리는 아이들을 바라보고 있습니다.

훈 くさ ▸ 草 풀 | 草花 화초 | 干し草 말린 풀, 건초

庭に草花を植えました。 정원에 화초를 심었습니다.

총 9획 草草草草草草草草草

+ 走る 달리다 | 見つめる 바라보다 | 植える 심다

⌨ 풀(艹)이 꽃이 되면(化) 꽃구경하나?

花

꽃 화

음 か ▸ 花瓶 화병 | 花粉 꽃가루 | 花粉症 꽃가루 알레르기 | 開花 개화

この地域は3月に桜が開花します。 이 지역은 3월에 벚꽃이 개화합니다.

훈 はな ▸ 花 꽃 | 花束 꽃다발 | 花火 불꽃놀이 | 花見 꽃구경 | 花嫁 신부, 새색시

来週、花見に行こうと思っている。 다음 주에 꽃구경하러 가려고 한다.

총 7획 花花花花花花花

⌨ 방 안(中)에 있는 지팡이(丿) 옆을 지나는 벌레는 무시해

벌레 충(蟲)

음 ちゅう ▸ 害虫 해충 | 寄生虫 기생충 | 昆虫 곤충

彼の趣味は昆虫採集です。 그의 취미는 곤충 채집입니다.

훈 むし ▸ 虫 벌레 | 虫歯 충치 | 水虫 무좀

私は虫が大嫌いです。 나는 벌레를 아주 싫어합니다.

총 6획 虫虫虫虫虫虫

+ 大嫌いだ 아주 싫어하다

⌨ 하얀색(白) 한(一) 의자(乚)에 깃털이 네(灬) 개 있는 새가 있죠

새 조

음 ちょう ▸ 鳥類 조류 | 一石二鳥 일석이조 | 白鳥 백조

それは鳥類の一種です。 그것은 조류의 일종입니다.

훈 とり ▸ 鳥 새 | 鳥肉 조육[새고기]

彼は鳥について研究しています。 그는 새에 대하여 연구하고 있습니다.

총 11획 鳥鳥鳥鳥鳥鳥鳥鳥鳥鳥鳥

+ 一種 일종 | ～について ～에 대해서 | 研究 연구

□□ 0279　초3/N2

島

섬 도

🔤 하얀색(白) 한(一) 의자(ㄴ)에 앉아 있는 산(山) 넘어 섬에서 온 도민

🔊 **とう** ▸ 半島 반도 | 本島 본도 | 無人島 무인도 | 離島 외딴섬 | 列島 열도

離島のリゾートで家族と一緒に過ごしました。
외딴섬에 있는 리조트에서 가족과 함께 보냈습니다.

🔊 **しま** ▸ 島 섬 | 島国 섬나라

その島は車で行けます。 그 섬은 차로 갈 수 있습니다.

총 10획 島 島 島 島 島 島 島 島 島 島

＋ 過ごす 보내다, 지내다 | 行ける 갈 수 있다[行く의 가능형]

□□ 0280　초2/N2

池

못 지

🔤 물(氵)을 잇기(也) 어려우니 또 다른 못에 가 있게

🔊 **ち** ▸ 貯水池 저수지 | 電池 전지

その貯水池は有名な観光地になりました。
그 저수지는 유명한 관광지가 되었습니다.

🔊 **いけ** ▸ 池 연못 | 古池 오래된 연못

公園の中に小さな池があります。 공원 안에 작은 연못이 있습니다.

총 6획 池 池 池 池 池 池

□□ 0281　초2/N4

地

땅 지

🔤 토양(土)을 잇는(也) 다른 땅이 어디에 있는지

🔊 **ち, じ** ▸ 地域 지역 | 地下 지하 | 地球 지구 | 地図 지도 | 地理 지리 | 生地
본래의 성질, 옷감, 천 ★地震 지진

地球温暖化が問題になっています。 지구 온난화가 문제가 되고 있습니다.
地震の影響で卒業式が延期になりました。
지진의 영향으로 졸업식이 연기되었습니다.

총 6획 地 地 地 地 地 地

＋ 温暖化 온난화 | 影響 영향 | 延期になる 연기되다

□□ 0282　초3/N2

岸

언덕 안

🔤 산(山) 밑의 언덕(厂)에 있는 방패(干)는 강하다

🔊 **がん** ▸ 沿岸 연안 | 海岸 해안 | 対岸 건너편 언덕

海岸に沿って新しい道路ができたそうです。
해안을 따라 새 도로가 생겼다고 합니다.

🔊 **きし** ▸ 岸 물가, 해안, 낭떠러지 | 岸辺 강변 | 川岸 강기슭

船が岸に着きました。 배가 물가에 닿았습니다.

총 8획 岸 岸 岸 岸 岸 岸 岸 岸

＋ ～に沿って ～을(를) 따라서 | 道路 도로 | ～に着く ～에 도착하다

0283　초3/N2

坂

언덕 판

⌨ 흙(土)고개에서 방향을 돌이켜(反) 보이는 언덕에 살까

🔈 **はん** ▶ **坂路** 비탈길 | **急坂** 가파른 언덕 | **登坂** 언덕을 오름

坂路を馬に走らせているのが見えました。
비탈길을 말에게 달리게 하는 것이 보였습니다.

🔈 **さか** ▶ **坂** 비탈 | **坂道** 비탈길 | ★**下り坂** 내리막길 | ★**上り坂** 오르막길

坂道で大きな事故がありました。　비탈길에서 큰 사고가 있었습니다.

총 7획　坂坂坂坂坂坂坂

+ 走らせる 달리게 하다 | 事故 사고

0284　초2/N3

園

동산 원

⌨ 네모(囗) 친 부분은 모두 원(袁)씨네 동산

🔈 **えん** ▶ **園芸** 원예 | **公園** 공원 | **植物園** 식물원 | **動物園** 동물원 | **幼稚園** 유치원

週末は娘をつれて動物園に行きます。　주말엔 딸을 데리고 동물원에 갑니다.

🔈 **その** ▶ **園** 동산 | **花園** 화원 | **エデンの園** 에덴동산

今週末、花園に行く予定です。　이번 주말, 화원에 갈 예정입니다.

총 13획　園園園園園園園園園園園園園

+ 娘 딸 | つれる 동반하다

0285　초3/N3

庭

뜰 정

⌨ 집(广)에서 북방(壬)쪽으로 길게 걸어서(廴) 온 뜰이거니와

🔈 **てい** ▶ **庭園** 정원 | **家庭** 가정 | **校庭** 교정

校庭でサッカーをしました。　교정에서 축구를 했습니다.

🔈 **にわ** ▶ **庭** 정원, 마당 | **裏庭** 뒤뜰 | **中庭** 안뜰

庭に花を植えました。　정원에 꽃을 심었습니다.

총 10획　庭庭庭庭庭庭庭庭庭庭

0286　초3/N3

葉

잎 엽

⌨ 풀(艹)이 세상(世)에 가득한 나무(木)는 잎이 무성해요

🔈 **よう** ▶ **紅葉** 단풍 | **針葉樹** 침엽수 | **落葉** 낙엽

秋になると紅葉が楽しめます。　가을이 되면 단풍을 즐길 수 있습니다.

🔈 **は** ▶ **葉** 잎, 잎사귀 | **葉書** 엽서 | **落ち葉** 낙엽 | **言葉** 말, 언어 | ★**紅葉** 단풍
★**紅葉狩り** 단풍놀이

木の葉が散りました。　나뭇잎이 떨어졌습니다.

총 12획　葉葉葉葉葉葉葉葉葉葉葉葉

+ 楽しめる 즐길 수 있다 | 散る 떨어지다

□□ 0287　초1/N2

⌨ 대나무 두 그루에 핀 대나무잎 색깔이 탁해

음 ちく ▶ 竹林 죽림, 대숲 ｜ 爆竹 폭죽

竹林公園で散歩しました。 죽림공원에서 산책했습니다.

훈 たけ ▶ 竹 대나무 ｜ 竹の子 죽순 ｜ 竹垣 대나무 울타리 ｜ 竹林 죽림

これは竹の子を入れて炊いたご飯です。 이것은 죽순을 넣어 지은 밥입니다.

竹

대 죽

총 6획 竹 竹 竹 竹 竹 竹

+ 炊く 밥을 짓다

□□ 0288　초4/N1

⌨ 지팡이(ㅡ)로도 건드리지 말라(毋)는 매화나무(木) 주인과 Bye!

음 ばい ▶ 梅雨 장마 ｜ 梅花 매화꽃 ｜ 紅梅 홍매 ｜ 松竹梅 송죽매[추위에 잘 견디는 소나무, 대나무, 매화나무] ★梅雨 장마 ｜ ★梅雨明け 장마가 갬

日本は梅雨に入ったそうです。 일본은 장마에 접어들었다고 합니다.

훈 うめ ▶ 梅 매실 ｜ 梅酒 매실주 ｜ 梅干し 우메보시, 매실 장아찌

白いご飯に梅干しをのせました。 흰밥에 우메보시를 얹었습니다.

梅

매화 매(梅)

총 10획 梅 梅 梅 梅 梅 梅 梅 梅 梅 梅

□□ 0289　초4/N1

⌨ 목(木)공소에서 소나무로 공평하게(公) 제작된 쇼케이스

음 しょう ▶ 松竹梅 송죽매

この本は松竹梅について書いてあります。

이 책은 송죽매에 대해 쓰여 있습니다.

훈 まつ ▶ 松 소나무 ｜ 松茸 송이버섯 ｜ 門松 가도마쓰[새해에 문 앞에 세우는 소나무 장식]

門松は門の前に立てられる松の飾りです。

가도마쓰는 문 앞에 세워지는 소나무 장식입니다.

松

소나무 송

총 8획 松 松 松 松 松 松 松 松

+ 書いてある 쓰여 있다 ｜ 立てられる 세워지다[立つ의 수동태] ｜ 飾り 장식

□□ 0290　초5/N1

⌨ 앵두나무(木) 아래 작은(⋯) 여자(女)아이의 이름은 사쿠라

음 おう ▶ 桜花 벚꽃 ｜ 桜花爛漫 벚꽃난만[벚꽃이 꽉 차서 넘칠 듯한 모양]

桜花爛漫の景色を見ました。 벚꽃이 만발하는 경치를 봤습니다.

훈 さくら ▶ 桜 벚꽃 ｜ 桜色 연분홍색 ｜ ★夜桜 밤 벚꽃

土曜日に桜を見に行きませんか。 토요일에 벚꽃을 보러 가지 않겠습니까?

桜

앵두 앵(櫻)

총 10획 桜 桜 桜 桜 桜 桜 桜 桜 桜 桜

DAY | SUBJECT
10 | 자연(2)

Track14

洋(よう)
강물을 건너는 양떼들은
큰 바다 위 구름 같아요

潮(ちょう)
바다에서 물놀이를 하던 아침,
갑자기 밀물이 들어왔죠

砂(すな)
돌이 적고 모래도 없는
곳에서 놀면 쓰나

晴(せい)
날이 맑을 때, 푸른 하늘을
찍어 폰에 세이브

단어 복습 퀴즈 다음 한자를 바르게 읽은 것을 고르세요.

1 川 ▶ ⓐ かわ ⓑ がわ

2 空港 ▶ ⓐ こうくう ⓑ くうこう

3 森 ▶ ⓐ おり ⓑ もり

4 大雨 ▶ ⓐ おおめ ⓑ おおあめ

5 雪国 ▶ ⓐ ゆきぐに ⓑ ゆきこく

6 太陽 ▶ ⓐ たいおう ⓑ たいよう

7 花見 ▶ ⓐ はなみ ⓑ はなび

8 地図 ▶ ⓐ ちいず ⓑ ちず

정답 1ⓐ 2ⓑ 3ⓑ 4ⓑ 5ⓐ 6ⓑ 7ⓐ 8ⓑ

□□ 0291　초2/N4

⌨ 물(氵)을 매일(毎) 보았더니 바다에 가고 싶네, 마음이

海

🔊 かい ▸ 海外 해외 | 海軍 해군 | 海上 해상 | 海水浴 해수욕 | 航海 항해

海で海水浴をしている人が多い。　바다에서 해수욕을 하고 있는 사람이 많다.

🔊 うみ ▸ 海 바다 | 海風 해풍 | 海辺 해변

明日は海へ遊びに行きましょう。　내일은 바다에 놀러 갑시다.

바다 해(海)

총 9획　海 海 海 海 海 海 海 海 海

+ 遊びに行く 놀러 가다[ます형 + に行く]

□□ 0292　초3/N4

⌨ 강물(氵)을 건너는 양(羊)떼들은 큰 바다 위 구름 같아요

洋

🔊 よう ▸ 洋式 서양식 | 洋食 양식 | 海洋 해양 | 西洋 서양 | 太平洋 태평양 |
東洋 동양

汚染処理水を海洋に放出しました。　오염 처리수를 해양으로 방출했습니다.

飛行機から太平洋が見えました。　비행기에서 (내려다보니) 태평양이 보였습니다.

큰바다 양

총 9획　洋 洋 洋 洋 洋 洋 洋 洋 洋

+ ～から ～로부터, ～에서 | ～が見える ～이(가) 보이다

□□ 0293　초5/N2

⌨ 과연 내가 물(氵)에서 잠수가 가능할까(可)

河

🔊 か, が ▸ 河口 하구 | 河川 하천 | 運河 운하 | 銀河 은하수

ここは太平洋と大西洋を結んでいる運河です。

이곳은 태평양과 대서양을 연결하고 있는 운하입니다.

🔊 かわ ▸ 河 강, 하천

これは洪水であふれた河の写真です。　이것은 홍수로 넘친 강의 사진입니다.

물 하

총 8획　河 河 河 河 河 河 河 河

+ 結ぶ 잇다, 연결하다, 묶다 | あふれる (가득 차서) 넘치다[과거형 あふれた]

□□ 0294　초3/N2

⌨ 물(氵)에 젖은 수염(胡)이 비친 곳은 호수

湖

🔊 こ ▸ 湖岸 호안, 호숫가 | 湖底 호저, 호수 바닥 | 湖畔 호반 | 湖面 호면, 호수의 표면

琵琶湖は日本の有名な観光地です。　비와코 호수는 일본의 유명한 관광지입니다.

🔊 みずうみ ▸ 湖 호수

この湖は深いので、危険です。　이 호수는 깊어서 위험합니다.

호수 호

총 12획　湖 湖 湖 湖 湖 湖 湖 湖 湖 湖 湖 湖

⌨ 눈(目)앞에서 숫자 8(八)까지 세니 조개가 짠!

貝

조개 패

🔵 훈 **かい** ▶ 貝 조개 │ 貝がら 조개껍데기 │ ほたて貝 가리비

潮干狩りで貝をたくさん掘りました。 갯벌 체험에서 조개를 많이 캤습니다.

海で虹色に光る貝がらを拾いました。
바다에서 무지개 색으로 빛나는 조개껍데기를 주웠습니다.

총 7획 │ 貝 貝 貝 貝 貝 貝 貝

+ 掘る 캐다, 파다 │ 虹色 무지개 색(깔) │ 拾う 줍다

⌨ 물(氵) 위에 나무껍질(皮)이 떨어지니 물결이 하늘하늘

波

물결 파

🔵 음 **は** ▶ 波及 파급 │ 波長 파장 │ 周波数 주파수 │ ★音波 음파 │ ★超音波 초음파

★電波 전파

イルカは超音波を発します。 돌고래는 초음파를 발산합니다.

🔵 훈 **なみ** ▶ 波 파도 │ 津波 해일 │ 人波 인파

この海岸は人波が途切れません。 이 해안은 인파가 끊이지 않습니다.

총 8획 │ 波 波 波 波 波 波 波 波

+ 発する 발산하다, 발하다 │ 海岸 해안 │ 途切れる 중단되다, 끊어지다

⌨ 바다에서 물(氵)놀이를 하던 아침(朝), 갑자기 밀물이 들어왔죠

潮

밀물 조

🔵 음 **ちょう** ▶ 潮流 조류 │ 干潮 간조, 썰물 │ 風潮 풍조 │ 満潮 만조, 밀물

干潮と満潮を考えて釣るのが大事です。
간조와 만조를 생각하고 낚시하는 것이 중요합니다.

🔵 훈 **しお** ▶ 潮 바닷물, 조수 │ 潮風 조풍, 바닷바람

潮風に吹かれながら歩きました。 바닷바람을 맞으며 걸었습니다.

총 15획 │ 潮 潮 潮 潮 潮 潮 潮 潮 潮 潮 潮 潮 潮 潮 潮

+ 吹かれる (바람을) 맞다[吹く의 수동형] │ ます형 + ながら ~하면서

⌨ 돌(石)이 적고(少) 모래도 없는 곳에서 놀면 쓰나

砂

모래 사

🔵 음 **さ, しゃ** ▶ 砂糖 설탕 │ 砂漠 사막 │ 黄砂 황사 │ 土砂 토사 │ ★砂利 사리, 자갈

この道は土砂崩れで通れません。 이 길은 토사 붕괴로 지나갈 수 없습니다.

🔵 훈 **すな** ▶ 砂 모래 │ 砂場 모래밭

砂場で娘と一緒に遊んでいます。 모래밭에서 딸과 함께 놀고 있습니다.

총 9획 │ 砂 砂 砂 砂 砂 砂 砂 砂 砂

□□ 0299　초3/N2

⌨ 별(辰)이 뜰 때까지 허리 굽혀(曲) 농사 짓는 노력

농사 농

- 음 **のう** ▶ **農家** 농가 | **農業** 농업 | **農産物** 농산물 | **農場** 농장 | **帰農** 귀농

農業の活性化に努めています。　농업의 활성화에 힘쓰고 있습니다.

農産物の値段が前より高くなりました。　농산물 가격이 전보다 비싸졌습니다.

총 13획　農農農農農農農農農農農農農

\+ 高くなる 비싸지다[〜くなる 〜하게 되다]

□□ 0300　초4/N2

⌨ 언덕(阝) 위의 또 다른 언덕(坴)은 평평한 뭍이 되었다

陸

뭍 륙

- 음 **りく** ▶ **陸上** 육상 | **陸地** 육지 | **大陸** 대륙 | **着陸** 착륙 | **内陸** 내륙

地球上の広大な陸地を大陸と言います。
지구상의 광대한 육지를 대륙이라고 합니다.

宇宙飛行士が火星に着陸しました。　우주 비행사가 화성에 착륙했습니다.

총 11획　陸陸陸陸陸陸陸陸陸陸陸

\+ 広大な 광대한, 넓고 큰 | 〜と言います 〜라고 합니다

□□ 0301　초4/N1

⌨ 누군가 때려서(攵) 소(牛)를 칠 때 소리치는 목동

牧

칠 목

- 음 **ぼく** ▶ **牧師** 목사 | **牧場** 목장 | **牧草** 목초 | **牧畜** 목축 | **牧羊** 목양

多くの牛が牧草を食べています。　많은 소가 목초를 먹고 있습니다.

- 훈 **まき** ▶ **牧場** 목장

牧場に羊の群れが現れました。　목장에 양떼가 나타났습니다.

총 8획　牧牧牧牧牧牧牧牧

\+ 多くの + 명사 많은〜 | 現れる 나타나다

□□ 0302　초4/N1

⌨ 풀(艹) 속에서 어금니(牙)처럼 올라오는 건 싹인가

싹 아

- 음 **が** ▶ **麦芽** 맥아, 엿기름 | **発芽** 발아 | **萌芽** 맹아, 싹이 틈

種を発芽させて観察してみました。　씨를 발아시켜 관찰해 봤습니다.

- 훈 **め** ▶ **芽** 싹 | **若芽** 새싹 | **新芽** 새싹, 새순 | **芽生える** 싹트다, 움트다

木に新芽が芽生えました。　나무에 새싹이 돋았습니다.

총 8획　芽芽芽芽芽芽芽芽

\+ させる 시키다, 하게 하다[する의 사역형]

⌨ 나무(木)를 심을 때 곧은(直) 뿌리를 보는 우리

植

심을 식

음 しょく ▶ **植樹** 식수 | **植物** 식물 | **植民地** 식민지 | **移植** 이식

植物園に行ってきました。 식물원에 다녀왔습니다.

훈 う(わる), う(える) ▶ **植わる** 심어지다 | **植える** 심다 | **植木** 정원수 | **田植え** 모내기

庭に木を植えました。 정원에 나무를 심었습니다.

총 12획 植植植植植植植植植植植植

⌨ 나무(木)들을 세워(尌) 놓으니 나무가 무성하쥬

樹

나무 수

음 じゅ ▶ **樹木** 수목, 나무 | **樹立** 수립 | **樹林** 수림 | **果樹** 과수 | **植樹** 식수, 나무를 심음

人工樹木園をご紹介いたします。 인공 수목원을 소개해 드리겠습니다.

環境キャンペーンで植樹をしました。 환경 캠페인에서 나무를 심었습니다.

총 16획 樹樹樹樹樹樹樹樹樹樹樹樹樹樹樹樹

+ ご紹介いたします 소개해 드리겠습니다[ご + 한자어 + いたす(겸양 표현)] | キャンペーン(campaign) 캠페인

⌨ 나무(木)를 지탱하는(支) 가지를 들고 있는 저 애다

枝

가지 지

음 し ▶ **枝折り(=栞)** 서표, 안내서 | ★**楊枝** 이쑤시개

この楊枝は竹で作られました。 이 이쑤시개는 대나무로 만들어졌습니다.

훈 えだ ▶ **枝** 가지 | **枝葉** 지엽, 가지와 잎 | **枝豆** 풋콩 | **枝道** 샛길

木の枝が落ちていました。 나뭇가지가 떨어져 있었습니다.

총 8획 枝枝枝枝枝枝枝枝

+ 作られる 만들어지다[作る의 수동형] | 落ちる 떨어지다

⌨ 햇빛(倝) 사이로 보이는 방패(干)가 줄기로 보여 순식간에

줄기 간

음 かん ▶ **幹線** 간선 | **幹部** 간부 | **語幹** 어간 | **根幹** 근간, 근본 | **主幹** 주간, 원줄기

幹線道路を通って山に行きました。 간선도로를 지나서 산에 갔습니다.

훈 みき ▶ **幹** 나무의 줄기, 사물의 주요 부분

木の幹で作ったお茶が人気です。 나무 줄기로 만든 차가 인기입니다.

총 13획 幹幹幹幹幹幹幹幹幹幹幹幹幹

+ 通る 통과하다, 지나다 | 作った 만들었다[作る의 과거형]

□□ 0307 초1/N4

犬
개 견

⌨ 저 큰(大) 개의 이름이 왜 점(ヽ)박이누

음 けん ▶ 愛犬 애견 | 名犬 명견

週末は愛犬と一緒に公園で散歩します。
주말은 애견과 함께 공원에서 산책합니다.

훈 いぬ ▶ 犬 개 | 犬年 개띠 | 飼い犬 (집에서) 기르는 개 | 子犬 강아지

庭で子供が犬と遊んでいます。 정원에서 아이가 개와 놀고 있습니다.

총 4획 犬 大 大 犬

□□ 0308 초2/N3

馬
말 마

⌨ 세(三) 번 뚫은(丨) 의자(乚) 밑에 불(灬)이 붙어 말이 달아났나 봐

음 ば ▶ 馬車 마차 | 愛馬 애마 | 競馬 경마 | 乗馬 승마 | 木馬 목마

競馬の試合で優勝した馬です。 경마 시합에서 우승한 말입니다.

훈 うま, ま ▶ 馬 말 | 馬小屋 마구간 | 子馬 망아지 | 馬子 마부

馬に乗って草原を走りました。 말을 타고 초원을 달렸습니다.

총 10획 馬 馬 馬 馬 馬 馬 馬 馬 馬 馬

□□ 0309 초4/N1

鹿
사슴 록

⌨ 집(广) 선반(艹)에 세워둔 사슴 뿔 두 개를 뭐에 견주실까(比)

음 ろく ▶ 馴鹿 순록

「馴鹿」はトナカイを意味します。 '순록(馴鹿)'은 도나카이를 의미합니다.

훈 しか, か ▶ 鹿 사슴 | 馬鹿 바보 | 鹿児島県 가고시마현[지명]

動物園で鹿に餌をやりました。 동물원에서 사슴에게 먹이를 줬습니다.

총 11획 鹿 鹿 鹿 鹿 鹿 鹿 鹿 鹿 鹿 鹿 鹿

+ やる (동물·손아랫사람에게) 주다

□□ 0310 초4/N1

熊
곰 웅

⌨ 불(灬) 묘기에 능한(能) 곰이었구마

훈 くま ▶ 熊 곰 | 熊本県 구마모토현[지명] | 熊本城 구마모토성

森の中で小さい熊を見ました。 숲속에서 작은 곰을 봤습니다.

熊本城公園で桜を見ました。 구마모토성 공원에서 벚꽃을 봤습니다.

총 14획 熊 熊 熊 熊 熊 熊 熊 熊 熊 熊 熊 熊 熊 熊

⌨ 이 시내(巛)에서 산불(火) 재앙 시 울린 사이렌

災

재앙 재

🔊 **さい** ▶ 災害 재해 ｜ 災難 재난 ｜ 震災 진재, 지진으로 인한 재해 ｜ 防災 방재

自然災害で住宅が壊れました。 자연재해로 주택이 부서졌습니다.

🔊 **わざわ(い)** ▶ 災い 불행, 재난, 화

災いを避けることができました。 재난(화)을 피할 수 있었습니다.

총 7획 災 災 災 災 災 災 災

＋壊れる 부서지다 ｜ 동사 ＋ ことができる ~하는 것이 가능하다, ~할 수 있다

⌨ 집(宀) 안의 예쁜(丰) 화단 입구(口)를 해할 수 있다카이

害

해할 해

🔊 **がい** ▶ 害虫 해충 ｜ 災害 재해 ｜ 障害 장해 ｜ 損害 손해 ｜ 被害 피해 ｜ 妨害 방해

害虫を防ぐために薬剤を買いました。 해충을 막기 위해 약제를 샀습니다.

地震の被害がないように祈ります。 지진 피해가 없도록 기도하겠습니다.

총 10획 害 害 害 害 害 害 害 害 害 害

＋ 동사 ＋ ために ~하기 위해(서) ｜ ~ように ~하도록

⌨ 손(扌)으로 도끼(斤) 들고 나무를 꺾을 때 힘 솟는 세츠코상

折

꺾을 절

🔊 **せつ** ▶ 屈折 굴절 ｜ 骨折 골절 ｜ 挫折 좌절 ｜ 折衷 절충 ｜ 折半 절반

これは光の屈折を利用した機械です。 이것은 빛의 굴절을 이용한 기계입니다.

🔊 **お(れる), お(る), おり** ▶ 折れる 부러지다, 꺾이다, 접히다 ｜ 折る 꺾다, 접다 ｜ 折 때, 시기 ｜ 折り紙 종이접기

木の枝が折れてしまいました。 나뭇가지가 부러져 버렸습니다.

총 7획 折 折 折 折 折 折 折

＋ ~てしまう ~해 버리다

⌨ 돌(石)을 깨뜨릴 때 옆에서 껍질(皮)을 까는 부하

破

깨뜨릴 파

🔊 **は** ▶ 破壊 파괴 ｜ 破産 파산 ｜ 破損 파손 ｜ 破片 파편 ｜ 撃破 격파 ｜ ★突破 돌파

自然が破壊される恐れがあります。 자연이 파괴될 우려가 있습니다.

🔊 **やぶ(れる), やぶ(る)** ▶ 破れる 깨지다, 부서지다, 찢어지다 ｜ 破る 찢다, 깨다, 부수다

友達がキャンプに行く約束を破りました。 친구가 캠핑 가는 약속을 깼습니다.

총 10획 破 破 破 破 破 破 破 破 破 破

＋ ~恐れがある ~우려(염려)가 있다

0315 초6/N1

⌨ 물(氵)의 언덕(原)의 근원은 호수

源

음 げん ▸ **源泉** 원천 | **源流** 원류 | **資源** 자원 | **電源** 전원

この国は資源が豊かです。 이 나라는 자원이 풍부합니다.

훈 みなもと ▸ **源** 근원, 수원

サーフィンは私の活力の源になっている。

서핑은 나의 활력의 근원이 되고 있다.

근원 원

총 13획 源源源源源源源源源源源源源

＋ **豊かだ** 풍부하다, 윤택하다 | **サーフィン**(surfing) 서핑, 파도타기 | **～になる** ～이(가) 되다

0316 초6/N2

⌨ 하얀(白) 겨울에도 물(水)이 솟아오르는 샘

泉

음 せん ▸ **温泉** 온천 | **源泉** 원천 | **冷泉** 냉천 | **霊泉** 영천

この温泉町は200年の歴史を持っています。

이 온천 마을은 200년의 역사를 갖고 있습니다.

훈 いずみ ▸ **泉** 샘, 샘물

泉から水が流れ出ています。 샘에서 물이 흘러나오고 있습니다.

샘 천

총 9획 泉泉泉泉泉泉泉泉泉

＋ **流れ出る** 흘러나오다

0317 초4/N3

⌨ 그럴 때마다 저녁(夕)에 개(犬)와의 불꽃(灬)놀이는 노잼

然

음 ぜん, ねん ▸ **自然** 자연 | **全然** 전혀 | **突然** 돌연, 갑자기 | **天然** 천연

自然環境を保護するキャンペーンを実施します。

자연환경을 보호하는 캠페인을 실시합니다.

この化粧水は天然水で作りました。 이 스킨은 천연수로 만들었습니다.

그럴 연

총 12획 然然然然然然然然然然然然

0318 초5/N2

⌨ 화(火)요일 저녁(夕) 개(犬) 옆에 있는 장작불(灬)이 탈 때 오넹

燃

음 ねん ▸ **燃焼** 연소 | **燃料** 연료 | **可燃性** 가연성 | **不燃** 불연, 불에 타지 않음

燃料を節約しなければなりません。 연료를 절약해야 합니다.

훈 も(える), も(やす), も(す) ▸ **燃える** 타다, 피어오르다 | **燃やす** 태우다 | **燃す**

태우다, 타게 하다

燃えるゴミはどこに捨てますか。 타는 쓰레기는 어디에 버립니까?

탈 연

총 16획 燃燃燃燃燃燃燃燃燃燃燃燃燃燃燃燃

＋ **～なければなりません** ～하지 않으면 안 됩니다, ～해야 합니다[부정형 접속] | **捨てる** 버리다

⌨ 벼(禾)를 수확하는 아들(子)이 좋아하는 계절의 기후

음 き ▶ 季節 계절 | 雨季 우기 | 夏季 하계 | 四季 사계 | 冬季 동계

季節の中で秋が一番好きです。 계절 중에서 가을을 가장 좋아합니다.

四季の変化が感じられます。 사계절의 변화를 느낄 수 있습니다.

총 8획 季 季 季 季 季 季 季 季

季
계절 계

+ 〜の中で ~중에서 | 感じられる 느낄 수 있다[感じる의 가능형]

⌨ 기후 변화에도 그 사람(イ)이 뚫은(丨) 그 화살(矢)은 정확했고

음 こう ▶ 気候 기후 | 症候 증후, 증상 | 兆候 징후, 징조 | 立候補 입후보

この地域は一年中暖かい気候です。 이 지역은 일년 내내 따뜻한 기후입니다.

훈 そうろう ▶ 居候 식객, 더부살이

農場で一年ぐらい居候しました。 농장에서 1년 정도 더부살이했습니다.

候
기후 후

총 10획 候 候 候 候 候 候 候 候 候 候

⌨ 날(日)이 맑을 때, 푸른(青) 하늘을 찍어 폰에 세이브

음 せい ▶ 晴雨 청우[날이 갬과 비가 옴] | 晴天 맑은 하늘 | 晴嵐 청람, 화창하게 갠 날씨 |
快晴 쾌청함

快晴の日曜日に子供と公園で遊んでいます。
쾌청한 일요일에 아이와 공원에서 놀고 있습니다.

훈 は(れる), は(らす) ▶ 晴れる (날씨가) 맑다, 개다 | 晴らす 풀다, 개게 하다 | 晴れ
맑음 | 晴れ間 (비·눈이) 갠 사이 | 晴着 나들이옷

今日は午後から晴れるそうです。 오늘은 오후부터 갠다고 합니다.

晴
맑을 청/갤 청(晴)

총 12획 晴 晴 晴 晴 晴 晴 晴 晴 晴 晴 晴 晴

⌨ 해(日)가 없으면(莫) 날이 저물었다는 것이구

음 ぼ ▶ 暮色 날이 저물어 가는 어스레한 빛 | 歳暮 연말, 세의[연말 선물] | 薄暮 황혼 |
野暮 촌스러움

お中元は夏、お歳暮は冬に贈ります。 백중 선물은 여름, 세의는 겨울에 보냅니다.

훈 く(れる), く(らす) ▶ 暮れる 해가 저물다 | 暮らす 살다, 지내다 | 夕暮れ 해질녘

日が暮れる頃、コンサートが開かれました。
해가 저물 무렵, 콘서트가 열렸습니다.

暮
저물 모

총 14획 暮 暮 暮 暮 暮 暮 暮 暮 暮 暮 暮 暮 暮 暮

+ お中元 중원, 백중[음력 7월 15일] 또는 백중 선물 | 贈る (선물을) 보내다, 선사하다 | 開かれる 열리다[開く의 수동형]

□□ 0323 | 초4/N3

⌨ 서울(京)에 해(日)가 뜨니 볕이 좋구나, 오케이

景

볕 경

- 음 けい ▶ **景気** 경기 | **景況** 경황 | **景品** 경품 | **背景** 배경 | **風景** 풍경 | **夜景** 야경 | ★**景色** 경치

夜景を見ながら食事ができます。 야경을 보면서 식사를 할 수 있습니다.

景色がいい所を探しています。 경치가 좋은 곳을 찾고 있습니다.

(총 12획) 景 景 景 景 景 景 景 景 景 景 景 景

+ 〜ができる 〜을(를) 할 수 있다 | 探す 찾다

□□ 0324 | 초6/N1

⌨ 하늘(天) 아래 있는 벌레(虫) 중 하나인 누에가 산다

蚕

누에 잠(蠶)

- 음 さん ▶ **蚕業** 양잠업 | **蚕室** 잠실, 누에 치는 방 | **蚕食** 잠식 | **養蚕** 양잠, 누에치기

「養蚕」というのは蚕を飼うことです。 '양잠'이라는 것은 누에를 치는 일입니다.

- 훈 かいこ ▶ **蚕** 누에

ついに蚕がまゆを作り始めました。 드디어 누에가 고치를 짓기 시작했습니다.

(총 10획) 蚕 蚕 蚕 蚕 蚕 蚕 蚕 蚕 蚕 蚕

+ 〜というのは 〜라는 것은 | まゆ 고치, 누에고치 | 作り始める 만들기 시작하다 [ます형 + 始める]

□□ 0325 | 초6/N1

⌨ 곳간(倉)에 칼(刂)을 비롯한 연장들이 들어 있소

創

비롯할 창

- 음 そう ▶ **創業** 창업 | **創作** 창작 | **創造** 창조 | **創立** 창립

神が自然を創造したと聖書に書いてある。
신이 자연을 창조했다고 성경에 쓰여 있다.

自然素材を使った創作家具です。
자연 소재를 사용한 창작 가구입니다.

(총 12획) 創 創 創 創 創 創 創 創 創 創 創 創

□□ 0326 | 초5/N2

⌨ 쉬엄쉬엄 가서(辶) 고하고(告) 새로 지을 목조 건물

造

지을 조(造)

- 음 ぞう ▶ **造形** 조형 | **造船** 조선 | **改造** 개조 | **急造** 급조 | **構造** 구조 | **創造** 창조 | **木造** 목조

あれは200年前に建てられた木造の建物です。
저것은 200년 전에 지어진 목조 건물입니다.

- 훈 つく(る) ▶ **造る** 만들다, 제작하다

我が社が造った船が世界中の海を走っている。
우리 회사가 만든 배가 전 세계 바다를 달리고 있다.

(총 10획) 造 造 造 造 造 造 造 造 造 造

DAY 09~10 확인 테스트

읽기 다음 한자를 히라가나로 쓰세요.

01 風　　→ _____　　02 島　　→ _____

03 梅雨　→ _____　　04 湖　　→ _____

05 季節　→ _____　　06 資源　→ _____

쓰기 밑줄 친 히라가나를 한자로 쓰세요.

07 ごみを<u>やま</u>に捨てないでください。　→ _____

08 <u>てんき</u>がよければドライブに行きましょう。　→ _____

09 <u>けしき</u>がいい所を探しています。　→ _____

10 <u>うま</u>に乗って草原を走りました。　→ _____

듣기 다음 문장을 듣고 빈칸을 채우세요.

Track15

11 _____大きな事故がありました。

12 美しい星がきらきら_____。

13 動物園で_____餌をやりました。

14 今日は午後から_____。

110

01 空気が乾燥していますね。

① くき   ② くうき   ③ そらき   ④ ゆうき

02 来週、花見に行こうと思っている。

① はなび   ② はなみ   ③ はなや   ④ はなひ

03 公園の中に小さな池があります。

① いえ   ② みずうみ   ③ いけ   ④ つち

04 木の枝が落ちていました。

① えだ   ② きだ   ③ なみ   ④ えた

05 この地域は一年中暖かい気候です。

① きこ   ② てんこう   ③ きげん   ④ きこう

06 じしんの影響で卒業式が延期になりました。

① 自信   ② 地球   ③ 自身   ④ 地震

07 かいがんに沿って新しい道路ができたそうです。

① 毎岸   ② 海辺   ③ 海岸   ④ 開眼

08 この化粧水はてんねん水で作りました。

① 天燃   ② 天然   ③ 電然   ④ 自然

09 庭に木をうえました。

① 季えました   ② 植えました   ③ 直えました   ④ 上ました

10 自然がはかいされる恐れがあります。

① 破損   ② 皮壊   ③ 破壊   ④ 破会

少(しょう)
인원이 적을 땐 작은 막대로
함께 완성하는 샌드아트 쇼

明(みょう)
날마다 달이 밝을 때 생각이
많아지니 기분이 묘하다

終(しゅう)
광고를 마칠 때쯤 은색 실로
짠 겨울 스웨터가 핫이슈

NO1
01:30
Hot Item!!

短(たん)
짧은 화살로 콩을 뚫으니
들리는 탄성

와!

단어 복습 퀴즈 다음 한자를 바르게 읽은 것을 고르세요.

1 海 ▶ ⓐ うみ ⓑ ゆみ

2 湖 ▶ ⓐ みずうみ ⓑ いけ

3 電波 ▶ ⓐ でんは ⓑ でんぱ

4 大陸 ▶ ⓐ たいりく ⓑ たいいく

5 植物 ▶ ⓐ しょくぶつ ⓑ しょくもつ

6 競馬 ▶ ⓐ きょうば ⓑ けいば

7 災害 ▶ ⓐ さいかい ⓑ さいがい

8 温泉 ▶ ⓐ よんせん ⓑ おんせん

□□ 0327 초1/N4

⌨ 시간이 이를 땐 매일(日) 10(十)시까지 기다린 소년

음 そう, さっ ▶ 早春 조춘, 이른 봄 │ 早退 조퇴 │ 早朝 조조 │ 早速 즉시, 곧

早朝からアルバイトに行きました。 이른 아침부터 아르바이트하러 갔습니다.

훈 はや(い), はや(まる), はや(める) ▶ 早い 빠르다 │ 早まる 빨라지다 │ 早める
서두르다 │ 早口 말이 빠름 │ 早飯 밥을 빨리 먹음, 이른 식사

今朝早く起きてジョギングをした。 오늘 아침 일찍 일어나서 조깅을 했다.

早

이를 조

총 6획 早 早 早 早 早 早

□□ 0328 초6/N3

⌨ 늦을 것 같을 때 매일(日) 지각을 면하는(免) 방법

음 ばん ▶ 晩学 만학 │ 晩御飯 저녁밥 │ 晩秋 만추 │ 今晩 오늘 밤 │ 毎晩 매일 밤

晩御飯の用意をしました。 저녁밥 준비를 했습니다.

毎晩寝る前にお風呂に入ります。 매일 밤 자기 전에 목욕을 합니다.

晩

늦을 만

총 12획 晩 晩 晩 晩 晩 晩 晩 晩 晩 晩 晩 晩

+ 用意 준비 │ お風呂に入る 목욕하다

□□ 0329 초1/N5

⌨ 한 손을 다른 손이 덮고(入) 들어가면서 인사, 하이

음 にゅう ▶ 入院 입원 │ 入学 입학 │ 入国 입국 │ 入試 입시 │ 入社 입사
入場 입장 │ 出入 출입 │ 投入 투입 │ 導入 도입

入国審査を受けなければなりません。 입국 심사를 받아야 합니다.

훈 はい(る), い(れる), い(る) ▶ 入る 들어가다 │ 入れる 넣다 │ 押し入れ 벽장 │
気に入る 마음에 들다 ★入口 입구

入口に立っている人は誰ですか。 입구에 서 있는 사람은 누구입니까?

入

들 입

총 2획 入 入

□□ 0330 초1/N5

⌨ 시간 날 때 왼손(⺤)에 든 입 벌릴(凵) 만큼 비싼 슈츠 사기

음 しゅつ, すい ▶ 外出 외출 │ 出現 출현 │ 出席 출석 │ 出発 출발 │ 出張 출장
│ 出勤 출근 │ ★出納 수납

外出中なので、後ほどご連絡します。 외출 중이라서 잠시 후에 연락하겠습니다.

훈 で(る), だ(す) ▶ 出る 나오다, 나가다 │ 出す 내다 │ 出口 출구 │ 出前 배달 요리

3番出口を出て左に曲がってください。 3번 출구를 나와서 왼쪽으로 도세요.

出

날 출

총 5획 出 出 出 出 出

⌨ 일이 많을 땐 저녁(夕)부터 다음 날 저녁(夕)까지 했다

음 た ▶ **多少** 다소 | **多数** 다수 | **多分** 아마, 많음 | **多様** 다양 | **多量** 다량 | **過多** 과다

多数決で決めることにしました。 다수결로 정하기로 했습니다.

훈 おお(い) ▶ **多い** 많다

週末は**人通り**が**多い**です。 주말은 사람의 왕래가 많습니다.

많을 다

총6획 　多 多 多 多 多 多

+ **多数決** 다수결 | **人通り** 사람들의 왕래

⌨ 인원이 적을 땐 작은(小) 막대(ノ)로 함께 완성하는 샌드아트 쇼

음 しょう ▶ **少額** 소액 | **少女** 소녀 | **少々** 조금, 잠깐 | **少数** 소수 | **少年** 소년 | **少量** 소량 | **多少** 다소

こちらで**少々**お**待**ちください。 이쪽에서 잠시만 기다려 주십시오.

훈 すく(ない), すこ(し) ▶ **少ない** 적다 | **少し** 조금, 약간

この**料理**はおいしいですが、**量**が**少ない**です。
이 요리는 맛있는데, 양이 적습니다.

적을 소

총4획 　少 少 少 少

⌨ 멀리 원(袁)씨 모임에 쉬엄쉬엄 가서(辶) 산 망원경

음 えん, おん ▶ **遠近** 원근 | **遠足** 소풍 | **遠慮** 사양 | **永遠** 영원 | **望遠鏡** 망원경 | **久遠** 구원

朝から**遠足**の**準備**をしました。 아침부터 소풍 준비를 했습니다.

훈 とお(い) ▶ **遠い** 멀다 | **遠回り** 멀리 돌아감 | **程遠い** 좀 멀다, 걸맞지 않다

私の**家**は**駅**からあまり**遠く**ありません。 우리 집은 역에서 별로 멀지 않습니다.

멀 원(遠)

총13획 　遠 遠 遠 遠 遠 遠 遠 遠 遠 遠 遠

⌨ 고기 한 근(斤) 사서 쉬엄쉬엄 간(辶) 가까운 치과

음 きん ▶ **近視** 근시 | **近所** 근처 | **近代** 근대 | **最近** 최근 | **接近** 접근 | **付近** 부근

近代美術の**歴史**について**発表**しました。 근대 미술의 역사에 대해 발표했습니다.

훈 ちか(い) ▶ **近い** 가깝다 | **近づく** 다가오다 | **近頃** 요즘, 최근 | **近道** 지름길

お**正月**が**近づいて**います。 설날이 다가오고 있습니다.

가까울 근(近)

총7획 　近 近 近 近 近 近 近

+ **美術** 미술 | **歴史** 역사 | **〜について** 〜에 대해서 | **発表** 발표 | **お正月** 설날

新

□□ 0335　초2/N4

⌨ 친한(亲) 이웃에게 고기 한 근(斤)은 새로울 거야, 신선하고

음 しん ▶ **新学期** 신학기 | **新幹線** 신칸센[고속화를 목적으로 만들어진 철도] | **新鮮** 신선함 | **新年** 신년 | **新聞** 신문 | **革新** 혁신 | **最新** 최신

新幹線に乗って帰省しました。 신칸센을 타고 귀성했습니다.

훈 あたら(しい), あら(た), にい ▶ **新しい** 새롭다 | **新た** 새로움 | **新潟県** 니가타현[지명]

新潟県に新しい温泉旅館ができました。
니가타현에 새로운 온천 여관이 생겼습니다.

총 13획　新 新 新 新 新 新 新 新 新 新 新 新 新

새로울 신

古

□□ 0336　초2/N4

⌨ 옛일은 입(口)이 열(十) 개라도 할 말이 없고

음 こ ▶ **古今・古今** 고금, 옛날과 지금 | **古代** 고대 | **古典** 고전 | **中古車** 중고차

先月、中古車を買いました。 지난달에 중고차를 샀습니다.

훈 ふる(い), ふる(す) ▶ **古い** 오래되다, 낡다 | **古す** 낡게 하다 | **古本** 헌책 | **古着** 헌옷

古いタオルを雑巾にしました。 오래된 타월을 걸레로 (사용)했습니다.

옛 고

총 5획　古 古 古 古 古

行

□□ 0337　초2/N5

⌨ 다닐 때 왜 조금만 걸어도(彳) 자축거릴고(亍)

음 こう, ぎょう ▶ **行為** 행위 | **行動** 행동 | **銀行** 은행 | **飛行機** 비행기 | **旅行** 여행 | **行事** 행사 | **行政** 행정 | **行列** 행렬

飛行機に乗ってフランスに行きました。 비행기를 타고 프랑스에 갔습니다.

훈 い(く), ゆ(く), おこな(う) ▶ **行く・行く** 가다 | **行方** 행방 | **〜行き** 〜행 | **行う** 행하다, 실시하다

博多行きのバスに乗りました。 하카타행 버스를 탔습니다.

다닐 행

총 6획　行 行 行 行 行 行

来

□□ 0338　초2/N5

⌨ 한(一) 말의 쌀(米)을 들고 올래?

음 らい ▶ **来月** 다음 달 | **来週** 다음 주 | **来年** 내년 | **将来** 장래 | **未来** 미래

来月の学会に参加しようと思っています。 다음 달 학회에 참가하려고 합니다.

훈 く(る), きた(る), きた(す) ▶ **来る** 오다 | **来る** 오다 | **来す** 초래하다

明日は10時までに来てください。 내일은 10시까지 와 주세요.

올 래(來)

총 7획　来 来 来 来 来 来 来

明
밝을 명

⌨ 날마다(日) 달(月)이 밝을 때 생각이 많아지니 기분이 묘하다

🔊 めい, みょう ▶ **明確** 명확 | **明白** 명백 | **証明** 증명 | **透明** 투명 | **発明** 발명
| **明朝** 내일 아침 | ★**明日** 내일
明日は証明写真を撮りに行きます。 내일은 증명사진을 찍으러 갑니다.

🗣 あか(るい), あ(かり), あ(かす), あか(らむ), あか(るむ), あき(らか),
あ(ける), あ(く), あ(くる) ▶ **明るい** 밝다 | **明かり** 빛 | **明かす** 밝히다 |
明らむ (동이 터서) 훤해지다 | **明るむ** 밝아지다 | **明らか** 밝음. 명백함 | **明ける**
밝(아지)다 | **明く** 열리다 | **明くる** 다음의, 이튿, 익(翌)
若者には明るい未来が待っています。 젊은이에게는 밝은 미래가 기다리고 있습니다.

총 8획　明 明 明 明 明 明 明 明

暗
어두울 암

⌨ 날(日)이 어두울 때까지 서서(立) 매일(日) 암기

🔊 あん ▶ **暗記** 암기 | **暗号** 암호 | **暗算** 암산 | **暗証番号** 비밀번호 | **明暗** 명암
丸暗記した方がいいです。 통째로 암기하는 편이 좋습니다.

🗣 くら(い) ▶ **暗い** 어둡다 | **暗闇** 어둠 | **真っ暗** 암흑, 아주 캄캄함
暗くならないうちに帰りました。 어두워지기 전에 돌아왔습니다.

총 13획　暗 暗 暗 暗 暗 暗 暗 暗 暗 暗 暗 暗 暗

➕ **丸暗記** 통째로 암기

始
비로소 시

⌨ 비로소 그녀(女)는 별(台)을 보며 생각하지

🔊 し ▶ **始動** 시동 | **始発** 시발 | **開始** 개시 | **創始** 창시 | **年末年始** 연말연시
早く起きて始発の電車に乗りました。 일찍 일어나서 첫 전철을 탔습니다.

🗣 はじ(まる), はじ(める) ▶ **始まる** 시작되다 | **始める** 시작하다
九時から授業が始まります。 9시부터 수업이 시작됩니다.

총 8획　始 始 始 始 始 始 始 始

終
마칠 종

⌨ 광고를 마칠 때쯤 은색 실(糸)로 짠 겨울(冬) 스웨터가 핫이슈

🔊 しゅう ▶ **終結** 종결 | **終点** 종점 | **終電** 마지막 전철 | **終了** 종료 | **最終** 최종
終電に間に合いました。 마지막 전철에 제시간에 도착했습니다.

🗣 お(わる), お(える) ▶ **終わる** 끝나다 | **終える** 끝내다
会社が終わってから食事に行きましょう。 회사가 끝나고 나서 식사하러 갑시다.

총 11획　終 終 終 終 終 終 終 終 終 終 終

➕ **間に合う** 제시간에 대다(도착하다)

□□ 0343　초3/N2

軽

가벼울 경(輕)

⌨ 차(車) 타고 가서 또(又) 흙(土)을 밟으면 몸이 가벼울 게야

음 けい ▶ 軽快 경쾌 | 軽減 경감 | 軽率 경솔 | 軽重 경중 | 軽蔑 경멸 | 軽油 경유

軽快なリズムに合わせて踊りました。　경쾌한 리듬에 맞춰 춤을 췄습니다.

훈 かる(い), かろ(やか) ▶ 軽い 가볍다 | 軽やか 경쾌함 | ★気軽 부담 없음, 소탈함

気軽に声をかけてください。　부담 없이 말을 걸어 주세요.

총 12획 軽 軽 軽 軽 軽 軽 軽 軽 軽 軽 軽 軽

＋ リズムに合わせる 리듬에 맞추다 | 踊る 춤추다

□□ 0344　초3/N4

重

무거울 중

⌨ 천(千) 개의 2단 상자(日)를 두(二) 사람이 들면 무거울 수 있죠

음 じゅう, ちょう ▶ 重工業 중공업 | 重大 중대 | 重要 중요 | 厳重 엄중 | 体重 체중 | 貴重 귀중 | 慎重 신중 | 尊重 존중

重要なことなので慎重に決めました。　중요한 일이라서 신중하게 결정했습니다.

훈 おも(い), かさ(なる), かさ(ねる) ▶ 重い 무겁다 | 重なる 겹쳐지다, 거듭되다 | 重ねる 겹치다, 반복하다 | ★二重 이중, 두 겹 | ★二重瞼 쌍꺼풀

重い箱はここに置いてください。　무거운 상자는 여기에 두세요.

총 9획 重 重 重 重 重 重 重 重 重

□□ 0345　초6/N1

善

착할 선

⌨ 풀(ㅛ)밭 입구(口)에 있는 양(羊)이 더 착할 거예요

음 ぜん ▶ 善悪 선악 | 善意 선의 | 改善 개선 | 偽善 위선 | 最善 최선 | 慈善 자선

コスト改善の余地があります。　비용 개선의 여지가 있습니다.

훈 よ(い) ▶ 善い 좋다, 훌륭하다, 바람직하다

いつも善い行いをするようにしなさい。　항상 바른 행동을 하도록 해라.

총 12획 善 善 善 善 善 善 善 善 善 善 善 善

＋ コスト(cost) 비용, 원가 | 余地 여지

□□ 0346　초3/N4

悪

악할 악/미워할 오(惡)

⌨ 미움에 버금가는(亜) 마음(心)이 커지면 누구나 미워할 악한 사람

음 あく, お ▶ 悪意 악의, 나쁜 뜻 | 悪習 악습 | 最悪 최악 | 善悪 선악 | 悪寒 오한 | 嫌悪 혐오 | ★悪化 악화

悪意があったわけではありません。　악의가 있었던 것은 아닙니다.

훈 わる(い) ▶ 悪い 나쁘다 | 悪口 욕, 험담[わるくち로도 읽음] | 悪者 악인, 나쁜 놈

他人の悪口を言わないでください。　다른 사람의 욕을 하지 마세요.

총 11획 悪 悪 悪 悪 悪 悪 悪 悪 悪 悪 悪

＋ わけではない (반드시, 전부) ~하는 것은 아니다, ~뜻은 아니다 | 悪口を言う 욕(험담)을 하다

長

길 장

⌨ 구멍을 뚫은(丨) 세(三) 벌의 옷(氏)의 길이가 길죠

🔊 ちょう ▶ 長所 장점 ｜ 長女 장녀 ｜ 長男 장남 ｜ 社長 사장 ｜ 成長 성장 ｜ 部長 부장

長所を生かしてどんな仕事がしたいですか。
장점을 살려서 어떤 일을 하고 싶습니까?

🔊 なが(い) ▶ 長い 길다 ｜ 長生き 장수

今年のゴールデンウイークはあまり長くない。
올해 골든위크는 별로 길지 않다.

총 8획 長 長 長 長 長 長 長 長

＋ ゴールデンウイーク(golden week) 일본의 골든위크, 황금연휴(GW)

短

짧을 단

⌨ 짧은 화살(矢)로 콩(豆)을 뚫으니 들리는 탄성

🔊 たん ▶ 短期 단기 ｜ 短縮 단축 ｜ 短所 단점 ｜ 長短 장단(점), 길고 짧음

営業時間が短縮されました。　영업 시간이 단축되었습니다.

🔊 みじか(い) ▶ 短い 짧다

短い間でしたが、お世話になりました。　짧은 시간이었지만, 신세 많이 졌습니다.

총 12획 短 短 短 短 短 短 短 短 短 短 短 短

縦

세로 종(縱)

⌨ 세로 실(糸)로 짠 옷을 입고 그를 좇아(從) 차에 탔대

🔊 じゅう ▶ 縦横 종횡 ｜ 縦線 세로선[たてせん으로도 읽음] ｜ 縦走 종주 ｜ 縦断 종단 ｜ 操縦 조종 ｜ 放縦 방종

これは操縦席から撮った写真です。　이것은 조종석에서 찍은 사진입니다.

🔊 たて ▶ 縦 세로 ｜ 縦じま 세로 줄무늬

縦じま模様の着物を買いました。　세로 줄무늬 모양의 기모노를 샀습니다.

총 16획 縦 縦 縦 縦 縦 縦 縦 縦 縦 縦 縦 縦 縦 縦 縦 縦

横

가로 횡(橫)

⌨ 가로로 누운 나무(木) 위로 누런(黃)빛을 띤 요코하마

🔊 おう ▶ 横線 가로선 ｜ 横断 횡단 ｜ 横暴 횡포 ｜ 横領 횡령 ｜ 縦横 종횡

横断歩道を渡りました。　횡단보도를 건넜습니다.

🔊 よこ ▶ 横 가로, 옆 ｜ 横顔 옆얼굴, 옆모습 ｜ 横道 옆길 ｜ 横じま 가로 줄무늬

机の横にかばんを置きました。　책상 옆에 가방을 두었습니다.

총 15획 横 横 横 横 横 横 横 横 横 横 横 横 横 横 横

0351 초4/N3

初

처음 초

⌨ 처음 산 옷(ネ)을 칼(刀)로 자르기로 하지

음 しょ ▶ 初期 초기 | 初級 초급 | 初日 첫날 | 最初 최초 | 当初 당초

最初は少し緊張しました。 처음에는 좀 긴장했습니다.

훈 はじ(め), はじ(めて), そ(める), はつ, うい ▶ 初め 처음, 최초 | 初めて

처음으로 | 初める ~하기 시작하다 | 月初め 월초 | 初恋 첫사랑 | 初雪 첫눈 |

初々しい 풋풋하다

日本旅行は初めてです。 일본 여행은 처음입니다.

총 7획 初 初 初 初 初 初 初

0352 초4/N3

末

끝 말

⌨ 나무(木) 하나(一)만 베면, 끝

음 まつ ▶ 学期末 학기 말 | 結末 결말 | 月末 월말 | 週末 주말 | 年末 연말

月末はいつも忙しいです。 월말은 항상 바쁩니다.

훈 すえ ▶ 末 끝, 아래 | 末っ子 막내

彼女は三姉妹の末っ子です。 그녀는 세 자매 중 막내입니다.

총 5획 末 末 末 末 末

+ 忙しい 바쁘다

0353 초5/N3

現

나타날 현

⌨ 왕(王)이 나타날 때 행렬을 보며(見) 먹는 양갱

음 げん ▶ 現金 현금 | 現在 현재 | 現象 현상 | 現代 현대 | 実現 실현 | 表現 표현

現代美術の歴史について学びます。 현대 미술의 역사에 대해서 배웁니다.

훈 あらわ(れる), あらわ(す) ▶ 現れる 나타나다 | 現す 나타내다

雲のすき間から太陽が現れました。 구름 사이로 태양이 나타났습니다.

총 11획 現 現 現 現 現 現 現 現 現 現 現

+ すき間 틈, 사이

0354 초3/N3

消

사라질 소

⌨ 물(氵)고기를 닮은(肖) 인어공주의 기억이 사라질 거라 하쇼

음 しょう ▶ 消化 소화 | 消極的 소극적 | 消費 소비 | 消防署 소방서 | 解消 해소

テニスは私のストレス解消法です。 테니스는 나의 스트레스 해소법입니다.

훈 き(える), け(す) ▶ 消える 사라지다 | 消す 끄다, 없애다

部屋の電気は必ず消しましょう。 방의 불은 반드시 끕시다.

총 10획 消 消 消 消 消 消 消 消 消 消

+ 解消法 해소법 | 必ず 반드시

□□ 0355　초6/N3

⌨ 풀(艹) 스무 개 있는 입구(口)에 남편(夫)이 조각한 새(隹)는 어려울 거야

難

어려울 난(難)

🔵 **음** なん ▶ 苦難 고난 ｜ 困難 곤란 ｜ 災難 재난 ｜ 批難 비난 ｜ 避難 피난

2時に避難訓練を始めます。　2시에 피난 훈련을 시작합니다.

🟢 **훈** むずか(しい), かた(い) ▶ 難しい 어렵다 ｜ 難い 어렵다, 힘들다

難しい問題を解決しました。　어려운 문제를 해결했습니다.

[총 18획] 難 難 難 難 難 難 難 難 難 難 難 難 難 難 難 難 難 難

+ 避難訓練 피난 훈련 ｜ 解決 해결

□□ 0356　초5/N3

⌨ 바꿀 필요 없이 매일(日) 먹지 말라(勿)는 음식은 안 먹는 이웃

易

바꿀 역/쉬울 이

🔵 **음** えき, い ▶ 交易 교역, 무역 ｜ 貿易 무역 ｜ 安易 안이 ｜ 難易 난이 ｜ 容易 용이

主人は貿易会社に勤めています。　남편은 무역 회사에 근무하고 있습니다.

🟢 **훈** やさ(しい) ▶ 易しい 쉽다

先輩は難しい内容を易しく説明してくれた。

선배는 어려운 내용을 쉽게 설명해 주었다.

[총 8획] 易 易 易 易 易 易 易 易

+ 〜に勤める 〜에 근무하다

□□ 0357　초6/N1

⌨ 손(扌)으로 새(隹)집을 밀고 있는 수의사

推

밀 추

🔵 **음** すい ▶ 推移 추이 ｜ 推進 추진 ｜ 推薦 추천 ｜ 推測 추측 ｜ 推定 추정 ｜ 推理 추리

新プロジェクトを推進しています。　새 프로젝트를 추진하고 있습니다.

🟢 **훈** お(す) ▶ 推す 밀다, 추진시키다, 헤아리다 ｜ 推し進める 밀고 나가다, 추진하다

計画を推し進めてください。　계획을 추진해 주세요.

[총 11획] 推 推 推 推 推 推 推 推 推 推 推

□□ 0358　초2/N3

⌨ 활(弓)을 끌어당겨 과녁을 뚫은(丨) 여인

引

끌 인

🔵 **음** いん ▶ 引火 인화 ｜ 引率 인솔 ｜ 引退 은퇴 ｜ 引用 인용 ｜ 引力 인력 ｜ 索引 색인

B選手の引退試合を見に行きました。　B선수의 은퇴 시합을 보러 갔습니다.

🟢 **훈** ひ(く), ひ(ける) ▶ 引く 끌다 ｜ 引ける 끝나다 ｜ 引き分け 무승부

★引っ越し 이사 ｜ ★割引 할인

風邪を引かないように気をつけてください。　감기 걸리지 않도록 조심하세요.

[총 4획] 引 引 引 引

+ 引退試合 은퇴 시합 ｜ 〜ないように 〜하지 않도록

□□ 0359　초3/N4

⌨ 왼(ナ)손잡이가 다음 달(月)에 있을 경기에선 유리

有

음　ゆう, う ▸ 有効 유효 | 有名 유명함 | 私有 사유 | 所有 소유 | 有無 유무

有効期間を確認しました。 유효 기간을 확인했습니다.

훈　あ(る) ▸ 有る 있다 | 有る無し(=ありなし) 유무

才能の有る無しを判断してください。 재능이 있는지 없는지 판단해 주세요.

있을 유

총 6획 有 有 有 有 有 有

+ 才能 재능

□□ 0360　초4/N2

⌨ 사람(亠)이 없을 때 지팡이 마흔(卌) 개에 붙은 불(灬)은 무서워

無

음　む, ぶ ▸ 無言 무언 | 無理 무리 | 無料 무료 | 有無 유무 | 無事 무사함

あまり無理しないでください。 너무 무리하지 마세요.

훈　な(い) ▸ 無い 없다

在庫が一つしか無い。 재고가 하나밖에 없다.

없을 무

총 12획 無 無 無 無 無 無 無 無 無 無 無 無

□□ 0361　초2/N4

⌨ 멀리(冂) 보고 한가지 뜻(口)을 이루도록 지도

同

음　どう ▸ 同意語 동의어 | 同時 동시 | 同情 동정 | 協同 협동 | 共同 공동 | 合同 합동

新製品を共同開発しました。 신제품을 공동 개발했습니다.

훈　おな(じ) ▸ 同じ 같음 | 同じ年・同い年 동갑

あの人とは同い年です。 저 사람과는 같은 나이(동갑)입니다.

한가지 동

총 6획 同 同 同 同 同 同

□□ 0362　초6/N1

⌨ 밭(田)을 함께(共) 가꾸는 데 의견이 다를 이유

異

음　い ▸ 異議 이의 | 異常 이상 | 異性 이성 | 差異 차이 | 変異 변이

大学時代に異性を紹介してもらったことがある。
대학 시절에 이성을 소개받은 적이 있다.

훈　こと(なる) ▸ 異なる 다르다

異なる文化への理解を深めました。 다른 문화에 대한 이해를 깊이 했습니다.

다를 이

총 11획 異 異 異 異 異 異 異 異 異 異 異

+ 深める 깊게 하다

12 | 형용사

Track17

厚(こう)
언덕 위 2단 상자에 앉은
아들은 두터운 옷을 입고

深(しん)
깊은 물에 그물망을 던져
놓고 나무에서 쉬는 당신

everyday

温(おん)
따뜻한 물을 매일 그릇에
담고 느끼는 체온

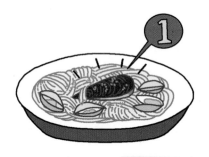

貴(き)
요리 안에 딱 하나
들어 있는 귀한 키조개

단어 복습 퀴즈 다음 한자를 바르게 읽은 것을 고르세요.

1 今晩 ▶ ⓐ こんばん　ⓑ ごんばん

2 入院 ▶ ⓐ にゅいん　ⓑ にゅういん

3 出発 ▶ ⓐ しゅっぱつ　ⓑ しゅうぱつ

4 少ない ▶ ⓐ ちいない　ⓑ すくない

5 近づく ▶ ⓐ ちかづく　ⓑ じかづく

6 行政 ▶ ⓐ ぎょうせい　ⓑ こうせい

7 暗記 ▶ ⓐ あんき　ⓑ あんぎ

8 横断 ▶ ⓐ おうたん　ⓑ おうだん

정답 1ⓐ 2ⓑ 3ⓐ 4ⓑ 5ⓐ 6ⓐ 7ⓐ 8ⓑ

0363 초3/N3

⌨ 양(羊)들이 큰(大) 무리를 지어가듯 더욱 아름다울 자연의 신비

음 び ▶ 美術 미술 | 美人 미인 | 美談 미담 | 美容 미용 | 賛美 찬미

とても大きくて広い美術館ですね。 아주 크고 넓은 미술관이네요.

훈 うつく(しい) ▶ 美しい 아름답다

美しい花が咲いています。 아름다운 꽃이 피어 있습니다.

총 9획 美美美美美美美美美

美 / 아름다울 미

0364 초6/N3

⌨ 그 사람(亻)은 근심(憂) 없는 넉넉한 마음의 소유자

음 ゆう ▶ 優秀 우수 | 優勝 우승 | 優先 우선 | 優待 우대 | 優良 우량 | 優劣 우열 | 俳優 배우

有名な俳優に会う機会がありました。 유명한 배우를 만날 기회가 있었습니다.

훈 やさ(しい), すぐ(れる) ▶ 優しい 상냥하다, 자상하다 | 優れる 우수하다, 훌륭하다

私の友人は優しくて穏やかな性格です。 제 친구는 자상하고 온화한 성격입니다.

총 17획 優優優優優優優優優優優優優優優優優

優 / 넉넉할 우

＋ 穏やかだ 온화하다

0365 초3/N3

⌨ 쉬엄쉬엄 가서(辶) 꽃다발(束) 증정이 빠를수록 풍성한 소쿠리

음 そく ▶ 速達 속달 | 速度 속도 | 速力 속력 | 急速 급속 | 高速 고속 | 時速 시속

ここでは速度を落とした方がいいです。
여기에서는 속도를 줄이는 편이 낫습니다.

훈 はや(い), はや(まる), はや(める), すみ(やか) ▶ 速い 빠르다 | 速まる 빨라지다 | 速める 빠르게 하다 | 速やか 빠름, 신속함

テンポの速い曲を弾きました。 템포가 빠른 곡을 쳤습니다.

총 10획 速速速速速速速速速速

速 / 빠를 속(速)

＋ 速度を落とす 속도를 줄이다(떨어뜨리다)

0366 초5/N2

⌨ 언덕(厂) 위 2단 상자(日)에 앉은 아들(子)은 두터운 옷을 입고

음 こう ▶ 厚生 후생 | 厚生省 후생성[보건복지부] | 温厚 온후 | 重厚 중후

重厚な建物が立ち並んでいます。 중후한 건물이 나란히 서 있습니다.

훈 あつ(い) ▶ 厚い 두껍다 | 厚化粧 두꺼운 화장 | 分厚い 두툼하다, 두껍다

先輩は分厚い本を持っています。 선배는 두툼한 책을 들고 있습니다.

厚 / 두터울 후

총 9획 厚厚厚厚厚厚厚厚厚

0367 초2/N4

⌨ 집(广)에서 사사로운(厶) 대화를 하기엔 서재가 넓을수록 좋고

広

넓을 광(廣)

음 こう ▶ 広域 광역 | 広告 광고 | 広大 광대 | 広範囲 광범위 | 広報 광보, 홍보 | 広野 광야, 넓은 들

姉は有名な広告モデルです。 언니(누나)는 유명한 광고 모델입니다.

훈 ひろ(い), ひろ(がる), ひろ(げる), ひろ(まる), ひろ(める) ▶ 広い 넓다 | 広場 광장 | 広がる 넓어지다 | 広げる 넓히다 | 広まる 넓어지다 | 広める 넓히다

このホテルは部屋も広くてきれいですね。 이 호텔은 방도 넓고 깨끗하네요.

총 5획 広 広 広 広 広

0368 초4/N2

⌨ 사람(亻)의 성씨(氏)를 새긴 하나(一)의 낮은 테이블

低

낮을 저

음 てい ▶ 低温 저온 | 低音 저음 | 低下 저하 | 低気圧 저기압 | 最低 최저

最低賃金が低いので改善してほしい。 최저 임금이 낮아서 개선해 줬으면 좋겠다.

훈 ひく(い), ひく(まる), ひく(める) ▶ 低い 낮다 | 低まる 낮아지다 | 低める 낮추다

かわいくて背の低い女性が好きです。 귀엽고 키가 작은 여성을 좋아합니다.

총 7획 低 低 低 低 低 低 低

0369 초3/N3

⌨ 깊은 물(氵)에 그물망(罒)을 던져 넣고 나무(木)에서 쉬는 당신

深

깊을 심

음 しん ▶ 深意 심의 | 深海 심해 | 深刻 심각 | 深夜 심야 | 水深 수심

仕事が忙しくて深夜まで作業しました。 일이 바빠서 심야까지 작업했습니다.

훈 ふか(い), ふか(まる), ふか(める) ▶ 深い 깊다 | 深まる 깊어지다 | 深める 깊게 하다

彼女は情が深い人です。 그녀는 정이 깊은 사람입니다.

총 11획 深 深 深 深 深 深 深 深 深 深 深

0370 초4/N2

⌨ 물(氵)속에 두(二) 개의 창(戈)이 잠길 정도로 얕은 샘

浅

얕을 천(淺)

음 せん ▶ 浅海 천해, 얕은 바다 | 浅薄 천박 | 浅慮 얕은 생각 | 深浅 심천, 깊고 얕음

浅慮な言葉と行動は慎んだ方がいい。 생각 없는 말과 행동은 삼가는 편이 좋다.

훈 あさ(い) ▶ 浅い 얕다

その学校はまだ歴史が浅い。 그 학교는 아직 역사가 오래되지 않았다.

총 9획 浅 浅 浅 浅 浅 浅 浅 浅 浅

＋ 慎む 삼가다, 근신하다

124

□□ 0371 초3/N2

温

따뜻할 온(温)

⌨ 따뜻한 물(氵)을 매일(日) 그릇(皿)에 담고 느끼는 체온

음 おん ▶ 温水 온수 | 温泉 온천 | 温度 온도 | 気温 기온 | 高温 고온 | 体温 체온

今日は気温があまり高くありません。 오늘은 기온이 별로 높지 않습니다.

훈 あたた(か), あたた(かい), あたた(まる), あたた(める) ▶ 温か 따뜻함 |
温かい 따뜻하다 | 温まる 따뜻해지다 | 温める 따뜻하게 하다, 데우다

温かい物が食べたいです。 따뜻한 것이 먹고 싶습니다.

총 12획 温温温温温温温温温温温温

□□ 0372 초6/N1

暖

따뜻할 난

⌨ 날(日)이 곧(爰) 밝으면 따뜻할 때 커피로 당 충전

음 だん ▶ 暖房 난방 | 暖流 난류 | 温暖 온난 | 寒暖 한란, 추위와 따뜻함

今年は寒暖の差が激しいですね。 올해는 한란의 차이가 심하네요.

훈 あたた(か), あたた(かい), あたた(まる), あたた(める) ▶ 暖か 따뜻함, 훈훈함
| 暖かい 따뜻하다 | 暖まる 따뜻해지다 | 暖める 따뜻하게 하다

暖かい地方に住んでいます。 따뜻한 지방에 살고 있습니다.

총 13획 暖暖暖暖暖暖暖暖暖暖暖暖暖

□□ 0373 초4/N3

熱

더울 열

⌨ 불(灬)처럼 더울 때 재주(埶) 많은 연예인이 치는 캐스터네츠

음 ねつ ▶ 熱 열 | 熱心 열심 | 熱帯 열대 | 熱湯 열탕 | 加熱 가열 | 解熱剤 해열
제 | 情熱 정열

この料理は加熱時間が長いです。 이 요리는 가열 시간이 깁니다.

훈 あつ(い) ▶ 熱い 뜨겁다

熱いので気をつけてください。 뜨거우니까 조심하세요.

총 15획 熱熱熱熱熱熱熱熱熱熱熱熱熱熱熱

□□ 0374 초4/N3

冷

찰 랭

⌨ 얼음(氵)같이 몸이 찰 때도 명령(令)을 지키며 페어 플레이

음 れい ▶ 冷気 냉기 | 冷静 냉정 | 冷蔵庫 냉장고 | 冷凍 냉동

この冷凍食品は値段のわりに量が少ない。 이 냉동식품은 가격에 비해 양이 적다.

훈 つめ(たい), ひ(える), ひ(や), ひ(やす), ひ(やかす), さ(める), さ(ます)
▶ 冷たい 차갑다 | 冷える 식다, 차가워지다 | 冷や 찬 것 | 冷やす 식히다 |
冷やかす 놀리다 | 冷める 식다 | 冷ます 식히다

運動後に冷たい水を飲みました。 운동 후에 차가운 물을 마셨습니다.

총 7획 冷冷冷冷冷冷冷

⌨ 집(宀) 우물(井)에 갇힌 두(二) 사람(人)은 몸이 찰 때도 깡으로 버텨

🔊 かん ▸ **寒気** 한기, 오한 | **寒暑** 한서 | **寒波** 한파 | **悪寒** 오한 | **厳寒** 엄한, 심한 추위

寒波の影響で今日はとても寒いですね。 한파의 영향으로 오늘은 매우 춥네요.

🔊 さむ(い) ▸ **寒い** 춥다

寒い地域で暮らしています。 추운 지역에서 지내고 있습니다.

寒

찰 한

[총 12획] 寒寒寒寒寒寒寒寒寒寒寒寒

+ 暮らす 지내다

⌨ 날(日)이 더울 때 그 자(者)가 보는 경기는 쇼트트랙

🔊 しょ ▸ **暑気** 서기[더운 기운] | **寒暑** 한서 | **残暑** 잔서, 늦더위 | **避暑** 피서

避暑客でビーチがにぎやかです。 피서객으로 해변이 북적입니다.

🔊 あつ(い) ▸ **暑い** 덥다

暑い日が続いています。 더운 날이 계속되고 있습니다.

暑

더울 서(暑)

[총 12획] 暑暑暑暑暑暑暑暑暑暑暑暑

+ にぎやかだ 번화하다, 북적이다, 활기차다

⌨ 물(氵)이 맑을 때 푸른(青) 숲속에서 수영하네, 기어이

🔊 せい, しょう ▸ **清潔** 청결 | **清算** 청산 | **清酒** 청주 | **清掃** 청소 | **清浄** 청정

清潔を心掛けることが大切です。 청결에 주의하는 것이 중요합니다.

🔊 きよ(い), きよ(らか), きよ(まる), きよ(める) ▸ **清い** 깨끗하다, 맑다 | **清らか**
맑음, 깨끗함 | **清まる** 맑아지다, 깨끗해지다 | **清める** 깨끗이 하다, 맑게 하다

清らかな声でささやきました。 맑은 목소리로 속삭였습니다.

清

맑을 청(清)

[총 11획] 清清清清清清清清清清清

+ 心掛ける 주의하다 | ささやく 속삭이다

⌨ 물(氵)이 깨끗할(絜) 때 기뻐하는 캣츠

🔊 けつ ▸ **潔白** 결백 | **潔癖** 결벽 | **簡潔** 간결 | **清潔** 청결

短くて簡潔に表現しましょう。 짧고 간결하게 표현합시다.

🔊 いさぎよ(い) ▸ **潔い** 깨끗하다, 결백하다, 깔끔하다

彼は潔い性格です。 그는 깔끔한 성격입니다.

潔

깨끗할 결

[총 15획] 潔潔潔潔潔潔潔潔潔潔潔潔潔潔潔

□□ 0379　초4/N1

健

굳셀 건

⌨ 사람(イ)의 굳센 의지로 세울(建) 수 있다. I can do it!

🔊 けん ▶ **健康** けんこう 건강 | **健在** けんざい 건재 | **健全** けんぜん 건전함 | **健闘** けんとう 건투 | **保健** ほけん 보건

保健所は駅からあまり遠くありません。 보건소는 역에서 별로 멀지 않습니다.
ほ けんじょ　えき　　　　　　　　とお

🔊 すこ(やか) ▶ **健やか** すこやか 건강함, 튼튼함

子供が健やかに育ってほしいです。 아이가 건강하게 자랐으면 좋겠어요.
こ ども　すこ　　　　　そだ

총 11획　健 健 健 健 健 健 健 健 健 健 健

□□ 0380　초4/N1

康

편안할 강

⌨ 집(广)안이 편안할 때는 분위기에 큰 영향을 미쳤고(隶)

🔊 こう ▶ **安康** あんこう 안강, 평안하고 건강함 | **健康** けんこう 건강 | **小康** しょうこう 소강, 잠잠한 상태

何よりも健康が大事です。 무엇보다도 건강이 중요합니다.
なに　　　　　けんこう　だい じ

激しい雨が小康状態になりました。 거센 비가 소강 상태가 되었습니다.
はげ　　あめ　しょうこうじょうたい

총 11획　康 康 康 康 康 康 康 康 康 康 康

□□ 0381　초5/N3

貧

가난할 빈

⌨ 가난할 땐 8(八)조각으로 칼(刀)로 잘라 조개(貝) 먹던 빈곤

🔊 ひん, びん ▶ **貧血** ひんけつ 빈혈 | **貧困** ひんこん 빈곤 | **貧富** ひんぷ 빈부 | **極貧** ごくひん 극빈 | **貧乏** びんぼう 가난함

この地域は貧富の差が大きいです。 이 지역은 빈부의 차가 큽니다.
ち いき　ひん ぷ　さ　おお

🔊 まず(しい) ▶ **貧しい** まずしい 가난하다, 변변찮다

彼は貧しい家庭に生まれました。 그는 가난한 가정에 태어났습니다.
かれ　まず　　か てい　う

총 11획　貧 貧 貧 貧 貧 貧 貧 貧 貧 貧 貧

□□ 0382　초6/N1

貴

귀할 귀

⌨ 요리 안(中)에 딱 하나(一) 들어 있는 귀한 키조개(貝)

🔊 き ▶ **貴金属** ききんぞく 귀금속 | **貴社** きしゃ 귀사 | **貴人** きじん 귀인 | **貴重品** きちょうひん 귀중품 | **高貴** こうき 고귀

高い貴重品は預けた方がいいです。 비싼 귀중품은 맡기는 편이 좋습니다.
たか　き ちょうひん　あず　　ほう

🔊 とうと(い), とうと(ぶ), たっと(い), たっと(ぶ) ▶ **貴い** とうとい 존귀하다 | **貴ぶ** とうとぶ 존경
하다 | **貴い** たっとい 소중하다 | **貴ぶ** たっとぶ 공경하다

去年の夏、貴い経験をしました。 작년 여름, 소중한 경험을 했습니다.
きょねん　なつ　とうと　けいけん

총 12획　貴 貴 貴 貴 貴 貴 貴 貴 貴 貴 貴 貴

+ 預ける 맡기다
あず

| □□ 0383 | 초6/N2 |

⌨ 술잔(酋)과 대나무 마디(寸)를 건네며 상대방을 높이는 손주

尊

음 そん ▶ 尊貴 존귀 | 尊敬 존경 | 尊厳 존엄 | 尊重 존중 | 自尊 자존

尊敬語を使うのは外国人には難しい。
존경어를 사용하는 것은 외국인에게는 어렵다.

훈 とうと(い), とうと(ぶ), たっと(い), たっと(ぶ) ▶ 尊い 소중하다 | 尊ぶ 공경

하다 | 尊い 고귀하다 | 尊ぶ 공경하다, 존중하다

尊い話が聞けてよかったです。 소중한 이야기를 들을 수 있어서 좋았습니다.

[총 12획] 尊尊尊尊尊尊尊尊尊尊尊尊

높을 존(尊)

| □□ 0384 | 초6/N1 |

⌨ 엄할 땐 작은(ヅ) 돌을 기슭(厂)에 감히(敢) 던지는 갱스터

厳

음 げん, ごん ▶ 厳格 엄격 | 厳禁 엄금 | 厳重 엄중 | 威厳 위엄 | 尊厳 존엄 |
荘厳 불상을 장식함

厳格な父に育てられました。 엄격한 아버지에게 자랐습니다.

훈 きび(しい), おごそ(か) ▶ 厳しい 엄격하다 | 厳か 엄숙함

今年は寒さが厳しいですね。 올해는 추위가 심하네요.

[총 17획] 厳厳厳厳厳厳厳厳厳厳厳厳厳厳厳厳厳

엄할 엄(嚴)

| □□ 0385 | 초6/N3 |

⌨ 위태할 때 우러러보는(𠂆) 장수가 받은 병부(㔾)는 핵심 키

危

음 き ▶ 危害 위해 | 危機 위기 | 危険 위험 | 危篤 위독 | 安危 안위

危険なので決してマネしないでください。 위험하니까 절대 따라 하지 마세요.

훈 あぶ(ない), あや(うい), あや(ぶむ) ▶ 危ない 위험하다 | 危うい 위험하다, 위태

롭다 | 危ぶむ 걱정하다, 의심하다

危ないので入らないでください。 위험하니까 들어가지 마세요.

[총 6획] 危危危危危危

위태할 위

+ マネする 흉내 내다

| □□ 0386 | 초5/N3 |

⌨ 언덕(阝)이 험할 경우엔 모두 다(僉) 올라가지 않을게

険

음 けん ▶ 険悪 험악 | 危険 위험 | 保険 보험 | 冒険 모험

私は冒険が好きです。 나는 모험을 좋아합니다.

훈 けわ(しい) ▶ 険しい 험하다

険しい山を登るのは大変です。 험한 산을 오르는 것은 힘듭니다.

험할 험(險)

[총 11획] 険険険険険険険険険険険

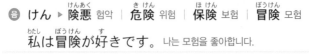

□□ 0387 ｜ 초6/N2

⌨ 어릴지라도 작은(幺) 힘(力)을 모아 사랑을 전해요

幼

어릴 유

- 음 **よう** ▶ **幼児** 유아 ｜ **幼稚園** 유치원 ｜ **幼虫** 유충 ｜ **幼年** 유년
  家の近くに幼稚園があります。 집 근처에 유치원이 있습니다.

- 훈 **おさな(い)** ▶ **幼い** 어리다, 유치하다 ｜ **幼なじみ** 소꿉친구
  幼い頃のアルバムを見ました。 어린 시절의 앨범을 봤습니다.

- 총 5획 幼 幼 幼 幼 幼

+ アルバム(album) 앨범, 사진첩

□□ 0388 ｜ 초6/N3

⌨ 머리 모양이 풀(++) 같을 때 오른쪽(右) 사진이 자꾸 떠올라

若

같을 약

- 음 **じゃく, にゃく** ▶ **若年** 나이가 젊음 ｜ **若輩** 풋내기, 애송이 ｜ **若干** 약간 ｜
  老若男女 남녀노소
  彼女は若年層に人気のある有名な歌手です。
  그녀는 젊은 층에 인기가 있는 유명한 가수입니다.

- 훈 **わか(い), も(しくは)** ▶ **若い** 젊다, 어리다 ｜ **若者** 젊은이 ｜ **若々しい** 아주 젊다 ｜
  若しくは 혹은, 또는
  姉は実際の年より若く見えます。 언니(누나)는 실제 나이보다 어려 보입니다.

- 총 8획 若 若 若 若 若 若 若 若

□□ 0389 ｜ 초5/N2

⌨ 마음(忄)을 터놓고(夬) 나면 더욱 상쾌할까

快

쾌할 쾌

- 음 **かい** ▶ **快感** 쾌감 ｜ **快晴** 쾌청 ｜ **快適** 쾌적함 ｜ **軽快** 경쾌
  快適な環境で働いています。 쾌적한 환경에서 일하고 있습니다.

- 훈 **こころよ(い)** ▶ **快い** 기분 좋다, 상쾌하다, 호의적이다
  友達が司会を快く引き受けてくれました。
  친구가 사회를 흔쾌히 맡아 주었습니다.

- 총 7획 快 快 快 快 快 快 快

□□ 0390 ｜ 초6/N1

⌨ 어진(良) 선비가 달(月)이 밝을 때 먹는 마시멜로우

朗

밝을 랑

- 음 **ろう** ▶ **朗読** 낭독 ｜ **朗報** 낭보, 좋은 소식 ｜ **朗々** 낭랑 ｜ **明朗** 명랑, 거짓 없고 공정함
  Aさんは低い声で朗読しました。 A씨는 낮은 목소리로 낭독했습니다.

- 훈 **ほが(らか)** ▶ **朗らか** 명랑함
  彼女は朗らかな性格です。 그녀는 명랑한 성격입니다.

- 총 10획 朗 朗 朗 朗 朗 朗 朗 朗 朗 朗

⌨ 길(甬)에서 만난 날래고 힘(力)센 그 남자의 유머

음 ゆう ▶ 勇敢 용감 | 勇気 용기 | 勇者 용사 | 勇猛 용맹

勇気を出してよかったですね。 용기를 내서 다행이네요.

훈 いさ(む) ▶ 勇む 기운이 솟다 | 勇ましい 용감하다, 씩씩하다

彼は勇ましいリーダーです。 그는 용감한 리더입니다.

勇

날랠 용

총 9획　勇 勇 勇 勇 勇 勇 勇 勇 勇

＋ リーダー(leader) 리더

⌨ 굽은(曲) 길에서 수확한 콩(豆)을 마음껏 먹으니 풍년! 호사로다

음 ほう ▶ 豊作 풍작 | 豊年 풍년 | 豊富 풍부 | 豊満 풍만

彼女はアイデアが豊富です。 그녀는 아이디어가 풍부합니다.

훈 ゆた(か) ▶ 豊か 풍부함, 풍족함

天然資源が豊かな国です。 천연자원이 풍부한 나라입니다.

豊

풍년 풍

총 13획　豊 豊 豊 豊 豊 豊 豊 豊 豊 豊 豊 豊 豊

⌨ 점(丶)을 찍어 그치게(艮) 하니 그는 어질고 마음을 잘 헤아려

음 りょう ▶ 良好 양호 | 良心 양심 | 改良 개량 | 不良 불량 | 優良 우량

正しく良心的に行動しましょう。 바르게 양심적으로 행동합시다.

훈 よ(い) ▶ 良い 좋다

成績が良くてほめられました。 성적이 좋아서 칭찬받았습니다.

어질 량

총 7획　良 良 良 良 良 良 良

＋ ほめられる 칭찬받다[ほめる의 수동형]

⌨ 골짜기(谷)에서 하품(欠)을 하고자 할 때 숨기려는 욕구

음 よく ▶ 欲張り 욕심쟁이 | 欲望 욕망 | 欲求 욕구 | 意欲 의욕 | 私欲 사욕
食欲 식욕

仕事に対する意欲と満足度が高いです。 일에 대한 의욕과 만족도가 높습니다.

훈 ほ(しい), ほっ(する) ▶ 欲しい 갖고 싶다, 원하다 | 欲する 원하다, 바라다

お金を貯めて欲しいものを買いました。 돈을 모아서 갖고 싶은 것을 샀습니다.

하고자 할 욕

총 11획　欲 欲 欲 欲 欲 欲 欲 欲 欲 欲 欲

＋ お金を貯める 돈을 모으다

固

□□ 0395　초4/N2

⌨ 큰 입구(口)에 있는 옛(古) 도자기는 언제 굳을고

음 こ ▶ 固体 고체 | 固定 고정 | 固有 고유 | 頑固 완고 | 凝固 응고 | 堅固 견고함

固有名詞の種類は思ったより多い。　고유명사의 종류는 생각보다 많다.

훈 かた(い), かた(まる), かた(める) ▶ 固い 단단하다, 견고하다 | 固まる 굳다, 확고

해지다 | 固める 다지다, 굳히다

彼は頭が固いです。　그는 융통성이 없습니다.

굳을 고

총 8획　固固固固固固固固

+ 頭が固い 융통성이 없다

便

□□ 0396　초4/N3

⌨ 마음 편할 때 사람(イ)의 내면을 고칠(更) 수 있는 아이디어 뱅크

음 べん, びん ▶ 便利 편리 | 不便 불편함 | 航空便 항공편 | 船便 배편 | 郵便 우편

交通が便利になりました。　교통이 편리해졌습니다.

훈 たよ(り) ▶ 便り 소식, 편지

遠い所に引っ越してから便りがない。　먼 곳에 이사하고 나서 소식이 없다.

편할 편

총 9획　便便便便便便便便便

+ 引っ越す 이사하다

激

□□ 0397　초6/N1

⌨ 감정이 격할 땐 흰(白) 몽둥이(攵)를 물(氵)속에서 사방(方)으로 휘두르게 하게

음 げき ▶ 激増 격증, 급증 | 激励 격려 | 過激 과격 | 刺激 자극

刺激の強い料理は体に悪いです。　자극성이 강한 요리는 몸에 안 좋습니다.

훈 はげ(しい) ▶ 激しい 심하다, 격렬하다

激しい運動は避けてください。　격렬한 운동은 피해 주세요.

격할 격

총 16획　激激激激激激激激激激激激激激激激

+ 避ける 피하다

親

□□ 0398　초2/N4

⌨ 아마 서(立) 있는 나무(木)에서 보고(見) 있는 친구랑 더 친할 것 같은 심리

음 しん ▶ 親戚 친척 | 親切 친절 | 親友 친한 친구 | 近親 근친 | 両親 양친, 부모

両親と一緒に旅行するのは楽しいです。
부모님과 같이 여행하는 것은 즐겁습니다.

훈 おや, した(しい), した(しむ) ▶ 親 부모 | 親子 부모와 자녀 | 親孝行 효도, 효행

| 親指 엄지손가락 | 親しい 친하다 | 親しむ 친하게 지내다

親しい友人を呼んでもいいです。　친한 친구를 불러도 됩니다.

친할 친

총 16획　親親親親親親親親親親親親親親親親

DAY 11~12 확인 테스트

 읽기 다음 한자를 히라가나로 쓰세요.

01 出張　→ _____　　02 入口　→ _____

03 現代　→ _____　　04 温かい　→ _____

05 快い　→ _____　　06 幼い　→ _____

쓰기 밑줄 친 히라가나를 한자로 쓰세요.

07 3番<ruby>番<rt>ばん</rt></ruby>でぐちを出<ruby><rt>で</rt></ruby>て左<ruby><rt>ひだり</rt></ruby>に曲<ruby><rt>ま</rt></ruby>がってください。　→ _____

08 にゅうこく審査<ruby>審<rt>しん</rt>査<rt>さ</rt></ruby>を受<ruby><rt>う</rt></ruby>けなければなりません。　→ _____

09 交通<ruby>交<rt>こう</rt>通<rt>つう</rt></ruby>がべんりになりました。　→ _____

10 あつい日<ruby><rt>ひ</rt></ruby>が続<ruby><rt>つづ</rt></ruby>いています。　→ _____

Track18

듣기 다음 문장을 듣고 빈칸을 채우세요.

11 会社<ruby>会<rt>かい</rt>社<rt>しゃ</rt></ruby>が_____食事<ruby>食<rt>しょく</rt>事<rt>じ</rt></ruby>に行<ruby><rt>い</rt></ruby>きましょう。

12 風邪<ruby>風<rt>か</rt>邪<rt>ぜ</rt></ruby>を_____気<ruby><rt>き</rt></ruby>をつけてください。

13 _____入<ruby><rt>はい</rt></ruby>らないでください。

14 _____運動<ruby>運<rt>うん</rt>動<rt>どう</rt></ruby>は避<ruby><rt>さ</rt></ruby>けてください。

132

01 <u>外出中</u>なので、後_{のち}ほどご連絡_{れんらく}します。

　　① かいしゅうちゅう　　② がいしゅうじゅう　　③ がいしゅつちゅう　　④ かいしゅつちゅう

02 朝_{あさ}から<u>遠足</u>の準備_{じゅんび}をしました。

　　① えんそく　　　　② ねんそく　　　　③ えんぞく　　　　④ えんあし

03 九時_{くじ}から授業_{じゅぎょう}が<u>始まります</u>。

　　① あつまります　　② はじまります　　③ とまります　　④ しまります

04 今日_{きょう}は<u>気温</u>があまり高_{たか}くありません。

　　① ぎおん　　　　② けおん　　　　③ きおん　　　　④ きあつ

05 運動後_{うんどうご}に<u>冷たい</u>水_{みず}を飲_のみました。

　　① つえたい　　　② れいたい　　　③ ねったい　　　④ つめたい

06 <u>さいしょ</u>は少_{すこ}し緊張_{きんちょう}しました。

　　① 最近　　　　② 最少　　　　③ 最初　　　　④ 最後

07 <u>みじかい</u>間_{あいだ}でしたが、お世話_{せわ}になりました。

　　① 細かい　　　② 短い　　　③ 豆い　　　④ 知い

08 子供_{こども}が<u>すこやかに</u>育_{そだ}ってほしいです。

　　① 元やかに　　② 速かに　　③ 健やかに　　④ 賑やかに

09 高_{たか}い<u>きちょうひん</u>は預_{あず}けた方_{ほう}がいいです。

　　① 尊重品　　　② 貴重品　　　③ 重要品　　　④ 貴金属

10 <u>きけん</u>なので決_{けっ}してマネしないでください。

　　① 冒険　　　② 保健　　　③ 体験　　　④ 危険

GOOD OK

校(こう)
학교에 있는 나무 여섯 그루를
베면 안 된다고 했고

読(どく)
말한 대로 내가 팔 책은
애들이 읽을 만한 스도쿠 책

章(しょう)
서서 아침부터 보는
글로만 보던 패션쇼

案(あん)
집 앞에 그녀는 책상을 잘라
만든 나무 벤치에 앉아 있다

단어 복습 퀴즈 다음 한자를 바르게 읽은 것을 고르세요.

1 美しい ▶ ⓐ うつしい ⓑ うつくしい
2 優しい ▶ ⓐ あやしい ⓑ やさしい
3 広い ▶ ⓐ ひろい ⓑ ひくい
4 深い ▶ ⓐ ふかい ⓑ あさい

5 熱い ▶ ⓐ あつい ⓑ ねつい
6 貧しい ▶ ⓐ とぼしい ⓑ まずしい
7 厳しい ▶ ⓐ きびしい ⓑ けわしい
8 若い ▶ ⓐ やかい ⓑ わかい

정답 ⓑ 8 ⓐ 7 ⓑ 6 ⓐ 5 ⓐ 4 ⓐ 3 ⓑ 2 ⓑ 1

0399 · 초1/N5

⌨ 작은(⋯) 천을 덮은(冖) 아들(子)은 배울 것이 많아

🔊 がく ▸ **学習** 학습 | **学生** 학생 | **学費** 학비 | **化学** 화학 | **進学** 진학 | **留学** 유학

海外留学に行きたいです。 해외 유학을 가고 싶습니다.

🔊 まな(ぶ) ▸ **学ぶ** 배우다

絵で学ぶ日本語の本です。 그림으로 배우는 일본어 책입니다.

배울 학(學)

총 8획 学 学 学 学 学 学 学 学

0400 · 초1/N5

⌨ 학교에 있는 나무(木) 여섯(六) 그루를 베면(乂) 안 된다고 했고

🔊 こう ▸ **校長** 교장 | **校庭** 교정 | **校門** 교문 | **学校** 학교 | **高校生** 고등학생 | **小学校** 초등학교 | **母校** 모교

父は小学校の校長です。 아버지는 초등학교 교장 선생님입니다.

偶然、高校時代の友達に会いました。 우연히 고등학교 시절 친구를 만났습니다.

학교 교

총 10획 校 校 校 校 校 校 校 校 校 校

0401 · 초2/N4

⌨ 효도(孝)를 매로 치면서(攵) 가르칠 거면 데려오시오

🔊 きょう ▸ **教育** 교육 | **教師** 교사 | **教室** 교실 | **教授** 교수 | **教務** 교무 | **宗教** 종교 | **宣教** 선교

教室では静かにしてください。 교실에서는 조용히 해 주세요.

🔊 おし(える), おそ(わる) ▸ **教える** 가르치다 | **教え子** 제자, 가르친 학생 | **教え込む** 충분히 가르치다 | **教わる** 배우다

大学で心理学を教えています。 대학에서 심리학을 가르치고 있습니다.

가르칠 교(敎)

총 11획 教 教 教 教 教 教 教 教 教 教 教

+ **静かだ** 조용하다

0402 · 초3/N3

⌨ 갓(亠) 쓴 선비가 사사로이(厶) 고기(月) 기를 힘을 쏟았쓰

🔊 いく ▸ **育児** 육아 | **育成** 육성 | **教育** 교육 | **訓育** 훈육 | **飼育** 사육 | **体育** 체육

教育分野の本を作っています。 교육 분야의 책을 만들고 있습니다.

🔊 そだ(つ), そだ(てる), はぐく(む) ▸ **育つ** 자라다, 성장하다 | **育てる** 기르다, 키우다 | **育む** 기르다, 품어 키우다

優秀な人材を育てています。 우수한 인재를 키우고 있습니다.

기를 육

총 8획 育 育 育 育 育 育 育 育

+ **優秀だ** 우수하다

□□ 0403 　초2/N4

⌨ 돼지머리(亠)를 들고 두(二) 번 입(口)으로 말씀하신 이유

🔊 げん, ごん ▸ **言語** 언어 ┃ **発言** 발언 ┃ **方言** 방언, 사투리 ┃ **伝言** 전언 ┃ **遺言** 유언

『**言語**学の**基礎**』という**教材**です。 『언어학의 기초』라는 교재입니다.

🔊 い(う), こと ▸ **言う** 말하다 ┃ **言い訳** 변명 ┃ **言葉** 말, 언어 ┃ **一言** 한마디

★**小言** 잔소리 ┃ ★**寝言** 잠꼬대

サービス**業界**でよく**使**われる**言葉**です。 서비스업계에서 자주 쓰이는 말입니다.

言 말씀 언

총 7획 　言 言 言 言 言 言 言

+ **使**われる 사용되다

□□ 0404 　초2/N5

⌨ 말씀(言)을 듣고 다섯(五) 명에게 입(口)으로 전하고

🔊 ご ▸ **語彙** 어휘 ┃ **語学** 어학 ┃ **英語** 영어 ┃ **外国語** 외국어 ┃ **言語** 언어 ┃

母国語 모국어

語学習得のためにテキストを**購入**した。 어학 습득을 위해 교과서를 구입했다.

🔊 かた(らう), かた(る) ▸ **語らう** 이야기를 나누다 ┃ **語る** 말하다, 이야기하다 ┃ **物語**

이야기, 소설

日本の**物語**を**読**んだことがあります。 일본 이야기를 읽은 적이 있습니다.

語 말씀 어

총 14획 　語 語 語 語 語 語 語 語 語 語 語 語 語 語

+ テキスト 교과서

□□ 0405 　초1/N4

⌨ 몸에 글월을 새겨 양팔 벌리고(亠) 발레(乂) 하며 공중에 붕

🔊 ぶん, もん ▸ **文化** 문화 ┃ **文学** 문학 ┃ **作文** 작문 ┃ **文句** 불평 ┃ ★**文字** 문자

作文の**書**き**方**を**習**いました。 작문하는 방법을 배웠습니다.

🔊 ふみ ▸ **文** 책, 문서, 편지 ┃ **恋文** 연애 편지

恋文とはラブレターという**意味**です。 '恋文'란 러브레터라는 뜻입니다.

文 글월 문

총 4획 　文 文 文 文

□□ 0406 　초1/N4

⌨ 집(宀)에서 아들(子)은 글자 공부를 하고 있는지

🔊 じ ▸ **字体** 글씨체 ┃ **赤字** 적자 ┃ **漢字** 한자 ┃ **黒字** 흑자 ┃ **数字** 숫자 ┃ ★**文字** 문자

漢字を**覚**えるにはコツが**要**ります。 한자를 외우려면 요령이 필요합니다.

様々な**字体**があります。 다양한 글씨체가 있습니다.

字 글자 자

총 6획 　字 字 字 字 字 字

+ コツ 요령, 비법 ┃ **要**る 필요하다 ┃ **様々**な 여러 가지의, 다양한

0407 초2/N5

読

읽을 독(讀)

⌨ 말한(言) 대로 내가 팔(売) 책은 애들이 읽을 만한 스도쿠 책

音 どく, とく, とう ▶ **読者** 독자 | **読書** 독서 | **購読** 구독 | **判読** 판독 | **朗読** 낭독 | **読本** 독본 | **句読点** 구두점

読者の立場から意見を述べます。 독자의 입장에서 의견을 말합니다.

訓 よ(む) ▶ **読む** 읽다 | **読み方** 읽는 법 | **読み物** 읽을거리 | **訓読み** 훈독

趣味は推理小説を読むことです。 취미는 추리소설을 읽는 것입니다.

총 14획 読 読 読 読 読 読 読 読 読 読 読 読 読 読

+ **述べる** 말하다, 진술하다

0408 초2/N5

書

글 서

⌨ 붓(聿)을 들고 가로되(日) 글을 써라, 가끔은

音 しょ ▶ **書籍** 서적 | **書店** 서점 | **書道** 서예 | **書類** 서류 | **辞書** 사전 | **読書** 독서 | **図書館** 도서관 | **報告書** 보고서

辞書を引きながら日本の小説を読んだ。 사전을 찾으면서 일본 소설을 읽었다.

訓 か(く) ▶ **書く** 쓰다 | **書き方** 쓰는 법 | **書留** 등기우편 | **手書き** 수서, 글을 손으로 씀

漢字の書き方を習いました。 한자 쓰는 법을 배웠습니다.

총 10획 書 書 書 書 書 書 書 書 書 書

+ **辞書を引く** 사전을 찾다

0409 초3/N2

章

글 장

⌨ 서서(立) 아침(早)부터 보는 글로만 보던 패션쇼

音 しょう ▶ **楽章** 악장 | **勲章** 훈장 | **憲章** 헌장 | **序章** 서장 | **文章** 문장

長い文章を作成しました。 긴 문장을 작성했습니다.

児童憲章について調べました。 아동헌장에 대해서 알아봤습니다.

총 11획 章 章 章 章 章 章 章 章 章 章 章

+ **児童** 아동

0410 초5/N1

句

글귀 구

⌨ 박스에 싸서(勹) 입구(口)에 놓고 글귀를 새긴 문구

音 く ▶ **句** 구 | **句読** 구두, 구두점 | **語句** 어구 | **俳句** 하이쿠[5 · 7 · 5의 3구 17자로 이루어진 일본 고유의 단시] | **文句** 문구, 불평

日本語会話でたくさん使われる語句です。
일본어 회화에서 많이 사용되는 어구입니다.

授業に対する学生からの文句が多い。 수업에 대한 학생들의 불평이 많다.

총 5획 句 句 句 句 句

0411 초3/N2

筆

붓 필

⌨ 대나무(⺮) 붓과 붓(聿)통을 물려 주고 싶다 후대에

🔊 ひつ ▶ 筆記 필기 | 筆者 필자 | 筆順 필순 | 鉛筆 연필 | 万年筆 만년필

その作家は万年筆で本にサインをした。 그 작가는 만년필로 책에 사인을 했다.

🔊 ふで ▶ 筆 붓 | 筆先 붓끝 | 筆箱 필통 | 絵筆 그림 붓

美術の時間に筆で絵を描きました。 미술 시간에 붓으로 그림을 그렸습니다.

총 12획 筆 筆 筆 筆 筆 筆 筆 筆 筆 筆 筆 筆

+ サイン(sign) 사인 | 絵 그림 | 描く (그림) 그리다

0412 초3/N1

詩

시 시

⌨ 말씀(言)을 듣고 토요일(土)에 지은 한마디(寸)의 시

🔊 し ▶ 詩 시 | 詩歌 시가 | 詩集 시집 | 詩人 시인 | 漢詩 한시

暇な時、本屋で詩を読むのが好きです。
한가할 때 서점에서 시를 읽는 것을 좋아합니다.

今度、詩集を発刊することになりました。 이번에 시집을 발간하게 되었습니다.

총 13획 詩 詩 詩 詩 詩 詩 詩 詩 詩 詩 詩 詩 詩

+ 暇だ 한가하다

0413 초1/N5

本

근본 본

⌨ 나무(木)의 또 하나(一)의 근본은 자연의 혼

🔊 ほん ▶ 本 책 | 本気 진심 | 本性 본성 | 本棚 책장 | 本当 정말, 진실 | 本音 속마음, 진심 | 本物 진품 | 一本 한 병, 한 자루 | 日本・日本 일본

本音と建て前を使い分けます。
속마음과 겉마음을 (때와 장소에 따라) 구별하여 사용합니다.

🔊 もと ▶ 本 처음, 기원 | 根本・根本 뿌리, 근원

授業で木の根本を観察しました。 수업에서 나무의 뿌리를 관찰했습니다.

총 5획 本 本 本 本 本

+ 建て前 (표면상의) 방침, 원칙, 겉치레, 겉으로 드러나는 행위

0414 초4/N4

英

꽃부리 영

⌨ 들풀(艹) 한가운데(央) 꽃부리가 있는 꽃다발 A타입

🔊 えい ▶ 英会話 영어 회화 | 英語 영어 | 英国 영국 | 英才 영재 | 英文学 영문학 | 英雄 영웅

英会話スクールに通い始めました。 영어 회화 스쿨에 다니기 시작했습니다.
息子は英才教育を受けています。 아들은 영재교육을 받고 있습니다.

총 8획 英 英 英 英 英 英 英 英

+ 通い始める 다니기 시작하다

□□ 0415　초3/N2

⌨ 실(糸)을 동(東)쪽으로 감는 법을 익힐랭

練

익힐 련(練)

음 れん ▶ 練習 연습 ｜ 練磨 연마 ｜ 訓練 훈련 ｜ 熟練 숙련 ｜ 未練 미련 ｜ 老練 노련

今漢字の練習をしています。 지금 한자 연습을 하고 있습니다.

훈 ね(る) ▶ 練る 단련하다, 반죽하다, 짜다

一年の学習計画を練りました。 1년의 학습 계획을 짰습니다.

[총 14획] 練 練 練 練 練 練 練 練 練 練 練 練 練 練

□□ 0416　초4/N2

⌨ 가르칠 말씀(言)이 내 마음속 내(川)에 흘러 심쿵

訓

가르칠 훈

음 くん ▶ 訓読・訓読み 훈독 ｜ 訓練 훈련 ｜ 家訓 가훈 ｜ 教訓 교훈 ｜ 特訓 특훈

この漢字の訓読みがわかりません。 이 한자의 훈독을 모르겠습니다.
本を読んで教訓を得ました。 책을 읽고 교훈을 얻었습니다.

[총 10획] 訓 訓 訓 訓 訓 訓 訓 訓 訓 訓

□□ 0417　초6/N1

⌨ 말(言)하면서 자(尺)로 재는 동안 번역할 책은 누가 사 왔게

訳

번역할 역(譯)

음 やく ▶ 訳文 번역한 글 ｜ 訳本 번역본 ｜ 通訳 통역 ｜ 翻訳 번역

日本語を英語に翻訳しています。 일본어를 영어로 번역하고 있습니다.

훈 わけ ▶ 訳 이유, 까닭, 도리 ｜ 言い訳 변명, 해명 ｜ 内訳 내역, 명세

言い訳しないで先生に正直に言いなさい。
변명하지 말고 선생님한테 솔직하게 말해.

[총 11획] 訳 訳 訳 訳 訳 訳 訳 訳 訳 訳 訳

+ 正直だ 솔직하다

□□ 0418　초4/N2

⌨ 그 말(言)을 듣고 밭(田)에서도 나무(木)에서도 공부할까

課

공부할 과

음 か ▶ 課税 과세 ｜ 課題 과제 ｜ 課長 과장 ｜ 課程 과정 ｜ 日課 일과 ｜ 放課後 방과 후

明日までに課題を提出してください。 내일까지 과제를 제출해 주세요.
「特別教育課程」を作りました。 「특별 교육 과정」을 만들었습니다.

[총 15획] 課 課 課 課 課 課 課 課 課 課 課 課 課 課 課

⌨ 말씀(言)을 듣고 생각하며(侖) 논할 본론

음 **ろん** ▶ 論述 논술 ｜ 論文 논문 ｜ 論理 논리 ｜ 議論 의논 ｜ 結論 결론 ｜ 反論 반론

論文検索サイトを教えてください。 논문 검색 사이트를 알려 주세요.

論理的な文章表現について指導します。 논리적인 문장 표현에 대해 지도합니다.

[총 15획] 論 論 論 論 論 論 論 論 論 論 論 論 論 論 論

論
논할 론

+ 検索サイト 검색 사이트 ｜ 〜について 〜에 대해서

⌨ 차조(朮)에 대해 쉬엄쉬엄 가서(辶) 의견을 펼 의욕이 주춤

음 **じゅつ** ▶ 述語 술어 ｜ 口述 구술 ｜ 記述 기술 ｜ 叙述 서술

10時から記述試験があります。 10시부터 기술 시험이 있습니다.

훈 **の(べる)** ▶ 述べる 말하다, 진술하다, 기술하다

本を読んで感想を述べてください。 책을 읽고 감상을 말해 주세요.

述
펼 술(述)

[총 8획] 述 述 述 述 述 述 述 述

⌨ 책임을 면하려고(免) 힘쓰려니 힘(力)이 빠져 머리가 뱅뱅

음 **べん** ▶ 勉学 면학 ｜ 勉強 공부 ｜ 勉励 면려 ｜ 勤勉 근면

合格するために一生懸命勉強している。 합격하기 위해 열심히 공부하고 있다.

あの生徒は勤勉な性格です。 저 학생은 근면한 성격입니다.

[총 10획] 勉 勉 勉 勉 勉 勉 勉 勉 勉 勉

勉
힘쓸 면

+ 동사 + ために 〜하기 위해서 ｜ 一生懸命 열심히

⌨ 대나무(⺮) 숲에 절(寺)을 지을 무리들의 의견 검토

음 **とう** ▶ 等級 등급 ｜ 均等 균등 ｜ 高等学校 고등학교 ｜ 同等 동등 ｜ 平等 평등

その国には教育の不平等に関する問題がある。
그 나라에는 교육의 불평등에 관한 문제가 있다.

훈 **ひと(しい)** ▶ 等しい 동등하다, 동일하다, 같다

外国人にも等しい保障をしてほしい。
외국인에게도 동등한 보장을 해 주었으면 좋겠다.

等
무리 등

[총 12획] 等 等 等 等 等 等 等 等 等 等 等 等

+ 〜に関する 〜에 관한

0423 초4/N3

類

무리 류(類)

⌨ 쌀(米)을 먹는 큰(大) 개 무리의 머리(頁)에 뿌린 루이보스 차

음 **るい** ▸ **類型** 유형 | **種類** 종류 | **書類** 서류 | **親類** 친척 | **人類** 인류 | **分類** 분류

文章類型について分析しました。 문장 유형에 대해 분석했습니다.

훈 **たぐい** ▸ **類** 같은 부류, 유례

彼女は類まれな才能を持っています。 그녀는 특별한 재능을 갖고 있습니다.

총 18획 類 類 類 類 類 類 類 類 類 類 類 類 類 類 類 類 類 類

＋ 類まれな 전례 없는, 특별한

0424 초4/N1

案

책상 안

⌨ 집(宀) 앞에 그녀(女)는 책상을 잘라 만든 나무(木) 벤치에 앉아 있다

음 **あん** ▸ **案外** 예상외, 뜻밖에 | **案内** 안내 | **提案** 제안 | **法案** 법안 | **方案** 방안

案内状をお送りします。 안내장을 보내드리겠습니다.

教育に関する新たな法案です。 교육에 관련된 새로운 법안입니다.

총 10획 案 案 案 案 案 案 案 案 案 案

＋ 送る 보내다[お+ます형+する ~해 드리다]

0425 초4/N2

卒

마칠 졸

⌨ 또(卆) 열(十) 군데의 밭농사를 마칠 때 생긴 소출

음 **そつ** ▸ **卒業** 졸업 | **高卒** 고졸 | **大卒** 대졸 | **脳卒中** 뇌졸중

金曜日は妹の卒業式です。 금요일은 여동생 졸업식입니다.

大卒就職率はどれくらいですか。 대졸 취직률은 어느 정도입니까?

총 8획 卒 卒 卒 卒 卒 卒 卒 卒

＋ 就職率 취직률, 취업률

0426 초5/N1

授

줄 수

⌨ 네 손(扌)으로 받고(受) 다시 줄 수 있으면 사 줄게

음 **じゅ** ▸ **授業** 수업 | **授乳** 수유 | **授与** 수여 | **教授** 교수 | **伝授** 전수

奨学金を授与されました。 장학금을 수여받았습니다.

훈 **さず(かる), さず(ける)** ▸ **授かる** 내려 주시다 | **授ける** 내리다, 하사하다, 전수하다

担任の先生が子供を授かりました。 담임 선생님이 아이를 가졌습니다.

총 11획 授 授 授 授 授 授 授 授 授 授 授

□□ 0427 | 초5/N2

略

간략할 략

밭(田)농사를 위한 각자(各) 멘토링 간략 후기

음 りゃく ▸ 略図(りゃくず) 약도 | 略歴(りゃくれき) 약력 | 簡略(かんりゃく) 간략 | 省略(しょうりゃく) 생략 | 省略形(しょうりゃくけい) 축약형 | 侵略(しんりゃく) 침략 | 戦略(せんりゃく) 전략

略歴(りゃくれき)を書(か)いてメールで送(おく)ってください。 약력을 써서 메일로 보내 주세요.

省略形(しょうりゃくけい)について学(まな)びましょう。 축약형에 대해 배워 봅시다.

총 11획 略 略 略 略 略 略 略 略 略 略 略

+ 学(まな)ぶ 배우다

□□ 0428 | 초4/N4

験

시험 험(驗)

승마(馬) 시험을 다(僉) 치를 수 있는 영국 켄싱턴 가든

음 けん, げん ▸ 経験(けいけん) 경험 | 試験(しけん) 시험 | 修験(しゅげん) 수험, 수행 | 実験(じっけん) 실험 | 受験(じゅけん) 수험 | 体験(たいけん) 체험

生徒(せいと)たちは今(いま)試験(しけん)を受(う)けています。 학생들은 지금 시험을 보고 있습니다.

文化(ぶんか)体験(たいけん)センターに通(かよ)っています。 문화 체험 센터에 다니고 있습니다.

총 18획 験 験 験 験 験 験 験 験 験 験 験 験 験 験 験 験 験 験

+ 生徒(せいと) 생도, 학생 | 試験(しけん)を受(う)ける 시험을 보다

□□ 0429 | 초4/N3

覚

깨달을 각(覺)

작은(⺍) 천으로 덮고(冖) 볼(見) 때 깨달을 거야, 가끔씩

음 かく ▸ 覚悟(かくご) 각오 | 覚醒(かくせい) 각성 | 感覚(かんかく) 감각 | 視覚(しかく) 시각 | 触覚(しょっかく) 촉각 | 聴覚(ちょうかく) 청각

この絵本(えほん)には視覚的効果(しかくてきこうか)があります。 이 그림책에는 시각적 효과가 있습니다.

훈 おぼ(える), さ(ます), さ(める) ▸ 覚(おぼ)える 기억하다 | 覚(さ)ます 깨우다, 깨다 | 覚(さ)める 잠이 깨다, 눈이 뜨이다 ★目覚(めざ)まし時計(どけい) 자명종 시계

この漢字(かんじ)は覚(おぼ)えやすいですね。 이 한자는 외우기 쉽네요.

총 12획 覚 覚 覚 覚 覚 覚 覚 覚 覚 覚 覚 覚

+ 覚(おぼ)えやすい 외우기 쉽다

□□ 0430 | 초3/N4

使

하여금 사

저 사람(亻)으로 하여금 벼슬아치(吏)가 될 거야, 반드시

음 し ▸ 使役(しえき) 사역 | 使節(しせつ) 사절 | 使用(しよう) 사용 | 大使(たいし) 대사 | 天使(てんし) 천사 | 労使(ろうし) 노사

この例文(れいぶん)を使用(しよう)してください。 이 예문을 사용해 주세요.

훈 つか(う) ▸ 使(つか)う 사용하다 | 使(つか)い方(かた) 사용법 | 使(つか)い捨(す)て 일회용, 한 번 쓰고 버림

翻訳(ほんやく)アプリの使(つか)い方(かた)がよく分(わ)からない。 번역 어플의 사용법을 잘 모르겠다.

총 8획 使 使 使 使 使 使 使 使

+ アプリ(=アプリケーション) 앱(app), 어플, 애플리케이션

0431 초2/N3

科

과목 과

⌨ 벼(禾) 수확으로 쌀 한 말(斗) 주고 무슨 과목을 들을까

🔊 か ▶ **科学** 과학 | **科目** 과목 | **学科** 학과 | **教科書** 교과서 | **外科** 외과 | **歯科** 치과

私は教育学科に在学中です。 나는 교육학과에 재학 중입니다.

どこの出版社の教科書ですか。 어느 출판사의 교과서입니까?

[총 9획] 科 科 科 科 科 科 科 科 科

0432 초3/N4

題

제목 제

⌨ 이(是) 제목이 나온지 머리(頁)를 짜내어 쓴 다이어리

🔊 だい ▶ **題目** 제목 | **課題** 과제 | **宿題** 숙제 | **出題** 출제 | **問題** 문제

水曜日までに宿題を出してください。 수요일까지 숙제를 내 주세요.

これは去年、出題された問題です。 이것은 작년에 출제된 문제입니다.

[총 18획] 題 題 題 題 題 題 題 題 題 題 題 題 題 題 題 題 題 題

0433 초4/N3

例

법식 례

⌨ 사람(イ)이 일을 벌여(列) 법식으로 절하는 종교 의례

🔊 れい ▶ **例外** 예외 | **例示** 예시 | **例年** 예년 | **例文** 예문 | **慣例** 관례 | **実例** 실례 | **通例** 통례 | **類例** 유례

実例を挙げながら説明しました。 실례를 들면서 설명했습니다.

🔊 たと(える) ▶ **例える** 예를 들다, 비유하다 | **例えば** 예를 들어

例えば、会話や文法などを教えます。 예를 들어 회화랑 문법 등을 가르칩니다.

[총 8획] 例 例 例 例 例 例 例 例

+ 実例を挙げる 실례를 들다

0434 초5/N3

構

얽을 구

⌨ 얽을 나무(木)를 골라 짜서(冓) 넣어 만든 숯가마

🔊 こう ▶ **構成** 구성 | **構想** 구상 | **構造** 구조 | **構築** 구축 | **結構** 훌륭함, 좋음

デザインの構成について検討した。 디자인 구성에 대해 검토했다.

🔊 かま(える), かま(う) ▶ **構える** 차리다, 짓다 | **構う** 관계하다

★**心構え** 마음의 준비, 각오

その生徒は入試に対する心構えができている。
그 학생은 입시에 대한 마음가짐이 되어 있다.

[총 14획] 構 構 構 構 構 構 構 構 構 構 構 構 構 構

+ デザイン 디자인

DAY | SUBJECT

14 | 교육, 출판(2)

Track20

聞(ぶん)
문에 귀를 대고 몰래
들을 때 느껴지는 기분

話(はな)
선생님 말씀 중에 혀를
내밀어서 화났으

知(ち)
화살 시(矢)와 입 구(口)자가
합쳐진 한자는 알지

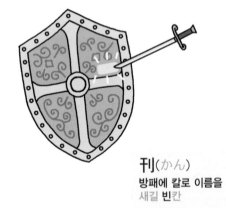

刊(かん)
방패에 칼로 이름을
새길 빈칸

단어 복습 퀴즈 다음 한자를 바르게 읽은 것을 고르세요.

1 留学 ▶ ⓐ りょうがく ⓑ りゅうがく

2 教育 ▶ ⓐ きょういく ⓑ きょいく

3 言葉 ▶ ⓐ ごとば ⓑ ことば

4 英語 ▶ ⓐ えいが ⓑ えいご

5 漢字 ▶ ⓐ がんじ ⓑ かんじ

6 練習 ▶ ⓐ れんしゅ ⓑ れんしゅう

7 案内 ▶ ⓐ がんない ⓑ あんない

8 宿題 ▶ ⓐ しゅくだい ⓑ しょくだい

정답 ⓑ 8 ⓑ 7 ⓑ 6 ⓑ 5 ⓑ 4 ⓑ 3 ⓐ 2 ⓑ 1

聞
들을 문

□□ 0435 초2/N5

🔳 문(門)에 귀(耳)를 대고 몰래 들을 때 느껴지는 기분

음 ぶん, もん ▶ 見聞 견문 | 新聞 신문 | 伝聞 전문 | 風聞 풍문 | 聴聞 청문

教育に関する新聞を読んでいます。 교육에 관한 신문을 읽고 있습니다.

훈 き(こえる), き(く) ▶ 聞こえる 들리다 | 聞く 듣다 | 聞き取り 듣기

文章を聞いてノートに書いてください。 문장을 듣고 노트에 써 주세요.

총 14획 聞 聞 聞 聞 聞 聞 聞 聞 聞 聞 聞 聞 聞 聞

答
대답할 답

□□ 0436 초2/N4

🔳 대나무(⺮) 숲에 모여(合) 입으로 대답할게

음 とう ▶ 答案 답안 | 答弁 답변 | 応答 응답 | 回答 회답 | 正答 정답

答案用紙を配りました。 답안 용지를 나누어 주었습니다.

훈 こた(える), こた(え) ▶ 答える 대답하다 | 答え 대답

先生の質問にすぐ答えました。 선생님의 질문에 바로 대답했습니다.

총 12획 答 答 答 答 答 答 答 答 答 答 答 答

+ 配る 나누어 주다, 분배하다

思
생각 사

□□ 0437 초2/N4

🔳 꽃밭(田)에서 마음(心)과 생각을 담은 시

음 し ▶ 思考 사고 | 思索 사색 | 思想 사상 | 意思 의사

★引っ込み思案 소극적, 낯가리는 성격

出版社に意思を伝えました。 출판사에 의사를 전달했습니다.

훈 おも(う) ▶ 思う 생각하다 | 思い切り 마음껏, 실컷 | 思い出 추억 | 思いやり 배려

『思い出』という小説を読みました。 『추억』이라는 소설을 읽었습니다.

총 9획 思 思 思 思 思 思 思 思 思

+ 伝える 전하다, 전달하다

考
생각할 고

□□ 0438 초2/N4

🔳 늙은(耂) 장인의 공교함(丂)에 대해 어찌 생각할고

음 こう ▶ 考察 고찰 | 考慮 고려 | 再考 재고 | 参考 참고 | 思考 사고 | 熟考 숙고

この資料を参考にしてください。 이 자료를 참고로 해 주세요.

훈 かんが(える) ▶ 考える 생각하다 | 考え 생각

論理的に考えてみてください。 논리적으로 생각해 보세요.

총 6획 考 考 考 考 考 考

話

□□ 0439 | 초2/N5

⌨ 선생님 말씀(言) 중에 혀(舌)를 내밀어서 화났으

🔊 わ ▶ 話術 화술 | 話題 화제 | 会話 회화 | 手話 수화 | 童話 동화

最近話題の本を紹介します。 최근 화제가 된 책을 소개하겠습니다.

🔊 はな(す), はなし ▶ 話す 이야기하다 | 話し合う 서로 이야기하다 | 話 이야기

授業中に英語で話しました。 수업 중에 영어로 이야기했습니다.

말씀 화

[총 13획] 話話話話話話話話話話話話話

詞

□□ 0440 | 초6/N2

⌨ 주례 말씀(言)을 맡은(司) 은사님의 말씀을 듣는 시간

🔊 し ▶ 歌詞 가사 | 形容詞 형용사 | 作詞 작사 | 動詞 동사 | 品詞 품사 | 副詞
부사 | 名詞 명사

英語の歌詞を日本語に翻訳しました。 영어 가사를 일본어로 번역했습니다.
今日は形容詞について学習します。 오늘은 형용사에 대해서 학습하겠습니다.

말 사

[총 12획] 詞詞詞詞詞詞詞詞詞詞詞詞

説

□□ 0441 | 초4/N3

⌨ 말(言)을 자꾸 바꾸는(兌) 유튜버를 달랠 필요 없는 토크

🔊 せつ, ぜい ▶ 説得 설득 | 説明 설명 | 演説 연설 | 解説 해설 | 学説 학설 |
遊説 유세

明日は小学校の入学説明会があります。
내일은 초등학교 입학 설명회가 있습니다.

🔊 と(く) ▶ 説く 설명하다, 설득하다 | 口説く 설득하다, 하소연하다, 구애하다

留学に行きたいと両親を口説いた。 유학 가고 싶다고 부모님을 설득했다.

말씀 설/달랠 세

[총 14획] 説説説説説説説説説説説説説説

試

□□ 0442 | 초4/N4

⌨ 말(言)로 법(式)을 시험할 시간

🔊 し ▶ 試合 시합 | 試験 시험 | 試食 시식 | 試着 시착 | 試練 시련 | 入試 입시

試験問題を作成しました。 시험 문제를 작성했습니다.

🔊 こころ(みる), ため(す) ▶ 試みる 시도하다, 시험하다 | 試す 시험하다

オンライン授業を試みました。 온라인 수업을 시도했습니다.

시험할 시

[총 13획] 試試試試試試試試試試試試試

＋ オンライン 온라인

知

알 지

⌨ 화살 시(矢)와 입 구(口)자가 합쳐진 한자는 알지

🔊 **ち** ▶ 知恵 지혜 | 知識 지식 | 知人 지인 | 知覚 지각 | 告知 고지, 통지 | 通知 통지 | 認知 인지

この作家は知識が豊富な人だ。　이 작가는 지식이 풍부한 사람이다.

し(る) ▶ 知る 알다 | 知り合い 아는 사람, 지인

出版社の知り合いから連絡が来ました。　출판사 지인으로부터 연락이 왔습니다.

총 8획　知 知 知 知 知 知 知 知

+ 豊富だ 풍부하다

習

익힐 습

⌨ 나는 법을 익힐 수 있는 깃털(羽)이 흰(白) 새들의 나라

🔊 **しゅう** ▶ 習慣 습관 | 習得 습득 | 学習 학습 | 慣習 관습 | 復習 복습 | 予習 예습

学習習慣を身に付けるのが大切です。　학습 습관을 몸에 익히는 것이 중요합니다.

なら(う) ▶ 習う 배우다 | 習い始める 배우기 시작하다

今月から水泳を習い始めました。　이번 달부터 수영을 배우기 시작했습니다.

총 11획　習 習 習 習 習 習 習 習 習 習 習

+ 身に付ける 몸에 익히다 | 今月 이번 달

師

스승 사

⌨ 제자가 언덕(阜)을 빙 두를(帀) 정도로 많은 스승

🔊 **し** ▶ 師団 사단 | 師弟 사제 | 恩師 은사 | 教師 교사 | 講師 강사 | 漁師 어부

妻は大学講師をしています。　아내는 대학 강사를 하고 있습니다.

恩師にお目にかかりました。　은사님을 만나 뵈었습니다.

총 10획　師 師 師 師 師 師 師 師 師 師

+ お目にかかる 만나 뵙다[会う의 겸양 표현]

恩

은혜 은

⌨ 입구(口)에서 큰(大) 은혜의 마음(心)으로 포옹

🔊 **おん** ▶ 恩返し 은혜 갚음 | 恩恵 은혜 | 恩師 은사, 스승 | 恩人 은인 | 謝恩 사은

恩人についてのエッセイを書いた。　은인에 대한 에세이를 썼다.

謝恩会に出席しました。　사은회에 참석했습니다.

총 10획　恩 恩 恩 恩 恩 恩 恩 恩 恩 恩

+ 〜についての〜 〜에 대한 〜 | エッセイ(essay) 에세이(수필)

⌨ 늘 지금(今)처럼 마음(心)과 생각을 다스리는 냉정함

🔊 ねん ▶ **念願** 염원 | **念頭** 염두 | **記念** 기념 | **残念** 유감스러움 | **信念** 신념 |
理念 이념

人気作家と記念撮影をしました。 인기 작가와 기념 촬영을 했습니다.

これは学校の教育理念です。 이것은 학교의 교육 이념입니다.

생각 념

[총 8획] 念 念 念 念 念 念 念 念

⌨ 토끼(卯)가 밭(田)에 머무를 때 서로 교류

🔊 りゅう, る ▶ **留学** 유학 | **留置** 유치 | **残留** 잔류 | **保留** 보류 | **抑留** 억류 |
★**留守** 부재중

留学ガイドブックを買いました。 유학 가이드북을 샀습니다.

🔊 とど(まる), とど(める) ▶ **留まる** 머물다, 고정되다 | **留める** 만류하다, 고정시키다,
(마음에) 두다, 새기다 | **書留** 등기우편

もう少しこの大学に留まることにした。 좀 더 이 대학에 남아 있기로 했다.

머무를 류

[총 10획] 留 留 留 留 留 留 留 留 留 留

+ ガイドブック 가이드북 | もう少し 좀 더

⌨ 지팡이(勹) 끝이 이지러질 때 그 사람(人)과 집에 갈까

🔊 けつ ▶ **欠場** 결장 | **欠席** 결석 | **欠点** 결점 | **欠乏** 결핍 | **不可欠** 불가결

青木さんは昨日欠席しました。 아오키 씨는 어제 결석했습니다.

🔊 か(ける), か(く) ▶ **欠ける** 빠지다, 부족하다 | **欠く** 빠뜨리다

誰か一人欠けても達成できなかった。 누구 한 명 빠져도 달성할 수 없었다.

이지러질 결(缺)

[총 4획] 欠 欠 欠 欠

□□ 0450   초4/N3

⌨ 작은(⋯) 씨앗 열(十) 개를 들고 간 날(日) 입은 저고리는 홑단

🔊 たん ▶ **単語** 단어 | **単純** 단순 | **単数** 단수 | **単独** 단독 | **簡単** 간단함

単独行動はやめてください。 단독 행동은 그만하세요.

簡単な問題だったので、すぐに解けた。 간단한 문제여서 바로 풀 수 있었다.

[총 9획] 単 単 単 単 単 単 単 単 単

홑 단(單)

+ 解ける 풀 수 있다[解く의 가능형]

□□ 0451 | 초4/N2

刷

인쇄할 쇄

⌨ 시체(尸)를 덮은 수건(巾)에 인쇄할 때 칼(刂)로 스르륵

음 **さつ** ▶ **刷新** 쇄신 | **印刷** 인쇄 | **縮刷** 축쇄 | **増刷** 증쇄

印刷所に原稿を送りました。 인쇄소에 원고를 보냈습니다.

훈 **す(る)** ▶ **刷る** 찍다, 인쇄하다, 박다 | **刷り込む** 인쇄하여 넣다, 박아 넣다

この雑誌は十万部刷るそうです。 이 잡지는 10만 부를 찍는다고 합니다.

[총 8획] 刷 刷 刷 刷 刷 刷 刷 刷

□□ 0452 | 초5/N2

刊

새길 간

⌨ 방패(干)에 칼(刂)로 이름을 새길 빈칸

음 **かん** ▶ **刊行** 간행 | **週刊誌** 주간지 | **新刊** 신간 | **朝刊** 조간 | **発刊** 발간

新刊雑誌が発売されました。 신간 잡지가 발매되었습니다.

発刊記念パーティーを開くつもりです。 발간 기념 파티를 열 생각입니다.

[총 5획] 刊 刊 刊 刊 刊

+ パーティーを開く 파티를 열다

□□ 0453 | 초5/N2

版

판목 판

⌨ 조각(片)으로 나뉜 판목을 반대로 돌이켜(反) 항의

음 **はん** ▶ **版画** 판화 | **版木** 판목 | **版権** 판권 | **改訂版** 개정판 | **限定版** 한정판 | **出版** 출판

全面改訂版の注文を受けました。 전면 개정판 주문을 받았습니다.

限定版が出るので予約しました。 한정판이 나오니까 예약했습니다.

[총 8획] 版 版 版 版 版 版 版 版

+ 全面 전면 | 注文を受ける 주문을 받다

□□ 0454 | 초5/N2

編

엮을 편

⌨ 실(糸)을 납작한(扁) 판에 엮을 방법을 몰라, 아무도

음 **へん** ▶ **編集** 편집 | **編入** 편입 | **短編** 단편 | **長編** 장편

将来、編集者になりたいです。 장래에 편집자가 되고 싶습니다.

훈 **あ(む)** ▶ **編む** 엮다, 뜨다 | **編み物** 뜨개질

編み物の本を読みながらセーターを編んだ。
뜨개질 책을 보면서 스웨터를 떴다.

[총 15획] 編 編 編 編 編 編 編 編 編 編 編 編 編 編 編

+ 〜になりたい 〜이(가) 되고 싶다

⌨ 말씀을 듣고 혀(舌)로 느껴 본 가장 매운(辛) 맛이지

辞

말씀 사(辭)

音 じ ▶ **辞書・辞典** 사전 | **辞職** 사직 | **辞退** 사퇴 | **辞表** 사표 | **お世辞** 겉치레 인사

辞書を引きながら宿題をしています。 사전을 찾으면서 숙제를 하고 있습니다.

訓 や(める) ▶ **辞める** 사직하다, 그만두다

会社を辞めて塾を経営しています。 회사를 그만두고 학원을 경영하고 있습니다.

[총 13획] 辞 辞 辞 辞 辞 辞 辞 辞 辞 辞 辞 辞 辞

+ **辞書を引く** 사전을 찾다

⌨ 8(八)개의 지아비(夫) 문서를 칼(刀)로 잘라 스캔

券

문서 권

音 けん ▶ **航空券** 항공권 | **乗車券** 승차권 | **定期券** 정기권 | **入場券** 입장권

作家のサイン会に入場券が必要ですか。 작가의 사인회에 입장권이 필요합니까?

学校に通うためにバスの定期券を買った。
학교에 다니기 위해 버스 정기권을 샀다.

[총 8획] 券 券 券 券 券 券 券 券

⌨ 나무 묶음(束)을 칠(攵) 때 바르고(正) 가지런할 자세

가지런할 정

音 せい ▶ **整備** 정비 | **整理** 정리 | **均整** 균정, 균형 | **修整** 수정 | **調整** 조정

教育日程を調整してください。 교육 일정을 조정해 주세요.

訓 ととの(う), ととの(える) ▶ **整う** 정돈되다, 가지런해지다 | **整える** 정돈하다, 가지런

히 하다

心を整えるために読書をします。 마음을 가다듬기 위해 독서를 합니다.

[총 16획] 整 整 整 整 整 整 整 整 整 整 整 整 整 整 整 整

+ **心を整える** 마음을 가다듬다(정돈하다)

⌨ 부지런할 땐 진흙(堇) 위에서 힘(力) 쓰는 킹콩

부지런할 근(勤)

音 きん, ごん ▶ **勤勉** 근면 | **勤務** 근무 | **勤労** 근로 | **欠勤** 결근 | **出勤** 출근 | **常勤** 상근 | **通勤** 통근 | **勤行** 근행. (승려가) 불전에서 독경함

通勤時間に中国語の勉強をします。 출퇴근 시간에 중국어 공부를 합니다.

訓 つと(まる), つと(める) ▶ **勤まる** (임무를) 잘 수행해 내다, 감당해 내다 | **勤める**
근무하다 | **勤め先** 근무처

2年前に出版社に勤めたことがある。 2년 전에 출판사에 근무한 적이 있다.

[총 12획] 勤 勤 勤 勤 勤 勤 勤 勤 勤 勤 勤 勤

探

0459 초6/N3

⌨ 손(扌)으로 반대를 무릅쓰고(罙) 범인을 찾을 수 있는 탐정

음 **たん** ▶ **探求** 탐구 | **探険** 탐험 | **探索** 탐색 | **探偵** 탐정 | **探訪** 탐방

探偵シリーズの小説が好きです。 탐정 시리즈 소설을 좋아합니다.

훈 **さぐ(る), さが(す)** ▶ **探る** 탐색하다, 찾다, 조사하다 | **探す** 찾다

本の販売経路を探りましょう。 책의 판매 경로를 찾아봅시다.

총 11획 探 探 探 探 探 探 探 探 探 探 探

찾을 탐

+ **シリーズ**(series) 시리즈

養

0460 초4/N1

⌨ 양(羊)에게 맛있는 밥(食)을 먹여 기를 때 보람 있어요

음 **よう** ▶ **養育** 양육 | **養成** 양성 | **栄養** 영양 | **教養** 교양 | **修養** 수양 | **療養** 요양

日本語教員養成プログラムを受講した。 일본어 교원 양성 프로그램을 수강했다.

훈 **やしな(う)** ▶ **養う** 양육하다, 기르다

早起きして勉強する習慣を養いなさい。 일찍 일어나서 공부하는 습관을 기르렴.

총 15획 養 養 養 養 養 養 養 養 養 養 養 養 養 養 養

기를 양

+ **プログラム** 프로그램 | **~なさい** ~해라(하렴), ~하세요

著

0461 초6/N2

⌨ 초두머리(艹) 한 놈(者)이 나타날 곳을 미리 알아왔쓰

음 **ちょ** ▶ **著作権** 저작권 | **著者** 저자 | **著述** 저술 | **著名** 저명, 유명 | **共著** 공저 | **編著** 편저

この本の著者は誰ですか。 이 책의 저자는 누구입니까?

훈 **あらわ(す), いちじる(しい)** ▶ **著す** 저술하다 | **著しい** 현저하다, 명백하다

発行部数が著しく増加しています。 발행 부수가 현저하게 증가하고 있습니다.

총 11획 著 著 著 著 著 著 著 著 著 著 著

나타날 저(著)

徒

0462 초4/N3

⌨ 조금 걷다가(彳) 달리는(走) 학생 무리의 토론

음 **と** ▶ **徒歩** 도보 | **使徒** 사도 | **信徒** 신도 | **生徒** 생도, 학생[중 · 고교 학생] | **門徒** 문도

彼が今年の生徒会長になりました。 그가 올해 학생회장이 되었습니다.

駅から学校まで徒歩で5分ぐらいです。 역에서 학교까지 도보로 5분 정도입니다.

총 10획 徒 徒 徒 徒 徒 徒 徒 徒 徒 徒

무리 도

DAY 13~14 확인 테스트

읽기 다음 한자를 히라가나로 쓰세요.

01 勉強 → _____   02 試験 → _____

03 問題 → _____   04 予習 → _____

05 記念 → _____   06 会話 → _____

쓰기 밑줄 친 히라가나를 한자로 쓰세요.

07 授業に対する学生からの<u>もんく</u>が多い。 → _____

08 <u>さくぶん</u>の書き方を習いました。 → _____

09 青木さんは昨日<u>けっせき</u>しました。 → _____

10 教育に関する<u>しんぶん</u>を読んでいます。 → _____

듣기 다음 문장을 듣고 빈칸을 채우세요.

Track21

11 _____日本の小説を読んだ。

12 大学で心理学を_____。

13 授業中に_____。

14 今月から水泳を_____。

152

01 <u>教室</u>では静かにしてください。
① きょしつ　　　② きょうしつ　　　③ きょういく　　　④ ぎょうしつ

02 優秀な人材を<u>育</u>てています。
① あわてて　　　② いくてて　　　③ そだてて　　　④ こだてて

03 長い<u>文章</u>を作成しました。
① むんしょう　　　② ぶんぽう　　　③ ぶんしょう　　　④ ぶんしょ

04 心を<u>整</u>えるために読書をします。
① ととえる　　　② とどのえる　　　③ とどえる　　　④ ととのえる

05 この作家は<u>知識</u>が豊富な人だ。
① ししき　　　② ちしき　　　③ にんしき　　　④ じしき

06 日本語を英語に<u>ほんやく</u>しています。
① 本訳　　　② 番訳　　　③ 通訳　　　④ 翻訳

07 金曜日は妹の<u>そつぎょう</u>式です。
① 卒業　　　② 授業　　　③ 就業　　　④ 入学

08 論理的に<u>かんがえ</u>てみてください。
① 考えて　　　② 孝えて　　　③ 教えて　　　④ 老えて

09 2年前に出版社に<u>つとめた</u>ことがある。
① 動めた　　　② 勤めた　　　③ 努めた　　　④ 勉めた

10 この本の<u>ちょしゃ</u>は誰ですか。
① 著社　　　② 医者　　　③ 著者　　　④ 草者

정답 1② 2③ 3③ 4④ 5② 6④ 7① 8① 9② 10③

DAY
15 | SUBJECT 위치, 장소(1)

Track22

中(ちゅう)
네모난 탁구대 가운데 네트에
걸려 있는 츄리닝

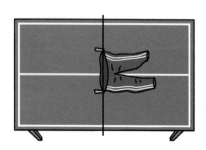

市(し)
저자에서 갓을 쓰고 수건을
파는 아저씨

場(じょう)
흙이 많고 햇볕이 잘 드는
마당이 보이죠

村(そん)
나무를 마디마디 잘라 마을로
옮기기엔 부족한 일손

단어 복습 퀴즈 다음 한자를 바르게 읽은 것을 고르세요.

1 答える ▶ ⓐ こたえる　ⓑ きこえる

2 思い出 ▶ ⓐ おもいだ　ⓑ おもいで

3 会話 ▶ ⓐ がいわ　ⓑ かいわ

4 説明 ▶ ⓐ さつめい　ⓑ せつめい

5 試合 ▶ ⓐ しけん　ⓑ しあい

6 復習 ▶ ⓐ ふっしゅう　ⓑ ふくしゅう

7 単語 ▶ ⓐ たんご　ⓑ だんご

8 栄養 ▶ ⓐ ようせい　ⓑ えいよう

정답 1ⓐ 2ⓑ 3ⓑ 4ⓑ 5ⓑ 6ⓑ 7ⓐ 8ⓑ

□□ 0463 | 초1/N5

⌨ 윗분이 서(丨) 계시면 두(二) 번 인사하죠

上

윗 상

🔊 じょう ▸ 上下 상하 | 上司 상사 | 上手 잘함, 능숙함 | 以上 이상 | 屋上 옥상

屋上でバーベキューをしませんか。 옥상에서 바비큐 파티를 하지 않겠습니까?

🔊 あ(がる), あ(げる), のぼ(る), うえ, うわ, かみ ▸ 上がる 오르다, 올라가다 |
上げる 올리다 | 上る 오르다, 올라가다 | 上 위 | 上着 겉옷, 상의 | 川上 (강의) 상류

机の上に時計があります。 책상 위에 시계가 있습니다.

총 3획 上 上 上

□□ 0464 | 초1/N5

⌨ T자 골목으로 가다가 오른쪽 아래 골목으로 갈까

下

아래 하

🔊 か, げ ▸ 下流 하류 | 地下 지하 | 地下鉄 지하철 | 下車 하차 | 下宿 하숙

駐車場は地下2階にあります。 주차장은 지하 2층에 있습니다.

🔊 さ(がる), さ(げる), くだ(る), お(りる), お(ろす), した, しも, もと

▸ 下がる 내려가다 | 下げる 낮추다 | 下る 내려가다 | 下りる 내리다 | 下ろす

내리다 | 下 아래, 밑 | 下 아래, 아랫도리 | 下 아래, 밑

椅子の下にかばんがあります。 의자 아래에 가방이 있습니다.

총 3획 下 下 下

□□ 0465 | 초1/N5

⌨ 왼쪽에 있는 사람이 왼(ナ)손잡이 장인(工)의 사장

左

왼 좌

🔊 さ ▸ 左折 좌회전 | 左遷 좌천 | 左右 좌우

次の信号を左折すると銀行が見えます。
다음 신호에서 좌회전하면 은행이 보입니다.

🔊 ひだり ▸ 左 왼쪽 | 左側 왼쪽, 왼편 | 左利き 왼손잡이 | 左手 왼손

まっすぐ行って左に曲がってください。 쭉 가서 왼쪽으로 도세요.

총 5획 左 左 左 左 左

□□ 0466 | 초1/N5

⌨ 왼쪽(ナ)에서 오른쪽 입구(口)로 우향우

右

오른 우

🔊 う, ゆう ▸ 右折 우회전 | 左右 좌우

左右を確認してから渡りましょう。 좌우를 확인하고 나서 건넙시다.

🔊 みぎ ▸ 右 오른쪽 | 右腕 오른팔, 중요한 역할 | 右側 오른쪽, 오른편 | 右利き 오른손

잡이 | 右手 오른손

私の右側に山田さんがいます。 내 오른쪽에 야마다 씨가 있습니다.

총 5획 右 右 右 右 右

⌨ 동녘이 밝아오는 나무(木)숲에 매일(日) 오는 토끼

東

동녘 동

음 とう ▶ 東京 도쿄 | 東西 동서 | 東風 동풍 | 東北 도호쿠, 동북[지방] | 東洋 동양 | 関東 간토, 관동[지방]

関東地方に雨が降り続いています。　관동 지방에 비가 계속 내리고 있습니다.

훈 ひがし ▶ 東 동쪽 | 東側 동쪽 | 東口 동쪽 출입구

東口を出ると右側に花屋があります。
동쪽 출구를 나오면 오른쪽에 꽃집이 있습니다.

(총 8획) 東 東 東 東 東 東 東 東

+ 降り続く 계속 내리다 | 〜と 〜하면[가정 표현]

⌨ 서녘 하늘의 우뚝한(兀) 산 입구(口)에서 세이 굿바이

西

서녘 서

음 せい, さい ▶ 西欧 서구 | 西部 서부 | 西洋 서양 | 関西 간사이, 관서[지방] | 東西南北 동서남북

この辺に西洋美術館はありますか。　이 주변에 서양 미술관이 있습니까?

훈 にし ▶ 西 서쪽 | 西側 서쪽 | 西口 서쪽 출입구

この町の西側は住宅街です。　이 마을의 서쪽은 주택가입니다.

(총 6획) 西 西 西 西 西 西

+ この辺 이 주변, 이 근처

⌨ 열(十) 개의 먼(冂), 남녘 산에서 찌르는(羊) 군병이 미남이네

南

남녘 남

음 なん, な ▶ 南極 남극 | 南国 남국 | 南部 남부 | 東南 동남 | 南無 나무[불교]

南極に関する特集をテレビで見た。　남극에 관한 특집을 TV에서 봤다.

훈 みなみ ▶ 南 남쪽 | 南風 남풍 | 南側 남쪽 | 南向き 남향

この家は南向きなので日当たりがいいです。
이 집은 남향이라 햇볕이 잘 듭니다.

(총 9획) 南 南 南 南 南 南 南 南 南

⌨ 북녘에 있는 나무 조각(爿)과 비수(匕)로 만든 기타

北

북녘 북

음 ほく ▶ 北上 북상 | 北東 북동 | 北海道 홋카이도, 북해도[지명] | 北極 북극

北海道に旅行に行って楽しかったです。　홋카이도에 여행 가서 즐거웠습니다.

훈 きた ▶ 北 북쪽 | 北側 북쪽 | 北国 북국, 북쪽 지방 | 北半球 북반구

北国なので積雪量が多いです。　북쪽 지방이라서 적설량이 많습니다.

(총 5획) 北 北 北 北 北

0471 초2/N3

⌨ 멀리(冂) 사는 그 사람(人)의 집 안에서 웃지

内

안 내(内)

음 ない, だい ▶ 内科 내과 | 内乱 내란 | 案内 안내 | 家内 집안, 아내 | 国内 국내 | 社内 사내 | 境内 경내, 구내

会議室までご案内いたします。 회의실까지 안내해 드리겠습니다.

훈 うち ▶ 内 안 | 内側 안쪽 | 身内 온몸, 일가

身内が近所に住んでいます。 일가가 근처에 살고 있습니다.

총 4획 内 内 内 内

+ ご案内いたします 안내해 드리겠습니다[ご + 한자어 + いたす(겸양 표현)]

0472 초2/N5

⌨ 바깥에서 저녁(夕) 먹으며 점(卜)을 보는 GUY

外

바깥 외

음 がい, げ ▶ 外国 외국 | 外食 외식 | 以外 이외 | 海外 해외 | 外科 외과

来年、海外旅行に行きたいです。 내년에 해외여행 가고 싶습니다.

훈 はず(す), はず(れる), そと, ほか ▶ 外す 제외하다, 떼다, 벗다 | 外れる 벗어나다, 빠지다 | 外 밖 | 外側 바깥쪽 | 外 그 밖, 외부 | その外 그 밖에

外から大きな音が聞こえました。 밖에서 큰 소리가 들렸습니다.

총 5획 外 外 外 外 外

0473 초2/N5

⌨ 앞산에서 풀(⺍)을 베는(刖) 마에스트로

前

앞 전

음 ぜん ▶ 前後 전후 | 前日 전날 | 以前 이전 | 午前 오전 | 事前 사전, 미리

午前11時に図書館で会いましょう。 오전 11시에 도서관에서 만납시다.

훈 まえ ▶ 前 앞 | 前売券 예매권 | 前書き 머리말, 서문 | 前歯 앞니 | 名前 이름

デパートの前にタクシー乗り場がある。 백화점 앞에 택시 승차장이 있다.

총 9획 前 前 前 前 前 前 前 前 前

+ デパート(department store) 백화점 | タクシー(taxi) 택시

0474 초2/N5

⌨ 조금 걷다(彳) 뒤에 있는 작은(幺) 애가 뒤처져서(夂) 손을 놓지

後

뒤 후

음 ご, こう ▶ 午後 오후 | 最後 마지막 | 後援 후원 | 後悔 후회 | 後輩 후배

後輩が駅の前で待っている。 후배가 역 앞에서 기다리고 있다.

훈 のち, うし(ろ), あと, おく(れる) ▶ 後 뒤, 후 | 後ほど 나중에 | 後ろ 뒤 | 後 뒤, 후 | 後始末 뒷정리 | 後れる 뒤처지다

学校の後ろに山があります。 학교 뒤에 산이 있습니다.

총 9획 後 後 後 後 後 後 後 後 後

⌨ 그 사람(イ)의 투자 법칙(則)은 곁에서 들어 보면 귀에 쏙쏙

側

음 そく ▶ 側室 측실 ｜ 側面 측면, 옆면 ｜ 側近 측근

箱の側面に名前を書いてください。 상자 옆면에 이름을 써 주세요.

훈 がわ ▶ 片側 한쪽 ｜ 左側 왼쪽 ｜ 右側 오른쪽 ｜ 両側 양측, 양쪽 ｜ 外側 바깥쪽

両側にある取っ手を持って運んだ。 양쪽에 있는 손잡이를 잡고 옮겼다.

곁 측

총 11획 側 側 側 側 側 側 側 側 側 側 側

＋ 取っ手 손잡이 ｜ 運ぶ 옮기다, 나르다

⌨ 점(ノ)을 빼러 멀리(冂) 있는 병원 입구(口)로 향할 때였고

向

음 こう ▶ 向上 향상 ｜ 意向 의향 ｜ 傾向 경향 ｜ 方向 방향

悩む時、頭が右に傾く傾向がある。
고민할 때, 머리가 오른쪽으로 기우는 경향이 있다.

훈 む(く), む(かう), む(ける), む(こう) ▶ 向く 향하다 ｜ 向かう 향하다 ｜ 向ける 향하게 하다 ｜ 向こう 건너편 ｜ 向かい風 맞바람, 역풍 ｜ 向かい 맞은편, 건너편

コンビニの向かいに学校があります。 편의점 맞은편에 학교가 있습니다.

향할 향

총 6획 向 向 向 向 向 向

＋ 傾く 기울다, 한쪽으로 쏠리다 ｜ コンビニ 편의점[コンビニエンスストア(convenience store)의 줄임말]

⌨ 네모난(口) 탁구대 가운데 네트(丨)에 걸려 있는 츄리닝

中

음 ちゅう, じゅう ▶ 中学生 중학생 ｜ 中旬 중순 ｜ 中心 중심 ｜ 食事中 식사 중 ｜ 一日中 하루 종일

一日中会社で仕事ばかりしています。 하루 종일 회사에서 일만 하고 있습니다.

훈 なか ▶ 中 속, 안 ｜ 中身 내용물 ｜ 夜中 한밤중

ここにある小包の中身は何ですか。 여기에 있는 소포의 내용물은 무엇입니까?

가운데 중

총 4획 中 中 中 中

＋ ～ばかり ~만, ~뿐 ｜ ～にある ~에 있는

⌨ 먼(冂) 산을 보며 큰(大) 숲 가운데에서 즐기는 오후

央

음 おう ▶ 中央 중앙 ｜ 中央区 주오구[지명]

中央線に乗って大学に通っています。 중앙선을 타고 대학에 다니고 있습니다.

運動場の中央に集まってください。 운동장 중앙으로 모여 주세요.

총 5획 央 央 央 央 央

가운데 앙

0479 초4/N2

底

밑 저

⌨ 집(广)의 근본(氐)은 밑에 있대

🔊 てい ▶ 底辺 저변, 밑변 | 海底 해저 | 根底 근저, 근본 | 徹底 철저 | 到底 도저히, 결국

これは海底に住んでいる魚です。 이것은 해저에 살고 있는 물고기입니다.

🔊 そこ ▶ 底 바닥, 끝 | 谷底 골짜기의 밑바닥 | 水底 물밑 | 川底 강바닥

あの川は水がきれいなので水底まで見える。
저 강은 물이 깨끗해서 물밑까지 보인다.

총 8획 底底底底底底底底

0480 초2/N3

市

저자 시

⌨ 저자에서 갓(亠)을 쓰고 수건(巾)을 파는 아저씨

🔊 し ▶ 市外 시외 | 市内 시내 | 市民 시민 | 大阪市 오사카시 | 都市 도시

市内は車が多いので気をつけてください。 시내는 차가 많으니까 조심하세요.

🔊 いち ▶ 市場 시장 | 魚市場 어시장

魚市場なら信号を渡って左にあります。
어시장이라면 신호를 건너서 왼쪽에 있습니다.

총 5획 市市市市市

+ 信号を渡る 신호를 건너다

0481 초2/N4

場

마당 장

⌨ 흙(土)이 많고 햇볕(昜)이 잘 드는 마당이 보이죠

🔊 じょう ▶ 場内 장내 | 運動場 운동장 | 会場 회장 | 工場 공장 | 上場 상장[경제]

今、会場に着いたばかりです。 지금 회장에 막 도착했습니다.

🔊 ば ▶ 場合 때, 경우 | 場所 장소 | 場面 장면 | 市場 시장 | 現場 현장 | 立場 입장 | 広場 광장

広場に集まって一緒に行きましょう。 광장에 모여서 같이 갑시다.

총 12획 場場場場場場場場場場場場

0482 초2/N4

店

가게 점

⌨ 여보게, 이 집(广)을 점령한(占) 가게 문을 미세

🔊 てん ▶ 店員 점원 | 店長 점장 | 開店 개점 | 書店 서점, 책방 | 売店 매점

書店の店員に本がどこにあるか聞いてみた。
서점 직원에게 책이 어디에 있는지 물어봤다.

🔊 みせ ▶ 店 가게 | 店番 가게를 지킴 | 夜店 야시장

店の前で偶然友達に会いました。 가게 앞에서 우연히 친구를 만났습니다.

총 8획 店店店店店店店店

⌨ 집에서 하나(一)의 주검(尸)을 흉내 낸 코스프레

戸

집 호(戸)

음 こ ▶ 戸主 호주 ｜ 戸籍 호적 ｜ 一戸建て 단독주택 ｜ 下戸 술을 못 마시는 사람

ついに一戸建てを購入しました。 드디어 단독주택을 구입했습니다.

훈 と ▶ 戸締り 문단속 ｜ 戸棚 찬장 ｜ 井戸 우물

戸棚の中におやつが入っています。 찬장 안에 간식이 들어 있습니다.

총 4획 戸戸戸戸

+ ついに 드디어, 마침내, 결국 ｜ おやつ 간식

⌨ 집(宀)에 이르니(至) 집 안에 있는 개가 물어

室

집 실

음 しつ ▶ 室外 실외 ｜ 室長 실장 ｜ 室内 실내 ｜ 温室 온실 ｜ 客室 객실 ｜ 教室 교실 ｜ 浴室 욕실

温室に様々な花が咲いています。 온실에 여러 가지 꽃이 피어 있습니다.

훈 むろ ▶ 室町時代 무로마치 시대 ｜ 岩室 바위 동굴 ｜ 氷室 빙실

ここは室町時代に栄えた場所です。 여기는 무로마치 시대에 번성했던 장소입니다.

총 9획 室室室室室室室室室

+ 様々な 여러 가지의, 다양한 ｜ 花が咲く 꽃이 피다

⌨ 여(呂)씨 집(宀)안은 다 우리 집 문 앞에서 큐알코드 스캔

宮

집 궁

음 きゅう, ぐう, く ▶ 宮中 궁중 ｜ 宮殿 궁전 ｜ 王宮 왕궁 ｜ 神宮 신궁 ｜ 宮内庁 궁내청, 황실에 관한 사무를 맡아 보는 관청

ベルサイユ宮殿を観光しました。 베르사유 궁전을 관광했습니다.

훈 みや ▶ 宮 신사, 궁 ｜ お宮参り 아기가 태어난 후 한 달부터 백일을 축하하러 신사에 감

生まれて一カ月でお宮参りをします。
태어난 지 한 달이면 오미야마이리(お宮参り)를 합니다.

총 10획 宮宮宮宮宮宮宮宮宮宮

+ 生まれる 태어나다 ｜ 一カ月 한 달 ｜ お宮参り 태어난 아이의 성장과 무병장수를 기원하는 문화

⌨ 주검(尸)이 있는 곳에 이르러(至) 보니 그 집이야

屋

집 옥

음 おく ▶ 屋外 옥외 ｜ 屋上 옥상 ｜ 屋内 옥내, 실내 ｜ 家屋 가옥 ｜ 社屋 사옥

屋内では禁煙です。 실내에서는 금연입니다.

훈 や ▶ 屋台 포장마차 ｜ 屋根 지붕 ｜ 花屋 꽃가게 ｜ 本屋 서점 ｜ 八百屋 채소 가게

屋台でラーメンを食べて帰りましょう。 포장마차에서 라면을 먹고 돌아갑시다.

총 9획 屋屋屋屋屋屋屋屋屋

□□ 0487　초3/N4

⌨ 언덕(阝)에 있는 집이 완전하다(完)는 건 인정

院

음 いん ▶ **院長** 원장 ｜ **医院** 의원 ｜ **退院** 퇴원 ｜ **大学院** 대학원 ｜ **入院** 입원 ｜
病院 병원 ｜ **美容院** 미용원, 미장원

市内の病院に入院する予定です。 시내 병원에 입원할 예정입니다.

美容院で髪を切りました。 미용실에서 머리를 잘랐습니다.

집 원

〔총 10획〕 院 院 院 院 院 院 院 院 院 院

＋ **髪を切る** 머리를 자르다, 이발하다

□□ 0488　초3/N3

⌨ 동물 주검(尸)을 장기판 책상(ㄱ) 상자(口)에 넣으며 느꼈구

局

음 きょく ▶ **局長** 국장 ｜ **結局** 결국 ｜ **事務局** 사무국 ｜ **放送局** 방송국 ｜ **薬局** 약국
｜ **郵便局** 우체국

放送局でバイトをしています。 방송국에서 아르바이트를 하고 있습니다.

薬局の隣に郵便局があります。 약국 옆에 우체국이 있습니다.

판 국

〔총 7획〕 局 局 局 局 局 局 局

＋ **バイト** 아르바이트 ｜ **隣** 옆, 이웃

□□ 0489　초1/N2

⌨ 나무(木)를 마디마디(寸) 잘라 마을로 옮기기엔 부족한 일손

村

음 そん ▶ **村長** 촌장 ｜ **村落** 촌락 ｜ **漁村** 어촌 ｜ **農村** 농촌
両親は農村で暮らしています。 부모님은 농촌에서 지내고 있습니다.

훈 むら ▶ **村** 마을 ｜ **村人** 마을 사람
村の人口は年々減っています。 마을 인구는 매년 줄어들고 있습니다.

마을 촌

〔총 7획〕 村 村 村 村 村 村 村

＋ **暮らす** 지내다, 보내다 ｜ **年々** 매년, 해마다 ｜ **減る** 줄다, 감소하다

□□ 0490　초2/N1

⌨ 쉬는 날(日)은 토(土)요일뿐 늘 바쁜 마을 사또

里

음 り ▶ **郷里** 향리, 고향 ｜ **十里** 십리 ｜ **千里** 천리 ｜ **百里** 백리
郷里の先輩から久しぶりに連絡が来た。 고향 선배에게 오랜만에 연락이 왔다.

훈 さと ▶ **里** 마을, 시골 ｜ **里親** 수양부모 ｜ **里帰り** 귀성, (휴가로) 친정에 감 ｜ **里心が**
つく 고향 생각이 나다

妻は里帰り出産で静岡にいます。 아내는 친정에서 출산하려고 시즈오카에 있습니다.

마을 리

〔총 7획〕 里 里 里 里 里 里 里

＋ **久しぶりに** 오랜만에 ｜ **〜にいます** ~에 있습니다[사람, 동물]

⌨ 서울 가던 갓(亠) 쓴 선비가 입구(口)의 작은(小) 문에 옷이 껴

音 きょう, けい ▶ 京都 교토 ｜ 帰京 귀경 ｜ 上京 상경 ｜ 東京 도쿄 ｜ 京阪神

게이한신['교토, 오사카, 고베'를 일컬음]

上京して20年になりました。 상경한 지 20년이 되었습니다.

東京は日本の首都です。 도쿄는 일본의 수도입니다.

京

서울 경

총 8획　京京京京京京京京

⌨ 밭두둑 안쪽 밭(田)에 있는 건 고무래(丁)가 맞죠?

音 ちょう ▶ 町長 촌장 ｜ 町内会 町[우리나라의 '읍'에 해당] 안의 지역 주민 자치 조직 ｜
町名 町의 이름, 읍명 ｜ 市町村 일본 행정구획의 명칭[우리나라의 '시, 읍, 면'에 해당]

町名を確認してから配達してください。
읍명(町名)을 확인하고 나서 배달해 주세요.

訓 まち ▶ 町 시내, 읍내 ｜ 町角 길모퉁이 ｜ 町はずれ 변두리 ｜ 港町 항구도시

町はずれにカフェがオープンした。 변두리에 카페가 오픈했다.

町

밭두둑 정

총 7획　町町町町町町町

⌨ 길을 모를 땐 쉬엄쉬엄 가면(辶) 머리(首) 아파 미치죠

音 どう, とう ▶ 道具 도구 ｜ 道路 도로 ｜ 横断歩道 횡단보도 ｜ 国道 국도 ｜ 柔道
유도 ｜ 水道 수도 ｜ 鉄道 철도 ｜ 神道・神道 신도[일본 고유의 전통 신앙]

鉄道博物館に行ったことがあります。 철도 박물관에 간 적이 있습니다.

訓 みち ▶ 道 길 ｜ 近道 지름길 ｜ 山道 산길 ｜ 片道 편도 ｜ 横道 옆길, 샛길

近道を通った方がいいと思います。 지름길을 통하는 편이 좋다고 생각합니다.

道

길 도(道)

총 12획　道道道道道道道道道道道道

+ ～を通る ～을(를) 통하다, 지나다

⌨ 길을 따라 제 발(𧾷)로 각각(各) 도착한 대로

音 ろ ▶ 路上 노상, 길 위, 가는 도중 ｜ 路面 노면 ｜ 活路 활로 ｜ 進路 진로 ｜ 線路 선로
｜ 道路 도로

路上で遊んではいけません。 길 위에서 놀면 안 됩니다.

訓 じ ▶ 家路 귀로, 집에 가는 길 ｜ 旅路 여로, 여행길

家路を急ぐ人々でいっぱいです。 귀가를 서두르는 사람들로 가득합니다.

路

길 로

총 13획　路路路路路路路路路路路路路

+ 急ぐ 서두르다 ｜ 人々 사람들

所

□□ 0495　초3/N3

⌨ 내 알 바 아니니 그 집(戸)에 직접 가서 고기 한 근(斤) 파쇼

음 **しょ** ▶ **所属** 소속 | **所得** 소득 | **近所** 근처 | **市役所** 시청 | **短所** 단점 | **長所**
장점 | **場所** 장소

<ruby>母<rt>はは</rt></ruby>は<ruby>近所<rt>きんじょ</rt></ruby>の<ruby>集<rt>あつ</rt></ruby>まりに<ruby>出<rt>で</rt></ruby>かけました。 엄마는 근처 모임에 나갔습니다.

훈 **ところ** ▶ **所** 곳, 부분, 점 | **台所** 부엌

<ruby>友達<rt>ともだち</rt></ruby>の<ruby>家<rt>いえ</rt></ruby>は<ruby>駅<rt>えき</rt></ruby>から<ruby>車<rt>くるま</rt></ruby>で5<ruby>分<rt>ふん</rt></ruby>の<ruby>所<rt>ところ</rt></ruby>にある。 친구 집은 역에서 차로 5분 거리에 있다.

총 8획　所 所 所 所 所 所 所 所

바 소(所)

寺

□□ 0496　초2/N2

⌨ 절 안에 흙(土)과 나무 마디(寸)로 만든 테라스

음 **じ** ▶ **寺院** 사원 | **浅草寺** 센소지[도쿄에 있는 절] | **東大寺** 도다이지[나라에 있는 절]

<ruby>全国<rt>ぜんこく</rt></ruby>の<ruby>寺院<rt>じいん</rt></ruby><ruby>巡<rt>めぐ</rt></ruby>りをしています。 전국의 사원 순회를 하고 있습니다.

훈 **てら** ▶ **お寺** 절 | ★**山寺** 산사, 산속에 있는 절

<ruby>京都<rt>きょうと</rt></ruby>の<ruby>清水寺<rt>きよみずでら</rt></ruby>には<ruby>行<rt>い</rt></ruby>ったことがない。 교토의 기요미즈데라에는 간 적이 없다.

총 6획　寺 寺 寺 寺 寺 寺

절 사

+ **清水寺**<ruby><rt>きよみずでら</rt></ruby> 기요미즈데라[교토에 있는 절로 여행객에게 인기 있는 관광지] | **〜たことがない** 〜한 적이 없다

駅

□□ 0497　초3/N4

⌨ 역에 있는 말(馬)을 보며 먹는 1척(尺) 길이의 에키벤

음 **えき** ▶ **駅** 역 | **駅員** 역무원 | **駅舎** 역사, 정거장 건물 | **駅長** 역장 | **駅弁** 에키벤

[철도역이나 열차 내에서 파는 철도 여객용 도시락]

<ruby>東京駅<rt>とうきょうえき</rt></ruby>で<ruby>駅弁<rt>えきべん</rt></ruby>を<ruby>買<rt>か</rt></ruby>いました。 도쿄 역에서 에키벤을 샀습니다.

ここは<ruby>駅舎<rt>えきしゃ</rt></ruby>をリノベーションしたホテルです。
여기는 역사를 개조한 호텔입니다.

총 14획　駅 駅 駅 駅 駅 駅 駅 駅 駅 駅 駅 駅 駅 駅

역 역(驛)

+ **リノベーション**(renovation) 리노베이션, 수리, 혁신, 개조

橋

□□ 0498　초3/N2

⌨ 나무(木)를 높이(喬) 엮어 다리 놓는 일을 하시오

음 **きょう** ▶ **橋脚** 교각 | **鉄橋** 철교 | **歩道橋** 보도교, 육교

<ruby>歩道橋<rt>ほどうきょう</rt></ruby>の<ruby>向<rt>む</rt></ruby>こうに<ruby>会社<rt>かいしゃ</rt></ruby>があります。 육교 맞은편에 회사가 있습니다.

훈 **はし** ▶ **橋** 다리 | **石橋** 돌다리

<ruby>橋<rt>はし</rt></ruby>を<ruby>渡<rt>わた</rt></ruby>ってすぐ<ruby>右<rt>みぎ</rt></ruby>に<ruby>曲<rt>ま</rt></ruby>がってください。 다리를 건너서 바로 오른쪽으로 도세요.

총 16획　橋 橋 橋 橋 橋 橋 橋 橋 橋 橋 橋 橋 橋 橋 橋 橋

다리 교

+ **橋を渡る**<ruby><rt>はし わた</rt></ruby> 다리를 건너다 | **すぐ** 바로, 곧 | **右に曲がる**<ruby><rt>みぎ ま</rt></ruby> 오른쪽으로 돌다

16 | 위치, 장소(2)

岐(き)
인생의 갈림길에서
산은 내게 지탱할
삶의 키

宙(ちゅう)
집은 사랑으로 말미암아
추위를 견딘다

城(じょう)
흙으로 이루어진
성으로 돌진하죠

境(きょう)
지난 토요일에 마침
내 해외까지 지경을
넓힌 도쿄 상사

단어 복습 퀴즈 다음 한자를 바르게 읽은 것을 고르세요.

1 上手 ▶ ⓐ じょうず ⓑ じょうて

2 右側 ▶ ⓐ みぎがわ ⓑ ひだりがわ

3 東 ▶ ⓐ にし ⓑ ひがし

4 方向 ▶ ⓐ ほうこう ⓑ けいこう

5 場合 ▶ ⓐ ばしょ ⓑ ばあい

6 一日中 ▶ ⓐ いちにちちゅう ⓑ いちにちじゅう

7 病院 ▶ ⓐ びょういん ⓑ びよういん

8 郵便局 ▶ ⓐ ゆびんきょく ⓑ ゆうびんきょく

□□ 0499　초3/N4

館

집 관(館)

⌨ '밥 식(食)'과 '벼슬 관(官)'을 합하면 집 관(館)

🔊 かん ▶ **会館** 회관 │ **大使館** 대사관 │ **図書館** 도서관 │ **博物館** 박물관 │ **美術館** 미술관 │ **本館** 본관 │ **旅館** 여관

図書館はどこにありますか。 도서관은 어디에 있습니까?

🔊 やかた ▶ **館** 숙박업소

あそこに「自然の館」という博物館があります。
저기에 '자연관'이라는 박물관이 있습니다.

총 16획　館 館 館 館 館 館 館 館 館 館 館 館 館 館 館 館

+ ～という ～라고 하는

□□ 0500　초3/N2

区

구역 구(區)

⌨ 상자(匚) 안의 쿠폰을 구역을 나누어 다섯(乂) 개로 만들었구

🔊 く ▶ **区域** 구역 │ **区間** 구간 │ **区分** 구분 │ **区別** 구별 │ **区民** 구민 │ **区役所** 구청 │ **地区** 지구

危険区域なので、入らないでください。 위험 구역이니까 들어가지 마세요.

この道をまっすぐ行くと区役所があります。
이 길을 곧장 가면 구청이 있습니다.

총 4획　区 区 区 区

+ 명사 + なので ～이기 때문에 │ ～ないでください ～하지 마세요 │ まっすぐ 곧장, 쭉

□□ 0501　초3/N2

州

고을 주

⌨ 내 천(川)에 점(丶)을 세 개 찍으면 고을 주(州)

🔊 しゅう ▶ **州知事** 주지사 │ **州立** 주립 │ **欧州** 유럽(구주) │ **九州** 규슈[지명]

九州には有名な温泉がたくさんあります。
규슈에는 유명한 온천이 많이 있습니다.

🔊 す ▶ **三角州** 삼각주 │ **中州** 강 가운데에서 수면 위로 나와 섬처럼 된 곳, 강섬

ここから川の中州がよく見えます。 여기에서 강섬이 잘 보입니다.

총 6획　州 州 州 州 州 州

+ ～から ～에서, (출발점)으로부터 │ 見える 보이다

□□ 0502　초3/N2

県

고을 현(縣)

⌨ 고을 주민의 눈(目)을 피해 숨어서(ㄴ) 마신 작은(小) 캔

🔊 けん ▶ **県** 현[일본 지방 행정구역] │ **県知事** 현지사 │ **県庁** 현청 │ **県民** 현민, 현의 주민 │ **県立** 현립 │ **都道府県** 도도부현[일본 행정구역의 총칭]

県庁の隣にある店で待っています。 현청 옆에 있는 가게에서 기다리고 있습니다.

県立美術館に絵画展を見に行った。 현립미술관에 회화전을 보러 갔다.

총 9획　県 県 県 県 県 県 県 県 県

⌨ 임금(君)이 고을(阝)에 행차하니 고을이 들썩거리는군

음 ぐん ▶ 郡 군[행정구획의 하나], 고을 | 郡内 군내, 군의 구역 내 | 郡部 군부, 군에 속하는
부분(지역)

郡内に老人ホームができました。 군내에 양로원이 생겼습니다.

彼は郡部に住んでいます。 그는 군부에 살고 있습니다.

郡

고을 군

총 10획 郡 郡 郡 郡 郡 郡 郡 郡 郡 郡

+ 老人ホーム 노인 홈, 양로원 | ～に住む ～에 살다

⌨ 놈(者)을 고을(阝)에서 잡으니 도읍이 술렁거려 또

음 と, つ ▶ 都市 도시 | 都民 도민 | 首都 수도 | 東京都 도쿄도[지명] | 都合 형편,
사정

都市は田舎より物価が高いです。 도시는 시골보다 물가가 비쌉니다.

훈 みやこ ▶ 都 수도, 도시

昔は京都に都がありました。 옛날에는 교토에 수도가 있었습니다.

都

도읍 도(都)

총 11획 都 都 都 都 都 都 都 都 都 都 都

⌨ 마을에 있는 집(广) 문서를 주고(付) 후회

음 ふ ▶ 府庁 부청 | 京都府 교토부 | 政府 정부 | 内閣府 내각부 | 幕府 막부

このサイトに政府の対応と方針が出ています。
이 사이트에 정부의 대응과 방침이 나와 있습니다.

内閣府は国の行政機関の一つです。 내각부는 나라의 행정기관 중 하나입니다.

府

마을 부

총 8획 府 府 府 府 府 府 府 府

+ 国 나라

⌨ 집(广)안 곳집에 보관한 수레(車)를 파네, 기어코

음 こ, く ▶ 金庫 금고 | 在庫 재고 | 車庫 차고 | 倉庫 창고 | 文庫 문고 |
冷蔵庫 냉장고 | 庫裏 고리, 절의 부엌

倉庫に在庫が保管されています。 창고에 재고가 보관되어 있습니다.

冷蔵庫の中に卵と野菜が入っています。
냉장고 안에 계란과 야채가 들어 있습니다.

곳집 고

총 10획 庫 庫 庫 庫 庫 庫 庫 庫 庫 庫

+ 保管される 보관되다[保管する의 수동형]

0507 초4/N1

街 거리 가

⌨ 걸어다니다(行) 서옥(圭)을 발견한 그 거리가 맞지?

🔊 **がい, かい** ▸ 街頭 가두, 길거리 | 街路樹 가로수 | 商店街 상점가 | 繁華街 번화가 | 街道 가도

繁華街の近くに住んでいます。 번화가 근처에 살고 있습니다.

🔊 **まち** ▸ 街 거리, 상가가 밀집된 곳 | 街角 길모퉁이

街角に立って写真を撮りました。 길모퉁이에 서서 사진을 찍었습니다.

총 12획 街街街街街街街街街街街街

+ 立つ 서다 | 写真を撮る 사진을 찍다

0508 초4/N1

径 지름길 경(徑)

⌨ 지름길을 조금 걷다가(彳) 또(又) 흙(土)을 밟을게

🔊 **けい** ▸ 径路 경로 | 口径 구경 | 直径 직경, 지름 | 半径 반경, 반지름

そこの水道管の口径を測ってください。
거기에 있는 수도관의 구경을 재 주세요.

幼稚園から半径10メートル以内は禁煙です。
유치원에서 반경 10미터 이내는 금연입니다.

총 8획 径径径径径径径径

+ 測る (길이·무게·넓이를) 재다, 측정하다 | 〜から 〜에서, (출발점)으로부터 | メートル 미터(m)

0509 초4/N1

岐 갈림길 기

⌨ 인생의 갈림길에서 산(山)은 내게 지탱할(支) 삶의 키

🔊 **き** ▸ 岐路 기로, 갈림길 | 多岐 다기, 여러 갈래로 갈려 복잡함 | 分岐 분기, 갈림 | 分岐点 분기점

今、人生の重大な岐路に立っています。
지금 인생의 중대한 기로에 서 있습니다.

首都高速道路は分岐点が多いです。 수도 고속도로는 분기점이 많습니다.

총 7획 岐岐岐岐岐岐岐

0510 초4/N2

가 변(邊)

⌨ 강가로 쉬엄쉬엄 가서(辶) 칼(刀)을 헹구기

🔊 **へん** ▸ 辺境 변경 | 周辺 주변 | 身辺 신변 | 底辺 저변, 밑변

町の周辺にはカフェがたくさんあります。
마을 주변에는 카페가 많이 있습니다.

🔊 **あた(り), べ** ▸ 辺り 근처, 주위 | 海辺 해변, 바닷가 | 浜辺 해변, 바닷가 | 窓辺 창가

海辺の食堂街に有名なラーメン屋がある。
해변 식당가에 유명한 라면 가게가 있다.

총 5획 辺辺辺辺辺

☐☐ 0511 초6/N2

⌨ 집(宀) 아래 갈고리(亅) 두(二) 개를 놓아 또 집이 생길 경우

🔊 う ▶ 宇宙 우주 | 宇宙人 우주인, 외계인 | 宇宙船 우주선 | 気宇 기우, 기개와 도량

宇宙博物館はどこにあるか知っていますか。

우주박물관이 어디에 있는지 알고 있습니까?

宇宙船を描いた絵を壁にかけました。 우주선을 그린 그림을 벽에 걸었습니다.

宇
집 우

[총 6획] 宇 宇 宇 宇 宇 宇

+ ～にあるか ~에 있는지 | 描く 그리다 | 壁 벽

☐☐ 0512 초6/N1

⌨ 집(宀)은 사랑으로 말미암아(由) 추위를 견딘다

🔊 ちゅう ▶ 宙返り 공중제비, 비행기의 공중회전 | 宙吊り 공중에 매달림 | 宙乗り

(연극·곡예에서) 몸을 공중에 뜨게 하는 연기 또는 장치 | 宇宙 우주

航空ショーで航空機が宙返りするのを見た。

항공 에어쇼에서 항공기가 공중회전하는 것을 봤다.

舞台で宙吊りになって飛ぶシーンがある。

무대에서 공중에 매달려서 나는 장면이 있다.

宙
집 주

[총 8획] 宙 宙 宙 宙 宙 宙 宙 宙

+ ～になる ~이(가) 되다 | シーン(scene) 신, (영화·연극의) 장면

☐☐ 0513 초2/N4

⌨ 집(宀) 우리에 있는 돼지(豕)를 가지고 너네 집에 갈까

🔊 か, け ▶ 家事 가사, 집안일 | 家族 가족 | 国家 국가 | 作家 작가 | 分家 분가

家族と沖縄に遊びに行きました。 가족과 오키나와에 놀러 갔습니다.

🔊 いえ, や ▶ 家 집 | 家柄 집안, 가문 | 家出 가출, 집을 나감 | 家賃 집세 | 家主 가장,

집주인 | 空き家 빈집 | 大家 집주인, 안채

今、母は家で家事をしています。 지금 엄마는 집에서 집안일을 하고 있습니다.

家
집 가

[총 10획] 家 家 家 家 家 家 家 家 家 家

☐☐ 0514 초6/N3

⌨ 집 운동을 위해 집(宀)에 설치를 부탁한(乇) 탁구대

🔊 たく ▶ 宅地 택지 | 宅配 택배 | 帰宅 귀가 | 自宅 자택 | 住宅 주택

寮に宅配便が届きました。 기숙사에 택배가 도착했습니다.

住宅街にきれいな公園があります。 주택가에 예쁜 공원이 있습니다.

宅
집 택/댁 댁

[총 6획] 宅 宅 宅 宅 宅 宅

+ 宅配便 택배, 택배편 | 届く (보낸 것이) 닿다, 도착하다, 도달하다

0515 초6/N2

⌨ 집(宀) 있는 고무래(丁)는 관청에서 빌렸죠

음 ちょう ▶ 庁舎 청사 | 官庁 관청 | 警察庁 경찰청 | 県庁 현청

警察庁に関する記事はここにあります。 경찰청에 관한 기사는 여기에 있습니다.

静岡県の県庁所在地はどこですか。 시즈오카현 현청 소재지는 어디입니까?

(총 5획) 庁 庁 庁 庁 庁

庁

관청 청(廳)

+ ～に関する ～에 관한

0516 초6/N2

⌨ 그물망(罒)을 훔친 놈(者)이 마을에서 쇼핑

음 しょ ▶ 署長 서장 | 署名 서명 | 警察署 경찰서 | 消防署 소방서

駅のそばに警察署がありますか。 역 근처에 경찰서가 있습니까?

消防署の隣に病院があります。 소방서 옆에 병원이 있습니다.

(총 13획) 署 署 署 署 署 署 署 署 署 署 署 署 署

署

마을 서(署)

+ そば 근처, 옆 | 隣 옆, 이웃

0517 초6/N2

⌨ 지경 확장을 위해 혹시(或) 체크해야 할 흙(土)과 이끼 상태

음 いき ▶ 海域 해역 | 区域 구역 | 全域 전역 | 地域 지역 | 流域 유역 | 領域 영역

この区域は明日まで通行止めです。 이 구역은 내일까지 통행금지입니다.

市内全域で停電が発生しました。 시내 전역에서 정전이 발생했습니다.

(총 11획) 域 域 域 域 域 域 域 域 域 域 域

域

지경 역

0518 초6/N3

⌨ 층계에서 톱모양 갈(耳)과 몽둥이(殳)를 내려놓고 단식 투쟁

음 だん ▶ 段階 단계 | 階段 계단 | 下段 하단 | 手段 수단 | 上段 상단 | 値段 가격 | 普段 평상시, 항상

彼は非常階段で電話しています。 그는 비상계단에서 전화하고 있습니다.

普段、学生会館で昼ご飯を食べます。 평상시, 학생회관에서 점심을 먹습니다.

(총 9획) 段 段 段 段 段 段 段 段 段

段

층계 단

⌨ 집(广)에 있는 스무(廿) 개의 수건(巾) 위에 자리를 잡은 새끼 오리

席

자리 석

음 せき ▶ 席 자리 ｜ 席次 석차, 자리 순서 ｜ 欠席 결석 ｜ 座席 좌석 ｜ 主席 주석 ｜
出席 출석 ｜ 着席 착석

課長は今、席を外しております。 과장님은 지금 자리를 비웠습니다.

機内で座席に案内してもらいました。 기내에서 좌석으로 안내 받았습니다.

총 10획　席席席席席席席席席席

＋ 外す 떼다, 빼다, 벗기다, 벗어나다 ｜ ～ております ～하고 있습니다[～ています의 겸양 표현] ｜ ～てもらう ～해 받다

⌨ 흙(土)으로 이루어진(成) 성으로 돌진하죠

城

성 성

음 じょう ▶ 城郭 성곽 ｜ 城壁 성벽 ｜ 城門 성문 ｜ 王城 왕성, 왕궁 ｜ 築城 축성

兵庫県にある姫路城は世界文化遺産です。
효고현에 있는 히메지성은 세계 문화유산입니다.

훈 しろ ▶ 城 성 ｜ 城跡・城跡 성터

大阪城は関西地方にある有名なお城です。
오사카성은 간사이 지방에 있는 유명한 성입니다.

총 9획　城城城城城城城城城

⌨ 항구의 바닷물(氵)과 거리(巷)는 잊을 수 없고

港

항구 항(港)

음 こう ▶ 港湾 항만 ｜ 帰港 귀항 ｜ 漁港 어항 ｜ 空港 공항 ｜ 出港 출항 ｜ 入港 입항

横浜は港湾都市です。 요코하마는 항만도시입니다.

훈 みなと ▶ 港 항구, 포구

船が港を出たところです。 배가 항구를 막 나왔습니다.

총 12획　港港港港港港港港港港港港

＋ ～たところです ～한 참입니다, 막 ～했습니다

⌨ 막대를 가로 2개(二) 세로 2개(丨丨) 올려 만든 우물 2호

井

우물 정

음 せい, しょう ▶ 市井 시정, 거리 ｜ 油井 유정, 석유정 ｜ 天井 천장

天井に照明を設置する位置を決めました。
천장에 조명을 설치하는 위치를 정했습니다.

훈 い ▶ 井戸 우물

庭園には小さな井戸があります。 정원에는 작은 우물이 있습니다.

총 4획　井井井井

＋ 決める 정하다, 결정하다

0523 초4/N4

的

과녁 적

⌨ 흰(白) 천에 싼(勹) 후 점(丶)을 찍어 과녁에 던진 토마토

음 てき ▶ 的確 적확함, 틀림없음, 확실함 | 的中 적중 | 具体的 구체적 | 標的 표적 | 目的 목적

今いる場所を的確に教えてください。 지금 있는 장소를 정확하게 알려 주세요.

훈 まと ▶ 的 과녁, 목표, 표적

矢が的の真ん中に的中しました。 화살이 과녁 한가운데에 적중했습니다.

총 8획 的的的的的的的的

0524 초4/N2

周

두루 주

⌨ 멀리(冂) 있는 길한(吉) 운명을 찾아 두루 다니슈

음 しゅう ▶ 周囲 주위 | 周期 주기 | 周知 주지 | 周辺 주변 | 一周 일주

ホテルの周辺に湖があります。 호텔 주변에 호수가 있습니다.

훈 まわ(り) ▶ 周り 주위, 주변

建物の周りを歩きまわりました。 건물 주변을 돌아다녔습니다.

총 8획 周周周周周周周周

+ 歩きまわる 돌아다니다, 서성이다

0525 초4/N1

倉

곳집 창

⌨ 한(一) 사람(人)이 문(戶) 입구(口)에서 곳집을 찾소

음 そう ▶ 倉庫 창고 | 穀倉 곡창 | 船倉 선창[배 안에 짐을 싣는 곳]

倉庫に黄色い箱が並んでいます。 창고에 노란 상자가 놓여 있습니다.

훈 くら ▶ 倉 곳간, 창고 | 胸倉 멱살

穀物を倉に貯蔵しました。 곡물을 창고에 저장했습니다.

총 10획 倉倉倉倉倉倉倉倉倉倉

+ 並ぶ 한 줄로 서다, 늘어서다

0526 초5/N2

境

지경 경

⌨ 지난 토(土)요일에 마침내(竟) 해외까지 지경을 넓힌 도쿄 상사

음 きょう, けい ▶ 境界·境界 경계 | 境地 경지 | 環境 환경 | 逆境 역경 | 国境 국경

数百人の移民が国境を越えました。 수백 명의 이주민이 국경을 넘었습니다.

훈 さかい ▶ 境 경계, 갈림길 | 境目 경계(선), 갈림길

ここが隣の家との境です。 여기가 옆집과의 경계입니다.

총 14획 境境境境境境境境境境境境境境

+ 移民(=移住民) 이민, 이주민 | 越える 넘다, 건너다

⌨ 무덤은 풀(艹), 햇빛(旲), 흙(土)의 조건이 좋은 곳으로 하까?

墓

무덤 묘

음 ▶ ぼ ▶ **墓前** 무덤 앞 | **墓地** 묘지 | **墓碑** 묘비 | **墳墓** 분묘, 무덤

祖父母の墓前に花を供えました。 조부모 무덤 앞에 꽃을 올렸습니다.

훈 ▶ はか ▶ **墓** 묘 | **墓参り** 성묘

今年は故郷へ墓参りに行けなかった。 올해는 고향에 성묘하러 못 갔다.

[총 13획] 墓墓墓墓墓墓墓墓墓墓墓墓墓

＋ 供える 바치다, 올리다 | 行けない 갈 수 없다, 못 가다[行く의 가능 부정형]

⌨ 옛 사람(人)이 살던 집 입구(口) 흙(土)에 대해 전해진 샤머니즘

舍

집 사(舍)

음 ▶ しゃ ▶ **駅舎** 역사 | **牛舎** 외양간 | **校舎** 교사, 학교 건물 | ★**田舎** 시골, 고향

校舎の前で友達を待っていた。 학교 건물 앞에서 친구를 기다리고 있었다.

両親は田舎に住んでいます。 부모님은 시골에 살고 있습니다.

[총 8획] 舎舎舎舎舎舎舎舎

＋ ～に住む ～에 살다

⌨ 배를 탄 후에 배(舟) 운전은 높은(亢) 지위의 선장이 코치

航

배 항

음 ▶ こう ▶ **航空** 항공 | **航路** 항로 | **運航** 운항 | **欠航** 결항 | **就航** 취항

日本までの共同運航便があります。 일본까지의 공동 운항편이 있습니다.

飛行機の欠航で名古屋に行けなくなった。
비행기 결항으로 나고야에 못 가게 되었다.

[총 10획] 航航航航航航航航航航

＋ ～くなる ～하게 되다

⌨ 마을(里) 이장의 새 옷(衣)이 찢어져 속이 보여 울화통

裏

속 리

음 ▶ り ▶ **裏面** 이면, 뒷면 | **内裏** 천황이 사는 대궐 | **脳裏** 뇌리 | **表裏** 표리

年賀状の裏面に印刷しました。 연하장 뒷면에 인쇄했습니다.

훈 ▶ うら ▶ **裏** 뒤 | **裏表** 안팎, 표리 | **裏側** 이면, 뒷면 | **裏切り** 배반, 배신 | **裏口**
뒷문 | **裏地** 안감

裏口から入ってください。 뒷문으로 들어오세요.

[총 13획] 裏裏裏裏裏裏裏裏裏裏裏裏裏

＋ ～から ～에서, (출발점)으로부터

□□ 0531 　초6/N1

郷

시골 향(鄉)

⌨ 시골(乡) 향기가 느껴지는 이 고을(阝)은 시골이고

음 **きょう, ごう** ▶ 郷愁 향수 | 郷土 향토 | 故郷 고향 | 同郷 동향 | 水郷 수향,
물가의 마을

この近くに有名な郷土料理の店があります。
이 근처에 유명한 향토 요리 가게가 있습니다.

ここは、私にとって故郷のような町だ。
여기는 나에게 있어서 고향 같은 마을이다.

총 11획　郷 郷 郷 郷 郷 郷 郷 郷 郷 郷 郷

+ 〜にとって ~에게 있어서 | 명사 + のような ~와(과) 같은[비유 표현]

□□ 0532 　초6/N1

穴

구멍 혈

⌨ 집(宀) 안에 있는 여덟(八) 개의 구멍을 아나

음 **けつ** ▶ 虎穴 호랑이 굴 | 洞穴 (깊지 않은) 동굴 | 墓穴 묘혈, 무덤구덩이

洞穴の中を探検してみました。 동굴 안을 탐험해 봤습니다.

훈 **あな** ▶ 穴 구멍 | 穴場 숨겨진 좋은 장소 | 落とし穴 함정, 계략 | 毛穴 모공 |
洞穴 동굴

花火がよく見える穴場を知っています。
불꽃놀이가 잘 보이는 좋은 장소를 알고 있습니다.

총 5획　穴 穴 穴 穴 穴

+ 見える 보이다 | 知る 알다[예외 5단 동사]

□□ 0533 　초6/N2

層

층 층(層)

⌨ 1층에서 고양이의 주검(尸)을 일찍(曽) 발견했소

음 **そう** ▶ 階層 계층 | 高層 고층 | 断層 단층 | 地層 지층

駅の近くは高層マンションが多いです。 역 근처에는 고층 맨션이 많습니다.

あちらのコーナーに地層についての本があります。
저쪽 코너에 지층에 대한 책이 있습니다.

총 14획　層 層 層 層 層 層 層 層 層 層 層 層 層 層

+ コーナー(corner) 코너 | 〜についての ~에 관한

□□ 0534 　초6/N3

処

곳 처(處)

⌨ 쉴 곳은 뒤처져 오다(夂) 보였던 안석(几) 의자가 있는 쇼핑타운

음 **しょ** ▶ 処置 처치 | 処罰 처벌 | 処分 처분 | 処理 처리 | 善処 선처 | 対処 대처

校内にごみ処理施設はありませんか。 교내에 쓰레기 처리 시설은 없습니까?

区役所でこの問題について対処した。 구청에서 이 문제에 대해 대처했다.

총 5획　処 処 処 処 処

읽기 다음 한자를 히라가나로 쓰세요.

01 海外 → _____

02 場所 → _____

03 八百屋 → _____

04 図書館 → _____

05 港 → _____

06 大使館 → _____

쓰기 밑줄 친 히라가나를 한자로 쓰세요.

07 まっすぐ行ってひだりに曲がってください。 → _____

08 デパートのまえにタクシー乗り場がある。 → _____

09 課長は今、せきを外しております。 → _____

10 ホテルのしゅうへんに湖があります。 → _____

듣기 다음 문장을 듣고 빈칸을 채우세요.

Track24

11 会議室まで_____。

12 _____山があります。

13 _____黄色い箱が並んでいます。

14 _____警察署がありますか。

01 広場に集まって一緒に行きましょう。

　① こうじょう　　② ばあい　　　③ ひろば　　　④ ひろじょう

02 母は近所の集まりに出かけました。

　① きんじょ　　　② ぎんじょ　　③ ちかじょう　　④ きんじょう

03 ここにある小包の中身は何ですか。

　① じゅうしん　　② じゅうみ　　③ なかしん　　④ なかみ

04 このサイトに政府の対応と方針が出ています。

　① せふ　　　　　② せいぶ　　　③ けいぶ　　　④ せいふ

05 宇宙博物館はどこにあるか知っていますか。

　① ゆちゅう　　　② うちゅう　　③ ゆうちゅう　　④ うじゅう

06 みせの前で偶然友達に会いました。

　① 占　　　　　　② 台　　　　　③ 店　　　　　④ 庁

07 市内の病院ににゅういんする予定です。

　① 入社　　　　　② 入学　　　　③ 入院　　　④ 入員

08 校内にごみしょり施設はありませんか。

　① 所理　　　　　② 勝利　　　　③ 処理　　　④ 対処

09 両親はいなかに住んでいます。

　① 田舎　　　　　② 井中　　　　③ 校舎　　　④ 口舎

10 彼は非常かいだんで電話しています。

　① 会談　　　　　② 解団　　　　③ 段階　　　④ 階段

17 | 모양, 색깔

水(물) +

染(せん)
물과 9가지 물감으로
나무에 물들이는 센스

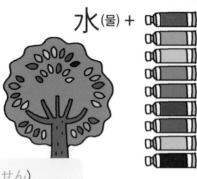

細(さい)
가늘고 긴 실로
밭을 수놓는 사이

姿(し)
다음은 사랑하는 여자의
모습을 노래한 시입니다

白(しろ)
뚜껑이 있는 흰색 2단 상자를
차에 실어

단어 복습 퀴즈 다음 한자를 바르게 읽은 것을 고르세요.

1 美術館 ▶ ⓐ びじゅつかん ⓑ びじゅうかん　5 家族 ▶ ⓐ がぞく　　ⓑ かぞく

2 区役所 ▶ ⓐ くやくしょ　ⓑ しやくしょ　6 住宅 ▶ ⓐ おたく　　ⓑ じゅうたく

3 金庫 ▶ ⓐ きんこう　　ⓑ きんこ　　　7 値段 ▶ ⓐ ねだん　　ⓑ れだん

4 街 ▶ ⓐ まち　　　　ⓑ かど　　　　8 環境 ▶ ⓐ かんきょう ⓑ かんこう

0535 초6/N1

模

본뜰 모

⌨ 나무(木)에 없는(莫) 꽃을 본뜰 만한 모형

🔊 も, ぼ ▶ 模擬 모의 | 模型 모형 | 模索 모색 | 模範 모범 | 模倣 모방 | 模様 모양 | 規模 규모

それはデザインも色彩も模倣した作品です。
그것은 디자인도 색채도 모방한 작품입니다.

花柄模様のスカーフが気に入っています。
꽃무늬 모양의 스카프가 마음에 듭니다.

[총 14획] 模 模 模 模 模 模 模 模 模 模 模 模 模 模

+ 花柄 꽃무늬 | スカーフ(scarf) 스카프 | 気に入る 마음에 들다

0536 초3/N3

様

모양 양(樣)

⌨ 지금 나무(木) 밑에서 양(羊)들이 물(水)을 먹고 있는 모양이에요

🔊 よう ▶ 様式 양식 | 様子 모습, 상황 | 同様 같은 모양, 같음 | 模様 모양

模様や色合いが本物の果物のようだ。 모양이랑 색조가 진짜 과일 같다.

🔊 さま ▶ 様 모양, 형태, 형식 | 王様 임금, 왕 | お嬢様 따님[상대방의 딸을 부르는 높임말] | 様々 여러 가지 | 皆様 여러분

様々な形のパンを作りました。 여러 가지 모양의 빵을 만들었습니다.

[총 14획] 様 様 様 様 様 様 様 様 様 様 様 様 様 様

+ 色合い 색조, (사물의) 성격, 경향, 느낌 | 本物 진품 | 명사 + のようだ ~인 것 같다 | パン 빵

0537 초6/N1

染

물들 염

⌨ 물(氵)과 9(九)가지 물감으로 나무(木)에 물들이는 센스

🔊 せん ▶ 染色 염색 | 染料 염료, 물감 | 汚染 오염 | 感染 감염 | 伝染 전염

染色の技法について学んでいます。 염색 기법에 대해 배우고 있습니다.

🔊 そ(まる), そ(める), し(み), し(みる) ▶ 染まる 염색되다, 물들다 | 染める 염색하다, 물들이다 | 染み 얼룩 | 染みる 번지다, 물들다

先週、髪を黒く染めました。 지난주에 머리를 검게 염색했습니다.

[총 9획] 染 染 染 染 染 染 染 染 染

+ ～について ~에 대해서 | 黒い 검다

0538 초2/N4

色

빛 색

⌨ 칼(⺈)로 꼬리(巴) 부분을 잘랐더니 빛을 잃어 쇼크

🔊 しょく, しき ▶ 染色 염색 | 脱色 탈색 | 特色 특색 | 色彩 색채 | 景色 경치

髪の毛を脱色したいと思っています。 머리카락을 탈색하고 싶다고 생각합니다.

🔊 いろ ▶ 色 색, 색깔 | 色々 여러 가지 | 色紙 색종이 | 顔色・顔色 안색, 얼굴색

色々な服をデザインしました。 여러 가지 옷을 디자인했습니다.

[총 6획] 色 色 色 色 色 色

大

큰 대

⌨ 한(一) 사람(人)이 가져온 큰 다이아

🔊 **だい, たい** ▶ 大学 대학 ｜ 大丈夫 괜찮음 ｜ 最大 최대 ｜ 大会 대회 ｜ 大使館 대사관 ｜ 大切 소중, 중요 ｜ 大陸 대륙

アジア大会で金メダルを取りました。 아시안 게임에서 금메달을 땄습니다.

🔊 **おお, おお(きい), おお(いに)** ▶ 大雨 큰비, 폭우 ｜ 大目 관대함, 너그러움 ｜ 大きい 크다 ｜ 大いに 대단히, 많이 ｜ ★大人 어른, 성인

大きくて丸い皿を買いました。 크고 둥근 접시를 샀습니다.

총 3획 　大 大 大

＋ アジア大会 아시아 대회(아시안 게임) ｜ メダルを取る 메달을 따다(획득하다)

小

작을 소

⌨ 주방이 작을 땐 긴 고리(亅) 좌우에 타올(八)을 거죠

🔊 **しょう** ▶ 小学生 초등학생 ｜ 縮小 축소 ｜ 大小 대소 ｜ 中小 중소

小学生たちが白いボールで遊んでいます。
초등학생들이 하얀 공으로 놀고 있습니다.

🔊 **ちい(さい), こ, お** ▶ 小さい 작다 ｜ 小言 잔소리 ｜ 小包 소포 ｜ 小川 작은 시내

小さくて四角い小包が届きました。 작고 네모난 소포가 도착했습니다.

총 3획 　小 小 小

＋ 四角い 네모나다 ｜ 届く 도착하다, 도달하다, 닿다

太

클 태

⌨ 큰(大) 점(ヽ)이 있는 이 아이의 키가 클 타이밍

🔊 **た, たい** ▶ 丸太 통나무 ｜ 太鼓 북 ｜ 太平洋 태평양 ｜ 太陽 태양 ｜ 明太 명란(젓)

真っ赤な太陽が輝いています。 붉은 태양이 빛나고 있습니다.

🔊 **ふと(い), ふと(る)** ▶ 太い 굵다 ｜ 太る 살찌다

このペンは長くて太いです。 이 펜은 길고 두껍습니다.

총 4획 　太 大 大 太

＋ 真っ赤だ 새빨갛다, 붉다 ｜ 長い 길다

細

가늘 세

⌨ 가늘고 긴 실(糸)로 밭(田)을 수놓는 사이

🔊 **さい** ▶ 細菌 세균 ｜ 細工 세공, 세공품 ｜ 細胞 세포 ｜ 詳細 상세 ｜ 明細 명세

顕微鏡で細胞の形を観察しました。 현미경으로 세포의 모양을 관찰했습니다.

🔊 **ほそ(い), ほそ(る), こま(か), こま(かい)** ▶ 細い 가늘다 ｜ 細る 가늘어지다 ｜ 細か 아주 작음, 상세함 ｜ 細かい 잘다, 상세하다

細くて黄色い傘がほしいです。 가늘고 노란 우산을 갖고 싶습니다.

총 11획 　細 細 細 細 細 細 細 細 細 細 細

0543 · 초2/N5

⌨ 두 점(丶)과 두(二) 막대를 반으로 잘라(ㅣ) 봐, 한번

半

반 반

음 **はん** ▶ **半額** 반액 │ **半年** 반년 │ **半分** 반, 절반 │ **過半** 과반

その石は大人の手の半分ぐらいです。 그 돌은 어른 손의 절반 정도입니다.

훈 **なか(ば)** ▶ **半ば** 절반, 도중

黒いスーツを着ている人は40代半ばに見える。
검은 정장을 입은 사람은 40대 중반으로 보인다.

총 5획 半 半 半 半 半

+ スーツ(suit) 정장 │ 〜に見える 〜로 보이다

0544 · 초2/N2

⌨ 뿔 손잡이 칼(ク)을 쓰던(用) 시대는 갔구

角

뿔 각

음 **かく** ▶ **角度** 각도 │ **三角形** 삼각형 │ **直角** 직각 │ **頭角** 두각

この宝石は角度によって色が変わります。
이 보석은 각도에 따라 색이 변합니다.

훈 **かど, つの** ▶ **角** 모서리, 모퉁이 │ **角** 뿔

息子は羊の絵を描いて角を白く塗った。
아들은 양 그림을 그리고 뿔을 하얗게 칠했다.

총 7획 角 角 角 角 角 角 角

+ 絵を描く 그림을 그리다 │ 白い 하얗다 │ 塗る 칠하다, 바르다

0545 · 초2/N2

⌨ 둥글둥글한 9(九)개의 점(丶)이 들어간 마루

丸

둥글 환

음 **がん** ▶ **丸薬** 환약, 둥근 알약 │ **一丸** 한 덩어리, 탄환 하나 │ **銃丸** 총알, 탄환 │ **弾丸** 탄환 │ **砲丸** 포환 │ **砲丸投げ** 투포환

丸薬の漢方薬を服用しています。 환약으로 된 한방약을 복용하고 있습니다.

훈 **まる, まる(い), まる(める)** ▶ **丸** 동그라미 │ **丸暗記** 통째로 외움, 그대로 외움 │ **丸ごと** 통째로 │ **丸太** 통나무 │ **丸い** 둥글다 │ **丸める** 둥글게 하다

丸いテーブルで食べました。 둥근 테이블에서 먹었습니다.

총 3획 丸 九 丸

0546 · 초5/N2

⌨ 칼(ク) 모양 입구(口)를 뚫는(ㅣ) 더위 잡는(氺) 코끼리 쇼

象

코끼리 상

음 **しょう, ぞう** ▶ **象形** 상형 │ **象徴** 상징 │ **印象** 인상 │ **現象** 현상 │ **対象** 대상 │ **抽象** 추상 │ **象** 코끼리 │ **象牙** 상아

抽象的な絵を白いキャンバスに描いた。 추상적인 그림을 하얀 캔버스에 그렸다.

その色彩が印象に残りました。 그 색채가 인상에 남았습니다.

총 12획 象 象 象 象 象 象 象 象 象 象 象 象

形

⌨ 문을 열(开) 때 날리는 머리 터럭(彡)은 모양이 같았지

음 **けい, ぎょう** ▶ **形式** 형식 | **形態** 형태 | **形容詞** 형용사 | **図形** 도형 | **正方形** 정사각형 | **長方形** 직사각형 | **人形** 인형

正方形の箱を用意してください。 정사각형 상자를 준비해 주세요.

훈 **かた, かたち** ▶ **形見** 기념품, 유물, 유품 | **形** 모양, 형상, 형태

紙を長方形の形に折ってください。 종이를 직사각형 모양으로 접어 주세요.

총7획　形 形 形 形 形 形 形

＋ **折る** 접다, 꺾다

모양 형

型

⌨ 토(土)요일에 형벌(刑)을 내릴 모형 준비 OK

음 **けい** ▶ **形式** 형식 | **原型** 원형 | **体型** 체형 | **典型** 전형 | **模型** 모형

息子に飛行機の模型を買ってあげました。
아들에게 비행기 모형을 사 주었습니다.

훈 **かた** ▶ **型** 본, 골, 형 | **大型** 대형 | **血液型** 혈액형 | **小型** 소형 | **新型** 신형

歌もダンスもできる小型ロボットが人気です。
노래도 춤도 가능한 소형 로봇이 인기입니다.

총9획　型 型 型 型 型 型 型 型 型

＋ **できる** 가능하다, 할 수 있다

모형 형

像

⌨ 그 사람(イ)의 선물은 코끼리(象) 모양의 조각상

음 **ぞう** ▶ **映像** 영상 | **画像** 화상 | **現像** 현상 | **実像** 실상 | **想像** 상상 | **銅像** 동상

白黒写真を現像しました。 흑백사진을 현상했습니다.

大きい銅像が倒れた瞬間の映像です。 큰 동상이 쓰러진 순간의 영상입니다.

총14획　像 像 像 像 像 像 像 像 像 像 像

＋ **倒れる** 쓰러지다, 넘어지다

모양 상

似

⌨ 외모가 닮을수록 사람(イ)으로써(以) 성격도 닮는 거니

음 **じ** ▶ **疑似** 유사 | **近似** 근사, 유사 | **酷似** 흡사 | **類似** 유사

この二つは形が類似しています。 이 두 개는 모양이 유사합니다.

훈 **に(る)** ▶ **似る** 닮다, 비슷하다 | **似合う** 어울리다, 잘 맞다 | **似顔絵** 초상화

あの人は青がよく似合います。 저 사람은 파랑이 잘 어울립니다.

닮을 사

총7획　似 似 似 似 似 似 似

0551 초5/N3

状

형상 **상**(状)

⌨ 나무 조각(爿)에 새긴 건 개(犬)의 형상이죠

음 じょう ▶ 状況 상황 ┃ 状態 상태 ┃ 形状 형상 ┃ 現状 현상, 현재의 상황 ┃ 症状 증상 ┃ 招待状 초대장 ┃ 年賀状 연하장

あの崖は不思議な形状をしています。 저 절벽은 신기한 형상을 하고 있습니다.

ピンクのリボン付きの招待状をもらった。
핑크색 리본이 달린 초대장을 받았다.

총 7획 状 状 状 状 状 状 状

0552 초5/N1

態

모습 **태**

⌨ 소통에 능한(能) 마음(心)의 모습이 되도록 타이르기

음 たい ▶ 態勢 태세 ┃ 態度 태도 ┃ 形態 형태 ┃ 事態 사태 ┃ 実態 실태 ┃ 状態 상태

物質は固体、液体、気体と状態変化する。
물질은 고체, 액체, 기체로 상태 변화한다.

組織の形態について調査しました。 조직의 형태에 대해서 조사했습니다.

총 14획 態 態 態 態 態 態 態 態 態 態 態 態 態 態

0553 초2/N4

方

모 **방**

⌨ 만(万) 자에 점(丶)을 찍으니 모가 된 것 같다

음 ほう ▶ 方向 방향 ┃ 方法 방법 ┃ 方面 방면 ┃ 後方 후방 ┃ 前方 전방 ┃ 地方 지방 ┃ 両方 양방, 쌍방

布に模様を入れて染める方法を習った。
천에 모양을 넣어서 염색하는 방법을 배웠다.

훈 かた ▶ 方 방법 ┃ 使い方 사용법 ┃ 作り方 만드는 법 ┃ 味方 아군, 자기편

星型のクッキーの作り方を教えてください。
별 모양 쿠키 만드는 법을 가르쳐 주세요.

총 4획 方 方 方 方

0554 초6/N1

姿

모습 **자**

⌨ 다음(次)은 사랑하는 여자(女)의 모습을 노래한 시입니다

음 し ▶ 姿勢 자세 ┃ 雄姿 웅자, 웅대한 자세 ┃ 容姿 얼굴 모양, 자태

彼女は美しい姿勢で立っています。 그녀는 아름다운 자세로 서 있습니다.

훈 すがた ▶ 姿 모습, 상태

赤いワンピースを着ている彼女の姿にほれた。
빨간 원피스를 입은 그녀의 모습에 반했다.

총 9획 姿 姿 姿 姿 姿 姿 姿 姿 姿

+ 美しい 아름답다, 곱다, 예쁘다

⌨ 한 번 싼(勹) 후 己을 새긴 천으로 다시 쌀 때 적은 번호

包

쌀 포(包)

🔊 ほう ▶ 包囲 포위 | 包装 포장 | 包帯 붕대 | 包丁 식칼, 요리사 | 内包 내포

最近の包丁は素材も形も色々あります。
요즘 식칼은 소재도 모양도 여러 가지 있습니다.

🔊 つつ(む) ▶ 包む 싸다, 포장하다, 두르다 | 小包 소포

黄緑色の包装紙で包んでください。 연두색 포장지로 싸 주세요.

총 5획 　包 包 包 包 包

+ 黄緑色 연두색

⌨ 입구(口)쪽의 우물(井)을 굳이 에워쌀 이유가 없다

囲

에워쌀 위(圍)

🔊 い ▶ 囲碁 바둑 | 胸囲 흉위, 가슴둘레 | 周囲 주위 | 範囲 범위 | 雰囲気 분위기

その国は周囲が青い海です。 그 나라는 주위가 푸른 바다입니다.

🔊 かこ(う), かこ(む) ▶ 囲う 둘러싸다, 숨겨 두다 | 囲む 두르다, 에워싸다

そのカフェは緑の木々に囲まれています。
그 카페는 초록 나무들로 둘러싸여 있습니다.

총 7획 　囲 囲 囲 囲 囲 囲 囲

+ 木々 나무들 | 囲まれる 둘러싸이다[囲む의 수동형]

⌨ 아홉(九) 그루 나무(木)의 새(隹)들이 섞일 수 있으니 빨리 구조

雑

섞일 잡(雜)

🔊 ざつ, ぞう ▶ 雑音 잡음 | 雑誌 잡지 | 雑草 잡초 | 混雑 혼잡 | 複雑 복잡 | 雑巾 걸레 | 雑煮 일본의 대표적인 설날식[떡국]

ロゴ・デザイン特集が雑誌に載っています。
로고 디자인 특집이 잡지에 실렸습니다.

雑煮の材料を四角く切っておいた。 떡국의 재료를 네모나게 썰어 두었다.

총 14획 　雑 雑 雑 雑 雑 雑 雑 雑 雑 雑 雑 雑 雑 雑

+ ロゴ・デザイン(logo design) 로고 디자인 | 載る (신문·잡지에) 실리다 | 四角い 네모나다, 사각형이다

⌨ 흙(土)을 고르고(勻) 고를 때 안전하게 파킹

均

고를 균

🔊 きん ▶ 均一 균일 | 均衡 균형 | 均等 균등 | 平均 평균

大きさに関係なく均一価格です。 크기에 상관없이 균일 가격입니다.
それが平均的なサイズです。 그것이 평균적인 사이즈입니다.

총 7획 　均 均 均 均 均 均 均

+ 大きさ 크기 | 関係なく 관계없이, 상관없이 | サイズ(size) 사이즈

□□ 0559　초6/N3

⌨ 7등급을 새길 때 돼지(亥)고기에 칼(刂)을 꽂구

刻

음 こく ▶ 刻印 각인 ｜ 時刻 시각 ｜ 深刻 심각 ｜ 遅刻 지각 ｜ 彫刻 조각 ｜ 定刻 정각

彫刻刀で熊の形を彫りました。 조각칼로 곰 모양을 새겼습니다.

훈 きざ(む) ▶ 刻む 새기다, 조각하다, 잘게 썰다

指輪に名前を小さく刻みました。 반지에 이름을 작게 새겼습니다.

새길 각

총 8획 刻 刻 刻 刻 刻 刻 刻 刻

＋彫る 1) 새기다, 조각하다 2) 문신을 넣다

□□ 0560　초3/N3

⌨ 사람(イ)에게 비수(ヒ)를 던진 그는 커서 뭐가 될까

化

음 か, け ▶ 化学 화학 ｜ 化石 화석 ｜ 悪化 악화 ｜ 強化 강화 ｜ 文化 문화 ｜ 変化 변화 ｜ 化粧 화장

貝の化石には様々な形があります。 조개 화석에는 여러 가지 모양이 있습니다.

훈 ば(ける), ば(かす) ▶ 化ける (모습이 딴판으로) 바뀌다, 둔갑하다, 가장하다 ｜ 化かす 속이다, (정신을) 호리다

彼女は化粧をすると化けますね。 그녀는 화장을 하면 딴 사람이 되어요.

될 화

총 4획 化 化 化 化

□□ 0561　초6/N2

⌨ 나란히 놓여진 8(八)번째 책에 버금가는(亜) 에세이

並

음 へい ▶ 並行 병행 ｜ 並立 병립 ｜ 並列 병렬

並行輸入品のシルバーのかばんを買いました。
병행 수입품인 은색 가방을 샀습니다.

훈 なみ, なら(ぶ), なら(べる) ▶ 並 보통, 같은 정도 ｜ 並木 가로수 ｜ 並ぶ 늘어서다, 진열되다 ｜ 並べる 늘어놓다, 진열하다

虹色のコップを一つずつ並べました。 무지개 색 컵을 한 개씩 진열했습니다.

나란히 병(竝)

총 8획 並 並 並 並 並 並 並 並

□□ 0562　초5/N4

⌨ 조개(貝)를 두 도끼(斤)로 찍으니 바탕이 단단해졌지

質

음 しつ, しち, ち ▶ 質問 질문 ｜ 質量 질량 ｜ 性質 성질 ｜ 品質 품질 ｜ 物質 물질 ｜ 人質 인질 ｜ 言質 언질

質問がある人は黒板に書いてください。 질문이 있는 사람은 칠판에 써 주세요.

図形の形と性質を調べましょう。 도형의 모양과 성질을 알아봅시다.

바탕 질

총 15획 質 質 質 質 質 質 質 質 質 質 質 質 質 質 質

⌨ 노을이 붉을 때 토(土)요일이라 88(八八)쌍이 왔어, 아까

赤

붉을 적

🔈 せき, しゃく ▶ 赤十字 ^{せきじゅうじ} 적십자 | 赤色 ^{せきしょく} 적색 | 赤道 ^{せきどう} 적도 | 赤飯 ^{せきはん} 팥밥 | 赤銅 ^{しゃくどう} 적동

日本で赤飯はお祝いの時によく食べます。

일본에서 팥밥은 축하할 때에 자주 먹습니다.

🔈 あか, あか(い), あか(らむ), あか(らめる) ▶ 赤 ^{あか} 빨강 | 赤字 ^{あかじ} 적자 | 赤信号 ^{あかしんごう} 적신

호, 빨간불 | 赤ちゃん ^{あか} 아기 | 赤い ^{あか} 빨갛다 | 赤らむ ^{あか} 붉어지다 | 赤らめる ^{あか} 붉히다

赤信号で横断歩道を渡ってはいけません。

빨간 신호에서 횡단보도를 건너면 안 됩니다.

총 7획 赤 赤 赤 赤 赤 赤 赤

⌨ 푸른 하늘을 세(三) 번 뚫고(ㅣ) 매달(月) 여행 가는 아오모리

青

푸를 청(青)

🔈 せい, しょう ▶ 青春 ^{せいしゅん} 청춘 | 青少年 ^{せいしょうねん} 청소년 | 青天 ^{せいてん} 청천, 푸른 하늘 | 青銅 ^{せいどう} 청동

| 青年 ^{せいねん} 청년 | 緑青 ^{ろくしょう} 녹청, 녹색 그림 물감의 원료

ここで青銅の鏡が発掘されました。 여기에서 청동 거울이 발굴되었습니다.

🔈 あお, あお(い) ▶ 青 ^{あお} 파랑 | 青信号 ^{あおしんごう} 청신호, 파란불 | 青空 ^{あおぞら} 푸른 하늘 | 青い ^{あお} 파랗다

青りんごの皮を剥いてウサギの形を作った。

청사과 껍질을 벗겨서 토끼 모양을 만들었다.

총 8획 青 青 青 青 青 青 青 青

＋ 剥く ^む 벗기다, 까다, 드러내다 | ウサギ 토끼 | 形 ^{かたち} 모양, 형태 | 作る ^{つく} 만들다

⌨ 흰 실(糸)로 짠 장인(工)의 가방에 어찌 붉은색이 배니

紅

붉을 홍

🔈 こう, く ▶ 紅茶 ^{こうちゃ} 홍차 | 紅潮 ^{こうちょう} 홍조 | 紅白 ^{こうはく} 홍백 | 紅葉 ^{こうよう} 단풍잎 | 真紅 ^{しんく} 진홍(색)

今年の紅葉は時期が少し早いですね。 올해 단풍은 시기가 좀 이르네요.

🔈 べに, くれない ▶ 紅 ^{べに} 홍화, 연지 | 口紅 ^{くちべに} 립스틱 | 紅 ^{くれない} 다홍색, 주홍색

彼女に赤い口紅をあげました。 여자친구에게 빨간 립스틱을 주었습니다.

총 9획 紅 紅 紅 紅 紅 紅 紅 紅 紅

⌨ 푸른 색 바탕에 실(糸)로 적은(录) 이름, 미도리

緑

푸를 록(緑)

🔈 りょく, ろく ▶ 緑地 ^{りょくち} 녹지 | 緑茶 ^{りょくちゃ} 녹차 | 新緑 ^{しんりょく} 신록 | 緑青 ^{ろくしょう} 녹청

コーヒーと緑茶を注文しました。 커피와 녹차를 주문했습니다.

🔈 みどり ▶ 緑 ^{みどり} 녹색

色の中で、緑色が一番好きです。 색깔 중에서 녹색을 가장 좋아합니다.

총 14획 緑 緑 緑 緑 緑 緑 緑 緑 緑 緑 緑 緑 緑 緑

□□ 0567 　초2/N2

⌨ 얼굴(艹)빛이 누를수록 그로 말미암아(由) 8(八)번 오해

黄

음 おう, こう ▶ **黄金** 황금 | **黄河** 황하 | **黄砂** 황사

市長から黄金の鍵を贈られた。　시장으로부터 황금 열쇠를 선물 받았다.

훈 き, こ ▶ **黄色** 노랑, 황색 | **黄身** 노른자 | **黄金** 황금

危ないので、黄色い線までお下がりください。

위험하니까 노란 선까지 물러나 주세요.

누를 황(黄)

[총 11획] 黄 黄 黄 黄 黄 黄 黄 黄 黄 黄 黄

+ 贈られる 수여되다[贈る의 수동형] | お下がりください 물러나 주세요[お + ます형 + ください ~해 주십시오(존경 표현)]

□□ 0568 　초1/N5

⌨ 뚜껑(ノ)이 있는 흰색 2단 상자(日)를 차에 실어

白

음 はく, びゃく ▶ **白菜** 배추 | **白紙** 백지 | **告白** 고백 | **明白** 명백 |

白夜・白夜 백야

大きい白菜を切って塩に漬けました。　큰 배추를 잘라서 소금에 절였습니다.

훈 しろ, しろ(い), しら ▶ **白** 하양 | **白い** 하얗다 | **白雪姫** 백설공주

白い雪景色が広がっています。　하얀 설경이 펼쳐져 있습니다.

흰 백

[총 5획] 白 白 白 白 白

+ 雪景色 눈 경치, 설경 | 広がる 넓어지다, 퍼지다

□□ 0569 　초2/N4

⌨ 마을(里)에 불(灬)이 나서 온통 검을 구로카와 온천

黒

음 こく ▶ **黒点** 흑점, 검은 점 | **黒板** 칠판 | **暗黒** 암흑

四角い黒板に落書きをしました。　네모난 칠판에 낙서를 했습니다.

훈 くろ, くろ(い) ▶ **黒** 검정 | **黒砂糖** 흑설탕 | **黒字** 흑자 | **黒白** 흑백 | **黒豆**

검은콩 | **黒い** 검다

黒豆せんべいを食べたことがあります。　검은콩 센베이를 먹은 적이 있습니다.

검을 흑(黒)

[총 11획] 黒 黒 黒 黒 黒 黒 黒 黒 黒 黒 黒

+ 四角い 네모나다, 사각형이다 | 落書きをする 낙서를 하다 | ～たことがある ～한 적이 있다

□□ 0570 　초6/N2

⌨ 언덕(厂)에 불(火)이 나 재가 된 장면 하이라이트

灰

음 かい ▶ **灰燼** 회진, 잿더미 | **石灰** 석회

CO_2と石灰水を混ぜると白くなります。　CO_2와 석회수를 섞으면 하얗게 됩니다.

훈 はい ▶ **灰** 재 | **灰色** 회색 | **灰皿** 재떨이 | **火山灰** 화산재

デパートで灰色のシャツを買った。　백화점에서 회색 셔츠를 샀다.

재 회

[총 6획] 灰 灰 灰 灰 灰 灰

DAY 17 모양, 색깔　185

DAY | SUBJECT
18 | 물건, 사물

玉(たま)
왕에게 있는 한 개의
구슬을 탐하다

帳(ちょう)
수건으로 긴 휘장을
만들었죠

一丁目

灯(ひ)
불이 켜진 잇쵸메 거리의
등불이 희미하다

机(つくえ)
나무로 만든 책상
위에서 축구해

단어 복습 퀴즈 다음 한자를 바르게 읽은 것을 고르세요.

1 模様 ▶ ⓐ もうよう ⓑ もよう
2 様々 ▶ ⓐ さまさま ⓑ さまざま
3 景色 ▶ ⓐ けいろ ⓑ けしき
4 細い ▶ ⓐ ほそい ⓑ こまかい

5 半年 ▶ ⓐ ばんねん ⓑ はんとし
6 現象 ▶ ⓐ げんぞう ⓑ げんしょう
7 状況 ▶ ⓐ じょうこう ⓑ じょうきょう
8 小包 ▶ ⓐ こづつみ ⓑ ごつつみ

정답 1ⓑ 2ⓑ 3ⓑ 4ⓐ 5ⓑ 6ⓑ 7ⓑ 8ⓐ

0571 초3/N4

⌨ 구입할 물건은 소(牛)가죽 말고(勿) 양털 부츠

物

물건 **물**

음 ぶつ, もつ ▶ **物価** 물가 | **物理** 물리 | **植物** 식물 | **人物** 인물 | **作物** 작물 | **食物** 음식물 | **荷物** 짐

荷物はどこに置きますか。 짐은 어디에 둡니까?

훈 もの ▶ **物** 물건 | **物語** 이야기 | **果物** 과일 | **食べ物** 음식 | **偽物** 위품, 가짜 | **飲み物** 음료 | **本物** 진품

冷蔵庫に果物と飲み物を入れました。 냉장고에 과일과 음료를 넣었습니다.

총 8획 物 物 物 物 物 物 物 物

+ 置く 놓다, 두다 | 入れる 넣다

0572 초5/N3

⌨ 물건의 주인인 사람(亻)이 소(牛)고기 약속을 깬다

件

물건 **건**

음 けん ▶ **事件** 사건 | **条件** 조건 | **人件費** 인건비 | **物件** 물건 | **無条件** 무조건 | **与件** 여건 | **用件** 용건

海外物件を購入しました。 해외 물건을 구입했습니다.

デパートでかばんを盗まれる事件があった。
백화점에서 가방을 도둑맞는 사건이 있었다.

총 6획 件 件 件 件 件 件

0573 초3/N4

⌨ 물건은 세 개의 입구(口)에 있는 걸 아시나

品

물건 **품**

음 ひん ▶ **品質** 품질 | **品種** 품종 | **作品** 작품 | **商品** 상품 | **食料品** 식료품 | **日用品** 일용품

最近人気のある新商品です。 요즘 인기 있는 신상품입니다.

훈 しな ▶ **品** 물건, 상품 | **品切れ** 품절 | **品物** 물건 | **粗品** 사은품 | **手品** 마술, 속임수

店に品物がたくさん揃っています。 가게에 물건이 많이 준비되어 있습니다.

총 9획 品 品 品 品 品 品 品 品 品

+ 揃う 갖추어지다, 한곳에 모이다, 잘 어울리다

0574 초6/N2

⌨ 책을 보다 밥이 뭉쳐진(丷) 그릇을 몸(己)으로 막구

巻

책 **권(卷)**

음 かん ▶ **巻** 서적, 책, 권 | **巻頭** 권두 | **巻末** 권말 | **圧巻** 압권 | **全巻** 전권

巻末付録は270ページからです。 권말 부록은 270페이지부터입니다.

훈 ま(く), ま(き) ▶ **巻く** 감다, 말다 | **巻紙** 두루마리 | **のり巻き** 김밥

この店はのり巻きの種類が多いです。 이 가게는 김밥의 종류가 많습니다.

총 9획 巻 巻 巻 巻 巻 巻 巻 巻 巻

도장 인

⌨ 삐침별(ノ)과 뚫을 곤(丨)을 두(二) 병부(卩)에 도장을 새겨 인증

🔊 음 **いん** ▶ 印鑑 인감 ｜ 印刷 인쇄 ｜ 印象 인상 ｜ 押印 날인

印鑑をご持参ください。　인감을 지참해 주십시오.

훈 **しるし** ▶ 印 표, 기호 ｜ 目印 표지, 표적 ｜ 矢印 화살표

目印に従って歩いて行きました。　표지(판)를 따라 걸어갔습니다.

총 6획　印 印 印 印 印 印

＋ ご持参ください 지참해 주십시오[ご + 한자어 + ください(존경 표현)] ｜ 〜に従って 〜을(를) 따라서

옷 의

⌨ 옷 의(衣)는 돼지머리 해(亠)와 옷(𧘇)의 변을 합한 한자의 이야기

🔊 음 **い** ▶ 衣装 의상 ｜ 衣食住 의식주 ｜ 衣服 의복 ｜ 衣料 의료, 의복의 재료 ｜ 衣類 의류

あの歌手が着た衣装が出品される予定です。
저 가수가 입은 의상이 출품될 예정입니다.

훈 **ころも** ▶ 衣 옷 ｜ 衣替え 계절에 따라 옷을 바꿈[겨울옷 교체, 여름옷 교체], (외관) 새 단장

週末に衣替えをしなければならない。　주말에 계절 옷을 교체해야 한다.

총 6획　衣 衣 衣 衣 衣 衣

玉

구슬 옥

⌨ 왕(王)에게 있는 한(丶) 개의 구슬을 탐하다

🔊 음 **ぎょく** ▶ 玉石 옥석 ｜ 緑玉石 녹옥석(에메랄드)

玉石とは玉の混じっている石のことです。
옥석이란 구슬이 섞여 있는 돌입니다.

훈 **たま** ▶ 玉 옥, 구슬 ｜ 玉ねぎ 양파 ｜ 水玉 물방울 ｜ 目玉焼き 계란 프라이 ｜
お年玉 세뱃돈

母に玉ねぎを買ってくるように頼まれました。
엄마한테 양파를 사 오도록 부탁받았습니다.

총 5획　玉 玉 玉 玉 玉

＋ 混じる 섞이다 ｜ 〜ように 〜하도록 ｜ 頼まれる 부탁받다[頼む의 수동형]

銭

돈 전(錢)

⌨ 쇠(金) 돈과 종이 돈(戔)을 가져간 애가 재니?

🔊 음 **せん** ▶ 銭湯 대중목욕탕 ｜ 金銭 금전 ｜ 古銭 옛날 돈 ｜ 銅銭 동전

銭湯でタオルを借りました。　(대중)목욕탕에서 타월을 빌렸습니다.

훈 **ぜに** ▶ 銭 돈, 금속제 화폐 ｜ 小銭 잔돈

財布に小銭が入っています。　지갑에 잔돈이 들어 있습니다.

총 14획　銭 銭 銭 銭 銭 銭 銭 銭 銭 銭 銭 銭 銭 銭

＋ 財布 지갑 ｜ 入る 들어오다, 들어가다[예외 5단동사]

□□ 0579 초4/N2

⌨ 스무(廿) 곳을 뚫은(丨) 수건(巾)으로 덮은(冖) 띠는 넥타이

帯

음 **たい** ▸ 一帯 いったい 일대 | 携帯 けいたい 휴대 | 地帯 ちたい 지대 | 熱帯 ねったい 열대 | 包帯 ほうたい 붕대 | 連帯 れんたい 연대

今は携帯電話を持っていません。 지금은 휴대폰을 갖고 있지 않습니다.
いま けいたいでん わ も

훈 **お(びる)**, **おび** ▸ 帯びる おびる 달다, 차다 | 帯 おび 띠, 허리띠

着物の帯を締めてもらいました。 기모노의 띠를 매 주었습니다.
き もの おび し

띠 대(帯)

총 10획 帯 帯 帯 帯 帯 帯 帯 帯 帯 帯

+ 締める し 매다, 죄다, (마음을) 다잡다 | ~てもらう ~해 주다[상대방→나]

□□ 0580 초4/N3

⌨ 입구(口)에 서 있는 나무(木)에 해먹을 묶을 때 먼저 타봐

束

음 **そく** ▸ 束縛 そくばく 속박 | 結束 けっそく 결속 | 拘束 こうそく 구속 | 約束 やくそく 약속

約束通りプレゼントを贈りました。 약속대로 선물을 보냈습니다.
やくそくどお おく

훈 **たば** ▸ 束 たば 다발, 묶음 | 札束 さつたば 돈뭉치, 지폐 다발 | 花束 はなたば 꽃다발

先輩から花束をもらいました。 선배에게 꽃다발을 받았습니다.
せんぱい はなたば

묶을 속

총 7획 束 束 束 束 束 束 束

+ 명사 + 通り どお ~대로 | プレゼント(present) 선물 | 贈る おく 보내다, 선사하다

□□ 0581 초6/N3

⌨ 구멍(穴) 난 사사로운(ム) 마음(心)의 창을 열었소

窓

음 **そう** ▸ 窓外 そうがい 창밖 | 学窓 がくそう 학창 | 車窓 しゃそう 차창 | 同窓会 どうそうかい 동창회

同窓会の案内が手紙で届きました。 동창회 안내가 편지로 도착했습니다.
どうそうかい あんない て がみ とど

훈 **まど** ▸ 窓 まど 창문 | 窓側 まどがわ 창가 | 窓口 まどぐち 창구 | 窓辺 まど べ 창가 | 窓枠 まどわく 창틀

男の子が窓の外を眺めていました。 남자아이가 창밖을 바라보고 있었습니다.
おとこ こ まど そと なが

창 창

총 11획 窓 窓 窓 窓 窓 窓 窓 窓 窓 窓 窓

+ 届く とど 도착하다 | 眺める なが 바라보다, 응시하다

□□ 0582 초2/N2

⌨ 양쪽 여닫이(門) 문이 있는 집이 뭔가 수상해

門

음 **もん** ▸ 門戸 もん こ 문호 | 校門 こうもん 교문 | 専門 せんもん 전문 | 入門 にゅうもん 입문 | 名門 めいもん 명문

大きな木のある校門の前に立っています。
おお き こうもん まえ た
큰 나무가 있는 교문 앞에 서 있습니다.

훈 **かど** ▸ 門口 かどぐち 문간 | 門出 かど で 집을 나섬, 출발 | 門松 かどまつ 가도마쓰[새해에 문 앞에 세우는 소나무 장식]

正月に家の前に門松を飾りました。 설날에 집 앞에 가도마쓰를 장식했습니다.
しょうがつ いえ まえ かどまつ かざ

문 문

총 8획 門 門 門 門 門 門 門 門

矢

화살 시

⌨ 지팡이(宀) 들고 큰(大) 화살표 쪽으로 누워야 해

음 し ▶ 一矢 화살 한 개

「一矢を報いる」ということわざがあります。

'화살을 되쏘다'라는 속담이 있습니다.

훈 や ▶ 矢 화살 | 矢面 화살이 날아오르는 정면 | 矢先 화살촉 | 矢印 화살표

矢印の方向に会場があります。 화살표 방향에 회장이 있습니다.

총 5획 矢 矢 矢 矢 矢

+ 一矢を報いる 화살을 되쏘다, 보복의 화살을 던지다. 상대에게 반격하다 | ことわざ 속담

弓

활 궁

⌨ ㄱ 코스 ㄷ 코스에서 활 쏘고 내려온 유미짱

음 きゅう ▶ 弓形 궁형 | 弓道 궁도 | 洋弓 양궁

弓道の道具を準備しました。 궁도 도구를 준비했습니다.

훈 ゆみ ▶ 弓 활 | 弓矢 궁시, 활과 화살, 활쏘기

おもちゃの弓矢を子供が欲しがっている。

장난감 활쏘기를 아이가 갖고 싶어 한다.

총 3획 弓 弓 弓

+ 欲しがる (제3자가) 갖고 싶어 하다

干

방패 간

⌨ 두(二) 개의 방패를 뚫어서(丨) 넣어 둘 짐칸

음 かん ▶ 干渉 간섭 | 干拓 간척 | 干潮 간조, 썰물 | 若干 약간 | 満干 만조와 간조,

썰물과 밀물

こちらの商品の方が若干大きいです。 이 상품이 약간 큽니다.

훈 ひ(る), ほ(す) ▶ 干る 마르다 | 干す 널다, 말리다 | 干菓子 말린 과자 | 干物 건어물

洗濯物を干してください。 빨래를 널어 주세요.

총 3획 干 干 干

+ ～の方 ～의 쪽, ～의 편

刀

칼 도

⌨ 탁자(フ) 밑에 세워(丿) 둔 칼을 도로 갖다놔

음 とう ▶ 小刀 작은 칼 | 短刀 단도 | 長刀 장도 | 日本刀 일본도 | 木刀 목도

剣道場で木刀を振っています。 검도장에서 목도를 휘두르고 있습니다.

훈 かたな ▶ 刀 칼 | 小刀 작은 칼, 주머니칼

ここは刀を作る工場です。 여기는 칼을 만드는 공장입니다.

총 2획 刀 刀

+ 振る 흔들다

0587 초6/N2

宝

보배 보(寶)

⌨ 집(宀)에 있는 보배로운 구슬(玉)을 닦아라

음 ほう ▸ **宝石** 보석 | **家宝** 가보 | **国宝** 국보 | **財宝** 재보, 재산과 보물

その宝石は国宝級の美しさです。 그 보석은 국보급으로 아름답습니다.

훈 たから ▸ **宝** 보물 | **宝箱** 보물단지 | **宝船** 보물선 | **宝物** 보물 | **宝くじ** 복권

宝くじに当たったそうです。 복권에 당첨됐다고 합니다.

[총 8획] 宝 宝 宝 宝 宝 宝 宝 宝

+ 当たる 맞다, 적중하다 | ～そうです ~라고 합니다[전문]

0588 초3/N1

帳

휘장 장

⌨ 수건(巾)으로 긴(長) 휘장을 만들었죠

음 ちょう ▸ **帳簿** 장부 | **記帳** 기장, 장부에 기입함 | **几帳面** 꼼꼼하고 착실함 | **手帳** 수첩 | **通帳** 통장 | **日記帳** 일기장

手帳にメモしておきました。 수첩에 메모해 두었습니다.

銀行で通帳記入をしました。 은행에서 통장 기입을 했습니다.

[총 11획] 帳 帳 帳 帳 帳 帳 帳 帳 帳 帳 帳

+ メモ(memo) 메모 | ～ておく ~해 두다

0589 초4/N1

鏡

거울 경

⌨ 쇠(金)를 갈아 마침내(竟) 만든 거울을 깨뜨렸네, 조카가…

음 きょう ▸ **顕微鏡** 현미경 | **三面鏡** 삼면경 | **内視鏡** 내시경 | **望遠鏡** 망원경

孫は天体望遠鏡で月を観測している。 손자는 천체망원경으로 달을 관측하고 있다.

훈 かがみ ▸ **鏡** 거울 | **手鏡** 손거울

姉は鏡の前で化粧をしていました。 언니(누나)는 거울 앞에서 화장을 하고 있었습니다.

[총 19획] 鏡 鏡 鏡 鏡 鏡 鏡 鏡 鏡 鏡 鏡 鏡 鏡 鏡 鏡 鏡 鏡 鏡 鏡 鏡

0590 초4/N2

灯

등불 등(燈)

⌨ 불(火)이 켜진 잇쵸(丁)에 거리의 등불이 희미하다

음 とう ▸ **灯台** 등대 | **灯油** 등유 | **街灯** 가로등 | **点灯** 점등 | **電灯** 전등

街灯が午後七時に自動的に点灯します。

가로등이 오후 7시에 자동적으로 점등됩니다.

훈 ひ ▸ **灯** 불빛, 등불 | ★**灯る** 불이 켜지다

街に灯が灯りました。 거리에 등불이 켜졌습니다.

[총 6획] 灯 灯 灯 灯 灯 灯

⌨ 대나무(⺮)밭에서 서로(相) 확인한 상자 속 성적은 학고

箱

상자 **상**

훈 はこ ▶ 箱 상자 │ ごみ箱 쓰레기통 │ 重箱 찬합 │ 筆箱 필통

机の上にきれいな箱があります。　책상 위에 예쁜 상자가 있습니다.

燃えるゴミはこちらのごみ箱に捨ててください。

타는 쓰레기는 이 쓰레기통에 버려 주세요.

총 15획 箱 箱 箱 箱 箱 箱 箱 箱 箱 箱 箱 箱 箱 箱 箱

⌨ 대롱 모양의 대나무(⺮) 피리를 부는 벼슬(官)의 칸타타

管

대롱 **관**

음 かん ▶ 管楽器 관악기 │ 管理 관리 │ 血管 혈관 │ 水道管 수도관 │ 保管 보관

水道管の管理をしています。　수도관을 관리하고 있습니다.

훈 くだ ▶ 管 관, 대롱

点滴の管を抜きました。　수액의 관을 뺐습니다.

총 14획 管 管 管 管 管 管 管 管 管 管 管 管 管 管

+ 点滴(=点滴注射) 수액, 점적주사

⌨ 돌(石)에 잎이 무성한(玆) 모양의 자석이지

磁

자석 **자**

음 じ ▶ 磁気 자기[물리] │ 磁石 자석 │ 磁力 자력 │ 青磁 청자 │ 陶磁器 도자기

磁石を使って実験しました。　자석을 사용하여 실험했습니다.

いろいろな陶磁器が飾ってあります。　여러 가지 도자기가 장식되어 있습니다.

총 14획 磁 磁 磁 磁 磁 磁 磁 磁 磁 磁 磁 磁 磁 磁

+ 使う 사용하다 │ 飾る 장식하다. 꾸미다 │ 〜てある 〜해 있다. 〜되어 있다[상태 표현]

⌨ 새집은 작은(⸛) 마을 옆 나무 실과(果)처럼 스몰 사이즈

巣

새집 **소(巣)**

음 そう ▶ 巣窟 소굴 │ 帰巣性 귀소성, 귀소본능 │ 卵巣 난소

あのゲームセンターは不良達の巣窟です。

저 게임 센터는 불량배들의 소굴입니다.

훈 す ▶ 巣 집, 둥지 │ 巣箱 새집, 벌통 │ 巣立つ 보금자리를 떠나다, 사회로 나가다, 자립하다

巣箱に鳥が卵を産みました。　새집에 새가 알을 낳았습니다.

총 11획 巣 巣 巣 巣 巣 巣 巣 巣 巣 巣 巣

+ ゲームセンター(game center) 게임 센터 │ 産む 낳다. 만들어 내다

□□ 0595 | **초1/N2**

⌨ 작고(小) 어린(幺) 아이의 털실 장갑과 시계

糸

실 사(絲)

음 **し** ▶ **絹糸** 견사, 명주실 | **原糸** 원사 | **抜糸** (수술 후) 실을 뽑음 | **綿糸** 면사, 무명실

術後三日に抜糸しました。 수술 후 3일째에 실(밥)을 뽑았습니다.

훈 **いと** ▶ **糸** 실 | **糸口** 실마리, 단서 | **毛糸** 털실

毛糸でセーターを編みました。 털실로 스웨터를 짰습니다.

[총 6획] 糸 糸 糸 糸 糸 糸

+ 術後 수술 후 | セーター(sweater) 스웨터 | 編む 엮다, 뜨다, 짜다

□□ 0596 | **초4/N1**

⌨ 실(糸)오라기처럼 일요일(日)에 번개(电)가 치면 노끈 들고 나와

縄

노끈 승(繩)

음 **じょう** ▶ **縄文時代** 조몬시대[일본의 신석기시대] | **自縄自縛** 자승자박

博物館に縄文時代の土器を見に行った。 박물관에 조몬시대의 토기를 보러 갔다.

훈 **なわ** ▶ **縄** 새끼줄, 밧줄 | **縄跳び** 줄넘기 | **沖縄県** 오키나와현[지명]

毎日、縄跳びをするのが習慣です。 매일 줄넘기를 하는 것이 습관입니다.

[총 15획] 縄 縄 縄 縄 縄 縄 縄 縄 縄 縄 縄 縄 縄 縄 縄

+ ます형+に行く ~하러 가다

□□ 0597 | **초6/N2**

⌨ 나무(木)를 받들(奉) 막대를 친구에게 양보

棒

막대 봉

음 **ぼう** ▶ **棒** 막대기, 몽둥이 | **警棒** 경찰봉 | **鉄棒** 철봉 | **泥棒** 도둑 | **綿棒** 면봉

綿棒で耳掃除をしました。 면봉으로 귀 청소를 했습니다.

警棒を持って泥棒を追いかけました。 경찰봉을 들고 도둑을 뒤쫓아 갔습니다.

[총 12획] 棒 棒 棒 棒 棒 棒 棒 棒 棒 棒 棒 棒

+ 追いかける 뒤쫓아 가다

□□ 0598 | **초3/N2**

⌨ 이 나무(木) 기둥의 주인(主)은 당신! 기대하시라

柱

기둥 주

음 **ちゅう** ▶ **円柱** 원기둥 | **支柱** 지주 | **鉄柱** 철주, 쇠기둥 | **電柱** 전주, 전봇대

電柱に登って工事しています。 전봇대에 올라가서 공사를 하고 있습니다.

훈 **はしら** ▶ **柱** 기둥, 기둥이 되는 사람 | **柱時計** 벽시계, 괘종시계 | **電信柱** 전신주

祖父の家には柱時計があります。 할아버지 집에는 괘종시계가 있습니다.

[총 9획] 柱 柱 柱 柱 柱 柱 柱 柱 柱

+ ~に登る ~에 오르다, ~에 올라가다

0599 초4/N3

機

베틀 기

⌨ 나무(木) 베틀 위에 올려 둔 몇(幾) 개의 key

음 き ▸ 機会 기회 | 機関 기관 | 危機 위기 | 動機 동기 | 飛行機 비행기

飛行機の模型を組み立てました。 비행기 모형을 조립했습니다.

훈 はた ▸ 機 베틀 | 機織り 베틀로 짬, 베틀 짜는 사람

機織り機で手織りの布を作りました。 베틀로 수직 천을 만들었습니다.

총16획 機機機機機機機機機機機機機機機機

+ 組み立てる 조립하다, 구성하다 | 手織り 손으로 짬, 수직

0600 초4/N2

械

기계 계

⌨ 나무(木) 주변을 경계하는(戒) 것은 로봇 기계

음 かい ▸ 機械 기계 | 機械化 기계화 | 器械 기계 | 器械体操 기계체조 | 精密機械 정밀기계

機械操作は彼がします。 기계 조작은 그가 합니다.

これは器械体操で使う鉄棒です。 이것은 기계체조에서 사용하는 철봉입니다.

총11획 械械械械械械械械械械械

0601 초4/N2

札

편지 찰

⌨ 나무(木) 뒤에 숨어서(乚) 편지를 건네고 후다닥

음 さつ ▸ 札束 지폐 뭉치(다발) | 改札 개찰 | 改札口 개찰구 | 鑑札 감찰 | 新札 신찰, 새로 발행한 지폐 | 入札 입찰 | 落札 낙찰

銀行員が札束を数えています。 은행원이 지폐 다발을 세고 있습니다.

훈 ふだ ▸ 札 표, 팻말 | 正札 정찰, 정가표 | 名札 명찰, 문패 | 値札 값을 적어 상품에 붙인 표, 정가표 | 花札 화투

名札に名前を書きましょう。 명찰에 이름을 씁시다.

총5획 札札札札札

+ 数える 세다, 셈하다

0602 초6/N2

机

책상 궤

⌨ 나무(木)로 만든 책상(几) 위에서 축구해

음 き ▸ 机上 책상, 탁상

これは「机上の空論」についての本です。 이것은 탁상공론에 대한 책입니다.

훈 つくえ ▸ 机 책상 | 勉強机 공부하는 책상

机の上に雑誌と本があります。 책상 위에 잡지와 책이 있습니다.

총6획 机机机机机机

□□ 0603　초1/N5

車

수레 **차/거**

⌨ 거듭(申) 두(二) 번 수레에서 구르마

🔊 しゃ ▸ **車輪** しゃりん 차바퀴, 수레바퀴 | **自転車** じてんしゃ 자전거 | **自動車** じどうしゃ 자동차 | **新車** しんしゃ 신차
中古車 ちゅうこしゃ 중고차 | **駐車** ちゅうしゃ 주차 | **電車** でんしゃ 전철 | **列車** れっしゃ 열차

自動車に乗って遊びに行きました。 じどうしゃ / の / あそ　자동차를 타고 놀러 갔습니다.

🔊 くるま ▸ **車** くるま 차, 자동차 | **車いす** くるま 휠체어

ここから車で10分の距離です。 くるま / ぶん / きょり　여기부터 차로 10분 거리입니다.

총 7획　車 車 車 車 車 車 車

□□ 0604　초4/N2

輪

바퀴 **륜**

⌨ 수레(車) 바퀴를 살 생각(侖)이라면 링크 공유

🔊 りん ▸ **輪郭** りんかく 윤곽 | **輪唱** りんしょう 돌림노래 | **競輪** けいりん 경륜 | **車輪** しゃりん 차바퀴, 수레바퀴

この車は車輪が大きい方です。 くるま / しゃりん / おお / ほう　이 차는 바퀴가 큰 편입니다.

🔊 わ ▸ **輪** わ 고리, 원형, 바퀴 | **内輪** うちわ 집안, 가정 내 | **花輪** はなわ 화환 | **指輪** ゆびわ 반지

指輪のサイズを教えてください。 ゆびわ / おし　반지 사이즈를 알려 주세요.

총 15획　輪 輪 輪 輪 輪 輪 輪 輪 輪 輪 輪 輪 輪 輪 輪

□□ 0605　초2/N3

船

배 **선(船)**

⌨ 배(舟) 안에 여덟(八) 개의 입구(口)가 있는 큰 배의 주인은 동생

🔊 せん ▸ **船員** せんいん 선원 | **船長** せんちょう 선장 | **船舶** せんぱく 선박 | **漁船** ぎょせん 어선 | **造船** ぞうせん 조선 | **風船** ふうせん 풍선

漁船が沖に見えます。 ぎょせん / おき / み　어선이 앞바다에 보입니다.

🔊 ふね, ふな ▸ **船** ふね 배 | **船旅** ふなたび 선박 여행, 배 타는 여행 | **船場** ふなば 선착장 | **船便** ふなびん 배편 |
船酔い ふなよ 뱃멀미 | **★小船** こぶね 작은 배, 거룻배

船便で荷物を送りました。 ふなびん / に もつ / おく　배편으로 물건을 보냈습니다.

총 11획　船 船 船 船 船 船 船 船 船 船

＋ **沖** おき 앞바다, 바다 근처 | **送る** おく 보내다

□□ 0606　초4/N1

旗

기 **기**

⌨ 네모난(方) 그(其) 지팡이(一)는 기를 나타내는 key

🔊 き ▸ **旗手** きしゅ 기수 | **国旗** こっき 국기 | **星条旗** せいじょうき 성조기 | **反旗** はんき 반기

世界の国旗はカード遊びで覚えました。 せかい / こっき / あそ / おぼ　세계 국기는 카드놀이로 외웠습니다.

🔊 はた ▸ **旗** はた 기, 깃발 | **赤旗** あかはた 적기, 붉은 깃발 | **白旗・白旗・白旗** しらはた・はくき・はっき 백기, 항복의 표시 깃발

式で旗を振っている人が私の姉です。 しき / はた / ふ / ひと / わたし / あね
식에서 깃발을 휘두르고 있는 사람이 우리 언니(누나)입니다.

총 14획　旗 旗 旗 旗 旗 旗 旗 旗 旗 旗 旗 旗 旗 旗

＋ **カード(card)遊び** あそ 카드놀이 | **振る** ふ 흔들다

읽기 다음 한자를 히라가나로 쓰세요.

01 形　　→ _____

02 雰囲気　→ _____

03 雑誌　　→ _____

04 荷物　　→ _____

05 電車　　→ _____

06 約束　　→ _____

쓰기 밑줄 친 히라가나를 한자로 쓰세요.

07 いろいろな_{ふく}服をデザインしました。　　→ _____

08 その_{いし}石は_{おとな}大人の_て手のはんぶんぐらいです。　　→ _____

09 _{うえ}つくえの上に_{ざっし}雑誌と_{ほん}本があります。　　→ _____

10 ここからくるまで10_{ぶん}分の_{きょり}距離です。　　→ _____

듣기 다음 문장을 듣고 빈칸을 채우세요.

Track27

11 _{ひと}あの人は_{あお}青が_____。

12 _{ほしがた}星型のクッキーの______{おし}教えてください。

13 _{れいぞうこ}冷蔵庫に_____を_い入れました。

14 ______し締めてもらいました。

정답 1 かたち　2 ふんいき　3 ざっし　4 にもつ　5 でんしゃ　6 やくそく　7 服を　8 半分　9 机の
10 車　11 好き(似合います)　12 作り方を　13 果物と食べ物　14 荷物の帯を

196

01 先週、髪を黒く<u>染めました</u>。

  ① こめました   ② そめました   ③ とめました   ④ やめました

02 その色彩が<u>印象</u>に残りました。

  ① いんしょ   ② にんしょう   ③ いんしょう   ④ いんぞう

03 ピンクのリボン付きの<u>招待状</u>をもらった。

  ① ねんがじょう   ② しょうたいぞう   ③ しょうたいじょう   ④ しょたいじょう

04 デパートでかばんを盗まれる<u>事件</u>があった。

  ① しけん   ② じけん   ③ ことけん   ④ じかん

05 <u>矢印</u>の方向に会場があります。

  ① やいん   ② やしるし   ③ しるし   ④ やじるし

06 <u>まるい</u>テーブルで食べました。

  ① 大い   ② 九い   ③ 丸い   ④ 太い

07 赤いワンピースを着ている彼女の<u>すがた</u>にほれた。

  ① 次   ② 姿   ③ 磁   ④ 型

08 店に<u>しなもの</u>がたくさん揃っています。

  ① 商品   ② 粗物   ③ 粗品   ④ 品物

09 水道管の<u>かんり</u>をしています。

  ① 管理   ② 官理   ③ 管利   ④ 観理

10 <u>てちょう</u>にメモしておきました。

  ① 手帳   ② 手長   ③ 手巾   ④ 手張

정답 1② 2③ 3③ 4② 5④ 6③ 7② 8④ 9① 10①

DAY | SUBJECT

19 | 문화, 예술

Track28

技(ぎ)
한 손으로 지탱하여
재주 부리는 기술

笛(ふえ)
대나무로 말미암아
이 피리는 후에 가보가 되었다

唱(しょう)
입으로 매일 가로되,
노래 부르며 보는 쇼

供(きょう)
사람들과 함께 더불어 살면
사회에 이바지할겨

단어 복습 퀴즈 다음 한자를 바르게 읽은 것을 고르세요.

1 物価 ▶ ⓐ ぶつか ⓑ ぶっか
2 条件 ▶ ⓐ じょけん ⓑ じょうけん
3 商品 ▶ ⓐ しょひん ⓑ しょうひん
4 花束 ▶ ⓐ はなたば ⓑ はなそく

5 窓 ▶ ⓐ まと ⓑ まど
6 箱 ▶ ⓐ はこ ⓑ はと
7 機械 ▶ ⓐ ぎかい ⓑ きかい
8 駐車 ▶ ⓐ ちゅうしゃ ⓑ じゅうしゃ

 정답 ⓑ8 ⓑ7 ⓐ6 ⓑ5 ⓐ4 ⓑ3 ⓑ2 ⓑ1

□□ 0607 초1/N4

音

소리 음

⌨ 서서(立) 매일(日) 소리 내며 타는 오토바이

음 おん, いん ▸ 音楽 음악 | 音声 음성 | 音読·音読み 음독 | 発音 발음 | 母音 모음

音楽の時間に合唱しました。 음악 시간에 합창했습니다.

훈 おと, ね ▸ 音 소리 | 足音 발소리 | 音色 음색 | 本音 속마음, 진심

この楽器は素敵な音がします。 이 악기는 멋진 소리가 납니다.

총 9획 音音音音音音音音音

+ 素敵だ 멋지다

□□ 0608 초2/N3

声

소리 성(聲)

⌨ 선비(士)는 서랍 있는 탁자(尸) 위에서 쉰 소리로 ɕəɥ

음 せい, しょう ▸ 声楽 성악 | 声明 성명 | 音声 음성 | 歓声 환성 | 鐘声 종소리 | 大声 대성 | 発声 발성

大学で声楽の勉強をしています。 대학에서 성악 공부를 하고 있습니다.

훈 こえ, こわ ▸ 声 목소리 | 歌声 노랫소리 | 大声 큰소리 | 鳴き声 우는 소리 | 声色 음색

あの歌手は声がとてもきれいです。 저 가수는 목소리가 아주 예쁩니다.

총 7획 声声声声声声声

□□ 0609 초2/N4

楽

노래 악/즐거울 락(樂)

⌨ 흰(白) 북을 양손으로 치며(〻) 나무(木) 밑에서 노래해

음 がく, らく ▸ 楽器 악기 | 音楽 음악 | 声楽 성악 | 楽園 낙원 | 楽々 편안히

楽器店でギターを買うつもりだ。 악기점에서 기타를 살 생각이다.

훈 たの(しい), たの(しむ) ▸ 楽しい 즐겁다 | 楽しむ 즐기다 | 楽しみ 즐거움, 기대

今週末のミュージカルが楽しみです。 이번 주말의 뮤지컬이 기대됩니다.

총 13획 楽楽楽楽楽楽楽楽楽楽楽楽楽

+ ギター(guitar) 기타

□□ 0610 초2/N4

歌

노래 가

⌨ 노래하다(哥) 하품하고(欠) 노래하며 웃다

음 か ▸ 歌詞 가사 | 歌手 가수 | 校歌 교가 | 国歌 국가

彼女は歌手になるのが夢です。 그녀는 가수가 되는 것이 꿈입니다.

훈 うた, うた(う) ▸ 歌 노래 | 歌声 노랫소리 | 鼻歌 콧노래 | 歌う 노래하다

どこからか歌声が聞こえてきました。 어디에선가 노랫소리가 들려왔습니다.

총 14획 歌歌歌歌歌歌歌歌歌歌歌歌歌歌

+ ~になる ~이(가) 되다 | 聞こえる 들리다 | ~てくる ~해 오다

□□ 0611　초3/N3

⌨ 홍수로 말미암아(曲) 계곡이 굽을 수 있으니 뚫고(丨) 다시 막아

🔊 きょく ▶ 曲線 곡선 | 曲目 곡목, 곡명 | 作曲 작곡 | 名曲 명곡

名曲は時代を超えて愛されています。
명곡은 시대를 뛰어넘어 사랑받고 있습니다.

🔊 ま(がる), ま(げる) ▶ 曲がる 구부러지다, (방향을) 돌다 | 曲げる 구부리다. 기울이다

この角を曲がると美術館があります。 이 모퉁이를 돌면 미술관이 있습니다.

굽을 곡

[총 6획] 曲 曲 曲 曲 曲 曲

＋ ～を超えて ～을(를) 뛰어넘어, ～을(를) 초월하여 | 愛される 사랑받다[愛する의 수동형]

□□ 0612　초2/N4

⌨ 그림처럼 T자형 텃밭(田)이 있는 건물(凵)로 들어가

🔊 が, かく ▶ 画家 화가 | 画面 화면 | 映画 영화 | 絵画 회화, 그림 | 漫画 만화 |
画数 획수 | 企画 기획 | 計画 계획

画家として世間に認められました。 화가로서 세상에 인정받았습니다.

もっとおもしろい企画を立ててください。 좀 더 흥미로운 기획을 세워 주세요.

그림 화(畵)

[총 8획] 画 画 画 画 画 画 画 画

＋ として ～(으)로서, ～의 자격으로서, ～의 입장에서 | 認められる 인정받다[認める의 수동형]

□□ 0613　초2/N3

⌨ 실(糸)을 모아(会) 그림처럼 표현한 이집트 카이로

🔊 かい, え ▶ 絵画 회화 | 絵 그림 | 絵の具 그림물감 | 絵葉書 그림엽서 | 絵本
그림책

あの絵は絵の具で描かれた作品です。
저 그림은 그림물감으로 그려진 작품입니다.

絵本作家としてデビューしました。 그림책 작가로서 데뷔했습니다.

그림 회(繪)

[총 12획] 絵 絵 絵 絵 絵 絵 絵 絵 絵 絵 絵 絵

＋ 描かれた 그려진[描く의 수동형] | デビュー(debut) 데뷔, 첫 무대

□□ 0614　초2/N4

⌨ 그림이 있는 입구(口)에 X표 하고 점(丶) 2개 찍으라고 하까

🔊 ず, と ▶ 図表 도표 | 合図 신호 | 地図 지도 | 図書館 도서관 | 意図 의도

図書館で好きな作家の小説を読みました。
도서관에서 좋아하는 작가의 소설을 읽었습니다.

🔊 はか(る) ▶ 図る 도모하다, 꾀하다

演劇の経費削減を図ろうと考えている。
연극의 경비 삭감을 도모하려 생각하고 있다.

그림 도(圖)

[총 7획] 図 図 図 図 図 図 図

□□ 0615　초2/N3

⌨ 가로(一) 세로(丨) 대각선(丿)으로 재주 부리는 사위

음 さい ▶ 才気 재기 | 才女 재주가 있는 여자, 재원 | 才能 재능 | 英才 영재 | 天才 천재

絵の才能があると言われました。 그림의 재능이 있다고 들었습니다.
バイオリンの英才教育を受けています。 바이올린 영재교육을 받고 있습니다.

재주 재

총 3획　才 才 才

+ ～と言われる ~라고 말을 듣다[言う의 수동형] | バイオリン(violin) 바이올린

□□ 0616　초5/N3

⌨ 능한 손으로 작은 벌레(育)에 비수(匕)를 2개 꽂다니 NO

음 のう ▶ 能率 능률 | 能力 능력 | 可能 가능 | 機能 기능 | 芸能 예능 | 才能 재능 | 性能 성능 | 知能 지능 | 有能 유능

芸能人に会う機会がありました。 연예인을 만나는 기회가 있었습니다.
性能がいいアンプを購入しました。 성능이 좋은 앰프를 구입했습니다.

능할 능

총 10획　能 能 能 能 能 能 能 能 能 能

+ アンプ(amp) 앰프

□□ 0617　초5/N2

⌨ 한 손(扌)으로 지탱하여(支) 재주 부리는 기술

음 ぎ ▶ 技術 기술 | 技能 기능 | 演技 연기 | 球技 구기 | 競技 경기

彼は演技がうまいとよく言われます。 그는 연기를 잘한다고 자주 듣습니다.

훈 わざ ▶ 技 기술

大会で、いくつもの技を披露した。 대회에서 몇 개나 되는 기술을 뽐냈다.

재주 기

총 7획　技 技 技 技 技 技 技

+ いくつ 몇 개, 몇 가지 | ～も ~이나 | 披露する 뽐내다, 나타내다, 피력하다

□□ 0618　초5/N3

⌨ 다니면서(行) 차조(朮) 떡을 만드는 재주와 술책

음 じゅつ ▶ 学術 학술 | 技術 기술 | 芸術 예술 | 手術 수술 | 美術 미술

美術館に作品を展示しました。 미술관에 작품을 전시했습니다.
この学生は芸術的な感覚を持っています。
이 학생은 예술적인 감각을 가지고 있습니다.

재주 술

총 11획　術 術 術 術 術 術 術 術 術 術 術

□□ 0619 | 초3/N2

⌨ 제사 지내는 저녁(夕)에 행복해 보이는(示) 부부 사이

음 さい ▶ 祭日 (さいじつ) 신사나 궁중의 제사가 있는 날 | 祝祭 (しゅくさい) 축제 | 前夜祭 (ぜんやさい) 전야제

前夜祭 (ぜんやさい) でバンド演奏 (えんそう) をしました。 전야제에서 밴드 연주를 했습니다.

훈 まつ(る), まつ(り) ▶ 祭る (まつ) 제사 지내다 | 祭り (まつ) 축제 | 夏祭り (なつまつ) 여름 축제

夏祭り (なつまつ) は日本 (にほん) の風物詩 (ふうぶつし) です。 여름 축제는 일본의 풍물시입니다.

제사 제

총 11획 祭 祭 祭 祭 祭 祭 祭 祭 祭 祭 祭

+ バンド(band) 밴드 | 風物詩 (ふうぶつし) 풍물시[계절 느낌을 잘 나타내는 사물이나 풍경, 이벤트 등을 가리키는 말]

□□ 0620 | 초4/N2

⌨ 풀(艹)밭을 일컬어(云) 시를 짓는 재주 많은 게이샤

음 げい ▶ 芸術 (げいじゅつ) 예술 | 芸能 (げいのう) 예능 | 演芸 (えんげい) 연예 | 園芸 (えんげい) 원예 | 工芸 (こうげい) 공예 | 文芸 (ぶんげい) 문예

母 (はは) の趣味 (しゅみ) は工芸品 (こうげいひん) を集 (あつ) めることです。 어머니의 취미는 공예품을 모으는 것입니다.

昔 (むかし) から園芸 (えんげい) に興味 (きょうみ) を持 (も) っています。 예전부터 원예에 흥미를 갖고 있습니다.

재주 예(藝)

총 7획 芸 芸 芸 芸 芸 芸 芸

+ 昔 (むかし) 옛날, 예전

□□ 0621 | 초4/N3

⌨ 완전할 수밖에 없는 우리 집(宀) 으뜸(元) 요리, 깐풍기

음 かん ▶ 完成 (かんせい) 완성 | 完全 (かんぜん) 완전 | 完璧 (かんぺき) 완벽 | 補完 (ほかん) 보완 | 未完 (みかん) 미완, 끝을 다 맺지 못함

もうすぐ作品 (さくひん) が完成 (かんせい) しそうだ。 이제 곧 작품이 완성될 것 같다.

これはまだ未完 (みかん) の小説 (しょうせつ) です。 이것은 아직 완성되지 않은 소설입니다.

완전할 완

총 7획 完 完 完 完 完 完 完

+ もうすぐ 이제 곧, 머지않아 | ます형 + そうだ ~할 것 같다[추측, 양태 표현]

□□ 0622 | 초3/N1

⌨ 대나무(竹)로 말미암아(由) 이 피리는 후에 가보가 되었다

음 てき ▶ 汽笛 (きてき) 기적, 고동 | 警笛 (けいてき) 경적 | 鼓笛 (こてき) 고적[북과 피리]

鼓笛隊 (こてきたい) でシンバルを担当 (たんとう) しています。 고적대에서 심벌즈를 담당하고 있습니다.

훈 ふえ ▶ 笛 (ふえ) 피리, 호각 | 口笛 (くちぶえ) 휘파람

発表会 (はっぴょうかい) で笛 (ふえ) を吹 (ふ) きました。 발표회에서 피리를 불었습니다.

피리 적

총 11획 笛 笛 笛 笛 笛 笛 笛 笛 笛 笛 笛

+ 鼓笛隊 (こてきたい) 고적대[행진에서 북과 피리로 구성된 음악대] | シンバル(cymbals) 심벌즈

□□ 0623　초4/N1

⌨ 표를 빛으로 덮은(覀) 것처럼 보이는(示) 효과

音 ひょう ▶ **票決** 표결 | **開票** 개표 | **投票** 투표 | **得票** 득표 | **伝票** 전표

「選挙開票スペシャル」を放送します。 「선거 개표 스페셜」을 방송합니다.

コンサートの売上伝票を整理しました。 콘서트의 매상 전표를 정리했습니다.

[총 11획] 票票票票票票票票票票票

票
표 표

□□ 0624　초4/N3

⌨ 재료가 다를 땐 양(羊)털과 막대(丿)를 장인(工)이 샀으

音 さ ▶ **差額** 차액 | **差別** 차별 | **格差** 격차 | **誤差** 오차 | **時差** 시차

海外公演から戻って時差ボケが直らない。
해외 공연에서 돌아와서 시차 적응이 안 된다.

訓 さ(す) ▶ **差す** 비치다, 나타내다, 꽂다, 쓰다

企画会議で水を差す発言はしないでほしい。
기획 회의에서 찬물을 끼얹는 발언은 하지 않았으면 좋겠다.

[총 10획] 差差差差差差差差差差

差
다를 차

+ 時差ボケ 시차 적응 | 直る 고쳐지다, 바로잡히다 | 水を差す 물을 끼얹다, 방해하다 | ～ないでほしい ～하지 않았으면 좋겠다

□□ 0625　초4/N3

⌨ 그 사람(イ)이 소포를 일컬어(云) 전할 소식은 덴탈 마스크

音 でん ▶ **伝言** 전언, 전갈 | **伝説** 전설 | **伝達** 전달 | **伝統** 전통 | **伝聞** 전문, 들은 말 | **遺伝** 유전 | **宣伝** 선전, 홍보

イベントの宣伝をしてください。 이벤트 홍보를 해 주세요.

訓 つた(わる), つた(える), つた(う) ▶ **伝わる** 전해지다, 전승되다 | **伝える** 전하다, 알리다 | **伝う** 어떤 것을 매개로 이동하다

変更事項を担当者に伝えました。 변경 사항을 담당자에게 전했습니다.

[총 6획] 伝伝伝伝伝伝

伝
전할 전(傳)

□□ 0626　초5/N3

⌨ 미혹될 수도 있으니 쌀(米)집에 쉬엄쉬엄 가지(辶) 마요

音 めい ▶ **迷路** 미로 | **迷惑** 폐, 귀찮음, 성가심 | **混迷** 혼미 | **低迷** 침체

巨大迷路を探険するイベントがある。 거대 미로를 탐험하는 이벤트가 있다.

訓 まよ(う) ▶ **迷う** 길을 잃다, 헤매다 | ★**迷子** 미아

博物館に行く途中、迷ってしまった。 박물관에 가는 도중에 길을 잃어버렸다.

迷
미혹할 미(迷)

[총 9획] 迷迷迷迷迷迷迷迷迷

+ ～途中 ～하는 도중에 | ～てしまう ～해 버리다

□□ 0627 초4/N1

⌨ 입(口)으로 매일(日) 가로되(曰), 노래 부르며 보는 쇼

唱

부를 창

🔊 しょう ▶ 暗唱 암송 | 合唱 합창 | 提唱 제창 | 独唱 독창

子供たちの合唱に感動しました。 아이들의 합창에 감동했습니다.

🔊 とな(える) ▶ 唱える 외다, 외치다, 주장하다

昨日の放送に対して異議を唱えました。 어제 방송에 대해 이의를 제기했습니다.

총 11획 唱唱唱唱唱唱唱唱唱唱唱

+ ～に対して ～에 대하여, ～에 반하여

□□ 0628 초5/N3

⌨ 물(氵)에 있는 범(寅)이 펼치는 엔카 공연

演

펼 연

🔊 えん ▶ 演技 연기 | 演じる 연기하다 | 演説 연설 | 演奏 연주 | 講演 강연 | 公演 공연

教授の講演をお手伝いしました。 교수님의 강연을 도와드렸습니다.

海外公演をすることになりました。 해외 공연을 하게 되었습니다.

총 14획 演演演演演演演演演演演演演演

+ お手伝いする 도와드리다[お + ます형 + する(겸양 표현)] | ～ことになる ～하게 되다

□□ 0629 초6/N1

⌨ 세(三) 사람(人)의 연주가가 일찍 죽었(夭)음을 아뢸 예정이었소

奏

아뢸 주

🔊 そう ▶ 演奏 연주 | 合奏 합주 | 前奏 전주 | 独奏 독주 | 伴奏 반주

伴奏はK先輩に頼みましょう。 반주는 K선배에게 부탁합시다.

🔊 かな(でる) ▶ 奏でる 악기를 켜다, 연주하다

彼女の奏でるメロディーは素敵でした。 그녀가 연주하는 멜로디는 멋졌습니다.

총 9획 奏奏奏奏奏奏奏奏奏

+ メロディー(melody) 멜로디, 선율

□□ 0630 초5/N3

⌨ 언덕(阝)에서 축제가 그친(艮) 일에 한해 기한 연장

限

한할 한

🔊 げん ▶ 限界 한계 | 限定 한정 | 期限 기한 | 極限 극한 | 制限 제한

コンサートの限定品を購入しました。 콘서트 한정품을 구입했습니다.

🔊 かぎ(る) ▶ 限る 한정하다, 한하다

音楽の無料ダウンロードは本日限りです。
음악 무료 다운로드는 오늘 한정입니다.

총 9획 限限限限限限限限限

+ コンサート(concert) 콘서트 | ダウンロード(download) 다운로드 | 本日限り 오늘 한정, 오늘만

□□ 0631 초6/N3

⌨ 사람(イ)들과 함께(共) 더불어 살면 사회에 이바지할겨

음 きょう, く ▶ 供給 공급 | 供述 진술 | 自供 자백 | 提供 제공 | 供物 공물 | 供養 공양

楽器はスポンサーが提供してくれました。 악기는 스폰서가 제공해 줬습니다.

훈 そな(える), とも ▶ 供える 바치다, 올리다 | お供 모시고 따라감, 모시고 따라가는 사람

その歌手を偲んで花を供えました。 그 가수를 회상하며 꽃을 바쳤습니다.

총 8획 供 供 供 供 供 供 供 供

供
이바지할 공

+ スポンサー(sponsor) 스폰서, 광고주 | ～てくれる ～해 주다[상대방→나] | 偲ぶ 그리워하다, 회상하다

□□ 0632 초6/N1

⌨ 일반 사람(イ) 같지 않은(非) 천상 배우, 하이틴 스타

음 はい ▶ 俳句 하이쿠[5·7·5의 3구 17자로 이루어진 일본 고유의 단시] | 俳人 하이쿠를 짓는 사람 | 俳優 배우

好きな俳優の出演する映画を見た。 좋아하는 배우가 출연하는 영화를 봤다.

俳句を詠んでみましょう。 하이쿠를 읊어 봅시다.

총 10획 俳 俳 俳 俳 俳 俳 俳 俳 俳 俳

俳
배우 배

+ 詠む 시가를 읊다, 짓다

□□ 0633 초6/N2

⌨ 시간을 늘일 땐 길게 걸어서(廴) 비스듬히(ノ) 발걸음을 멈춰(止), 앤!

음 えん ▶ 延期 연기 | 延滞 연체 | 延着 연착 | 延長 연장 | 延命 연명 | 遅延 지연

講演が来月に延期されました。 강연이 다음 달로 연기되었습니다.

훈 の(ばす), の(びる), の(べる) ▶ 延ばす 연장시키다, 연기하다, 늘이다 | 延びる 연장 되다, 길어지다, 늘어나다 | 延べる 펴다, 늦추다, 연기하다

チケットの販売期間を延ばすことができますか。
티켓 판매 기간을 연장할 수 있습니까?

총 8획 延 延 延 延 延 延 延 延

延
늘일 연

□□ 0634 초6/N2

⌨ 스트레스가 심할 때 돼지(豕)를 칼(刂)로 잡는 객기

음 げき ▶ 劇場 극장 | 劇団 극단 | 演劇 연극 | 喜劇 희극 | 悲劇 비극

劇場に演劇を見に行きましょう。 극장에 연극을 보러 갑시다.

友達は劇団に入りたがっています。 친구는 극단에 들어가고 싶어 합니다.

총 15획 劇 劇 劇 劇 劇 劇 劇 劇 劇 劇 劇 劇 劇 劇 劇

劇
심할 극

+ ～に行きましょう ～하러 갑시다 | ～たがる (제3자가) ～하고 싶어 하다

⌨ '신하(臣)의 지팡이(⼁) 하나(一)'라는 영화를 볼(見) 때는 무료 관람

🔊 らん ▸ 閲覧 열람 | 回覧 회람 | 観覧 관람 | 展覧会 전람회 | 博覧会 박람회

久しぶりに展覧会に行きました。 오랜만에 전람회에 갔습니다.

遊園地で観覧車に乗りました。 유원지에서 관람차를 탔습니다.

총 17획 覧 覧 覧 覧 覧 覧 覧 覧 覧 覧 覧 覧 覧 覧 覧 覧 覧

覧

볼 람(覽)

+ ~に乗る ~을(를) 타다

⌨ 귀한(貴) 선물 사진을 쉬엄쉬엄 가서(辶) SNS에 남길 이유

🔊 い, ゆい ▸ 遺産 유산 | 遺跡 유적 | 遺族 유족 | 遺伝 유전 | 遺品 유품 | 遺言 유언

ここは世界文化遺産で有名です。 여기는 세계문화유산으로 유명합니다.

遺跡から発掘された土器です。 유적에서 발굴된 토기입니다.

총 15획 遺 遺 遺 遺 遺 遺 遺 遺 遺 遺 遺 遺 遺 遺 遺

遺

남길 유(遺)

+ 発掘される 발굴되다[発掘する의 수동형]

⌨ 주검(尸) 옆에 스무(廿) 벌의 옷(衣)을 펼칠 만한 텐트

🔊 てん ▸ 展開 전개 | 展示 전시 | 展覧 전람 | 進展 진전 | 発展 발전

ストーリー展開を考えなければならない。 스토리 전개를 생각해야 한다.

大きな会場で展示会を開きました。 큰 회장에서 전시회를 열었습니다.

총 10획 展 展 展 展 展 展 展 展 展 展

展

펼 전

+ ストーリー(story) 스토리 | ~なければならない ~하지 않으면 안 된다, ~해야 한다 | 開く 열다

⌨ 손수(扌) 군사(軍)를 휘두를 키 큰 지휘관

🔊 き ▸ 揮発油 휘발유 | 指揮 지휘 | 発揮 발휘

オーケストラの指揮者をしています。 오케스트라 지휘자를 하고 있습니다.

コンクールで実力を発揮しました。 콩쿠르에서 실력을 발휘했습니다.

총 12획 揮 揮 揮 揮 揮 揮 揮 揮 揮 揮 揮 揮

揮

휘두를 휘

+ オーケストラ(orchestra) 오케스트라 | コンクール(concours) 콩쿠르, 경연 대회

☐☐ 0639 | 초6/N4

映

비칠 영

⌨ 매일(日) 호수 한가운데(央) 비칠 것 같은 영화같은 풍경에 우쭐

음 **えい** ▶ **映画** 영화 │ **映像** 영상 │ **上映** 상영 │ **反映** 반영

その作品は映画館で上映中です。 그 작품은 영화관에서 상영 중입니다.

훈 **うつ(る), うつ(す), は(える)** ▶ **映る** 비치다, 조화되다 │ **映す** 비추다, 투영하다, 상영

하다 │ **映える** 빛나다

スクリーンに映像を映しました。 스크린에 영상을 비췄습니다.

총 9획 | 映 映 映 映 映 映 映 映 映

+ スクリーン(screen) 스크린

☐☐ 0640 | 초3/N4

写

베낄 사(寫)

⌨ 베낄 생각을 덮어(一) 줄(与) 만한 주제는 게이샤 공연

음 **しゃ** ▶ **写真** 사진 │ **写生** 사생, 스케치 │ **映写** 영사 │ **複写** 복사

初めて写真展を開いたそうです。 처음으로 사진전을 열었다고 합니다.

훈 **うつ(る), うつ(す)** ▶ **写る** (속이) 비쳐 보이다, 찍히다 │ **写す** (문서 · 그림 등을) 베끼다,

그리다, 찍다 │ **書き写す** 옮겨 적다, 베껴 쓰다

台本に書き写した方がいいですよ。 대본에 옮겨 적는 편이 좋습니다.

총 5획 | 写 写 写 写 写

+ ～そうです ～라고 합니다[전문] │ **台本** 대본, 극본, 시나리오

DAY | SUBJECT

20 여가, 일상

休(きゅう)
한 사람이 나무 아래 쉴 곳을
찾아 큐브 놀이를 한다

活(かつ)
물을 마시며 혀로
맛을 살리는 돈카츠

困(こん)
네모난 나무 숲을 거닐다
피곤할 땐 콘 아이스크림

運(うん)
쉬엄쉬엄 가서 짐을
옮길 군대 운전병

단어 복습 퀴즈 다음 한자를 바르게 읽은 것을 고르세요.

1 音楽 ▶ ⓐ おんかく　ⓑ おんがく
2 計画 ▶ ⓐ けいがく　ⓑ けいかく
3 合図 ▶ ⓐ あいず　ⓑ あいど
4 芸術 ▶ ⓐ げいじゅつ　ⓑ びじゅつ
5 祭り ▶ ⓐ あつり　ⓑ まつり
6 講演 ▶ ⓐ こうえん　ⓑ ごうえん
7 限定 ▶ ⓐ がんてい　ⓑ げんてい
8 延期 ▶ ⓐ えんき　ⓑ えんぎ

정답 1 ⓑ 2 ⓑ 3 ⓐ 4 ⓐ 5 ⓑ 6 ⓐ 7 ⓑ 8 ⓐ

□□ 0641 　초1/N5

休 쉴 휴

🖥 한 사람(イ)이 나무(木) 아래 쉴 곳을 찾아 큐브 놀이를 한다

🔊 きゅう ▶ **休学** 휴학 | **休憩** 휴게 | **休日** 휴일 | **休養** 휴양 | **連休** 연휴
今度の**連休**は**家族**と**過**ごしたいです。 이번 연휴는 가족과 보내고 싶습니다.

🔊 やす(まる), やす(む), やす(める) ▶ **休まる** 편안해지다 | **休む** 쉬다 | **休める**
쉬게 하다
週末はゆっくり**休む**つもりです。 주말은 푹 쉴 생각입니다.

총 6획 休 休 休 休 休 休

+ **過**ごす 보내다 | ます형 + たい ~하고 싶다

□□ 0642 　초3/N3

息 쉴 식

🖥 스스로(自) 마음(心)을 돌아보며 쉴 생각이 솟구친다

🔊 そく ▶ **安息** 안식 | **休息** 휴식 | **終息** 종식 | **消息** 소식 | **利息** 이자
自然の**中**で**休息**を**取**りました。 자연 속에서 휴식을 취했습니다.

🔊 いき ▶ **息** 숨, 호흡 | **息抜き** 한숨 돌림 | **一息** 단숨 | **ため息** 한숨 | ★**息子** 아들
たまには**息抜き**も**必要**ですよ。 가끔은 한숨 돌리는 것도 필요합니다.

총 10획 息 息 息 息 息 息 息 息 息 息

□□ 0643 　초5/N3

居 살 거

🖥 주검(尸)의 사진이 옛날(古)부터 살던 곳에 껴있어

🔊 きょ ▶ **居住** 거주 | **転居** 전거, 이사 | **同居** 동거 | **別居** 별거
去年から**郊外**に**居住**しています。 작년부터 교외에 거주하고 있습니다.

🔊 い(る) ▶ **居る** 있다, 앉다 | **居酒屋** 선술집 | **居眠り** 앉아서 졺 | **居間** 거실 |
居留守 집에 있으면서 없는 척함
授業中に**居眠り**をしてしまいました。 수업 중에 졸아버렸습니다.

총 8획 居 居 居 居 居 居 居 居

+ ~てしまう ~해 버리다

□□ 0644 　초3/N4

住 살 주

🖥 옛날 사람(イ)들이 주로(主) 살던 곳의 주소

🔊 じゅう ▶ **住所** 주소 | **住宅** 주택 | **住民** 주민 | **移住** 이주 | **衣食住** 의식주 |
居住 거주
この**地域**は**木造住宅**が**多**いですね。 이 지역은 목조 주택이 많네요.

🔊 す(む), す(まう) ▶ **住む** 살다 | **住まう** 살다, 거주하다 | **住まい** 사는 곳, 주소
妹はアメリカに**住**んでいます。 여동생은 미국에 살고 있습니다.

총 7획 住 住 住 住 住 住 住

⌨ 집(广) 마당의 흙(土) 벤치는 두 사람(人)의 앉을 자리

座

앉을 좌/자리 좌

음 ざ ▶ 座席 좌석 ｜ 座談 좌담 ｜ 座布団 방석 ｜ 上座 상석, 윗자리 ｜ 星座 별자리

新幹線の座席番号を教えてください。　신칸센 좌석 번호를 가르쳐 주세요.

훈 すわ(る) ▶ 座る 앉다

授業が始まるので、椅子に座ってください。
수업이 시작되니까 의자에 앉아 주세요.

총 10획 座座座座座座座座座座

＋ 始まる 시작되다 ｜ 〜に座る 〜에 앉다

⌨ 양(龶)털 삐쳐(ノ) 나온 게 눈(目)에 보여 붙을까 봐 방법을 찾구

着

붙을 착

음 ちゃく, じゃく ▶ 着席 착석 ｜ 着用 착용 ｜ 着陸 착륙 ｜ 愛着 애착 ｜ 試着 시착, 입어 봄 ｜ 到着 도착

コートを試着してみました。　코트를 입어 봤습니다.

훈 き(る), き(せる), つ(く), つ(ける) ▶ 着る 입다 ｜ 着せる 입히다 ｜ 着く 도착하다 ｜ 着ける (몸에) 끼다, 쓰다 ｜ 着物 기모노, 일본 전통옷 ｜ 下着 속옷 ｜ 水着 수영복

着物を着て出かけました。　기모노를 입고 외출했습니다.

총 12획 着着着着着着着着着着着着

⌨ 옷 입고 달(月)을 보며 마음을 다스리는(艮) 후쿠오카의 밤

服

옷 복

음 ふく ▶ 服 옷 ｜ 服装 복장 ｜ 衣服 의복 ｜ 克服 극복 ｜ 制服 제복 ｜ 洋服 양복

服を買いにデパートへ行きました。　옷을 사러 백화점에 갔습니다.
この学校では制服を着なければなりません。
이 학교에서는 제복을 입어야 합니다.

총 8획 服服服服服服服服

⌨ 달려와서(走) 엎드린 강아지의 몸(己)을 만지니, 바로 일어날 기세

일어날 기

음 き ▶ 起源 기원 ｜ 起床 기상 ｜ 起点 기점 ｜ 起伏 기복 ｜ 起立 기립

以前は感情の起伏が激しかった。　이전에는 감정의 기복이 심했다.

훈 お(きる), お(こす), お(こる) ▶ 起きる 일어나다 ｜ 起こす 깨우다, 일으키다 ｜ 起こる 일어나다, 발생하다 ｜ 早起き 일찍 일어남 ｜ 引き起こす 일으키다

明日は七時に起こしてください。　내일은 7시에 깨워 주세요.

총 10획 起起起起起起起起起起

＋ 激しい 심하다, 격하다

□□ 0649　초4/N2

浴
목욕할 욕

⊞ 물(氵)이 흐르는 계곡(谷)에서 목욕할 욕구

음 **よく** ▶ 浴室 욕실 | 浴槽 욕조 | 海水浴 해수욕 | 座浴 좌욕 | 入浴 입욕

お風呂に入浴剤を入れてください。 욕조에 입욕제를 넣어 주세요.

훈 **あ(びる), あ(びせる)** ▶ 浴びる 뒤집어쓰다 | 浴びせる 끼얹다

運動をした後、シャワーを浴びました。 운동을 한 후, 샤워를 했습니다.

총 10획　浴浴浴浴浴浴浴浴浴浴

＋ お風呂 목욕, 욕조, 욕실 | シャワーを浴びる 샤워를 하다

□□ 0650　초3/N3

宿
잘 숙

⊞ 집(宀)에 있는 일백(佰)만 원으로 잘 숙소

음 **しゅく** ▶ 宿題 숙제 | 宿泊 숙박 | 合宿 합숙 | 下宿 하숙 | 投宿 투숙 | 野宿 노숙

友達と一緒に宿題をしています。 친구와 함께 숙제를 하고 있습니다.

훈 **やど, やど(る), やど(す)** ▶ 宿 집, 숙소 | 宿る 숙박하다, 거주하다, 잉태하다 | 宿す 묵게 하다, 품다

まず、宿を予約しましょう。 먼저 숙소를 예약합시다.

총 11획　宿宿宿宿宿宿宿宿宿宿宿

□□ 0651　초3/N4

旅
나그네 려(旅)

⊞ 나그네는 방향(方)대로 지팡이(亠)와 옷(衣)을 들고 갔구료

음 **りょ** ▶ 旅館 여관 | 旅客 여객 | 旅行 여행 | 旅程 여정 | 旅費 여비

海外旅行に行こうと思います。 해외여행을 가려고 합니다.

훈 **たび** ▶ 旅 여행 | 旅先 행선지 | 旅人 나그네 | 一人旅 혼자 하는 여행

一人旅をしたことがありますか。 혼자 여행한 적이 있습니까?

총 10획　旅旅旅旅旅旅旅旅旅旅

＋ 의지형 ＋ と思います ~하려고 합니다

□□ 0652　초3/N3

遊
놀 유(遊)

⊞ 네모(方) 지팡이(亠)로 아들(子)이 쉬엄쉬엄 가서(辶) 놀 여유

음 **ゆう, ゆ** ▶ 遊園地 유원지 | 遊星 유성 | 遊牧 유목 | 遊覧船 유람선 | 遊山 유산, 산이나 들에 놀러 나감

家族と一緒に遊園地に行きました。 가족과 함께 유원지에 갔습니다.

훈 **あそ(ぶ)** ▶ 遊ぶ 놀다

後輩に会って九時まで遊びました。 후배를 만나서 9시까지 놀았습니다.

총 12획　遊遊遊遊遊遊遊遊遊遊遊遊

老

늙을 로

⌨ 늙은이(耂)에게 비수(匕)를 꽂으면 더 늙을 거야, 한마디 말로

음 ろう ▶ 老化 노화 | 老後 노후 | 老人 노인 | 敬老 경로 | 長老 장로

老後のために貯金しています。 노후를 위해서 저금하고 있습니다.

훈 お(いる), ふ(ける) ▶ 老いる 늙다, 노쇠하다 | 老ける 나이를 먹다, 나이가 들다, 늙다

老けて見えないように明るい服を着た。
나이 들어 보이지 않도록 밝은 옷을 입었다.

[총 6획] 老 老 老 老 老 老

+ 見える 보이다 | ～ないように ～하지 않도록

活

살 활

⌨ 물(氵)을 마시며 혀(舌)로 맛을 살리는 돈가츠

음 かつ ▶ 活気 활기 | 活動 활동 | 活躍 활약 | 活用 활용 | 生活 생활 | 復活 부활

週に一回ギターのサークル活動をしている。
일주일에 한 번 기타 동아리 활동을 하고 있다.

ネットで生活用品を購入しました。 인터넷으로 생활용품을 구입했습니다.

[총 9획] 活 活 活 活 活 活 活 活 活

+ ギター(guitar) 기타 | サークル(circle) 서클, 동호회

産

낳을 산

⌨ 아이 낳을(产) 산모와 태어날(生) 아기가 있는 산부인과

음 さん ▶ 産業 산업 | 産地 산지 | 財産 재산 | 出産 출산 | 生産 생산 | 倒産 도산 | 農産物 농산물

出産予定日は十二月二日です。 출산 예정일은 12월 2일입니다.

훈 う(まれる), う(む), うぶ ▶ 産まれる 태어나다 | 産む 낳다 | 産声 산성, 갓 태어난 아기의 첫 울음소리 ★お土産 여행 선물, 기념품

同僚にお土産を渡しました。 동료에게 여행 선물을 건넸습니다.

[총 11획] 産 産 産 産 産 産 産 産 産 産 産

+ 渡す 건네다

誕

낳을 탄

⌨ 낳을 아이 이름을 말(言)하면서 늘어놓고(延) 감탄

음 たん ▶ 誕生 탄생 | 誕生日 생일 | 虚誕 허탄, 거짓말, 엉터리 | 聖誕 성탄

この番組から多くのスターが誕生した。 이 프로그램에서 많은 스타가 탄생했다.
友達に誕生日プレゼントをあげた。 친구에게 생일 선물을 주었다.

[총 15획] 誕 誕 誕 誕 誕 誕 誕 誕 誕 誕 誕 誕 誕 誕

+ スター(star) 스타, 인기배우(가수, 선수) | プレゼント(present) 선물 | あげる (상대방에게) 주다

□□ 0657 　초5/N3

⌨ 풀(艹)을 그물망(罒)에 넣고 덮은(冖) 저녁(夕)에 꾼 꿈은 무지개

夢

꿈 몽

음 む ▶ 夢想 무상 | 夢中 열중함, 몰두함, 푹 빠짐 | 悪夢 악몽

夫は最近ゴルフに夢中です。 남편은 요즘 골프에 열중입니다.

훈 ゆめ ▶ 夢 꿈 | 正夢 현실과 부합되는 꿈

私の夢は世界一周旅行をすることです。

내 꿈은 세계 일주 여행을 하는 것입니다.

총 13획 夢夢夢夢夢夢夢夢夢夢夢夢夢

＋ 〜に夢中だ 〜에 열중이다, 〜에 몰두하다

□□ 0658 　초5/N1

⌨ 개(犭)와 벌레(虫)가 있는 방에서 홀로 푸는 스도쿠

独

홀로 독(獨)

음 どく ▶ 独学 독학 | 独身 독신 | 独特 독특 | 独立 독립 | 孤独 고독 | 単独 단독

独身女性がだんだん増えています。 독신 여성이 점점 늘고 있습니다.

훈 ひと(り) ▶ 独り 한 명, 혼자 | 独り言 혼잣말 | 独り舞台 독무대 | ★独楽 팽이

昨日の演劇はK先輩の独り舞台だった。 어제 연극은 K선배의 독무대였다.

총 9획 独独独独独独独独独

＋ 増える 늘다, 증가하다

□□ 0659 　초5/N3

⌨ 세(⺍) 잎으로 덮은(冖) 입구(口)에 수건(巾)을 항상 걸죠

常

항상 상

음 じょう ▶ 常温 상온 | 常識 상식 | 通常 통상 | 日常 일상 | 非常 비상

英会話スクールで日常会話を習っている。

영어 회화 스쿨에서 일상 회화를 배우고 있다.

훈 つね, とこ ▶ 常に 늘, 항상 | 常々 평상시, 평소 | 常闇 영원한 어둠

常に戸締りに気をつけてください。 항상 문단속에 주의해 주세요.

총 11획 常常常常常常常常常常常

＋ 戸締り 문단속 | 気をつける 주의하다, 조심하다

□□ 0660 　초6/N3

⌨ 네모난(囗) 나무(木) 숲을 거닐다 피곤할 땐 콘 아이스크림

困

곤할 곤

음 こん ▶ 困窮 곤궁 | 困難 곤란 | 困惑 곤혹 | 貧困 빈곤

経済的な困難を抱えていました。 경제적인 곤란을 떠안고 있었습니다.

훈 こま(る) ▶ 困る 곤란하다

困った時は、いつでも言ってください。 곤란할 땐 언제든지 말하세요.

총 7획 困困困困困困困

＋ 抱える 떠안다, 끌어안다 | いつでも 언제든지

連

잇닿을 련(連)

⌨ 쉬엄쉬엄 가서(辶) 수레(車)에 잇닿을 때 렌트

🔊 れん ▶ 連休 연휴 │ 連合 연합 │ 連想 연상 │ 連続 연속 │ 連絡 연락 │ 関連 관련 │ 国連 국련[=国際連合(국제연합, UN)의 줄임말]

せっかくの連休なのでどこか遊びに行こう。
모처럼의 연휴이니까 어딘가 놀러 가자.

🔊 つ(れる), つら(なる), つら(ねる) ▶ 連れる 데리고 가다, 동반하다 │ 連なる 나란히 줄지어 있다 │ 連ねる 늘어놓다, 세우다

子供を連れて出かけました。 아이를 데리고 외출했습니다.

총 10획　連 連 連 連 連 連 連 連 連 連

＋ 行こう 가자, 가야겠다[行く의 의지형] │ 出かける 외출하다

移

옮길 이

⌨ 벼(禾)가 많아서(多) 옮길 거야, 이제

🔊 い ▶ 移住 이주 │ 移転 이전 │ 移動 이동 │ 移民 이민 │ 転移 전이

会社を移転することになりました。 회사를 이전하게 되었습니다.

🔊 うつ(る), うつ(す) ▶ 移る 옮기다, 이동하다 │ 移す 옮기다

私の口座にお金を移しました。 내 계좌로 돈을 옮겼습니다.

총 11획　移 移 移 移 移 移 移 移 移 移 移

＋ ～ことになる ～하게 되다

運

옮길 운(運)

⌨ 쉬엄쉬엄 가서(辶) 짐을 옮길 군대(軍) 운전병

🔊 うん ▶ 運営 운영 │ 運送 운송 │ 運転 운전 │ 運動 운동 │ 運命 운명 │ 幸運 행운

運転免許証を取りました。 운전면허증을 취득했습니다.

🔊 はこ(ぶ) ▶ 運ぶ 옮기다, 나르다

荷物を運んでもらえますか。 짐을 옮겨 주시겠어요?

총 12획　運 運 運 運 運 運 運 運 運 運 運 運

＋ ～てもらえますか ～해 주시겠어요?

停

머무를 정

⌨ 사람(イ)들이 정자(亭)에 머무를 때

🔊 てい ▶ 停止 정지 │ 停電 정전 │ 停留所 정류소 │ バス停 버스 정류장 │ 調停 조정

台風の影響で停電が続いています。 태풍의 영향으로 정전이 계속되고 있습니다.

家から一番近いバス停はあそこです。
집에서 가장 가까운 버스 정류장은 저기입니다.

총 11획　停 停 停 停 停 停 停 停 停 停 停

□□ 0665 　초6/N2

捨

버릴 사(捨)

⌨ 손수(扌) 집(舍)의 물건을 버릴 땐 쓰레기통에

음 **しゃ** ▶ 四捨五入 반올림 | 取捨 취사
四捨五入して問題を解きました。 반올림해서 문제를 풀었습니다.

훈 **す(てる)** ▶ 捨てる 버리다
ごみはごみ箱に捨ててください。 쓰레기는 쓰레기통에 버려 주세요.

총 11획 捨 捨 捨 捨 捨 捨 捨 捨 捨 捨 捨

+ 解く 풀다

□□ 0666 　초6/N2

拝

절 배(拜)

⌨ 손수(扌) 한(一) 벌의 예쁜(丰) 옷을 만들어 절하는 하이디

음 **はい** ▶ 拝啓 배계[편지 첫머리에 쓰는 말] | 拝見 배견[見る(보다)의 겸양어] | 拝借 빌려
씀[겸양어] | 参拝 참배 | 崇拝 숭배
先生からのお手紙を拝見しました。 선생님으로부터 받은 편지를 봤습니다.

훈 **おが(む)** ▶ 拝む (몸을 굽혀) 절하다, 공손히 절하다, 간절히 빌다
初日の出を拝みに行きました。 새해 첫날의 해돋이를 배례하러 갔습니다.

총 8획 拝 拝 拝 拝 拝 拝 拝 拝

+ 初日の出 새해 첫날의 해돋이, 일출 | ます형 + に行く ~하러 가다

□□ 0667 　초5/N2

採

캘 채

⌨ 손(扌)도 크고 풍채(采)도 큰 사내가 약초를 캘 때 온 사위

음 **さい** ▶ 採血 채혈 | 採取 채취 | 採集 채집 | 採点 채점 | 採用 채용
最近期末テストの採点で忙しいです。 요즘 기말시험 채점으로 바쁩니다.
採用担当者に問い合わせてみます。 채용 담당자에게 문의해 보겠습니다.

총 11획 採 採 採 採 採 採 採 採 採 採 採

+ 問い合わせる 문의하다

□□ 0668 　초6/N1

射

쏠 사

⌨ 몸(身) 마디(寸)가 아파서 주사를 쏠 거야, 이제

음 **しゃ** ▶ 射撃 사격 | 注射 주사 | 発射 발사 | 放射線 방사선
病院で注射をしてもらいました。 병원에서 주사를 맞았습니다.

훈 **い(る)** ▶ 射る 쏘다, 맞히다
馬に乗って矢を射る場面を撮影した。 말을 타고 화살을 쏘는 장면을 촬영했다.

총 10획 射 射 射 射 射 射 射 射 射 射

+ 矢 화살

□□ 0669 | 초4/N3

⌨ 물(氵)이 찰 때 막대 두(二) 개를 세워(丨) 먼(冂) 산(山) 보며 만족

満

찰 만(滿)

🔊 **まん** ▸ **満員** 만원 | **満開** 만개 | **満期** 만기 | **満足** 만족 | **円満** 원만 | **不満** 불만 | **未満** 미만

桜が満開の季節になりました。 벚꽃이 만개하는 계절이 되었습니다.

🔊 **み(ちる), み(たす)** ▸ **満ちる** 차다, 가득하다 | **満たす** 채우다, 만족시키다 | **満ち潮** 만조 | **満ち溢れる** (가득 차서) 넘치다

彼女はいつも自信に満ち溢れています。 그녀는 항상 자신감이 넘칩니다.

총 12획 | 満 満 満 満 満 満 満 満 満 満 満 満

□□ 0670 | 초6/N1

⌨ 숨길 필요 없이 벼(禾)는 반드시(必) 베어라, 확실히

秘

숨길 비

🔊 **ひ** ▸ **秘訣** 비결 | **秘書** 비서 | **秘密** 비밀 | **神秘** 신비 | **便秘** 변비

美しさを保つ秘訣は何だと思いますか。 아름다움을 유지하는 비결은 무엇이라고 생각합니까?

🔊 **ひ(める)** ▸ **秘める** 숨기다, 간직하다, 내포하다

彼との思い出を深く胸に秘めている。 그와의 추억을 깊이 가슴에 간직하고 있다.

총 10획 | 秘 秘 秘 秘 秘 秘 秘 秘 秘 秘

+ **美しさ** 아름다움 | **保つ** 유지하다 | **深い** 깊다

□□ 0671 | 초6/N1

⌨ 집(宀)에 반드시(必) 산(山)처럼 빽빽할 만큼 쌓아요, 미쓰 리

密

빽빽할 밀

🔊 **みつ** ▸ **密室** 밀실 | **密着** 밀착 | **密林** 밀림 | **精密** 정밀 | **秘密** 비밀

秘密は必ず守ってください。 비밀은 꼭 지켜 주세요.

密着ドキュメンタリー映画を製作中です。
밀착 다큐멘터리 영화를 제작 중입니다.

총 11획 | 密 密 密 密 密 密 密 密 密 密

+ **必ず** 반드시, 꼭 | **守る** 지키다 | **ドキュメンタリー**(documentary) 다큐멘터리, 기록

□□ 0672 | 초4/N3

⌨ 지팡이(𠆢) 하나(一) 들고 새(隹)를 바라볼(見) 땐 밝이 깜깜

観

볼 관(觀)

🔊 **かん** ▸ **観客** 관객 | **観光** 관광 | **観察** 관찰 | **観測** 관측 | **景観** 경관 | **悲観** 비관 | **楽観** 낙관

観客数1000万人を突破しました。 관객 수 1000만 명을 돌파했습니다.

観光サイトを検索しました。 관광 사이트를 검색했습니다.

총 18획 | 観 観 観 観 観 観 観 観 観 観 観 観 観 観 観 観 観 観

+ **突破する** 돌파하다

216

0673 초6/N2

補

기울 보

⌨ 기울 옷(ネ)에 필요한 큰(甫) 천으로 보충하여 보호

음 ほ ▸ **補強** 보강 | **補修** 보수 | **補充** 보충 | **補助** 보조 | **候補** 후보

Ａ候補は選挙活動に積極的です。 A후보는 선거 활동에 적극적입니다.

훈 おぎな(う) ▸ **補う** 보충하다, 변상하다

ビタミンを補うサプリを飲んでいます。

비타민을 보충하는 영양제를 먹고 있습니다.

[총 12획] 補 補 補 補 補 補 補 補 補 補 補 補

+ サプリ(=サプリメント) 영양제, 보충제

0674 초5/N1

織

짤 직

⌨ 소리(音) 없이 창(戈)을 휘두르듯 실(糸)로 옷을 짤 생각

음 しょく, しき ▸ **織機** 직기, 베틀 | **紡織** 방직 | **組織** 조직

ボランティア団体を組織しました。 자원봉사 단체를 조직했습니다.

훈 お(る) ▸ **織る** (직물을) 짜다 | **織物** 직물 | **機織り** 베틀로 짬

織物を織ったり布を染めたりします。 직물을 짜거나 천을 염색하거나 합니다.

[총 18획] 織 織 織 織 織 織 織 織 織 織 織 織 織 織 織 織 織 織

+ ボランティア(volunteer) 자원봉사, 사회사업에 자발적으로 봉사함 | 染める 염색하다

0675 초5/N3

慣

익숙할 관

⌨ 내 마음(忄)을 꿰뚫어(貫) 보는 심리에 익숙할 것 같은 감정

음 かん ▸ **慣行** 관행 | **慣習** 관습 | **慣用** 관용 | **慣用句** 관용구 | **慣例** 관례 | **習慣** 습관

正しく座る習慣を身につけましょう。 바르게 앉는 습관을 몸에 익힙시다.

훈 な(れる), な(らす) ▸ **慣れる** 익숙해지다 | **慣らす** 길들이다, 익숙하게 하다

留学生活にはもう慣れましたか。 유학 생활에는 이제 익숙해졌습니까?

[총 14획] 慣 慣 慣 慣 慣 慣 慣 慣 慣 慣 慣 慣 慣 慣

+ 正しい 바르다 | 身につける 몸에 익히다, 몸에 지니다 | もう 이미, 벌써

0676 초5/N1

飼

기를 사(飼)

⌨ 고양이를 기를 때 필요한 먹이(食) 제공을 맡은(司) 시누이

음 し ▸ **飼育** 사육 | **飼料** 사료

父は牧場で牛の飼育をしている。 아버지는 목장에서 소를 사육하고 있다.

훈 か(う) ▸ **飼う** 기르다, 사육하다

最近ペットを飼う人が急増しています。

요즘 애완동물을 기르는 사람이 급증하고 있습니다.

[총 13획] 飼 飼 飼 飼 飼 飼 飼 飼 飼 飼 飼 飼 飼

DAY 19~20 확인 테스트

 다음 한자를 히라가나로 쓰세요.

01 楽器　　→ _____

02 写真　　→ _____

03 提供　　→ _____

04 座席　　→ _____

05 観光　　→ _____

06 秘密　　→ _____

쓰기 밑줄 친 히라가나를 한자로 쓰세요.

07 彼女(かのじょ)はかしゅになるのが夢(ゆめ)です。　　→ _____

08 その作品(さくひん)はえいが館(かん)で上映中(じょうえいちゅう)です。　　→ _____

09 ふくを買(か)いにデパートへ行(い)きました。　　→ _____

10 週末(しゅうまつ)はゆっくりやすむつもりです。　　→ _____

듣기 다음 문장을 듣고 빈칸을 채우세요.

Track30

11 彼(かれ)は_____とよく言(い)われます。

12 _____の出演(しゅつえん)する映画(えいが)を見(み)た。

13 留学生活(りゅうがくせいかつ)にはもう_____。

14 _____出(で)かけました。

정답 1 がっき 2 しゃしん 3 ていきょう 4 ざせき 5 かんこう 6 ひみつ 7 歌手 8 映画
9 服 10 休む 11 背(せ)が高(たか)い 12 有名(ゆうめい)な俳優(はいゆう) 13 慣(な)れましたか 14 子供(こども)を連(つ)れて

218

01 もっとおもしろい企画を立ててください。

① けいかく　　　② ぎかく　　　③ きが　　　④ きかく

02 劇場に演劇を見に行きましょう。

① げきだん　　　② えんそう　　　③ えんげき　　　④ えんぜつ

03 イベントの宣伝をしてください。

① せんでん　　　② せんきょ　　　③ ぜんでん　　　④ せんてん

04 ネットで生活用品を購入しました。

① せいかつ　　　② せいがつ　　　③ かつどう　　　④ しょうかつ

05 夫は最近ゴルフに夢中です。

① ゆめなか　　　② ゆめじゅう　　　③ むちゅう　　　④ むじゅう

06 博物館に行く途中、まよってしまった。

① 迷って　　　② 米って　　　③ 達って　　　④ 通って

07 海外こうえんをすることになりました。

① 公園　　　② 公演　　　③ 後園　　　④ 演奏

08 英会話スクールでにちじょう会話を習っている。

① 日中　　　② 日用　　　③ 日常　　　④ 日曜

09 荷物をはこんでもらえますか。

① 連んで　　　② 軍んで　　　③ 動んで　　　④ 運んで

10 病院でちゅうしゃをしてもらいました。

① 駐車　　　② 発射　　　③ 注射　　　④ 中車

DAY | SUBJECT
21 | 일, 직업(1)

弁(べん)
사사로이 팔짱 끼고 말 없이 듣는 베토벤의 음악

医(い)
감출 수 없는 증상에 화살처럼 도착한 명의원 이 선생

記(き)
이것은 내가 말한 대로 기록할 키워드

合(ごう)
그 사람 것을 한 입 먹고 마음을 합할 때 Go

단어 복습 퀴즈 다음 한자를 바르게 읽은 것을 고르세요.

1 連休 ▶ ⓐ れんきゅ　ⓑ れんきゅう
2 住む ▶ ⓐ すむ　ⓑ しむ
3 座る ▶ ⓐ ざる　ⓑ すわる
4 到着 ▶ ⓐ とちゃく　ⓑ とうちゃく
5 旅行 ▶ ⓐ りょこう　ⓑ りょうこう
6 誕生日 ▶ ⓐ たんぞうび　ⓑ たんじょうび
7 連絡 ▶ ⓐ れんらく　ⓑ ねんらく
8 採用 ▶ ⓐ さいおう　ⓑ さいよう

정답 1ⓑ 2ⓐ 3ⓑ 4ⓑ 5ⓐ 6ⓑ 7ⓐ 8ⓑ

□□ 0677 　초2/N4

会 모일 회(會)

⌨ 모일 사람(人)은 이를테면(云) 형, 아우

🔊 かい, え ▶ **会議** 회의 │ **会社** 회사 │ **会話** 회화 │ **会釈** 가벼운 인사 │ **一期一会**
일생에 단 한 번 만나는 인연(기회)

会議の**内容**をまとめました。　회의 내용을 정리했습니다.

🔊 あ(う) ▶ **会う** 만나다 │ **出会い** 만남 │ **出会う** 우연히 만나다

会社でバイヤーに**会い**ました。　회사에서 바이어를 만났습니다.

[총 6획] 会 会 会 会 会 会

＋ まとめる 정리하다 │ バイヤー(buyer) 바이어, (무역 관계의) 구매자

□□ 0678 　초2/N4

社 모일 사(社)

⌨ 저기 보이는(ネ) 흙(土)밭에 사람들이 모일 때부터 샤워

🔊 しゃ ▶ **社員** 사원 │ **社会** 사회 │ **社長** 사장 │ **会社** 회사 │ **神社** 신사

新入社員の**教育担当**をしています。 신입 사원의 교육 담당을 하고 있습니다.

🔊 やしろ ▶ **社** 신사

ここに「**社町**」という**町**がありました。 여기에 '야시로쵸'라는 마을이 있었습니다.

[총 7획] 社 社 社 社 社 社 社

□□ 0679 　초3/N4

仕 섬길 사

⌨ 사람(イ)을 섬길 줄 아는 선비(士)의 시대

🔊 し ▶ **仕上げる** 일을 끝내다, 성공하다 │ **仕入れ** 구입, 매입 │ **仕方** 하는 법, 방식 │ **仕組み** 방법, 계획, 장치 │ **仕事** 일 │ **奉仕** 봉사

仕入れ価格を**教えて**ください。 매입 가격을 알려 주세요.

🔊 つか(える) ▶ **仕える** 섬기다, 시중들다, 봉사하다

秘書として**社長**に**仕えて**います。 비서로서 사장님을 모시고 있습니다.

[총 5획] 仕 仕 仕 仕 仕

□□ 0680 　초3/N4

事 일 사

⌨ 뜻(口) 글자를 붓(彐)으로 쓰는 일을 하지

🔊 じ, ず ▶ **事件** 사건 │ **事故** 사고 │ **記事** 기사 │ **行事** 행사 │ **食事** 식사 │ **無事** 무사, 평온함 │ **返事** 대답 │ **好事家** 호사가, 일을 벌이기 좋아하는 사람

行事の**準備**が**忙しくて食事**もできない。
행사 준비가 바빠서 식사도 할 수 없다.

🔊 こと ▶ **事** 사건, 일 │ **出来事** 일어난 일, 사건 │ **人事** 남의 일

刑事は**昨日**あった**出来事**について**説明**した。
형사는 어제 있었던 일에 대해 설명했다.

[총 8획] 事 事 事 事 事 事 事 事

□□ 0681	초2/N4

工

장인 공

⌨ 아령(工) 만드는 공장에 장인이 찾아왔고

🔊 こう, く ▸ **工事** 공사 | **工場** 공장 | **人工** 인공 | **工夫** 궁리, 고안 | **細工** 세공 |
大工 목수

工事現場で作業をしました。 공사 현장에서 작업을 했습니다.
工夫して新商品を開発しました。 고안해서 신상품을 개발했습니다.

총 3획　工 工 工

□□ 0682	초3/N4

員

인원 원

⌨ 인원이 많은 입구(口)에서 조개(貝) 굽는 주인

🔊 いん ▸ **会員** 회원 | **会社員** 회사원 | **公務員** 공무원 | **社員** 사원 | **店員** 점원

公務員試験を受けるつもりです。 공무원 시험을 볼 생각입니다.
在庫があるか店員に確認しました。 재고가 있는지 점원에게 확인합니다.

총 10획　員 員 員 員 員 員 員 員 員 員

+ 試験を受ける 시험을 보다(치르다)

□□ 0683	초6/N1

就

나아갈 취

⌨ 서울(京)시가 더욱(尤) 나아갈 방향이 이슈

🔊 しゅう, じゅ ▸ **就航** 취항 | **就職** 취업 | **就寝** 취침 | **就任** 취임 | **成就** 성취

社長の就任式が明日行われる予定です。
사장님의 취임식이 내일 시행될 예정입니다.

🔊 つ(く), つ(ける) ▸ **就く** 취임하다, 취업하다, 종사하다 | **就ける** 앉히다, 종사하게 하다

事務職に就こうと資格を取った。 사무직에 취업하려고 자격증을 땄습니다.

총 12획　就 就 就 就 就 就 就 就 就 就 就 就

+ 就こう 취업하려고[就く의 의지형] | 資格を取る 자격(증)을 따다

□□ 0684	초5/N3

職

직분 직

⌨ 귀(耳)에 들리는 소리(音)에 창(戈)을 들고 직분을 다하다 쇼크

🔊 しょく ▸ **職業** 직업 | **職種** 직종 | **職務** 직무 | **求職** 구직 | **就職** 취직 |
退職 퇴직, 사직

どのような職種を希望しますか。 어떤 직종을 희망합니까?
10時から就職の面接が始まります。 10시부터 취직 면접이 시작됩니다.

총 18획　職 職 職 職 職 職 職 職 職 職 職 職 職 職 職 職 職 職

+ 〜が始まる 〜이(가) 시작되다

□□ 0685 초3/N4

⌨ 양(羊) 여덟(八) 마리를 치는 목동 일(业)이 나의 업이자 교육

業
업 업

🔊 ぎょう, ごう ▶ 業種 업종 | 業務 업무 | 営業 영업 | 企業 기업 | 産業 산업 | 授業 수업 | 卒業 졸업 | 自業自得 자업자득

今月は営業成績が上がりました。 이번 달은 영업 성적이 올랐습니다.

🔊 わざ ▶ 業 짓, 소행, 직업 | 仕業 소행, 짓

去年の目標を達成するのは至難の業だった。
작년의 목표를 달성하는 것은 지극히 어려운 일이었다.

총 13획 業業業業業業業業業業業業業

+ 上がる 오르다

□□ 0686 초3/N3

⌨ 갓(亠)을 쓴 상인 여덟(八) 명의 빛나는(冏) 장사 스킬 쇼

商
장사 상

🔊 しょう ▶ 商業 상업 | 商店街 상점가 | 商売 장사 | 商品 상품 | 行商 행상

ここの商店街は活気がありますね。 여기 상점가는 활기가 있네요.

🔊 あきな(う) ▶ 商う 장사하다 | 商い 장사, 상업 | 商人 상인

私は果物の販売を商いとしています。 저는 과일 장사를 하고 있습니다.

총 11획 商商商商商商商商商商商

□□ 0687 초5/N3

⌨ 창(矛)으로 힘(力)을 들여 쳐서(攵) 힘쓸 사람이 근무

務
힘쓸 무

🔊 む ▶ 義務 의무 | 業務 업무 | 勤務 근무 | 事務 사무 | 職務 직무

妹は銀座支店で勤務しています。 여동생은 긴자 지점에서 근무하고 있습니다.

🔊 つと(まる), つと(める) ▶ 務まる 임무를 다하다 | 務める 소임을 맡다, 역할을 하다

イベントの司会を務めることになりました。 이벤트 사회를 맡게 되었습니다.

총 11획 務務務務務務務務務務務

+ ～ことになる ~하게 되다

□□ 0688 초4/N1

⌨ 책상(コ) 밑에서 먼저 한(一) 입(口) 먹고 업무를 맡을 시간

司
맡을 사

🔊 し ▶ 司会 사회 | 司教 (카톨릭) 주교 | 司法 사법 | 上司 상사

上司に報告書を提出しました。 상사에게 보고서를 제출했습니다.

司法試験に合格して弁護士になりました。
사법시험에 합격해서 변호사가 되었습니다.

총 5획 司司司司司

⌨ 사사로이(厶) 팔짱(廾) 끼고 말 없이 듣는 베토벤의 음악

🔊 べん ▸ **弁護** 변호 | **弁当** 도시락 | **弁論** 변론 | **関西弁** 간사이 사투리 | **代弁**
대변, 대리

会社の昼休みにお弁当を食べました。 회사 점심시간에 도시락을 먹었습니다.

彼の弁護は私が担当しました。 그의 변호는 제가 담당했습니다.

弁

고깔 **변**/말씀 **변**(辯)

총 5획 弁 弁 弁 弁 弁

⌨ 선비 열(十) 명이 한(一)마음으로 말하던 시대

🔊 し ▸ **士官** 사관 | **消防士** 소방관 | **紳士** 신사 | **武士** 무사 | **弁護士** 변호사 |
保育士 보육사

弟は消防士になりたがっています。 남동생은 소방관이 되고 싶어 합니다.

保育士は体力の要る仕事です。 보육사는 체력이 필요한 직업입니다.

士

선비 **사**

총 3획 士 士 士

+ 要る 필요하다

⌨ 십(十) 년 만에 날개 펴고(尃) 넓은 미래를 향한 학구열

🔊 はく, ばく ▸ **博士** 박사 | **博識** 박식 | **博物館** 박물관 | **博覧会** 박람회 | **博打**
도박, 노름 ★**博士** 박사[속어]

兄は博物館に就職しました。 오빠(형)는 박물관에 취직했습니다.

国際博覧会に出展しましょうか。 국제박람회에 출전할까요?

博

넓을 **박**(博)

총 12획 博 博 博 博 博 博 博 博 博 博 博

⌨ 감출(匸) 수 없는 증상에 화살(矢)처럼 도착한 명의원 이 선생

🔊 い ▸ **医学** 의학 | **医者** 의사 | **医薬品** 의약품 | **医療** 의료 | **歯医者** 치과 의사 |
名医 명의

医者になろうと医学部に進学しました。 의사가 되려고 의학부에 진학했습니다.

医療関係の仕事に就きました。 의료에 관련된 일에 취직했습니다.

医

의원 **의**(醫)

총 7획 医 医 医 医 医 医 医

+ ～になろうと ~이(가) 되려고[なる의 의지형] | ～に就く ~에 취직하다, 그 자리(직위)에 앉다, 취임하다

□□ 0693　초4/N2

⌨ 물(氵) 속 물고기(魚)를 잡는 어부가 고기 잡을 때 얻은 교훈

음　ぎょ, りょう ▸ 漁業 어업 | 漁船 어선 | 漁場 어장 | 漁師 어부

漁業組合に連絡を取ってください。 어업조합에 연락을 취해 주세요.

父は漁師で、毎日海に出ています。 아버지는 어부이고, 매일 바다에 나갑니다.

[총 14획] 漁漁漁漁漁漁漁漁漁漁漁漁漁漁

漁

고기 잡을 어

　　　　+ 連絡を取る 연락을 취하다 | 명사 + で ~이고

□□ 0694　초6/N2

⌨ 천을 길게 드리운(垂) 고을(阝)로 배달된 우편은 to you

음　ゆう ▸ 郵政 우정[우편에 관한 행정] | 郵送 우송, 발송 | 郵便 우편

郵送のみ受け付けています。 우편만 접수하고 있습니다.

郵便で書類を発送しました。 우편으로 서류를 발송했습니다.

[총 11획] 郵郵郵郵郵郵郵郵郵郵郵

郵

우편 우

　　　　+ のみ ~만, ~뿐, 오직 그것뿐 | 受け付ける 접수하다, 받아들이다

□□ 0695　초5/N2

⌨ 말씀(言)을 듣고 계획을 짜기(冓) 전에 읽을 책 코너

음　こう ▸ 講演 강연 | 講義 강의 | 講師 강사 | 開講 개강 | 休講 휴강

大学で講演をしたことがあります。 대학에서 강연을 한 적이 있습니다.

ピアノ講師を10年ぐらい続けています。

피아노 강사를 10년 정도 계속하고 있습니다.

[총 17획] 講講講講講講講講講講講講講講講講講

講

읽을 강/욀 강

　　　　+ ~たことがある ~한 적이 있다 | 続ける 계속하다

□□ 0696　초6/N2

⌨ 오로지 열(十) 개의 밭(田)일에 뼈마디(寸)가 고생

음　せん ▸ 専業 전업 | 専攻 전공 | 専属 전속 | 専門 전문 | 専用 전용

専攻を活かして歯医者になりました。 전공을 살려서 치과 의사가 되었습니다.

훈　もっぱ(ら) ▸ 専ら 오로지, 한결같이, 전적으로

次期社長は田中部長だと専らの噂だ。

차기 사장은 다나카 부장이라고 한결같은 소문이다.

[총 9획] 専専専専専専専専専

専

오로지 전(專)

　　　　+ 活かす 살리다, 소생시키다 | ~になる ~이(가) 되다 | 専らの噂 한결같은 소문, 소문이 자자함

⌨ 두(二) 개의 작은(小) 렌즈로 잘 보일지

示
보일 **시**

🔊 し, じ ▸ 示唆 시사, 암시 ┃ 掲示板 게시판 ┃ 指示 지시 ┃ 提示 제시 ┃ 展示 전시

希望価格を提示してください。 희망 가격을 제시해 주세요.

🔊 しめ(す) ▸ 示す 보이다, 가리키다

コストがどれくらいか示してください。 비용이 어느 정도인지 보여 주세요.

[총 5획] 示 示 示 示 示

　　　　+ コスト(cost) 비용 ┃ ～か ～인지

⌨ ㅗ와 ㅛ를 합친 한자는 설 립(立), 발음은 りつ(리츠)

立
설 **립**

🔊 りつ, りゅう ▸ 立春 입춘 ┃ 立冬 입동 ┃ 立派 훌륭함 ┃ 公立 공립 ┃ 国立 국립 ┃ 私立 사립 ┃ 設立 설립 ┃ 独立 독립 ┃ 建立・建立 건립

会社設立には資本金が必要です。 회사 설립에는 자본금이 필요합니다.

🔊 た(つ), た(てる) ▸ 立つ 서다 ┃ 立てる 세우다 ┃ 立場 입장

取引先の立場になって考えてみました。 거래처 입장이 되어서 생각해 봤습니다.

[총 5획] 立 立 立 立 立

　　　　+ 考える 생각하다 ┃ ～てみる ～해 보다

⌨ 이것은 내(己)가 말한(言) 대로 기록할 키워드

記
기록할 **기**

🔊 き ▸ 記事 기사 ┃ 記入 기입 ┃ 記念日 기념일 ┃ 記録 기록 ┃ 日記 일기

会社に着いて新聞記事を読みました。 회사에 도착해서 신문 기사를 읽었습니다.

🔊 しる(す) ▸ 記す 적다

大会参加者の氏名を記しました。 대회 참가자의 성명을 적었습니다.

[총 10획] 記 記 記 記 記 記 記 記 記 記

　　　　+ ～に着く ～에 도착하다 ┃ 氏名 성명

⌨ 쇠(金)에 새겨 기록할(录) 숫자를 누르고 노크

録

기록할 **록(録)**

🔊 ろく ▸ 録音 녹음 ┃ 録画 녹화 ┃ 記録 기록 ┃ 付録 부록 ┃ 目録 목록

会議の内容を記録しておきました。 회의 내용을 기록해 두었습니다.

商品目録を1万部印刷しましょう。 상품 목록(카탈로그)을 1만 부 인쇄합시다.

[총 16획] 録 録 録 録 録 録 録 録 録 録 録 録 録 録

　　　　+ ～ておく ～해 두다 ┃ ～ましょう ～합시다

□□ 0701　초6/N1

⌨ 삐쳐(丿) 나온 실(糸)을 정리하고 다시 맬게

系

음 けい ▸ **系統** 계통 | **系列** 계열 | **家系** 가계 | **体系** 체계 | **直系** 직계

けいれつがいしゃ　　いどう
系列会社に**異動**になりました。 계열회사로 이동하게 되었습니다.

じしゃ　きょういくたいけい　かくりつ
自社の**教育体系**を**確立**しました。 자사 교육체계를 확립했습니다.

총7획 系 系 系 系 系 系 系

맬 계

+ ～になる ～이(가) 되다

□□ 0702　초3/N3

⌨ 살 바른 뼈(歹)와 칼(刂)로 일 벌일 생각이면 렛츠 고

列

음 れつ ▸ **列車** 열차 | **列島** 열도 | **行列** 행렬 | **整列** 정렬 | **陳列** 진열

ちち　れっしゃ　うんてん
父は**列車**の**運転**をしています。 아버지는 열차 운전을 하고 있습니다.

しょうひん　ちんれつ　　　　　らん
商品を**陳列**したので、ご**覧**ください。 상품을 진열했으니 봐 주십시오.

총6획 列 列 列 列 列 列

벌일 렬

+ ご**覧**ください 봐 주십시오[**見**てください의 존경 표현]

□□ 0703　초2/N3

⌨ 그 사람(人) 것을 한(一) 입(口) 먹고 마음을 합할 때 Go

合

음 ごう, かっ, がっ ▸ **合格** 합격 | **合計** 합계 | **合同** 합동 | **集合** 집합 | **都合**
형편, 사정 | **合戦** 전투, 접전 | **合宿** 합숙 | **合唱** 합창 | **合併** 합병 | **雨合羽** 비옷

A**社**とB**社**は**合併**されました。 A회사와 B회사는 합병되었습니다.

훈 あ(う), あ(わす), あ(わせる) ▸ **合う** 맞다, 만나다 | **合わす** 맞추다, 합치다
合わせる 맞추다, 합치다 | ★**合気道** 합기도 | ★**合図** 신호 | ★**割合** 비율

かいしゃ　てんしょくしゃ　わりあい　たか
その**会社**は**転職者**の**割合**が**高**いそうです。
그 회사는 전직자 비율이 높다고 합니다.

총6획 合 合 合 合 合 合

합할 합

□□ 0704　초3/N4

⌨ 선물 보낼 생각에 웃으며(关) 천천히 걷는(辶) 소년

送

음 そう ▸ **送金** 송금 | **送信** 송신 | **送料** 송료, 배송비 | **回送** 회송 | **放送** 방송
輸送 수송 | **郵送** 우송

きょう　じゅう　かいがい　そうきん
今日中に**海外**に**送金**しなければならない。 오늘 중에 해외로 송금해야 한다.

훈 おく(る) ▸ **送る** 보내다, 배웅하다 | **見送り** 배웅

くうこう　ぶちょう　みおく　　い
空港へ**部長**を**見送**りに**行**きます。 공항에 부장님을 배웅하러 갑니다.

보낼 송(送)

총9획 送 送 送 送 送 送 送 送 送

⌨ 실(糸)로 또(且) 스웨터를 짤 만한 장소

組

짤 조

음 そ ▶ 組織 조직 | 組成 조성

組織の一員として最善を尽くしています。
조직의 일원으로서 최선을 다하고 있습니다.

훈 く(む), くみ ▶ 組む 엮다, 짜다 | 組合 조합[労働組合(노동조합)의 줄임말] |
組み立て 조립 | 三組 3조, 3반 | 番組 프로그램

ドキュメンタリー番組の監督をしています。
다큐멘터리 프로그램 감독을 하고 있습니다.

총 11획 組 組 組 組 組 組 組 組 組 組 組

⌨ 말한(言) 대로 두루(周) 다니며 집을 고를 생각이었죠

調

고를 조

음 ちょう ▶ 調査 조사 | 調子 상태 | 調節 조절 | 強調 강조 | 好調 호조 |
順調 순조로움

明日までに調査内容を報告してください。
내일까지 조사 내용을 보고해 주세요.

훈 しら(べる), ととの(う), ととの(える) ▶ 調べる 조사하다 | 調う (빠짐없이) 준비
되다, 성립되다, 갖추어지다 | 調える 마련하다, 갖추다, 성립시키다

その事件を1年にわたって調べました。 그 사건을 1년에 걸쳐 조사했습니다.

총 15획 調 調 調 調 調 調 調 調 調 調 調 調 調 調 調

+ ～にわたって (장소·때의 범위·끝나는 시점)에 걸쳐서

⌨ 주검(尸)을 찾는 무리는 같은 우(禹)씨의 족구팀

屬

무리 속(屬)

음 ぞく ▶ 属性 속성, 특성 | 金属 금속 | 従属 종속 | 所属 소속 | 付属品 부속품

金属加工の会社に頼むことにしました。 금속가공 회사에 부탁하기로 했습니다.
出荷の際に付属品も送ってください。 출하 시에 부속품도 보내 주세요.

총 12획 属 属 属 属 属 属 属 属 属 属 属 属

+ ～ことにする ～하기로 하다 | 出荷 출하, 상품을 시장에 냄 | 送る 보내다

⌨ 세 싹(⺌)이 난 선반(冖) 입구(口)에서 조개(貝)로 상 줄 쇼

賞

상줄 상

음 しょう ▶ 賞 상 | 賞状 상장 | 賞品 상품 | 皆勤賞 개근상 | 鑑賞 감상

営業成績トップで賞をもらった。 영업 성적이 탑(top)이어서 상을 받았다.
美術鑑賞講座を開催しました。 미술 감상 강좌를 개최했습니다.

총 15획 賞 賞 賞 賞 賞 賞 賞 賞 賞 賞 賞 賞 賞 賞 賞

□□ 0709　초5/N1

⌨ 사람(イ)이 뚫고(丨) 닦는(彡) 수양을 당신도 닦을 수 있슈

修

닦을 수

음 しゅう, しゅ ▶ 修正 수정 | 修理 수리 | 修了 수료 | 改修 개수, 수리 | 研修 연수 | 必修 필수 | 修業 수업, 기술이나 학업을 익히며 닦음

来月から本社の改修工事が行われる。 다음 달부터 본사 개수 공사가 실시된다.

훈 おさ(まる), おさ(める) ▶ 修まる 닦아지다, 좋아지다 | 修める 닦다, 수양하다, 익히다

学問を修めて研究者になりました。 학문을 수양하여 연구자가 되었습니다.

(총 10획) 修修修修修修修修修修

□□ 0710　초5/N2

⌨ 대나무(⺮)처럼 굳은(巩) 절개의 나무(木)로 쌓을 건축물에 관한 퀴즈

築

쌓을 축

음 ちく ▶ 築造 축조 | 改築 개축 | 建築 건축 | 新築 신축 | 増築 증축

建築事務所に設計を依頼しました。 건축 사무소에 설계를 의뢰했습니다.

훈 きず(く) ▶ 築く 쌓다, 축조하다

営業は信頼関係を築くことが大切です。
영업은 신뢰 관계를 쌓는 것이 중요합니다.

(총 16획) 築築築築築築築築築築築築築築築築

+ 大切だ 중요하다, 소중하다

□□ 0711　초6/N2

⌨ 대나무(⺮) 사이(間)에 서 있는 대쪽 같은 철학자 칸트

簡

대쪽 간

음 かん ▶ 簡潔 간결 | 簡単 간단 | 簡略 간략 | 書簡 서간, 편지

簡潔にまとめて報告した方がいいです。
간결하게 정리해서 보고하는 편이 좋습니다.

交渉は簡単に進みませんでした。 교섭은 간단하게 진행되지 않았습니다.

(총 18획) 簡簡簡簡簡簡簡簡簡簡簡簡簡簡簡簡簡簡

+ 交渉 교섭, 협상 | 進む 나아가다, 진행되다

□□ 0712　초3/N4

⌨ 새(隹)와 나무(木)에 대해 모을 만한 자료가 이슈

集

모을 집

음 しゅう ▶ 集合 집합 | 集中 집중 | 採集 채집 | 収集 수집 | 募集 모집

インターンを募集しています。 인턴을 모집하고 있습니다.

훈 あつ(まる), あつ(める), つど(う) ▶ 集まる 모이다 | 集める 모으다 | 集う 모이다

11時までに会議室に集まってください。 11시까지 회의실에 모여 주세요.

(총 12획) 集集集集集集集集集集集集

+ インターン(intern) 인턴, 현장 실습생 | ～までに ～까지(의 기한)

DAY | SUBJECT

22 | 일, 직업(2)

研(けん)
돌을 평평하게 만들어
갈고 닦아 기록을 깬다

買(ばい)
그물에 담아 조개로
물건 사던 시대는 Bye

団(だん)
네모난 상자에 마디마디가
둥글둥글한 당고

担(たん)
손으로 매일 한 개의
짐을 멜 때 어깨가 탄탄

단어 복습 퀴즈 다음 한자를 바르게 읽은 것을 고르세요.

1 会議 ▶ ⓐ かいき　　ⓑ かいぎ
2 仕事 ▶ ⓐ しこと　　ⓑ しごと
3 事故 ▶ ⓐ じこ　　　ⓑ じこう
4 公務員 ▶ ⓐ こうむいん　ⓑ こむいん

5 営業 ▶ ⓐ えぎょ　　ⓑ えいぎょう
6 合計 ▶ ⓐ ごうけい　ⓑ ごけい
7 調査 ▶ ⓐ ちょさ　　ⓑ ちょうさ
8 集まる ▶ ⓐ あつまる　ⓑ しゅうまる

정답 1ⓑ 2ⓑ 3ⓐ 4ⓐ 5ⓑ 6ⓐ 7ⓑ 8ⓐ

□□ 0713 　초4/N3

⌨ 작은(⺌) 천으로 덮고(冖) 힘(力)쓰는 식당에서 일할 사람은 팔로우

労

일할 로(勞)

🔊 ろう ▶ **労働** 노동 ｜ **労力** 노력 ｜ **過労** 과로 ｜ **苦労** 고생, 애씀 ｜ **疲労** 피로

労働問題を主題とした論文を書いている。
노동문제를 주제로 한 논문을 쓰고 있다.

過労で倒れないように気をつけてください。
과로로 쓰러지지 않도록 조심하세요.

총 7획 労 労 労 労 労 労 労

□□ 0714 　초4/N3

⌨ 무거운(重) 사람(亻)을 힘(力)써 들고 일할 도우미

働

일할 동

🔊 どう ▶ **稼働** 가동, 기계를 움직임 ｜ **実働** 실제로 노동함 ｜ **労働** 노동

3時間ごとに機械の稼働時間を確認します。
3시간마다 기계의 가동 시간을 확인합니다.

🔊 はたら(く) ▶ **働く** 일하다 ｜ **共働き** 맞벌이

共働き家庭が年々増加しています。 맞벌이 가정이 해마다 증가하고 있습니다.

총 13획 働 働 働 働 働 働 働 働 働 働 働 働 働

+ 〜ごとに 〜마다

□□ 0715 　초3/N4

⌨ 돌(石)을 평평하게(幵) 만들어 갈고 닦아 기록을 깬다

研

갈 연(硏)

🔊 けん ▶ **研究** 연구 ｜ **研修** 연수 ｜ **研磨** 연마

特別研究員に採用されました。 특별 연구원으로 채용되었습니다.

🔊 と(ぐ) ▶ **研ぐ** (곡식을) 씻다, (칼 등을) 갈다, 윤을 내다

まず、米を研いでから料理を始めた。 먼저 쌀을 씻고 나서 요리를 시작했다.

총 9획 研 研 研 研 研 研 研 研 研

+ 採用される 채용되다[採用する의 수동형] ｜ 始める 시작하다

□□ 0716 　초3/N4

⌨ 커다란 동굴(穴)에 들어가 9(九)년간 연구할 다큐

究

연구할 구

🔊 きゅう ▶ **究極** 궁극 ｜ **究明** 구명, 규명 ｜ **探究** 탐구 ｜ **追究** 추구

事件の真相究明を求めました。 사건의 진상 규명을 요구했습니다.

🔊 きわ(める) ▶ **究める** 깊이 연구하다, 끝까지 알아내다(파헤치다)

彼は学問を究めて教授になりました。
그는 학문을 깊이 연구하여 교수가 되었습니다.

총 7획 究 究 究 究 究 究 究

+ 求める 요구하다, 구하다, 바라다 ｜ 〜になる 〜이(가) 되다

⌨ 선비(士)가 덮을(冖) 것을 어진 사람(儿)에게 직접 팔고 있는 우리

売
팔 매(賣)

음 **ばい** ▶ 売却 매각 | 売店 매점 | 商売 장사 | 発売 발매 | 販売 판매

商品の発売日について話し合いました。
상품의 발매일에 대해서 서로 이야기했습니다.

훈 **う(れる), う(る)** ▶ 売れる 팔리다 | 売る 팔다 | 売り上げ 매상 | 売り切れ
매진, 품절 | 売り場 매장

紳士服売り場で接客をしています。 신사복 매장에서 손님을 접대하고 있습니다.

총 7획　売 売 売 売 売 売 売

⌨ 그물(罒)에 담아 조개(貝)로 물건 사던 시대는 Bye

買
살 매

음 **ばい** ▶ 買収 매수 | 購買 구매 | 売買 매매

土地売買の仲介をしています。 토지 매매의 중개를 하고 있습니다.

훈 **か(う)** ▶ 買う 사다 | 買い物 쇼핑 | お買い得 이득

姉がバイトしているデパートで買い物をした。
언니(누나)가 아르바이트하고 있는 백화점에서 쇼핑했다.

총 12획　買 買 買 買 買 買 買 買 買 買 買 買

⌨ 문(門)의 평평한(幵) 곳을 열고 바라본 스카이

開
열 개

음 **かい** ▶ 開催 개최 | 開始 개시 | 開店 개점 | 開発 개발 | 公開 공개 | 満開 만개

商品開発部から依頼を受けました。 상품 개발부로부터 의뢰를 받았습니다.

훈 **ひら(く), ひら(ける), あ(く), あ(ける)** ▶ 開く 열다, 열리다 | 開ける 열리다,
펼쳐지다 | 開く 열리다, 개점하다 | 開ける 열다

九時に出勤して店を開けました。 9시에 출근해서 가게를 열었습니다.

총 12획　開 開 開 開 開 開 開 開 開 開 開 開

+ 依頼を受ける 의뢰를 받다

⌨ 가게 문(門)을 오(オ)-픈하고 닫을 때 불러, 헤이~

閉
닫을 폐

음 **へい** ▶ 閉鎖 폐쇄 | 閉店 폐점 | 開閉 개폐 | 密閉 밀폐

残念ながら、工場が閉鎖されました。 유감스럽게도 공장이 폐쇄되었습니다.

훈 **し(まる), し(める), と(じる), と(ざす)** ▶ 閉まる 닫히다 | 閉める 닫다 |
閉じる 닫히다, 끝나다 | 閉ざす 닫다, 잠그다, 막다

閉店時間なので、店が閉まっています。 폐점 시간이라서 가게가 닫혀 있습니다.

총 11획　閉 閉 閉 閉 閉 閉 閉 閉 閉 閉 閉

0721 초3/N3

客

손 객

⌨ 집(宀)에서 각자(各) 맞이하는 손님은 가끔

음 きゃく, かく ▶ 客観 객관 | 客席 객석 | 観客 관객 | 顧客 고객 | 乗客 승객
| 旅客機 여객기[りょかくき라고도 함]

客観的なデータに基づいて作成した。 객관적인 데이터에 근거하여 작성했다.

パソコンで顧客情報の管理をしています。

컴퓨터로 고객 정보를 관리하고 있습니다.

총 9획 客 客 客 客 客 客 客 客 客

+ データ(data) 데이터 | ～に基づいて ～에 근거하여, ～에 기반하여 | パソコン 컴퓨터

0722 초5/N2

団

둥글 단(團)

⌨ 네모난(囗) 상자에 마디마디(寸)가 둥글둥글한 당고

음 だん, とん ▶ 団体 단체 | 劇団 극단 | 財団 재단 | 集団 집단 | 布団 이불

彼は劇団の団長をしています。 그는 극단 단장을 하고 있습니다.

財団法人に勤めて4年になります。 재단법인에 근무한 지 4년이 됩니다.

총 6획 団 団 団 団 団 団

0723 초5/N2

比

견줄 비

⌨ 두 명이 팔 들고 앉아(ヒ) 견줄 실력에 희한한 반응

음 ひ ▶ 比較 비교 | 比重 비중 | 比率 비율 | 比例 비례 | 対比 대비

他社と比較してデータを作成しました。
타사와 비교해서 데이터를 작성했습니다.

훈 くら(べる) ▶ 比べる 비교하다, 대조하다, 경쟁하다

去年に比べて輸入量が増加した。 작년에 비해서 수입량이 증가했다.

총 4획 比 比 比 比

+ ～に比べて ～에 비해, ～에 비교해서

0724 초4/N3

成

이룰 성

⌨ 언덕(厂)에서 방패(コ)와 창(戈)으로 승리를 이룰 걸세

음 せい, じょう ▶ 成功 성공 | 成人 성인 | 成績 성적 | 成長 성장 | 完成 완성
| 作成 작성 | 賛成 찬성 | 成就 성취

このプロジェクトは成功しました。 이 프로젝트는 성공했습니다.

훈 な(る), な(す) ▶ 成る 이루어지다, 되다 | 成す 이루다, 달성하다 | 成し遂げる 끝까

지 해내다, 완수하다

大きな仕事を成し遂げるには努力しかない。

큰일을 끝까지 해내려면 노력밖에 없다.

총 6획 成 成 成 成 成 成

⌨ 살 바른 뼈(歹)에 창(戈)으로 한(一) 번 비스듬히(丿) 그어 남을 잔상

残

남을 잔(殘)

🔊 ざん ▸ 残業 잔업 │ 残酷 잔혹 │ 残高 잔액 │ 残念 유감스러움, 아쉬움

最近残業ばかりしています。 요즘 야근만 (계속) 하고 있습니다.

🔊 のこ(る), のこ(す) ▸ 残る 남다 │ 残す 남기다 │ 心残り 미련, 유감

★名残 여운, 흔적, 추억

現場に証拠が残っています。 현장에 증거가 남아 있습니다.

총 10획 残 残 残 残 残 残 残 残 残 残

+ ばかり ~만, ~뿐

⌨ 사사로이(厶) 큰(大) 터럭(彡)무늬 옷을 입고 참여할 등산

参

참여할 참(參)

🔊 さん ▸ 参加 참가 │ 参考 참고 │ 降参 항복, 굴복 │ 持参 지참

企業説明会に参加した方がいいです。 기업 설명회에 참가하는 편이 좋습니다.

🔊 まい(る) ▸ 参る 가다, 오다[行く・来る의 겸양어]

明日の午後2時に御社に参ります。 내일 오후 2시에 귀사로 가겠습니다.

총 8획 参 参 参 参 参 参 参 参

+ ~た方がいい ~하는 편이 좋다 │ 御社 귀사[상대 회사를 높여 부르는 말]

⌨ 미리(予) 붙임 머리(頁)를 맡길 수 있는 샵이에요

預

맡길 예/미리 예

🔊 よ ▸ 預金 예금 │ 預託 예탁 │ 外貨預金 외화예금 │ 定期預金 정기예금

外貨預金についての説明をしました。 외화예금에 대한 설명을 했습니다.

🔊 あず(かる), あず(ける) ▸ 預かる 맡다, 보관하다 │ 預ける 맡기다, 위임하다

お客様から預かったお金を運用しています。
고객으로부터 맡은 돈을 운용하고 있습니다.

총 13획 預 預 預 預 預 預 預 預 預 預 預 預 預

⌨ 손(扌)으로 매일(日) 한(一) 개의 짐을 멜 때 어깨가 탄탄

担

멜 담(擔)

🔊 たん ▸ 担当 담당 │ 担任 담임 │ 担保 담보 │ 負担 부담 │ 分担 분담

まだ誰が担当になるか決まっていません。
아직 누가 담당이 될지 안 정해졌습니다.

🔊 かつ(ぐ), にな(う) ▸ 担ぐ 메다, 짊어지다, 속이다 │ 担う 짊어지다, 떠맡다, 담당하다

彼は経営のトップを担う中心人物です。
그는 경영 톱(top)을 짊어질 중심 인물입니다.

총 8획 担 担 担 担 担 担 担 担

0729 초5/N2

耕

밭 갈 경

⌨ 쟁기(耒)와 우물(井)물로 언제 밭을 갈고

음 こう ▸ **耕運機** 경운기 | **耕作** 경작 | **耕地** 경지 | **農耕** 농경

今年は耕作面積を減らしましょう。 올해는 경작 면적을 줄입시다.

훈 たがや(す) ▸ **耕す** 갈다, 일구다, 경작하다

最近畑を耕したばかりです。 최근에 밭을 간 지 얼마 안 됐습니다.

(총 10획) 耕 耕 耕 耕 耕 耕 耕 耕 耕 耕

+ ~たばかりです ~한 지 얼마 안 됐습니다

0730 초5/N3

精

정할 정(精)

⌨ 쌀(米)과 푸른(青) 채소로 음식을 정성스럽게 준비하세

음 せい, しょう ▸ **精巧** 정교함 | **精神** 정신 | **精密** 정밀 | **丹精** 정성을 들임 | **妖精** 요정 | **精進** 정진 | **不精** 게을러서 하기 싫어함

精巧に作られた製品です。 정교하게 만들어진 제품입니다.

より一層仕事に精進して参ります。 한층 더 일에 정진해 가겠습니다.

(총 14획) 精 精 精 精 精 精 精 精 精 精 精 精 精 精

+ 一層 한층 더, 보다 더

0731 초5/N1

率

비율 률/거느릴 솔

⌨ 검은(玄) 쌀 4알(丶)~10(十)알과 물의 비율

음 りつ, そつ ▸ **確率** 확률 | **競争率** 경쟁률 | **倍率** 배율 | **比率** 비율 | **率先** 솔선 | **率直** 솔직함 | **軽率** 경솔함

競争率の高い会社に入社できました。
경쟁률이 높은 회사에 입사할 수 있었습니다.

훈 ひき(いる) ▸ **率いる** 거느리다, 인솔하다, 통솔하다

A監督は代表チームを率いています。 A감독은 대표팀을 통솔하고 있습니다.

(총 11획) 率 率 率 率 率 率 率 率 率 率 率

0732 초6/N2

誌

기록할 지

⌨ 말한(言) 것을 선비(士)가 마음(心) 담아 기록할 시간

음 し ▸ **誌上** 지상, 잡지의 지면 | **雑誌** 잡지 | **週刊誌** 주간지 | **日誌** 일지

週刊誌に掲載するために取材しました。 주간지에 게재하기 위해 취재했습니다.

業務日誌の書き方を後輩に指導した。 업무 일지 쓰는 법을 후배에게 지도했다.

(총 14획) 誌 誌 誌 誌 誌 誌 誌 誌 誌 誌 誌 誌 誌 誌

+ 書き方 쓰는 법[ます형 + 方 ~하는 법]

⌨ 내가 지은(制) 옷(衣)을 입은 투수가 세이브에 성공

製

지을 제

🔊 **せい** ▶ 製作 제작 │ 製造 제조 │ 製品 제품 │ 製本 제본 │ 製薬 제약 │ 外国製 외제, 외국산 │ 日本製 일제, 일본산

ここは電子製品の製造及び販売を行う会社です。
여기는 전자 제품 제조 및 판매를 하는 회사입니다.

製薬会社で新薬が開発されました。 제약 회사에서 신약이 개발되었습니다.

총 14획 製 製 製 製 製 製 製 製 製 製 製 製 製 製

+ 及び 및 │ 開発される 개발되다[開発する의 수동형]

⌨ 더할(加) 나위 없이 좋은 패물(貝)로 하례할 것인가

賀

하례할 하

🔊 **が** ▶ 賀正 새해를 축하함 │ 謹賀 근하 │ 祝賀 축하 │ 年賀状 연하장

ホテルで祝賀パーティーが行われた。 호텔에서 축하 파티가 행해졌다.

取引先に年賀状を毎年送っています。 거래처에 연하장을 매년 보내고 있습니다.

총 12획 賀 賀 賀 賀 賀 賀 賀 賀 賀 賀 賀 賀

+ 取引先 거래처

⌨ 길게 걸어가서(廴) 세울 건물을 붓(聿)으로 그려

建

세울 건

🔊 **けん, こん** ▶ 建設 건설 │ 建築 건축 │ 再建 재건 │ 建立 건립

建設業界で働いています。 건설업계에서 일하고 있습니다.

🔊 **た(つ), た(てる)** ▶ 建つ 서다 │ 建てる 짓다, 세우다 │ 建物 건물

来年、新しい本社ビルを建てるそうです。
내년에 새 본사 빌딩을 세운다고 합니다.

총 9획 建 建 建 建 建 建 建 建 建

+ 業界 업계 │ 〜で働く 〜에서 일하다

⌨ 말한(言) 대로 소리(音) 내어 창(戈) 연습을 알 때까지 시키세요

識

알 식

🔊 **しき** ▶ 識者 지식인 │ 識別 식별 │ 意識 의식 │ 常識 상식 │ 知識 지식

先輩は仕事のプロ意識が高いです。 선배는 일에 대한 프로 의식이 높습니다.

営業についての正しい知識を教えている。
영업에 대한 올바른 지식을 가르치고 있다.

총 19획 識 識 識 識 識 識 識 識 識 識 識 識 識 識 識 識 識 識 識

+ 〜についての 〜에 대한

□□ 0737　초4/N3

⌨ 볏(禾)단을 쌓을 때 꾸짖어도(責) 챙겨 먹는 삼시세끼

積

쌓을 적

음 **せき** ▶ **積載** 적재 | **積雪** 적설 | **積極的** 적극적 | **体積** 체적, 부피 | **面積** 면적

積極的にこの仕事に取り組んでいます。 적극적으로 이 일에 임하고 있습니다.

훈 **つ(もる), つ(む)** ▶ **積もる** 쌓이다 | **積む** 쌓다, 거듭하다 | **見積書** 견적서

今日中に見積書をお送りします。 오늘 중으로 견적서를 보내드리겠습니다.

[총 16획] 積積積積積積積積積積積積積積積積

+ 取り組む 임하다, 주력하다, 수행하다 | お送りします 보내드리겠습니다[送る의 겸양 표현]

□□ 0738　초6/N1

⌨ 나는 손(扌)으로 우는(喿) 새를 잡을 수 없소

操

잡을 조

음 **そう** ▶ **操業** 조업 | **操作** 조작 | **操縦** 조종 | **体操** 체조 | **貞操** 정조

兄はヘリコプターの操縦士です。 오빠(형)는 헬리콥터 조종사입니다.

훈 **みさお, あやつ(る)** ▶ **操** 지조, 절개, 정조 | **操る** 놀리다, 조종하다, 다루다

社長は人を操るのが上手です。 사장은 사람을 잘 다룹니다.

[총 16획] 操操操操操操操操操操操操操操操操

+ ヘリコプター(helicopter) 헬리콥터 | ～が上手だ ～을(를) 잘하다

□□ 0739　초6/N2

⌨ 꾸밀 줄 아는 멋진 옷(衣)을 입은 장(壯)년 셰프의 소 혀 요리

装

꾸밀 장(裝)

음 **そう, しょう** ▶ **装飾** 장식 | **装置** 장치 | **装備** 장비 | **改装** 개장 | **服装** 복장 | **包装** 포장 | **衣装** 의상

安全装備を着用して作業をしています。
안전 장비를 착용하고 작업을 하고 있습니다.

훈 **よそお(う)** ▶ **装う** 치장하다, 꾸미다, 가장하다

店内を春向きに装いました。 가게 안을 봄에 잘 어울리는 것으로 꾸몄습니다.

[총 12획] 装装装装装装装装装装装装

+ 店内 가게 안, 점내 | 春向き 봄에 잘 어울리는 것

□□ 0740　초4/N3

⌨ 흙(土)밭 어린 양(羊)과 쉬엄쉬엄 가서(辶) 통달할 코타츠 사용법

達

통달할 달(達)

음 **たつ** ▶ **達人** 달인 | **達成** 달성 | **上達** 상달 | **速達** 속달 | **配達** 배달 | **発達** 발달
★**友達** 친구

今月の目標を達成しました。 이번 달 목표를 달성했습니다.
友達は配達の仕事をしています。 친구는 배달 업무를 하고 있습니다.

[총 12획] 達達達達達達達達達達達

읽기 다음 한자를 히라가나로 쓰세요.

01 工事 → _____

02 食事 → _____

03 博物館 → _____

04 研修 → _____

05 製品 → _____

06 比率 → _____

쓰기 밑줄 친 히라가나를 한자로 쓰세요.

07 <u>じょうし</u>に報告書を提出しました。 → _____

08 <u>いしゃ</u>になろうと医学部に進学しました。 → _____

09 紳士服<u>うりば</u>で接客をしています。 → _____

10 姉がバイトしているデパートで<u>かいもの</u>をした。

→ _____

듣기 다음 문장을 듣고 빈칸을 채우세요.

Track33

11 _____活かして歯医者になりました。

12 インターンを_____。

13 _____輸入量が増加した。

14 九時に出勤して_____。

01 建築事務所に設計を依頼しました。

① たてもの ② たてちく ③ けんせつ ④ けんちく

02 組織の一員として最善を尽くしています。

① そしき ② そしょく ③ そじき ④ くみしょく

03 父は漁師で、毎日海に出ています。

① りょし ② りょうし ③ ぎょし ④ ぎょうし

04 最近残業ばかりしています。

① さんねん ② じゅぎょう ③ ざんぎょう ④ さんぎょう

05 まだ誰が担当になるか決まっていません。

① だんとう ② たんにん ③ たんとう ④ たんてい

06 その事件を1年にわたってしらべました。

① 週べました ② 周べました ③ 述べました ④ 調べました

07 その会社は転職者のわりあいが高いそうです。

① 割合 ② 割引 ③ 割会 ④ 害合

08 10時からしゅうしょくの面接が始まります。

① 終職 ② 就職 ③ 就識 ④ 就食

09 けんせつ業界で働いています。

① 建築 ② 建物 ③ 件説 ④ 建設

10 先輩は仕事のプロいしきが高いです。

① 意職 ② 意織 ③ 意識 ④ 音職

DAY | SUBJECT

23 | 사람, 이름

Track34

男(だん)
밭에서 힘쓰는 사내에게
필요한 당

兄→

兄(あに)
입구에 서 있는 어진 사람이
우리 형인 거 아니?

友(ゆう)
왼쪽에 있는 친한 벗에게
또 건넨 우유

?!

名(な)
이 저녁에 입으로
내 이름을 왜 부르나

OO아~

단어 복습 퀴즈 다음 한자를 바르게 읽은 것을 고르세요.

1 過労 ▶ ⓐ かろ   ⓑ かろう   5 比較 ▶ ⓐ ひかく   ⓑ ひっかく

2 研究 ▶ ⓐ けんきゅう ⓑ けんきゅ   6 参加 ▶ ⓐ さんが   ⓑ さんか

3 売買 ▶ ⓐ ばいまい   ⓑ ばいばい   7 雑誌 ▶ ⓐ ざし   ⓑ ざっし

4 開発 ▶ ⓐ けいはつ   ⓑ かいはつ   8 建築 ▶ ⓐ けんちく   ⓑ けんせつ

0741 초1/N5

⌨ 두 사람이 손을 맞대면(人) 새로운 인생이 펼쳐진다

음 じん, にん ▶ 人生 인생 | 外国人 외국인 | 人気 인기 | 人形 인형 | 病人 병자

この地域には外国人がたくさん住んでいます。

이 지역에는 외국인이 많이 살고 있습니다.

훈 ひと ▶ 人 사람 | 人柄 인품 | 男の人 남자, 남성 | 女の人 여자, 여성

教室に男の人は三人、女の人は二人います。

교실에 남자는 세 명, 여자는 두 명 있습니다.

총 2획 人人

人

사람 인

0742 초1/N5

⌨ 머리(マ) 큰 아들이 서서(亅) 양팔 벌리며(一) 노는 시간

음 し, す ▶ 女子 여자 | 男子 남자 | 調子 상태 | 弟子 제자 | 様子 모습, 모양

同僚は調子が悪くて早退しました。 동료는 컨디션이 안 좋아서 조퇴했습니다.

훈 こ ▶ 子ども 어린이, 아이 | 子育て 육아 | 男の子 남자아이 | 女の子 여자아이 |

親子 부모 자식

週末、親子教室に参加しました。 주말에 부모 자녀 교실에 참가했습니다.

총 3획 子子子

子

아들 자

0743 초1/N5

⌨ 밭(田)에서 힘(力)쓰는 사내에게 필요한 당

음 だん, なん ▶ 男子 남자 | 男女 남녀 | 男性 남성 | 長男 장남 | 次男 차남

老若男女 남녀노소

出席者の男女比率を報告しました。 참석자의 남녀 비율을 보고했습니다.

훈 おとこ ▶ 男 남자 | 男の子 남자아이

男の子が公園で遊んでいます。 남자아이가 공원에서 놀고 있습니다.

총 7획 男男男男男男男

男

사내 남

0744 초1/N5

⌨ 양팔(一) 벌려 발레(女) 포즈를 취하는 여자, 이리 온나

음 じょ, にょ, にょう ▶ 女子 여자 | 女性 여성 | 男女·男女 남녀 | 女房 아내

働く女性が増えました。 일하는 여성이 늘었습니다.

훈 おんな, め ▶ 女 여자 | 女の子 여자아이 | 女神 여신

女の子が産まれました。 여자아이가 태어났습니다.

총 3획 女女女

女

여자 녀

+ 増える 늘다, 증가하다 | 産まれる 태어나다

□□ 0745　초2/N5

父

아버지 부

⌨ 아버지를 위한 8(八)번의 대결(乂)은 후회 없다

🔵 음 ふ ▸ 父兄 부형, 보호자 | 父母 부모 | 祖父 할아버지 | 神父 신부[가톨릭]

祖父の88歳の誕生日を祝いました。　할아버지의 88세 생신을 축하했습니다.

🟢 훈 ちち ▸ 父 아빠, 아버지 | 父親 부친, 아버지 | 父の日 아버지의 날[6월 셋째 일요일]

★お父さん 아버지, 아버님

Kさんはお父さんに似ています。　K씨는 아버지를 닮았습니다.

총 4획　父父父父

+ 〜に似ている 〜을(를) 닮았다

□□ 0746　초2/N5

母

어머니 모

⌨ 어머니는 ㄴ과 ㄱ을 반으로 잘라(一) 위아래 점(ヽ)을 찍고 웃었다, 하하

🔵 음 ぼ ▸ 母音 모음 | 母校 모교 | 母国 모국 | 母性 모성 | 母乳 모유

久しぶりに母校の先生を訪ねました。　오랜만에 모교 선생님을 방문했습니다.

🟢 훈 はは ▸ 母 엄마, 어머니 | 母親 모친, 어머니 | 母の日 어머니의 날[5월 둘째 일요일]

★お母さん 어머니, 어머님

私の父と母は仲が良いです。　우리 아빠와 엄마는 사이가 좋습니다.

총 5획　母母母母母

+ 訪ねる 찾다, 방문하다 | 仲が良い 사이가 좋다

□□ 0747　초2/N4

兄

형 형

⌨ 입구(口)에 서 있는 어진 사람(儿)이 우리 형인 거 아니?

🔵 음 きょう, けい ▸ 兄弟 형제 | 義兄 형부, 매형 | 父兄 부형, 보호자

何人兄弟ですか。　형제가 몇 명입니까?

🟢 훈 あに ▸ 兄 오빠, 형 | 兄嫁 형수, 올케 | ★お兄さん 오빠, 형

兄は海外に行きたがっています。　오빠(형)는 해외에 가고 싶어 합니다.

총 5획　兄兄兄兄兄

□□ 0748　초2/N4

弟

아우 제

⌨ 활(弓) 여덟(八) 개를 뚫고(l) 막대기로 부순 아우의 태도

🔵 음 てい, だい, で ▸ 師弟 사제 | 兄弟 형제 | 弟子 제자

二人は師弟関係だったそうです。　두 사람은 사제 관계였다고 합니다.

🟢 훈 おとうと ▸ 弟 남동생

弟と一緒にヨーロッパに行くつもりです。　남동생과 함께 유럽에 갈 생각입니다.

총 7획　弟弟弟弟弟弟弟

+ ヨーロッパ(Europe) 유럽

□□ 0749　초2/N4

⌨ 그 여자(女)는 시장(市)에서 일하는 우리 손위 누이를 아네

음 し ▶ 姉妹 자매

私は三姉妹の次女です。 저는 세 자매 중 둘째 딸입니다.

훈 あね ▶ 姉 언니, 누나　★お姉さん 언니, 누나

姉は美容院を経営しています。 언니(누나)는 미용실을 경영하고 있습니다.

姉 손위 누이 자(姉)

총 8획 姉 姉 姉 姉 姉 姉 姉 姉

+ 次女 둘째 딸, 차녀

□□ 0750　초2/N4

⌨ 아직(未) 리포트를 안 낸 이 여(女)학생은 마이 누이

음 まい ▶ 姉妹 자매　★十姉妹 십자매[조류명]

娘は十姉妹を飼いたがっています。 딸은 십자매를 키우고 싶어 합니다.

훈 いもうと ▶ 妹 여동생

妹が一人と弟が一人います。 여동생이 한 명, 남동생이 한 명 있습니다.

妹 손아래 누이 매

총 8획 妹 妹 妹 妹 妹 妹 妹 妹

+ ～たがる (제3자가) ～하고 싶어 하다

□□ 0751　초4/N3

⌨ 두(二) 번 만난 사람(人)을 지아비라 여긴 왕후

음 ふ, ふう ▶ 夫妻・夫婦 부부 | 夫人 부인['남의 아내'의 높임말(=奥様)] | 農夫 농부 | 工夫 궁리

「いい夫婦の日」なので、主人と食事をした。
'좋은 부부의 날'이라서 남편과 식사를 했다.

훈 おっと ▶ 夫 남편

夫は貿易会社で働いたことがある。 남편은 무역 회사에서 일한 적이 있다.

夫 지아비 부

총 4획 夫 夫 夫 夫

□□ 0752　초5/N3

⌨ 빗자루(帚)로 바닥을 쓰는 여자(女)는 며느리 후배

음 ふ ▶ 婦人 부인 | 夫婦 부부 | 主婦 주부 | 新婦 신부 | 妊婦 임부, 임산부

婦人服売り場でワンピースを買う予定です。
여성복 매장에서 원피스를 살 예정입니다.

妊婦さんに席を譲ってあげました。 임산부에게 자리를 양보해 주었습니다.

婦 며느리 부(婦)

총 11획 婦 婦 婦 婦 婦 婦 婦 婦 婦 婦

+ 譲る 양보하다, 물려주다

⌨ 붓(聿) 하나(一)를 들고 있는 여자(女)는 아내와 아는 사이

음 **さい** ▶ **妻子** 처자 │ **妻帯者** 아내가 있는 사람 │ **夫妻** 부부 │ **良妻** 양처, 좋은 아내

大統領夫妻が来日するそうです。 대통령 부부가 일본에 온다고 합니다.

훈 **つま** ▶ **妻** 아내 │ **新妻** 새댁 │ **人妻** 남의 아내, 유부녀

妻は来週から職場に復帰します。 아내는 다음 주부터 직장에 복귀합니다.

총 8획 妻妻妻妻妻妻妻妻

妻 아내 처

+ **来日** 내일, 외국인이 일본에 옴

⌨ 저기 보이는(ネ) 자리를 또(且) 할아버지께 양보하겠소

음 **そ** ▶ **祖国** 조국 │ **祖父** 할아버지 │ **祖母** 할머니 │ **祖父母** 조부모 │ **教祖** 교조, 교주 │ **始祖** 시조 │ **先祖** 선조, 조상

私の祖父母は健在です。 우리 할아버지 할머니는 건강하게 잘 계십니다.
故郷に先祖代々のお墓があります。 고향에 선조 대대로의 묘가 있습니다.

총 9획 祖祖祖祖祖祖祖祖祖

祖 할아버지 조(祖)

+ **健在** 건재, 건강하게 잘 있음, 아무 탈 없이 잘 지냄 │ **先祖代々** 선조 대대로 │ **お墓** 무덤, 묘

⌨ 아들(子)부터 손자까지 하나(ノ)의 실(糸)로 연결된 자손

음 **そん** ▶ **皇孫** 황손 │ **子孫** 자손 │ **曾孫** 증손

彼は武士の家系の子孫だそうです。 그는 무사 집안의 자손이라고 합니다.

훈 **まご** ▶ **孫** 손자 │ **孫の手** 등긁이, 효자손 │ **外孫** 외손 │ **内孫** 친손자

早く孫に会いたいです。 빨리 손자를 만나고 싶습니다.

총 10획 孫孫孫孫孫孫孫孫孫孫

孫 손자 손

+ **家系** 가계, 집안 │ **〜に会う** ~을(를) 만나다 │ **ます형 + たい** ~하고 싶다

⌨ 옛(旧) 선비의 어진(儿) 삶을 이 아이는 아는지

음 **じ, に** ▶ **児童** 아동 │ **育児** 육아 │ **幼児** 유아, 어린이 │ **小児科** 소아과

育児書を読んで参考にしました。 육아서를 읽고 참고로 했습니다.
小児科の医師に相談してみます。 소아과 의사에게 상담해 보겠습니다.

총 7획 児児児児児児児

児 아이 아(兒)

+ **〜にする** ~로 하다 │ **〜てみる** ~해 보다

☐☐ 0757 초3/N2

童

아이 동

⌨ 서서(立) 밭(田)에 흙(土)을 뿌리는 아이에게 준 피자 도우

음 どう ▶ 童顔 동안 | 童話 동화 | 児童 아동 | 神童 신동

児童館で童話を読んでいます。 아동관에서 동화를 읽고 있습니다.

훈 わらべ ▶ 童 아이, 아동 | 童歌 구전 동요, 전래 동요

この童歌を知っていますか。 이 구전 동요를 알고 있습니까?

총 12획 童 童 童 童 童 童 童 童 童 童 童 童

+ 知る 알다

☐☐ 0758 초6/N4

私

사사 사

⌨ 벼(禾) 농사를 사사로운(ム) 일이라 여긴 시장

음 し ▶ 私財 사재 | 私費 사비 | 私利 사리 | 私立 사립 | 公私 공사

娘は私立の高校に通っています。 딸은 사립 고등학교에 다니고 있습니다.

훈 わたくし, わたし ▶ 私 나, 저, 사사로운 것 | 私 나

私の趣味は音楽鑑賞です。 내 취미는 음악감상입니다.

총 7획 私 私 私 私 私 私 私

+ ～に通う ～에 다니다

☐☐ 0759 초6/N1

我

나 아

⌨ 손(扌)과 창(戈)으로 나와 싸움이 되겠는가

음 が ▶ 我慢 인내, 참음, 용서함 | 我流 아류 | 自我 자아 | 無我 무아

あの人は我慢しすぎる性格です。 저 사람은 너무 참는 성격입니다.

훈 われ, わ ▶ 我 자기 | 我々 우리들 | 我が国 우리나라 | 我が家 우리 집

我が家にはよく人が遊びに来ます。 우리 집에는 사람들이 자주 놀러 옵니다.

총 7획 我 我 我 我 我 我 我

☐☐ 0760 초2/N5

友

벗 우

⌨ 왼쪽(ナ)에 있는 친한 벗에게 또(又) 건넨 우유

음 ゆう ▶ 友好 우호 | 友情 우정 | 友人 친구, 벗 | 親友 친한 친구

親友と旅行に行きたいです。 친한 친구와 여행 가고 싶습니다.

훈 とも ▶ 友 벗 | 友達 친구

友達と一緒に映画を見ました。 친구와 함께 영화를 봤습니다.

총 4획 友 友 友 友

+ 旅行に行きたい 여행 가고 싶다

⌨ 이 저녁(夕)에 입(口)으로 내 이름을 왜 부르나

음 めい, みょう ▶ **人名** 인명 ｜ **姓名** 성명 ｜ **地名** 지명 ｜ **有名** 유명 ｜ **名字** 성(姓)

彼の名字は珍しいですね。 그의 성은 희귀하네요.

훈 な ▶ **名札** 명찰 ｜ **名前** 이름

お名前を呼ぶまで、 ここでお待ちください。

이름을 부를 때까지 여기에서 기다려 주십시오.

총 6획　名 名 名 名 名 名

이름 명

＋ お待ちください 기다려 주십시오[お ＋ ます형 ＋ ください(존경 표현)]

⌨ 언덕(厂)에 뿌리(ㄴ) 깊이 가로(一) 대각선(ㄴ)으로 뻗은 성씨 씨족

음 し ▶ **氏族** 씨족 ｜ **氏名** 씨명, 성명 ｜ **彼氏** 남자친구 ｜ **姓氏** 성씨(=名字)

住所、氏名、年齢を記入してください。 주소, 성명, 연령을 기입해 주세요.

훈 うじ ▶ **氏** 씨, 성, 씨족 ｜ **氏神** 씨족신, 그 고장의 수호신

氏神祭は五月に行われます。 우지가미제는 5월에 열립니다.

성씨 씨

총 4획　氏 氏 氏 氏

＋ 行われる 시행되다[行う의 수동형]

⌨ 입구(口)에 공교하게(丂) 새긴 이름 나의 죽마고우

음 ごう ▶ **号外** 호외 ｜ **記号** 기호 ｜ **信号** 신호 ｜ **番号** 번호

信号を渡ったら友達との待ち合わせ場所です。

신호를 건너면 친구와의 약속 장소입니다.

出席番号順に並びました。 출석 번호순으로 줄을 섰습니다.

이름 호(號)

총 5획　号 号 号 号 号

＋ 〜たら 〜하면[가정형] ｜ 待ち合わせ場所 만날 장소, 약속 장소 ｜ 並ぶ 한 줄로 서다, 늘어서다

⌨ 손톱(爫)을 만지며 달리는(爰) 여자(女)아이는 빨강머리 앤

음 えん ▶ **才媛** 재원

彼女は大学を首席で卒業した才媛だ。 그녀는 대학을 수석으로 졸업한 재원이다.

훈 ひめ ▶ **愛媛県** 에히메현[지명]

愛媛県は四国地方にあります。 에히메현은 시코쿠 지방에 있습니다.

여자 원

총 12획　媛 媛 媛 媛 媛 媛 媛 媛 媛 媛 媛 媛

□□ 0765 초4/N1

奈

어찌 내/나

⌨ 이 작은 게 어찌 크게(大) 보이나(示)

음 な ▸ 奈良県 나라현[지명] | 神奈川県 가나가와현[지명] | 奈落 나락, 밑바닥

横浜市は神奈川県にあります。 요코하마시는 가나가와현에 있습니다.

奈落の底から再起しました。 절망의 수렁에서 다시 일어났습니다.

총 8획 奈 奈 奈 奈 奈 奈 奈 奈

+ 奈落の底 끝없는 구렁텅이, 절망의 수렁 | 再起 재기, 다시 일어남

□□ 0766 초4/N1

岡

언덕 강

⌨ 언덕 멀리(冂) 보이는 풀(丷) 같은 산(山)에 갔다오까?

훈 おか ▸ 岡山県 오카야마현[지명] | 静岡県 시즈오카현[지명] | 福岡県 후쿠오카현[지명]

岡山県は桃の産地です。 오카야마현은 복숭아의 산지입니다.

静岡県に行った時、緑茶を買ってきた。 시즈오카현에 갔을 때 녹차를 사 왔다.

총 8획 岡 岡 岡 岡 岡 岡 岡 岡

+ 〜た時 〜했을 때[과거형 접속]

□□ 0767 초4/N1

阜

언덕 부

⌨ 언덕 위에 쌓은(白) 십자가(十) 모양의 벽돌을 옮긴 후

음 ふ ▸ 岐阜県 기후현[지명] | 岡阜 강부, 비탈진 작은 언덕

岐阜県の観光名所を教えてください。 기후현의 관광 명소를 알려 주세요.

城跡のある岡阜に登りました。 성터가 있는 언덕에 올랐습니다.

총 8획 阜 阜 阜 阜 阜 阜 阜 阜

+ 城跡 성터 | 〜に登る 〜에 오르다

□□ 0768 초4/N3

阪

언덕 판

⌨ 언덕(阝)에 오르다 돌이켜(反) 내려왔던 오사카성

음 はん ▸ 阪神 한신['오사카, 고베'를 일컬음] | 京阪神 게이한신['교토, 오사카, 고베'를 일컬음]

阪神工業地帯に父の会社があります。 한신 공업지대에 아버지 회사가 있습니다.

훈 さか ▸ 大阪 오사카[지명]

大阪でおいしい食べ物をたくさん食べた。
오사카에서 맛있는 음식을 많이 먹었다.

총 7획 阪 阪 阪 阪 阪 阪 阪

+ 阪神工業地帯 한신 공업지대[일본의 4대 공업지대의 하나] | 食べる 먹다

沖

화할 충

📖 물(氵)속(中)에 들어오니 마음이 화할 수밖에 없는 오키나와

🔵음 ちゅう ▶ 沖天 충천 | 沖積平野 충적평야[하천 주변에 모래·자갈·진흙 등이 쌓여서 생긴

평야]

授業で沖積平野について学習しました。

수업에서 충적평야에 대해서 학습했습니다.

🟢훈 おき ▶ 沖 앞바다 | 沖合 앞바다 부근 | 沖釣り 앞바다에 나가서 하는 바다낚시 |

沖縄県 오키나와현[지명]

昨日は父と沖釣りを楽しみました。 어제는 아빠와 바다낚시를 즐겼습니다.

총 7획 沖沖沖沖沖沖沖

+ ～について ～에 대해서 | 楽しむ 즐기다

滋

불을 자

📖 물(氵)이 불어난 계곡에 풀이 무성한(兹) 사가현이지

🔵음 じ ▶ 滋養 자양 | 滋養強壮 자양강장[몸의 영양을 좋게 하고 혈기를 왕성하게 함]

★滋賀県 시가현[지명]

滋養効果のある食品を祖母にあげた。 자양 효과가 있는 식품을 할머니께 드렸다.

滋賀県には日本一大きい湖があります。

시가현에는 일본에서 제일 큰 호수가 있습니다.

총 12획 滋滋滋滋滋滋滋滋滋滋滋滋

佐

도울 좌

📖 이 사람(亻)의 왼쪽(左)에서 치료를 도울 사가현의 간호사

🔵음 さ ▶ 佐賀県 사가현[지명] | 少佐 소좌, 소령 | 大佐 대좌, 대령 | 中佐 중좌, 중령

佐賀県は九州地方にあります。 사가현은 규슈 지방에 있습니다.

昔、祖父は大佐だったそうです。 옛날에 할아버지는 대령이었다고 합니다.

총 7획 佐佐佐佐佐佐佐

埼

갑 기

📖 흙(土)으로 크고(大) 옳게(可) 형성된 갑

🟢훈 さい ▶ 埼京線 사이쿄선[도쿄도↔사이타마현] | 埼玉県 사이타마현[지명]

埼京線に乗って通勤しています。 사이쿄선을 타고 통근하고 있습니다.

埼玉県は首都圏にあります。 사이타마현은 수도권에 있습니다.

총 11획 埼埼埼埼埼埼埼埼埼埼埼

□□ 0773 초4/N1

⌨ 산(山)이 커서(大) 험할 텐데 등산이 옳은지(可) 생각의 탑 쌓기

훈 さき ▸ 長崎県 나가사키현[지명] | 川崎市 가와사키시[지명] | 宮崎県 미야자키현[지명]

川崎に住む叔母の家に遊びに行きました。
가와사키에 사는 숙모의 집에 놀러 갔습니다.

宮崎県と長崎県に行ったことがあります。
미야자키현과 나가사키현에 간 적이 있습니다.

[총 11획] 崎 崎 崎 崎 崎 崎 崎 崎 崎 崎 崎

崎
험할 기

+ ~たことがあります ~한 적이 있습니다

□□ 0774 초4/N1

⌨ 개펄 물(氵)에 들어가니 무거운 신(舄)을 신은 것 같다

훈 かた ▸ 新潟県 니가타현[지명] | 干潟 갯벌

新潟県は米の収穫が日本一です。 니가타현은 쌀 수확이 일본에서 제일 많습니다.

干潟に人がたくさん集まっています。 갯벌에 사람이 많이 모여 있습니다.

[총 15획] 潟 潟 潟 潟 潟 潟 潟 潟 潟 潟 潟 潟 潟 潟 潟

潟
개펄 석

+ 集まる 모이다

□□ 0775 초4/N1

⌨ 가시나무와 풀(艹)이 무성한 다음(次) 코스는 이바라키현

훈 いばら ▸ 茨城県 이바라키현[지명] | 茨 가시나무

茨城県は干し芋が有名です。 이바라키현은 고구마 말랭이가 유명합니다.

私の人生は茨の道でした。 나의 인생은 가시밭길이었습니다.

[총 9획] 茨 茨 茨 茨 茨 茨 茨 茨 茨

茨
가시나무 자

+ 干し芋 고구마 말랭이 | 茨の道 고난의 길, 가시밭길

□□ 0776 초4/N1

⌨ 상수리나무(木) 언덕(厂)에 만(万) 명이 모인 도치기현

훈 とち ▸ 栃木県 도치기현[지명] | 栃の木 상수리나무

鬼怒川温泉は栃木県にあります。 기누가와 온천은 도치기현에 있습니다.

祖母と栃の木の前で写真を撮った。 할머니와 상수리나무 앞에서 사진을 찍었다.

[총 9획] 栃 栃 栃 栃 栃 栃 栃 栃 栃

栃
상수리나무 회

+ 写真を撮る 사진을 찍다

DAY | SUBJECT

24 | 나라, 지위

Track35

国(こく)
네모난 지도에 있는 구슬
같이 작은 나라 일본의 시코쿠

しこく

皇(こう)
흰 옷을 입고 왕좌에
앉은 임금이 되었고

忠(ちゅう)
중심과 마음을 지키는
충성할 인재를 원츄

意(い)
서서 매일 마음을 다해
기도하는 데 뜻이 있다

단어 복습 퀴즈 다음 한자를 바르게 읽은 것을 고르세요.

1 人生 ▸ ⓐ にんせい ⓑ じんせい

2 男性 ▸ ⓐ だんせい ⓑ じょせい

3 弟 ▸ ⓐ おとと ⓑ おとうと

4 妹 ▸ ⓐ あね ⓑ いもうと

5 児童 ▸ ⓐ じどう ⓑ じとう

6 友人 ▸ ⓐ ゆじん ⓑ ゆうじん

7 名前 ▸ ⓐ なめ ⓑ なまえ

8 番号 ▸ ⓐ ばんごう ⓑ ばんご

정답 1ⓑ 2ⓐ 3ⓑ 4ⓑ 5ⓐ 6ⓑ 7ⓑ 8ⓐ

□□ 0777　초2/N5

⌨ 네모난(囗) 지도에 있는 구슬(玉)같이 작은 나라 일본의 시코쿠

国

나라 국(國)

음 **こく** ▶ **国語** 국어 │ **国内** 국내 │ **国民** 국민 │ **国家** 국가 │ **外国** 외국 │ **入国** 입국

国民総生産について話をしなければならない。
국민총생산에 대해서 이야기하지 않으면 안 된다.

훈 **くに** ▶ **国** 나라, 고향 │ **我が国** 우리나라 │ **島国** 섬나라 │ **雪国** 설국, 눈의 고장

日本は海に囲まれた島国です。 일본은 바다에 둘러싸인 섬나라입니다.

총 8획 国 国 国 国 国 国 国 国

+ ～なければならない ～해야 한다[부정형 접속] │ 囲まれる 둘러싸이다[囲む의 수동형]

□□ 0778　초1/N4

⌨ 탁자(ㄱ)에 힘껏 칼(ノ)을 꽂아 둔 이곳이 치과라

力

힘 력

음 **りょく, りき** ▶ **引力** 인력 │ **学力** 학력 │ **全力** 전력 │ **努力** 노력 │ **能力** 능력 │ **力士** 스모 선수, 씨름꾼, 장사 │ **力説** 역설

副社長は問題解決能力が高い人です。
부사장은 문제 해결 능력이 높은 사람입니다.

훈 **ちから** ▶ **力** 힘 │ **力持ち** 힘이 셈, 장사 │ **力強い** 힘차다, 마음 든든하다

その会社の社長はお金の力で地位を得ました。
그 회사의 사장은 돈의 힘으로 지위를 얻었습니다.

총 2획 力 力

□□ 0779　초4/N3

⌨ 저 사람(イ)이 서(立) 있는 자리가 내 위치

位

자리 위

음 **い** ▶ **位置** 위치 │ **学位** 학위 │ **順位** 순위 │ **単位** 단위 │ **地位** 지위

地位とは社会的な位置のことです。 지위라는 것은 사회적인 위치를 말합니다.

훈 **くらい** ▶ **位** 지위, 계급, 자릿수

その国にどの位の人が住んでいるか調査した。
그 나라에 어느 정도 사람이 살고 있는지 조사했다.

총 7획 位 位 位 位 位 位 位

□□ 0780　초3/N4

⌨ 나라의 중심점(丶)이자 주인인 왕(王)이 입은 슈트

主

주인 주

음 **しゅ, す** ▶ **主人** 남편, 주인 │ **主題** 주제 │ **主張** 주장 │ **主婦** 주부 │ **主役** 주역 │ **民主主義** 민주주의 │ ★**三日坊主** 작심삼일

スウェーデンは民主主義の国です。 스웨덴은 민주주의 국가입니다.

훈 **ぬし, おも** ▶ **主** 주인 │ **家主** 호주, 집주인 │ **主な** 주된 │ **主に** 주로

この国は主に英語を使っています。 이 나라는 주로 영어를 사용하고 있습니다.

총 5획 主 主 主 主 主

⌨ 사람(人)들의 온전한 사랑을 받은 왕(王)은 진정한 젠틀맨

全

온전할 전

음 ぜん ▶ **全国** 전국 | **全体** 전체 | **全部** 전부 | **安全** 안전 | **完全** 완전

全国的に明日は寒いそうです。 전국적으로 내일은 춥다고 합니다.

훈 すべ(て), まった(く) ▶ **全て** 전부, 모두 | **全く** 전혀

全ての議員が議案に賛成しました。 모든 의원이 의안에 찬성했습니다.

총 6획 全 全 全 全 全 全

⌨ 두(二) 사람(イ)의 성품이 어질다는 징표

仁

어질 인

음 じん, に ▶ **仁愛** 인애 | **仁義** 인의 | **仁術** 인술 | **仁王** 인왕, 금강신[불교]

孔子は「仁」と「礼」を強調しました。 공자는 '인'과 '예'를 강조했습니다.

社長は仁義を重んじています。 사장은 인의를 중요시하고 있습니다.

총 4획 仁 仁 仁 仁

+ **重んじる** 중요시하다, 중히 여기다

⌨ 벼(禾)농사는 그녀(女)에게 맡길 텐데 이제

委

맡길 위

음 い ▶ **委員** 위원 | **委嘱** 위촉 | **委託** 위탁 | **委任** 위임

父は委員長に選ばれました。 아버지는 위원장으로 뽑혔습니다.

훈 ゆだ(ねる) ▶ **委ねる** 남에게 맡기다, 위임하다

選挙の結果は国民に委ねるしかない。 선거 결과는 국민에게 맡길 수밖에 없다.

총 8획 委 委 委 委 委 委 委 委

+ **選ばれる** 뽑히다. 선택받다[選ぶ의 수동형] | **～しかない** ~밖에 없다

⌨ 그 사람(イ)을 북방(壬)으로 보내서 일을 맡길 담당자의 닉네임

任

맡길 임

음 にん ▶ **任務** 임무 | **任命** 임명 | **委任** 위임 | **兼任** 겸임 | **責任** 책임 | **赴任** 부임

首相と外相を兼任しました。 수상과 외무 장관을 겸임했습니다.

훈 まか(す), まか(せる) ▶ **任す** 맡기다 | **任せる** 맡기다

仕事は完全に秘書に任せています。 일은 완전히 비서에게 맡기고 있습니다.

총 6획 任 任 任 任 任 任

+ **完全に** 완전히, 완벽히

0785 초1/N3

⌨ 막대 세(三) 개에 세로로 한(丨) 개 올리면 임금 왕(王)자네, 오우

王

임금 왕

음 **おう** ▸ 王位 왕위 │ 王様 임금님, 왕 │ 王子 왕자 │ 国王 국왕 │ 大王 대왕

王位を継ぐ王子が産まれました。 왕위를 이을 왕자가 태어났습니다.

ヨーロッパの国王の宮殿を観光した。 유럽 국왕의 궁전을 관광했다.

총 4획 王 王 王 王

+ 継ぐ 잇다, 계승하다 │ 産まれる 태어나다 │ ヨーロッパ(Europe) 유럽

0786 초3/N3

⌨ 한 나라를 다스릴(尹) 임금의 입(口)은 정말 무겁군

君

임금 군

음 **くん** ▸ 君 군[남성 호칭] │ 君子 군자 │ 君主 군주 │ 主君 주군 │ 諸君 제군, 여러분

昔は主君に逆らってはならなかった。 옛날에는 주군을 거역하면 안 됐다.

훈 **きみ** ▸ 君 자네, 너 │ 君が代 기미가요[일본 국가]

君たちは国のために何ができますか。
당신들은 국가를 위해서 무엇을 할 수 있습니까?

총 7획 君 君 君 君 君 君 君

+ 逆らう 거스르다, 거역하다, 반항하다 │ ～てはならない ～해서는 안 된다

0787 초6/N1

⌨ 흰(白) 옷을 입고 왕(王)좌에 앉은 임금이 되었고

皇

임금 황

음 **こう, おう** ▸ 皇居 황거, 고쿄[일본 일왕이 거처하는 곳] │ 皇后 황후 │ 皇室 황실 │

皇太后 황태후 │ 皇帝 황제 │ 教皇 교황 │ 皇子 황자 │ ★天皇 천황[일본 국왕]

皇居前を歩いたことがあります。 고쿄(황거) 앞을 걸은 적이 있습니다.

ローマ教皇に関するニュースを見ました。 로마 교황에 관한 뉴스를 봤습니다.

총 9획 皇 皇 皇 皇 皇 皇 皇 皇 皇

+ ローマ(Roma) 로마 │ ～に関する ～에 관한

0788 초6/N1

⌨ 언덕(厂)에서 한(一) 나라의 왕후에게 입(口)으로 뭐라 할꼬

后

임금 후/왕후 후

음 **こう** ▸ 后妃 후비, 왕비 │ 王后 왕후 │ 皇后 황후 │ 皇太后 황태후 │ 太后 태후,

황태후 │ 立后 공식으로 왕후로 책립함

中国の皇太后のドラマを見ています。 중국의 황태후 드라마를 보고 있습니다.

훈 **きさき** ▸ 后 왕비

后は天皇の正妻という意味です。 왕비는 '왕의 정처'라는 뜻입니다.

총 6획 后 后 后 后 后 后

+ 正妻 정처, 본처 │ ～という ～라고 하는

⌨ ㄷ자 방에 있던 떡꼬치(⺶)를 몰래 먹은 신하

臣

신하 신

음 しん, じん ▸ 臣下 신하 | 家臣 가신[집안에서 일을 보는 신하] | 忠臣 충신 | 大臣 대신

先祖は昔、武士の家臣でした。　선조는 옛날에 무사의 가신이었습니다.

財務大臣に任命されました。　재무대신에 임명되었습니다.

총 7획　臣 臣 臣 臣 臣 臣 臣

+ 任命される 임명되다[任命する의 수동형]

⌨ 여덟(八) 명의 사사로운(厶) 분배가 다 공평할 순 없고

公

공평할 공

음 こう ▸ 公演 공연 | 公園 공원 | 公開 공개 | 公共 공공 | 公務員 공무원 | 公立 공립 | 主人公 주인공

兄は公務員として長年勤務しました。

오빠(형)는 공무원으로서 긴 세월을 근무했습니다.

훈 おおやけ ▸ 公 정부, 공공, 공공연

それは公にはできない公文書です。　그것은 일반에게 공개할 수 없는 공문서입니다.

총 4획　公 公 公 公

+ 長年 긴 세월, 오랜 세월 | 公にする 일반에게 공개하다(공표하다) | できない 할 수 없다[する의 가능 부정형]

⌨ 하나(一)하나(一) 어진 사람(儿)에게 으뜸이 된 평생 모토

元

으뜸 원

음 げん, がん ▸ 元気 기운, 건강함 | 紀元 기원 | 根元 근원 | 元日 설날[양력]

紀元前の古代エジプトについて発表した。

기원전 고대 이집트에 대해 발표했다.

훈 もと ▸ 元 이전, 원래 | 元々 원래 | 身元 신원

彼は元々、官僚出身です。　그는 원래 관료 출신입니다.

총 4획　元 元 元 元

+ エジプト(Egypt) 이집트

⌨ 산기슭(厂)의 희고(白) 작은(小) 꽃들의 근원을 말하라

原

근원 원

음 げん ▸ 原因 원인 | 原稿 원고 | 原子力 원자력 | 原則 원칙 | 原油 원유

支持率が下がった原因は何ですか。　지지율이 떨어진 원인은 무엇입니까?

훈 はら ▸ 原 들, 벌판 | 原っぱ 들판, 공터 | 野原 들판

原っぱだった場所に高速道路が開通した。

공터였던 장소에 고속도로가 개통되었다.

총 10획　原 原 原 原 原 原 原 原 原 原

+ 명사 + だった ~였다

□□ 0793　초6/N1

⌨ 중심(中)과 마음(心)을 지키는 충성할 인재를 원츄

음 ちゅう ▶ 忠告 충고 | 忠実 충실 | 忠臣 충신 | 忠心 충심 | 忠誠 충성

総理の忠告を受け入れることにした。 총리의 충고를 받아들이기로 했다.

「忠臣蔵」は有名な仇討ちの話です。 「추신구라」는 유명한 원수 갚는 이야기입니다.

忠 충성할 충

[총 8획] 忠忠忠忠忠忠忠忠

\+ 仇討ち 복수, 원수 갚음, 복수담

□□ 0794　초3/N4

⌨ 서서(立) 매일(日) 마음(心)을 다해 기도하는 데 뜻이 있다

음 い ▶ 意外 의외 | 意見 의견 | 意思 의사 | 意識 의식 | 意図 의도 | 意味 의미 | 決意 결의, 결심 | 注意 주의 | 得意 잘함 | 用意 준비

国民の意見を重要視しなければならない。
국민의 의견을 중요시하지 않으면 안 된다.

いつか社長になろうと決意しました。 언젠가 사장이 되려고 결심했습니다.

意 뜻 의

[총 13획] 意意意意意意意意意意意意意

\+ 〜になろう 〜이(가) 되야지, 되야겠다, 되자[동사의 의지형 접속]

□□ 0795　초2/N4

⌨ 임금(王)도 아닌데 우리 마을(里)을 다스릴 리 없다

음 り ▶ 理科 이과 | 理解 이해 | 理由 이유 | 修理 수리 | 心理 심리 | 整理 정리 | 代理 대리 | 地理 지리 | 道理 도리 | 無理 무리 | 料理 요리

国際交流は相互理解が必要です。 국제 교류는 상호 이해가 필요합니다.

東京の地理に詳しいですか。 도쿄 지리를 자세히 알고 있습니까?

理 다스릴 리

[총 11획] 理理理理理理理理理理理

\+ 〜に詳しい 〜에 자세하다(상세하다), 잘 알다

□□ 0796　초3/N4

⌨ 열(十) 개의 눈(目)으로 바라본 여덟(八) 개의 참된 진심

음 しん ▶ 真意 진의 | 真実 진실 | 真相 진상 | 純真 순진함

不正選挙の真相が知りたいです。 부정선거의 진상을 알고 싶습니다.

훈 ま ▶ 真心 진심, 정성 | 真面目 진지함, 성실함 | 真夏 한여름 | 真冬 한겨울 | 真昼 한낮 | 真っ白 새하얌

ロシアで真冬に寒中水泳が行われた。
러시아에서 한겨울에 한중(寒中) 수영이 행해졌다.

真 참 진(眞)

[총 10획] 真真真真真真真真真真

\+ 寒中水泳 한중 수영[혹한 속 겨울철 바다 수영]

⌨ 훌륭한 생선도(刂)가 가득한(畐) 상점에 버금가는 이곳

副

버금 부

音 **ふく** ▸ 副院長 부원장 | 副会長 부회장 | 副議長 부의장 | 副業 부업 | 副作用 부작용 | 副詞 부사 | 副社長 부사장

空港へ副会長を迎えに行きます。 공항에 부회장님을 마중하러 갑니다.

国際会議で副議長に選出されました。 국제회의에서 부의장으로 선출되었습니다.

총 11획 副 副 副 副 副 副 副 副 副 副 副

＋ 迎えに行く 마중하러 가다 | 選出される 선출되다[選出する의 수동형]

⌨ 복이 있어 보이는(ネ) 사람들로 가득한(畐) 도시, 후쿠오카

福

복 복(福)

音 **ふく** ▸ 福祉 복지 | 福利 복리 | 祝福 축복 | 裕福 유복함

父は福祉財団の理事長です。 아버지는 복지 재단의 이사장입니다.

その議員は裕福な家庭に育った。 그 의원은 유복한 가정에서 자랐다.

총 13획 福 福 福 福 福 福 福 福 福 福 福 福 福

＋ 育つ 자라다

⌨ 집(宀) 앞 언덕(目) 위의 관청에서 일하는 벼슬 관리

官

벼슬 관/관청 관

音 **かん** ▸ 官庁 관청 | 官僚 관료 | 外交官 외교관 | 教官 교관 | 警官 경관 | 警察官 경찰관

国民を守る警察官になりたい。 국민을 지키는 경찰관이 되고 싶다.

外交官としてアフリカに赴任した。 외교관으로서 아프리카에 부임했다.

총 8획 官 官 官 官 官 官 官 官

＋ ～として ～(으)로서, ~의 자격으로서 | アフリカ(Africa) 아프리카

⌨ 언덕(阝)에 있는 대궐 섬돌에 비해(比) 넓은 땅(土)에 헤딩

陛

대궐 섬돌 폐

音 **へい** ▸ 陛下 폐하 | 皇后陛下 황후 폐하 | 国王陛下 국왕 폐하

陛下とは天皇、皇后の敬称です。 폐하라는 것은 천황, 황후의 경칭입니다.

昔は国王陛下はお城に住んでいました。 옛날에는 국왕 폐하는 성에 살았습니다.

총 10획 陛 陛 陛 陛 陛 陛 陛 陛 陛 陛

＋ ～とは ～라는 것은 | ～に住んでいる ～에 살고 있다

0801 초4/N3

民

백성 민

🎴 테이블 모양(冖) 지역의 백성들과 같은 성씨(氏)의 민족

음 **みん** ▶ 民間 민간 | 民主主義 민주주의 | 民族 민족 | 国民 국민 | 市民 시민 |
住民 주민 | 庶民 서민 | 農民 농민

市民の意見を反映しました。 시민의 의견을 반영했습니다.

훈 **たみ** ▶ 民 국민, 백성

ジャンヌ・ダルクは民を導いた英雄です。
잔 다르크는 국민을 이끈 영웅입니다.

총 5획 民 民 民 民 民

+ 導く 이끌다, 인도하다

0802 초3/N4

族

겨레 족

🎴 같은 겨레 방향(方)으로 쏜 지팡이(冖)와 화살(矢)을 보고 조크 한마디

음 **ぞく** ▶ 一族 일족 | 家族 가족 | 種族 종족 | 親族 친족 | 水族館 수족관 |
同族 동족 | 民族 민족

民族同士の争いをやめてほしいです。 민족끼리의 분쟁을 그쳤으면 좋겠습니다.
親族の中に国会議員が3人もいます。 친족 중에 국회의원이 세 명이나 있습니다.

총 11획 族 族 族 族 族 族 族 族 族 族 族

0803 초3/N4

漢

한나라 한(漢)

🎴 물(氵) 뿌리며 풀(++)숲 입구(口)에 있는 남편(夫)은 한나라 사람

음 **かん** ▶ 漢字 한자 | 漢族 한족 | 漢文 한문 | 漢方薬 한약

主にアジアにある国で漢字を使っています。
주로 아시아에 있는 나라에서 한자를 사용하고 있습니다.
日本では中高で漢文を習います。 일본에서는 중고등학교에서 한문을 배웁니다.

총 13획 漢 漢 漢 漢 漢 漢 漢 漢 漢 漢 漢 漢 漢

0804 초2/N3

直

곧을 직

🎴 곧은 자세로 숨어서(ㄴ) 열(十) 개의 눈(目)을 그린 초크 아트

음 **ちょく, じき** ▶ 直後 직후 | 直接 직접 | 直線 직선 | 直通 직통 | 直訴 직소 |
[직접 상소함] 正直 정직함

副社長に直接報告した方がいいです。 부사장님께 직접 보고하는 편이 좋습니다.

훈 **ただ(ちに), なお(る), なお(す)** ▶ 直ちに 곧, 즉시 | 直る 고쳐지다 | 直す 고치다

直ちに交渉相手国を決めてください。 즉시 교섭 상대국을 정해 주세요.

총 8획 直 直 直 直 直 直 直 直

+ ～た方がいい ～하는 편이 좋다 | 決める 정하다, 결정하다

係

맬 계

⌨ 그 사람(イ)의 삐친(ノ) 실(糸)타래는 내가 맬게

🔊 **けい** ▶ **係数** 계수 | **係争** 계쟁[소송의 당사자끼리 법률상 다툼] | **係留** 계류, 붙들어 맴 |
関係 관계

国際組織間の係争に関わっている。 국제 조직 간의 분쟁에 연관되어 있다.

🔊 **かか(る), かか(り)** ▶ **係る** 관계되다 | **係り** 관계 | **係長** 계장 | **受付係** 접수 담당

係長がその業務の担当です。 계장님이 그 업무 담당입니다.

총 9획 係 係 係 係 係 係 係 係 係

+ ~に関わる ~에 관계하다, ~에 영향이 있다

総

다 총(總)

⌨ 실(糸)이 얽혀 바쁠(忩) 때 다 잘라버렸소

🔊 **そう** ▶ **総会** 총회 | **総合** 종합 | **総長** 총장 | **総務** 총무 | **総理** 총리

定期総会に理事も参加しました。 정기총회에 이사님도 참석했습니다.

総合支援資金について発表した。 종합 지원 자금에 대해서 발표했다.

총 14획 総 総 総 総 総 総 総 総 総 総 総 総 総 総

部

떼 부

⌨ 서서(立) 입구(口)에서 오른쪽 고을(阝)로 간 떼 부자

🔊 **ぶ** ▶ **部長** 부장 | **部分** 부분 | **局部** 국부 | **西部** 서부 | **全部** 전부 | **本部** 본부 |
★**部屋** 방

今回、本部長に抜擢されました。 이번에 본부장으로 발탁되었습니다.

アメリカ南西部に行ってみたいです。 미국 남서부에 가 보고 싶습니다.

총 11획 部 部 部 部 部 部 部 部 部 部 部

+ 抜擢される 발탁되다[抜擢する의 수동형] | ~てみたい ~해 보고 싶다

礼

예도 례(禮)

⌨ 보이지(ネ) 않는 곳에 숨어(乚) 예도를 지키라래

🔊 **れい, らい** ▶ **礼儀** 예의 | **礼服** 예복 | **敬礼** 경례 | **失礼** 실례 | **謝礼** 사례 |
礼賛 예찬

日本の結婚式で着る礼服を買った。 일본 결혼식에서 입을 예복을 샀다.

教授に謝礼をお渡ししました。 교수님께 사례를 드렸습니다.

총 5획 礼 礼 礼 礼 礼

+ お渡しする 건네드리다[경양 표현]

0809 · 초3/N3

⌨ 조금 걸으면서(彳) 몽둥이(殳)로 인부를 부릴 만한 야쿠자

役

부릴 역

음 やく, えき ▸ 役員 임원 | 役者 배우 | 役に立つ・役立つ 도움이 되다, 유용하다 |
役割 역할 | 市役所 시청 | 主役 주역 | 取締役会 이사회 | 兵役 병역

私は公務員として市役所で働いている。 나는 공무원으로 시청에서 일하고 있다.

今年から取締役会に参加しています。 올해부터 이사회에 참석하고 있습니다.

총7획 役 役 役 役 役 役 役

0810 · 초6/N3

⌨ 고무래(丁)에 머리(頁)를 부딪혀 정수리를 다쳤죠

頂

정수리 정

음 ちょう ▸ 頂上 정상 | 頂点 정점 | 山頂 산꼭대기, 산 정상 | 絶頂 절정 | 登頂 등정

会社の頂点に立つのは彼こそ相応しい。
회사 정상에 서는 것은 그 사람이야말로 어울린다.

훈 いただ(く), いただき ▸ 頂く 받다, 마시다, 먹다[겸양 표현] | 頂 꼭대기, 정상

課長からお土産を頂きました。 과장님한테 여행 선물을 받았습니다.

총11획 頂 頂 頂 頂 頂 頂 頂 頂 頂 頂 頂

+ 相応しい 어울리다

0811 · 초3/N3

⌨ 방패(干) 8(八)개를 놓으면 바닥이 평평할 거라 타일러

平

평평할 평

음 へい, びょう ▸ 平均 평균 | 平日 평일 | 平和 평화 | 公平 공평 | 平等 평등

オリンピックは平和の祭典です。 올림픽은 평화의 제전입니다.

훈 たい(ら), ひら ▸ 平ら 평평함 | 平泳ぎ 평영 | 平社員 평사원 | 平屋 단층집

彼は平社員から役員まで出世した。 그는 평사원에서 임원까지 출세했다.

총5획 平 平 平 平 平

+ オリンピック(Olympic) 올림픽

0812 · 초6/N3

⌨ 머리(亠)가 멍해 주저앉아(乚) 망할 수밖에 없나 보우

亡

망할 망

음 ぼう, もう ▸ 亡命 망명 | 亡霊 망령 | 興亡 흥망 | 死亡 사망 | 逃亡 도망 |
未亡人 미망인 | 亡者 망자

古代国家の興亡のありさまを調べました。
고대국가의 흥망 상태를 알아봤습니다.

훈 な(い) ▸ 亡くなる 죽다, 돌아가시다

亡くなった国王の国葬に参列した。 돌아가신 국왕의 국장에 참석했다.

총3획 亡 亡 亡

읽기 다음 한자를 히라가나로 쓰세요.

01 女性 → _____

02 兄弟 → _____

03 友達 → _____

04 国内 → _____

05 理解 → _____

06 意味 → _____

쓰기 밑줄 친 히라가나를 한자로 쓰세요.

07 <u>おとこ</u>の子が公園で遊んでいます。 → _____

08 <u>あね</u>は美容院を経営しています。 → _____

09 東京の<u>ちり</u>に詳しいですか。 → _____

10 <u>ぜんこく</u>的に明日は寒いそうです。 → _____

듣기 다음 문장을 듣고 빈칸을 채우세요.

Track36

11 _____は珍らしいですね。

12 _____渡ったら友達との待ち合わせ場所です。

13 副社長に_____報告した方がいいです。

14 _____議員が議案に賛成しました。

01 祖父の88歳の誕生日を祝いました。

    ① そぼ   ② そふ   ③ そば   ④ おじ

02 兄は海外に行きたがっています。

    ① おに   ② おもうと   ③ あね   ④ あに

03 妻は来週から職場に復帰します。

    ① かない   ② おくさん   ③ おっと   ④ つま

04 父は福祉財団の理事長です。

    ① ふくしゃ   ② ふくし   ③ しゅくし   ④ こうしゃ

05 仕事は完全に秘書に任せています。

    ① にんせて   ② まかせて   ③ はかせて   ④ いかせて

06 Kさんはおとうさんに似ています。

    ① お母さん   ② お兄さん   ③ お父さん   ④ お祖母さん

07 しんゆうと旅行に行きたいです。

    ① 親友   ② 友人   ③ 親戚   ④ 信友

08 副社長は問題解決のうりょくが高い人です。

    ① 努力   ② 実力   ③ 能力   ④ 協力

09 この国はおもに英語を使っています。

    ① 面に   ② 思に   ③ 主に   ④ 重に

10 がいこうかんとしてアフリカに赴任した。

    ① 外交管   ② 警察官   ③ 外校観   ④ 外交官

정답 1 ② 2 ④ 3 ④ 4 ② 5 ② 6 ③ 7 ① 8 ③ 9 ③ 10 ④

安(あん)
집은 그녀에게 편안할
수 있는 안식처

値(ち)
그 사람의 곧은 성품을
대변하는 그림의 값어치

損(そん)
손수 상자에서 조개를
덜어 낸 손

配(はい)
닭 몸을 요리해서
나눌 하이라이스

단어 복습 퀴즈 다음 한자를 바르게 읽은 것을 고르세요.

1 国家 ▸ ⓐ こくか　　ⓑ こっか

2 位置 ▸ ⓐ いじ　　ⓑ いち

3 主婦 ▸ ⓐ しゅふ　　ⓑ しゅうふ

4 全国 ▸ ⓐ せんこく　　ⓑ ぜんこく

5 公園 ▸ ⓐ こうえん　　ⓑ こえん

6 原因 ▸ ⓐ けんいん　　ⓑ げんいん

7 意見 ▸ ⓐ いけん　　ⓑ いみ

8 正直 ▸ ⓐ しょうちょく　　ⓑ しょうじき

0813 초2/N5

高 높을 고

⌨ 돼지머리(亠)를 들(冏) 입구(口)에서 보면 얼마나 높을고

🔊 こう ▶ 高価 고가, 값이 비쌈 | 高級 고급 | 高校 고등학교 | 高低 고저 | 高層 고층 | 高度 고도 | 最高 최고

最高のサービスを提供しています。 최고의 서비스를 제공하고 있습니다.

🔊 たか, たか(い), たか(まる), たか(める) ▶ 高値 비싼 값, 고가 | 残高 잔고, 잔액 | 割高 비교적 비쌈 | 高い 비싸다 | 高まる 높아지다 | 高める 높이다

経済成長率が高い国です。 경제 성장률이 높은 나라입니다.

총 10획 高高高高高高高高高高

0814 초3/N4

安 편안할 안

⌨ 집(宀)은 그녀(女)에게 편안할 수 있는 안식처

🔊 あん ▶ 安易 안이 | 安心 안심 | 安全 안전 | 治安 치안 | 不安 불안 | 平安 평안

その国は治安はいいですが、物価が高いです。
그 나라는 치안은 좋은데, 물가가 비쌉니다.

🔊 やす(い) ▶ 安い (값이) 싸다 | 割安 비교적 쌈

国際送料が安くなりました。 국제 배송료가 싸졌습니다.

총 6획 安安安安安安

+ 安くなる 싸게 되다[安い의 변화, 결과]

0815 초5/N1

価 값 가(價)

⌨ 그 사람(イ)은 값없이 허물을 덮어(覀) 줄까

🔊 か ▶ 価格 가격 | 価値 가치 | 株価 주가 | 高価 고가 | 評価 평가 | 物価 물가

A社の株価が急に上がりました。 A회사의 주가가 갑자기 올랐습니다.

🔊 あたい ▶ 価 값, 가격

価を高めに設定しました。 가격을 조금 비싸게 설정했습니다.

총 8획 価価価価価価価価

+ 高めに 조금 비싸게(높게)[い형용사 + めに 조금 ~하게]

0816 초6/N3

値 값 치

⌨ 그 사람(イ)의 곧은(直) 성품을 대변하는 그림의 값어치

🔊 ち ▶ 価値 가치 | 血糖値 혈당치 | 数値 수치, 값 | 付加価値 부가가치 | 平均値 평균치

投資する価値があると思います。 투자할 가치가 있다고 생각합니다.

🔊 ね, あたい ▶ 値打ち 가격, 값어치 | 値段 가격 | 高値 비싼 가격 | 値 값, 가격

もっと値段を安くしてください。 좀 더 가격을 깎아 주세요.

총 10획 値値値値値値値値値値

□□ 0817 초2/N3

⌨ 그에게는 작은(⺌) 돼지머리(⺕)를 주는 게 마땅할 도리

当

마땅할 당(當)

음 とう ▸ 当日 당일 | 当選 당선 | 当直 당직 | 当番 당번 | 担当 담당 |

適当 적당함

海外輸出を担当しています。 해외 수출을 담당하고 있습니다.

훈 あ(たる), あ(てる) ▸ 当たる 맞다, 당첨되다 | 当てる 맞히다 | 当たり前 당연함

総務課の業務に当たっています。 총무과 업무에 잘 맞습니다.

(총 6획) 当当当当当当

+ ～に当たる ～에 맞다, ~에 당첨되다

□□ 0818 초5/N2

⌨ 벼(禾)로 교환하는 세금 제도를 바꾸라(兌)는 디제이

税

세금 세

음 ぜい ▸ 税関 세관 | 税金 세금 | 税務 세무 | 関税 관세 | 消費税 소비세 |

租税 조세 | 脱税 탈세 | 納税 납세

これは税関に申告する必要がありますか。

이것은 세관에 신고할 필요가 있습니까?

価格に消費税が含まれています。 가격에 소비세가 포함되어 있습니다.

(총 12획) 税税税税税税税税税税税税

+ 含まれる 포함되다[含む의 수동형]

□□ 0819 초5/N2

⌨ 문을 활짝 열고(卯) 조개(貝)로 무역할 때였나 보우

貿

무역할 무

음 ぼう ▸ 貿易 무역 | 貿易会社 무역 회사 | 貿易商 무역상 | 自由貿易 자유무역 |

保護貿易 보호무역

今年は貿易黒字が増えました。 올해는 무역 흑자가 늘었습니다.

FTAは自由貿易協定という意味です。 FTA는 자유무역협정이라는 뜻입니다.

(총 12획) 貿貿貿貿貿貿貿貿貿貿貿貿

+ ～という ～라고 하는 | 意味 의미, 뜻

□□ 0820 초2/N2

⌨ 대나무(⺮)를 받들어(廾) 눈(目)으로 보고 셈하여 정산

算

셈 산

음 さん ▸ 算出 산출 | 算数 산수 | 換算 환산 | 計算 계산 | 決算 결산 | 精算

정산 | 予算 예산

予算を使い切ってしまいました。 예산을 다 써 버렸습니다.

決算期で忙しいです。 결산 기간으로 바쁩니다.

(총 14획) 算算算算算算算算算算算算算算

+ 使い切る 다 사용하다, 디 쓰다 | ～てしまう ～해 버리다 | 決算期 결산 기간, 회계 기간

□□ 0821　초2/N4

⌨ 주심이 말한(言) 대로 열(十)까지 셀 때 KO승!

計
셀 계

음 けい ▶ **計画** 계획 ｜ **計算** 계산 ｜ **会計** 회계 ｜ **合計** 합계 ｜ **設計** 설계 ｜ **時計** 시계 ｜ **統計** 통계

来年の販売計画を立てようと思います。　내년 판매 계획을 세우려고 합니다.

훈 はか(る), はか(らう) ▶ **計る** 세다, 재다, 의논하다 ｜ **計らう** 조치하다, 상의하다

運搬の所要時間を計りましょう。　운반 소요 시간을 잽시다.

총 9획　計 計 計 計 計 計 計 計 計

+ 計画を立てる 계획을 세우다 ｜ 立てよう 세우려고[立てる의 의지형]

□□ 0822　초2/N3

⌨ 그녀(女)가 쌀(米) 가마니를 치며(攵) 셈하는 숫자

数
셈 수(數)

음 すう, す ▶ **数学** 수학 ｜ **数字** 숫자 ｜ **奇数** 기수, 홀수 ｜ **偶数** 우수, 짝수 ｜ **件数** 건수 ｜ **点数** 점수 ｜ **人数** 인원수 ｜ **数寄** 다도나 풍류, 풍류를 즐김

今年は相談件数が多いです。　올해는 상담 건수가 많습니다.

훈 かず, かぞ(える) ▶ **数** 수 ｜ **数える** 세다, 헤아리다

おつりを数えました。　거스름돈을 셌습니다.

총 13획　数 数 数 数 数 数 数 数 数 数 数 数 数

+ おつり 거스름돈

□□ 0823　초5/N3

⌨ 조개(貝) 요리 아닌(弗) 음료로 쓸 히비스커스차

費
쓸 비

음 ひ ▶ **費用** 비용 ｜ **会費** 회비 ｜ **経費** 경비 ｜ **私費** 사비 ｜ **実費** 실비 ｜ **消費** 소비 ｜ **食費** 식비

経費を精算しました。　경비를 정산했습니다.

훈 つい(える), つい(やす) ▶ **費える** 줄다, 적어지다 ｜ **費やす** 쓰다, 소비하다

商品開発に長い年月を費やしました。　상품 개발에 긴 세월을 소비했습니다.

총 12획　費 費 費 費 費 費 費 費 費 費 費 費

+ 年月 연월, 세월

□□ 0824　초5/N3

⌨ 금 다음(次)으로 조개(貝)껍데기가 재물이 된 시대

資
재물 자

음 し ▶ **資格** 자격 ｜ **資金** 자금 ｜ **資源** 자원 ｜ **資産** 자산 ｜ **資料** 자료 ｜ **投資** 투자 ｜ **融資** 융자

資産運用をおすすめします。　자산 운용을 추천해 드리겠습니다.

まず、資金を集めましょう。　우선 자금을 모읍시다.

총 13획　資 資 資 資 資 資 資 資 資 資 資 資 資

賃

품삯 임

⌨ 일을 맡긴(任) 후, 조개(貝)로 품삯을 줘서 칭찬해

음 ▶ ちん ▶ 賃金 임금 | 賃借 임차 | 賃貸 임대 | 運賃 운임 | 家賃 집세

賃貸契約を結びました。 임대 계약을 맺었습니다.

毎月家賃を払っています。 매달 집세를 내고 있습니다.

총 13획　賃賃賃賃賃賃賃賃賃賃賃賃賃

＋ 結ぶ 맺다, 잇다, 묶다 | 払う 지불하다, 내다

貯

쌓을 저

⌨ 조개(貝)껍데기를 뜰(宁)에 쌓을 만큼 저축해

음 ▶ ちょ ▶ 貯金 저금 | 貯水池 저수지 | 貯蔵 저장 | 貯蓄 저축

貯蓄型保険に加入しました。 저축형 보험에 가입했습니다.

銀行に貯金しても利子がほとんどつかない。
은행에 저금해도 이자가 거의 붙지 않는다.

총 12획　貯貯貯貯貯貯貯貯貯貯貯貯

＋ 利子がつく 이자가 붙다

財

재물 재

⌨ 조개(貝)로 재물을 늘리는 재주(才)가 있는 자이언트

음 ▶ ざい, さい ▶ 財貨 재화 | 財産 재산 | 財政 재정 | 財務 재무 | 私財 사재 |
文化財 문화재 | 財布 지갑

財産を築く秘訣は何ですか。 재산을 쌓는 비결은 무엇입니까?

財務課で仕事をしています。 재무과에서 일을 하고 있습니다.

총 10획　財財財財財財財財財財

＋ 築く 쌓다, 쌓아 올리다, 구축하다

貨

재물 화

⌨ 성인이 되어(化) 조개(貝)로 큰 재물을 일군 카리스마

음 ▶ か ▶ 貨幣 화폐, 돈 | 貨物 화물 | 金貨 금화 | 通貨 통화 | 百貨店 백화점

昔に比べて貨幣価値が上がりました。 옛날에 비해 화폐 가치가 올랐습니다.

貨物をトラックで運びました。 화물을 트럭으로 옮겼습니다.

총 11획　貨貨貨貨貨貨貨貨貨貨貨

＋ 〜に比べて 〜에 비해서 | 上がる 오르다, 올라가다 | トラック(truck) 트럭

□□ 0829 초5/N3

経

지날 경(經)

⌨ 실(糸)을 또(又) 묶어서 흙(土)밭을 지날 거면 OK

음 けい, きょう ▶ 経営 경영 | 経過 경과 | 経済 경제 | 経歴 경력 | 神経 신경 | 読経 독경

彼は会社を二つ経営しています。 그는 회사를 두 개 경영하고 있습니다.

훈 へ(る) ▶ 経る 거치다, (때가) 지나다, 경과하다 ★経つ (시간·때가) 지나다, 경과하다

彼は営業社員を経て部長になりました。
그는 영업 사원을 거쳐 부장이 되었습니다.

총 11획 経 経 経 経 経 経 経 経 経 経 経

□□ 0830 초6/N3

済

건널 제(濟)

⌨ 물(氵) 위로 보이는 가지런한(斉) 다리로 건널 사이

음 さい ▶ 救済 구제 | 共済 공제 | 経済 경제 | 決済 결제 | 返済 빌린 돈을 다 갚음, 상환 | 弁済 변제

決済日を指定してください。 결제일을 지정해 주세요.

훈 す(む), す(ます) ▶ 済む 끝나다, 해결되다 | 済ます 끝내다, 해결하다
★済ませる (용무·용건을) 마치다, 끝내다(=済ます)

支払いはもう済ませました。 지불은 이미 끝냈습니다.

총 11획 済 済 済 済 済 済 済 済 済 済 済

+ 支払い 지불[支払う의 활용]

□□ 0831 초5/N2

営

경영할 영(營)

⌨ 작은(⺌) 잎으로 덮은(冖) 여씨(呂) 가문이 경영할 A식당

음 えい ▶ 営業 영업 | 営利 영리 | 運営 운영 | 経営 경영 | 自営 자영

営業成績が先月より上がりました。 영업 실적이 지난달보다 올랐습니다.

훈 いとな(む) ▶ 営む 일하다, 경영하다, 영위하다

農業を営みながら、海外貿易もしている。
농업을 하면서 해외 무역도 하고 있다.

총 12획 営 営 営 営 営 営 営 営 営 営 営 営

□□ 0832 초6/N1

株

그루 주

⌨ 나무(木)에 붉게(朱) 표시된 그루터기 앞에서 커브 돌기

훈 かぶ ▶ 株 그루터기, 그루, 주식 | 株価 주가 | 株式 주식 | 株主 주주

今日の株価をチェックしましたか。 오늘의 주가를 체크했습니까?

父は株式会社を経営しています。 아버지는 주식회사를 경영하고 있습니다.

총 10획 株 株 株 株 株 株 株 株 株 株

□□ 0833　초5/N3

⌨ 토(土)요일 아침 일찍(曽) 그리움이 더할 때 전화해 줘

増

더할 증(增)

음 ぞう ▶ 増加 증가 │ 増減 증감 │ 増大 증대 │ 激増 격증, 급증 │ 倍増 배증, 배가

資産がだんだん増加しています。 자산이 점점 증가하고 있습니다.

훈 ふ(える), ふ(やす), ま(す) ▶ 増える 늘다, 늘어나다 │ 増やす 늘리다, 불리다 │

増す 많아지다, 늘다

先月に比べて、売り上げが増えました。 지난달에 비해 매상이 늘었습니다.

(총 14획) 増 増 増 増 増 増 増 増 増 増 増 増

＋ 〜に比べて 〜에 비해서 │ 売り上げ 매상

□□ 0834　초4/N3

⌨ 더할 힘(力)이 없을 때 입(口)을 모아 파이팅할까

加

더할 가

음 か ▶ 加工 가공 │ 加速 가속 │ 加入 가입 │ 参加 참가 │ 増加 증가 │ 添加 첨가

貿易会議に参加しました。 무역회의에 참가했습니다.

훈 くわ(わる), くわ(える) ▶ 加わる 늘다, 더해지다, 참여하다 │ 加える 더하다, 보태다,

첨가하다

もう一つ条件を加えてください。 조건을 하나 더 추가해 주세요.

(총 5획) 加 加 加 加 加

□□ 0835　초3/N3

⌨ 풀(艹)잎에 물(氵)이 각각(各) 떨어질 것 같아 어찌하오

落

떨어질 락

음 らく ▶ 落書き 낙서 │ 落第 낙제 │ 落下 낙하 │ 下落 하락 │ 暴落 폭락

突然株価が暴落してしまいました。 갑자기 주가가 폭락해 버렸습니다.

훈 お(ちる), お(とす) ▶ 落ちる 떨어지다 │ 落とす 떨어뜨리다 │ 落ち着く 안정되다,

자리잡다 │ 落ち葉 낙엽 │ 落とし物 분실물

経済不況はいつごろ落ち着くと予測しますか。

경제 불황은 언제쯤 안정될 거라 예측합니까?

(총 12획) 落 落 落 落 落 落 落 落 落 落 落 落

□□ 0836　초5/N2

⌨ 물(氵)을 다(咸) 덜고 피부에 바르면 리즈 갱신

減

덜 감

음 げん ▶ 減員 감원 │ 減額 감액 │ 減少 감소 │ 減速 감속 │ 削減 삭감 │ 増減 증감

販売量が減少した原因は何ですか。 판매량이 감소한 원인은 무엇입니까?

훈 へ(る), へ(らす) ▶ 減る 줄다 │ 減らす 줄이다

去年から輸入額が減りつつある。 작년부터 수입액이 계속 줄어들고 있다.

(총 12획) 減 減 減 減 減 減 減 減 減 減 減 減

□□ 0837　초6/N3

割

벨 할

⌨ 해할(害) 목적으로 칼(刂)로 벨 때 경찰이 와

🔊 かつ ▶ **割愛** 할애 | **割賦** 할부 | **割腹** 할복 | **分割** 분할

分割払いにします。　할부로 하겠습니다.

🔊 わ(れる), わ(る), わり, さ(く) ▶ **割れる** 갈라지다, 분열되다 | **割る** 나누다 |
割 할[비율의 단위], 나눔 | **割合** 비율 | **割高** 값이 비쌈 | **割引** 할인 | **役割** 역할 |
割く 가르다, 쪼개다

この商品は20%まで**割引**できます。　이 상품은 20%까지 할인이 가능합니다.

[총 12획] 割 割 割 割 割 割 割 割 割 割 割 割

+ 分割払い 할부 | ～にする ～로 하다 | できる 가능하다, 할 수 있다

□□ 0838　초5/N2

損

덜 손

⌨ 손수(扌) 상자(口)에서 조개(貝)를 덜어 낸 손

🔊 そん ▶ **損益** 손익 | **損害** 손해 | **損失** 손실 | **欠損** 결손 | **破損** 파손

損害が発生する可能性は少ないです。　손해가 발생할 가능성은 적습니다.

🔊 そこ(なう), そこ(ねる) ▶ **損なう** 손상하다, 파손하다, (건강·기분을) 상하게 하다 |
損ねる 손상하다, (건강을) 해치다, (기분을) 상하게 하다

消費者の正しい理解を**損なう**恐れがある。
소비자의 올바른 이해를 손상할 우려가 있다.

[총 13획] 損 損 損 損 損 損 損 損 損 損 損 損

□□ 0839　초6/N1

縮

줄일 축

⌨ 집(宀)에 있는 백(佰) 개의 실(糸)로 줄일 수 없을 만큼 살찌지

🔊 しゅく ▶ **縮小** 축소 | **圧縮** 압축 | **萎縮** 위축 | **恐縮** 공축, 황송함 | **短縮** 단축

恐縮ですが、辞退させていただきます。　죄송합니다만, 사퇴하겠습니다.

🔊 ちぢ(む), ちぢ(まる), ちぢ(める), ちぢ(らす), ちぢ(れる) ▶ **縮む** 줄어들다 |
縮まる 줄어들다 | **縮める** 줄이다 | **縮らす** 오그라들게 하다 | **縮れる** 오그라지다

経済格差が少し**縮まり**ました。　경제 격차가 약간 줄어들었습니다.

[총 17획] 縮 縮 縮 縮 縮 縮 縮 縮 縮 縮 縮 縮 縮 縮 縮 縮 縮

□□ 0840　초3/N2

倍

곱 배

⌨ 그 사람(亻)이 서(立) 있는 입구(口)에서 곱절로 인사하나 봐

🔊 ばい ▶ **倍加** 배가 | **倍額** 배액 | **倍数** 배수 | **倍増** 배증 | **倍率** 배율 | **二倍** 두 배

売り上げが**倍増**したそうです。　매상이 두 배로 증가했다고 합니다.

株価が**二倍**になりました。　주가가 두 배가 되었습니다.

[총 10획] 倍 倍 倍 倍 倍 倍 倍 倍 倍 倍

□□ 0841　초3/N3

配

나눌 배

⌨ 닭(酉) 몸(己)을 요리해서 나눌 하이라이스

🔊 はい ▶ 配達 배달 ｜ 配当 배당 ｜ 配慮 배려 ｜ 気配 기색, 분위기 ｜ 支配 지배 ｜
心配 걱정 ｜ 宅配 택배 ｜ 手配 준비, 절차

配達記録を調べてみました。 배달 기록을 알아봤습니다.

🔊 くば(る) ▶ 配る 나누어 주다 ｜ 気配り 배려

粗品を配った方がいいと思います。 사은품을 나누어 주는 편이 좋다고 생각합니다.

총 10획 配 配 配 配 配 配 配 配 配 配

＋ 調べる 알아보다, 조사하다, 찾다 ｜ 粗品 조품, 변변치 못한 물건(선물) ｜ ～と思います ～라고 생각합니다

□□ 0842　초3/N3

決

결정할 결

⌨ 결정할 때 물(氵)가에서 마음 터놓는(夬) 친구들의 키

🔊 けつ ▶ 決意 결의 ｜ 決算 결산 ｜ 決断 결단 ｜ 決定 결정 ｜ 決闘 결투 ｜ 解決
해결 ｜ 対決 대결 ｜ ★決して 결코, 절대로

入札価格が決定されました。 입찰 가격이 결정되었습니다.

🔊 き(まる), き(める) ▶ 決まる 결정되다 ｜ 決める 결정하다

数量が決まり次第、ご連絡いたします。
수량이 정해지는 대로 연락드리겠습니다.

총 7획 決 決 決 決 決 決 決

＋ ます형＋次第 ～하는 대로 ｜ ご＋한자어＋する(いたす) ～해 드리다[경양 표현]

□□ 0843　초4/N4

借

빌릴 차

⌨ 빌릴 거면 사람(イ)들의 옛(昔) 추억의 영화 샤크

🔊 しゃく ▶ 借地 차지, 남의 땅을 빌림 ｜ 借家 차가, 세를 주고 남의 집을 빌림 ｜ 借用 차용
｜ 借金 차금, 빚 ｜ 貸借 대차 ｜ 賃借 임차

借用書を書いてください。 차용증을 써 주세요.

🔊 か(りる) ▶ 借りる 빌리다

借りたお金を返しました。 빌린 돈을 갚았습니다.

총 10획 借 借 借 借 借 借 借 借 借 借

□□ 0844　초3/N4

発

필 발(發)

⌨ 세상 등지고(癶) 새 삶을 여는(开) 꽃이 필 때 내 마음에 하트

🔊 はつ, ほつ ▶ 発音 발음 ｜ 発生 발생 ｜ 発展 발전 ｜ 発売 발매 ｜ 発表 발표 ｜
発明 발명 ｜ 開発 개발 ｜ 出発 출발 ｜ 発作 발작 ｜ 発足 발족

新商品開発に注力しています。 신상품 개발에 주력하고 있습니다.

彼は経済の発展に貢献した人物だ。 그는 경제 발전에 공헌한 인물이다.

총 9획 発 発 発 発 発 発 発 発 発

□□ 0845 　초4/N2

各

각각 각

⌨ 선수가 뒤처져 올(夊) 때마다 입(口)으로 각각 오노~ 오노~

음 かく ▶ **各自** 각자 ｜ **各種** 각종 ｜ **各層** 각층 ｜ **各地** 각지 ｜ **各国** 각국

各種販売イベントを準備しています。 각종 판매 이벤트를 준비하고 있습니다.

훈 おのおの ▶ **各々** 각자, 각각

経済について各々の意見を述べました。
경제에 대하여 각자의 의견을 말했습니다.

[총 6획] 各 各 各 各 各 各

＋ 〜について 〜에 대하여 ｜ 述べる 말하다, 진술하다, 기술하다

□□ 0846 　초4/N2

量

헤아릴 량

⌨ 아침(旦)마다 마을(里) 사람 수를 헤아릴 수 없구료

음 りょう ▶ **量** 양 ｜ **量産** 대량 생산, 양산 ｜ **器量** 기량 ｜ **減量** 감량 ｜ **質量** 질량 ｜
測量 측량 ｜ **用量** 용량

最近輸出量が急増しました。 요즘 수출량이 급증했습니다.

훈 はか(る) ▶ **量る** 재다, 달다

製品の重さを量ってください。 제품의 무게를 재 주세요.

[총 12획] 量 量 量 量 量 量 量 量 量 量 量 量

＋ 重さ 무게[重い의 명사화]

□□ 0847 　초5/N2

測

헤아릴 측

⌨ 법칙(則) 대로 물(氵)을 헤아릴 수 있다고 하까

음 そく ▶ **測量** 측량 ｜ **測定** 측정 ｜ **観測** 관측 ｜ **計測** 계측 ｜ **推測** 추측

測定結果を知らせました。 측정 결과를 알렸습니다.

훈 はか(る) ▶ **測る** (무게·길이·깊이·넓이 등) 재다, 측정하다

コンテナの移動距離を測りました。 컨테이너의 이동 거리를 쟀습니다.

[총 12획] 測 測 測 測 測 測 測 測 測 測 測 測

＋ 知らせる 알리다, 통지하다, 통보하다

□□ 0848 　초4/N3

努

힘쓸 노

⌨ 여자(女)가 또(又) 힘(力)을 내서 일에 힘쓸 수 있다 해도

음 ど ▶ **努力** 노력

努力の結果、海外支社に異動になった。
노력의 결과, 해외 지사로 이동하게 되었다.

훈 つと(める) ▶ **努める** 힘쓰다, 노력하다

物量を確保しようと努めています。 물량을 확보하려고 힘쓰고 있습니다.

[총 7획] 努 努 努 努 努 努 努

DAY | SUBJECT

26 | 무역, 경제(2)

Track38

得(とく)
조금만 걸어도 매일 한 마디씩
얻는 지식 talk

納(のう)
노란색 수입 실로 짠 옷을
국내에 들일 땐 세금 No

禁(きん)
수풀에서 흡연자가 보이면
출입을 금할 것! No smoking!

余(よ)
사람이 한 테이블에 두 명이
앉아 한 자리가 남아요

단어 복습 퀴즈 다음 한자를 바르게 읽은 것을 고르세요.

1 価値	ⓐ かち	ⓑ かかく	5 家賃	ⓐ やじん	ⓑ やちん
2 担当	ⓐ たんと	ⓑ たんとう	6 経済	ⓐ けいさい	ⓑ けいざい
3 貿易	ⓐ ぼうえき	ⓑ ぼえき	7 増加	ⓐ ぞうか	ⓑ じょうか
4 資料	ⓐ ざいりょう	ⓑ しりょう	8 割引	ⓐ わりひき	ⓑ わりびき

□□ 0849　초5/N2

⌨ 빨리 대답하고(俞) 수레(車)를 보낼 이유

輸

보낼 수(輸)

음 ゆ ▶ **輸**出 수출 | **輸**入 수입 | 運**輸** 운수, 수송 | 空**輸** 공수

輸入の手続きを行いました。　수입 수속을 시행했습니다.

それは空輸で運んだ方がいいです。　그것은 공수로 운반하는 편이 좋습니다.

[총 16획] 輸 輸 輸 輸 輸 輸 輸 輸 輸 輸 輸 輸 輸 輸 輸

+ 運ぶ 옮기다, 운반하다 | ～た方がいいです ～하는 편이 좋습니다

□□ 0850　초5/N2

⌨ 베풀수록 좋은 말씀(言)을 책상(几)에 또(又) 모을게

設

베풀 설

음 せつ ▶ **設**計 설계 | **設**備 설비 | **設**立 설립 | 開**設** 개설 | 建**設** 건설 | 施**設** 시설 | 新**設** 신설

建設会社の株が上がっています。　건설 회사 주식이 오르고 있습니다.

훈 もう(ける) ▶ **設**ける 마련하다, 준비하다, 설치하다

専務に会う機会を設けてください。　전무님을 만날 기회를 마련해 주세요.

[총 11획] 設 設 設 設 設 設 設 設 設 設 設

□□ 0851　초4/N3

⌨ 벼(禾)를 이 칼(刂)로 베면 이로울 리 없다

利

이로울 리

음 り ▶ **利**益 이익 | **利**権 이권, 이익을 얻는 권리 | **利**用 이용 | 権**利** 권리 | 勝**利** 승리 | 便**利** 편리 | 有**利** 유리

貿易に有利な条件ですね。　무역에 유리한 조건이네요.

훈 き(く) ▶ **利**く 효력이 있다, 듣다 | 左**利**き 왼손잡이 | 右**利**き 오른손잡이

気が**利**く 재치가 있다, 눈치가 빠르다

彼女はとても気が利く経済記者だ。　그녀는 아주 재치 있는 경제 기자이다.

[총 7획] 利 利 利 利 利 利 利

□□ 0852　초5/N1

⌨ 그릇(皿)에 818(八一八)을 새기니 가치가 더할 거야

益

더할 익

음 えき, やく ▶ 収**益** 수익 | 有**益** 유익 | 利**益** 이익 | 御**利益** 덕택, 혜택, 은혜

今年の収益は過去最高を記録した。　올해 수익은 과거 최고를 기록했다.

海外貿易で利益を得ました。　해외무역에서 이익을 얻었습니다.

[총 10획] 益 益 益 益 益 益 益 益 益 益

⌨ 조개(貝)를 대신해(代) 빌릴 수 있다면 내가 할게 타이 요리

貸

빌릴 대

음 たい ▸ 貸借 대차 | 貸与 대여 | 賃貸 임대, 세줌

賃貸物件を扱う仕事をしています。 임대 물건을 취급하는 일을 하고 있습니다.

훈 か(す) ▸ 貸す 빌려 주다 | 貸し借り 대차 | 貸付金 대부금 | 貸家 셋집

お金の貸し借りには注意しなければならない。 금전대차에는 주의해야 한다.

총 12획 貸貸貸貸貸貸貸貸貸貸貸貸

＋ 扱う 처리하다, 다루다, 취급하다

⌨ 조금만 걸어도(彳) 매일(日) 한 마디(寸)씩 얻는 지식 talk

得

얻을 득

음 とく ▸ 得意 잘함, 자신 있음 | 得点 득점 | 取得 취득 | 所得 소득 | 説得 설득

納得 납득

取引先を説得するつもりだ。 거래처를 설득할 생각이다.

훈 え(る), う(る) ▸ 得る 얻다, 획득하다 | 得る 얻다

利益を得たので報告します。 이익을 얻었기 때문에 보고하겠습니다.

총 11획 得得得得得得得得得得得

⌨ 노란색 수입 실(糸)로 짠 옷을 국내(内)에 들일 땐 세금 NO

納

들일 납(納)

음 のう, なっ, な, なん, とう ▸ 納税 납세 | 収納 수납 | 納豆 낫토 | 納得 납득

| 納屋 헛간 | 納戸 헛방 | 出納 출납

納税の義務を果たさなければなりません。 납세의 의무를 다해야 합니다.

훈 おさ(まる), おさ(める) ▸ 納まる 정리되다, 납입되다 | 納める 받아들이다, 납입하다

所得税を去年より多く納めました。 소득세를 작년보다 많이 냈습니다.

총 10획 納納納納納納納納納納

＋ 果たす 완수하다, 다하다, 달성하다

⌨ 두 계단(二) 두 기둥(‖) 앞에 8(八)명이 한가지로 일을 도모

共

한가지 공

음 きょう ▸ 共存 공존 | 共通 공통 | 共同 공동 | 公共 공공

これは他社と共同開発した商品です。 이것은 타사와 공동 개발한 상품입니다.

훈 とも ▸ 共に 함께, 같이 | 共働き 맞벌이

共働きなので子供を保育園に預けています。
맞벌이여서 아이를 어린이집에 맡기고 있습니다.

총 6획 共共共共共共

＋ 명사 ＋ なので ~이기 때문에 | 保育園 보육원, 어린이집 | 預ける 맡기다

0857 초4/N3

⌨ 집(宀) 안에 금이 가득하니(畐) 부유할 후손

富

부유할 부

음 ふ, ふう ▸ 富強 부강 | 富豪 부호 | 富裕 부유 | 貧富 빈부 | 豊富 풍부 |

富貴 부귀

貧富の差が大きい国の問題は何ですか。

빈부의 차가 큰 나라의 문제는 무엇입니까?

훈 と(む), とみ ▸ 富む 넉넉해지다, 부자가 되다, 풍부하다 | 富 부, 재산, 자원

多様性に富んだ環境で仕事をしている。

다양성이 풍부한 환경에서 일을 하고 있다.

총 12획 富富富富富富富富富富富富

0858 초5/N3

⌨ 벼(禾)를 쌓는 입구(口)에 왕(王)이 정한 한도가 적혀 있대

程

한도 정

음 てい ▸ 程度 정도 | 過程 과정 | 課程 과정 | 日程 일정 | 旅程 여정

輸出の日程を調整してください。 수출 일정을 조정해 주세요.

훈 ほど ▸ 程 사물, 동작, 상태의 정도나 한도 | 程々 적당, 알맞은 정도 | 身の程 분수

残業も程々にしないと体を壊しますよ。

야근도 적당히 하지 않으면 건강을 해칩니다.

총 12획 程程程程程程程程程程程程

+ 体を壊す 건강을 해치다, 몸을 해치다(망가뜨리다)

0859 초6/N1

⌨ 한 쌍의 구슬(玨)을 칼(刂)로 나눌까 한번?

班

나눌 반

음 はん ▸ 班員 반원 | 班長 반장 | 救護班 구호반 | 取材班 취재반

作業現場の班長をしています。 작업 현장의 반장을 맡고 있습니다.

取材班が本社ビルに移動しました。 취재반이 본사 빌딩으로 이동했습니다.

총 10획 班班班班班班班班班班

+ 移動する 이동하다

0860 초5/N3

⌨ 나무(木) 아래 각각(各) 앉아 격식 차리고 화초 가꾸기

格

격식 격

음 かく, こう ▸ 格差 격차 | 格好 모양, 모습 | 規格 규격 | 合格 합격 | 格子 격자

格差社会についてどう思われますか。 격차 사회에 대해 어떻게 생각하십니까?

規格に合わせて作りました。 규격에 맞춰 만들었습니다.

총 10획 格格格格格格格格格格

+ 思われる 생각하시다[思う의 존경 표현] | ～に合わせる ～에 맞추다

⌨ 수풀(林)에서 흡연자가 보이면(示) 출입을 금할 것! No smoking!

禁

금할 금

음 きん ▶ **禁煙** 금연 │ **禁止** 금지 │ **禁じる** 금하다 │ **解禁** 해금, 금지령을 해제함 │

厳禁 엄금

我が社では副業が禁止されています。

우리 회사에서는 부업이 금지되어 있습니다.

その食品は輸入を禁じられています。　그 식품은 수입이 금지되어 있습니다.

총 13획 禁 禁 禁 禁 禁 禁 禁 禁 禁 禁 禁 禁 禁

+ 我が社 우리 회사 │ 禁止される 금지되다[禁止する의 수동형]

⌨ 집(宀) 앞의 저 사람이 이제 내 짝(疋)이라 정할 때

定

정할 정

음 てい, じょう ▶ **定員** 정원 │ **定期** 정기 │ **安定** 안정 │ **決定** 결정 │ **肯定** 긍정 │

定規 정규, 자[측정 도구] │ **案の定** 예상했던 대로, 아니나 다를까

安定的な供給をお願いします。　안정적인 공급을 부탁드립니다.

훈 さだ(まる), さだ(める), さだ(か) ▶ **定まる** 정해지다, 결정되다 │ **定める** 정하다,

결정하다, 고정시키다 │ **定か** 확실함, 분명함

新たな利率が定められました。　새로운 이율이 정해졌습니다.

총 8획 定 定 定 定 定 定 定 定

+ 新たな 새로운 │ 定められる 정해지다, 결정되다[定める의 수동형]

⌨ 사람(人)이 한 테이블(朩)에 두 명이 앉아 한 자리가 남아요

余

남을 여(餘)

음 よ ▶ **余暇** 여가 │ **余白** 여백 │ **余命** 여명, 여생 │ **余裕** 여유 │ **残余** 잔여

納期は余裕を持って設定しました。　납부 기한은 여유를 가지고 설정했습니다.

훈 あま(る), あま(す) ▶ **余る** 남다, 넘다, 이상이다 │ **余す** 남기다, 남겨 두다

在庫がずいぶん余っています。　재고가 꽤 남아 있습니다.

총 7획 余 余 余 余 余 余 余

+ 納期 납기, 납부 기한 │ ずいぶん 꽤, 제법

⌨ 임금(主)이 조금 걸어서(彳) 길을 지나서 갈 오후

往

갈 왕

음 おう ▶ **往診** 왕진 │ **往復** 왕복 │ **右往左往** 우왕좌왕 │ **既往** 기왕, 지나간 일

運送の往復時間はどれくらいですか。　운송 왕복 시간은 어느 정도입니까?

荷物が届かず右往左往しました。　짐이 도착하지 않아 우왕좌왕했습니다.

총 8획 往 往 往 往 往 往 往 往

0865 　초5/N1

⌨ 다닐(行) 때 발목을 지킬 가죽(韋)구두는 A급

음 えい ▶ 衛生 위생 ｜ 衛星 위성 ｜ 護衛 호위 ｜ 守衛 수위 ｜ 防衛 방위

食品衛生法に基づいて輸入します。　식품위생법에 의거하여 수입합니다.

会長の周りには護衛が数人います。　회장 주변에는 경호가 몇 명 있습니다.

총 16획 衛 衛 衛 衛 衛 衛 衛 衛 衛 衛 衛 衛 衛 衛 衛 衛

衛
지킬 위

＋ 〜に基づいて 〜에 의거하여, 〜에 따라

0866 　초5/N3

⌨ 입구(口) 안에 큰 대(大)자가 들어간 한자는 인할 인(因)

음 いん ▶ 因果 인과, 원인과 결과 ｜ 因縁 인연 ｜ 起因 기인 ｜ 原因 원인 ｜ 要因 요인

輸出が難しい要因は何ですか。　수출이 어려운 요인은 무엇입니까?

훈 よ(る) ▶ 因る 의거하다, 준하다, 따르다

台風に因り飛行機が欠航になりました。

태풍으로 인해 비행기가 결항되었습니다.

총 6획 因 因 因 因 因 因

因
인할 인

0867 　초6/N1

⌨ 손수(扌) 안을 더 넓게(広) 넓힐 캠핑 카 꾸미기

음 かく ▶ 拡散 확산 ｜ 拡充 확충 ｜ 拡大 확대 ｜ 拡張 확장

輸出拡大の成果が見込めます。　수출 확대의 성과를 기대할 수 있습니다.

事業規模を拡張することができました。　사업 규모를 확장할 수 있었습니다.

총 8획 拡 拡 拡 拡 拡 拡 拡 拡

拡
넓힐 확(擴)

＋ 見込む 기대하다, 확실하다고 보다, 내다보다 ｜ 〜ができる 〜을(를) 할 수 있다(가능하다)

0868 　초6/N1

⌨ 밝은(明) 미래를 맹세하며 만든 그릇(皿)을 보니 가슴이 메이네

음 めい ▶ 盟主 맹주 ｜ 盟友 맹우, 동지 ｜ 加盟 가맹 ｜ 同盟 동맹 ｜ 連盟 연맹

加盟国との交流を深めました。　가맹국과의 교류를 깊게 했습니다.

貿易連盟に加入しました。　무역 연맹에 가입했습니다.

총 13획 盟 盟 盟 盟 盟 盟 盟 盟 盟 盟 盟 盟 盟

盟
맹세 맹

＋ 深める 깊게 하다, 돈독히 하다

⌨ 실(糸)을 합해서(合) 줄 수 있으면 땡큐

給

줄 급

🔊 きゅう ▸ **給食** 급식 ｜ **給与** 급여 ｜ **給料** 급료 ｜ **供給** 공급 ｜ **支給** 지급 ｜
時給 시급

去年に比べて給与が上がりました。　작년에 비해 급여가 올랐습니다.

需要と供給のバランスが大切です。　수요와 공급의 밸런스가 중요합니다.

[총 12획] 給 給 給 給 給 給 給 給 給 給 給 給

＋ 〜に比べて ～에 비해, ～에 비교하여 ｜ 上がる 오르다 ｜ バランス(balance) 균형

⌨ 길쌈할 때 실(糸)을 뽑아서 꾸짖어도(責) 챙기는 삼시세끼

績

길쌈할 적

🔊 せき ▸ **業績** 업적, 실적 ｜ **功績** 공적 ｜ **実績** 실적 ｜ **成績** 성적 ｜ **紡績** 방적

販売実績の報告書を提出しました。　판매 실적의 보고서를 제출했습니다.

海外業績を上げ続けている。　해외 실적을 계속 올리고 있다.

[총 17획] 績 績 績 績 績 績 績 績 績 績 績 績 績 績 績 績 績

⌨ 말한(言) 방향(方)대로 방문할 가게의 상호

訪

방문할 방

🔊 ほう ▸ **訪日** 방일, 일본을 방문함 ｜ **訪問** 방문 ｜ **探訪** 탐방 ｜ **来訪** 내방

彼は韓国企業を訪問したことがあります。
그는 한국 기업을 방문한 적이 있습니다.

🔊 おとず(れる), たず(ねる) ▸ **訪れる** 방문하다, (계절 등이) 찾아오다 ｜ **訪ねる** 찾다.
방문하다

取引先の事務所を訪ねる予定です。　거래처 사무소를 방문할 예정입니다.

[총 11획] 訪 訪 訪 訪 訪 訪 訪 訪 訪 訪 訪

⌨ 한눈(目)에 하나(一)부터 여덟(八)까지 갖출 만한 가구

具

갖출 구(具)

🔊 ぐ ▸ **具合** 상태, 형편 ｜ **具体的** 구체적 ｜ **雨具** 우비, 비옷 ｜ **家具** 가구 ｜ **道具** 도구

具体的な数量を検討しなければならない。　구체적인 수량을 검토해야 한다.

ここは家具を海外に輸出する会社です。
여기는 가구를 해외로 수출하는 회사입니다.

[총 8획] 具 具 具 具 具 具 具 具

□□ 0873　초5/N2

再

두 재

⌨ 한(一) 목표를 향해 함께 나아가는(冉) 두 사람은 어떤 사이?

음 さい, さ ▸ **再会** 재회 | **再現** 재현 | **再婚** 재혼 | **再生** 재생 | **再選** 재선 | **再来年** 내후년

契約を再来年まで延長しました。 계약을 내후년까지 연장했습니다.

훈 ふたた(び) ▸ **再び** 두 번, 다시, 재차

再び交渉を延期することになりました。 다시 교섭을 연기하게 되었습니다.

총 6획 再 再 再 再 再 再

□□ 0874　초5/N1

基

터 기

⌨ 그(其) 땅(土)에서 터를 잡아 가축을 키워

음 き ▸ **基準** 기준 | **基礎** 기초 | **基地** 기지 | **基本** 기본

輸出には安全基準を満たす必要がある。
수출에는 안전기준을 만족시킬 필요가 있다.

훈 もと, もとい ▸ **基** 처음, 시작, 기원, 원인 | **基づく** 의거하다, 바탕을 두다, 근거하다 | **基** 건물의 토대, 기초, 사물의 근본

法律に基づいて輸入しています。 법률에 의거하여 수입하고 있습니다.

총 11획 基 基 基 基 基 基 基 其 基 基 基

+ 満たす 채우다, 만족시키다, 충족시키다

□□ 0875　초5/N3

際

즈음 제

⌨ 언덕(阝)에서 제사(祭)를 지낼 즈음 수리한 기와집

음 さい ▸ **際限** 제한 | **交際** 교제 | **国際** 국제 | **実際** 실제

商品は国際便での配送になります。 상품은 국제편으로 배송됩니다.

훈 きわ ▸ **際** 가장자리, 옆, 때, 경우 | **一際** 한층 더, 눈에 띄게, 유달리 | **窓際** 창가

こちらは一際人気を集めている商品です。
이것은 눈에 띄게 인기를 모으고 있는 상품입니다.

총 14획 際 際 際 際 際 際 際 際 際 際 際 際 際 際

+ 集める 모으다

□□ 0876　초5/N3

制

절제할 제

⌨ 감정을 절제할 땐 지팡이(丿)와 수건(巾)을 칼(刂)로 자르세

음 せい ▸ **制御** 제어 | **制限** 제한 | **制度** 제도 | **管制** 관제 | **規制** 규제 | **統制** 통제

制度を利用して支援金をもらいました。 제도를 이용하여 지원금을 받았습니다.
規制が多いので、その商品の輸入は難しい。
규제가 많아서, 그 상품의 수입은 어렵다.

총 8획 制 制 制 制 制 制 制 制

条

가지 조(條)

📖 이건 뒤처져 오다가(夂) 발견한 나무(木)가지죠

🔈 じょう ▶ **条件** 조건 | **条約** 조약 | **条例** 조례 | **信条** 신조

まず条件を提示してください。 우선, 조건을 제시해 주세요.

それは条約により輸入が禁止されています。
그것은 조약에 따라 수입이 금지되어 있습니다.

총7획 条 条 条 条 条 条 条

+ ～により(～によって) ~에 따라, ~에 의해 | 禁止される 금지되다[禁止する의 수동형]

盛

성할 성

📖 꿈을 이룰(成) 만한 큰 그릇(皿)을 가진 사람이 번성할 기세

🔈 せい, じょう ▶ **盛況** 성황 | **盛大** 성대 | **全盛** 전성 | **隆盛** 융성 | **繁盛** 번성

国際フェスティバルは大盛況でした。 국제 페스티벌은 대성황이었습니다.

🔈 も(る), さか(る), さか(ん) ▶ **盛る** 쌓아 올리다, 담아서 채우다 | **盛る** 번창하다, 유행
하다 | **盛ん** 번성함, 번창함, 성행함

あの国は貿易が盛んな国です。 저 나라는 무역이 왕성한 나라입니다.

총11획 盛 盛 盛 成 盛 盛 盛 盛 盛 盛 盛

+ フェスティバル(festival) 페스티벌

標

표할 표

📖 나무(木)를 덮은(覀) 꽃잎이 보이면(示) 감사를 표할 때의 효과

🔈 ひょう ▶ **標識** 표지 | **標的** 표적, 과녁 | **商標** 상표 | **目標** 목표

商標登録の手続きをしてください。 상표 등록 수속을 해 주세요.

今年の売上目標を設定しましょう。 올해의 매상(매출) 목표를 설정합시다.

총15획 標 標 標 標 標 標 標 標 標 標 標 標 標 標

+ 手続き 수속, 절차

査

조사할 사

📖 나무(木)에 대해 또(且) 조사할 사람은 검사

🔈 さ ▶ **査証** 사증, 비자, 조사하여 증명함 | **監査** 감사 | **検査** 검사 | **審査** 심사 |
捜査 수사 | **調査** 조사

輸入申告をして検査を受けました。 수입 신고를 하고 검사를 받았습니다.

安全について調査する必要があります。 안전에 대해 조사할 필요가 있습니다.

총9획 査 査 査 査 査 査 査 査 査

+ 検査を受ける 검사를 받다

0881 초3/N3 　流 (흐를 류)

물 수(氵) 한자에 깃발 유(充)를 합치면 흐를 류(流)

음 りゅう, る ▶ 流行 유행 ｜ 流通 유통 ｜ 一流 일류 ｜ 交流 교류 ｜ 流布 유포
最近流通業界は活気があります。　요즘 유통업계는 활기가 있습니다.

훈 なが(れる), なが(す) ▶ 流れる 흐르다, 흘러가다 ｜ 流す 흘리다, 흐르게 하다
過去のことは水に流して契約した。　과거의 일은 흘려 보내고 계약했다.

총 10획 流 流 流 流 流 流 流 流 流 流

0882 초3/N3 　追 (쫓을 추(追))

꿈을 쫓을 때 쉬엄쉬엄 가서(辶) 쌓는(𠂤) 추억

음 つい ▶ 追憶 추억 ｜ 追加 추가 ｜ 追求 추구 ｜ 追伸 추신
注文を追加することはできますか。　주문을 추가하는 것은 가능합니까?

훈 お(う) ▶ 追う 쫓다, 추구하다 ｜ 追い風 순풍 ｜ 追い越す 추월하다 ｜ 追い詰める
바짝 뒤쫓다 ｜ 追いつく 따라잡다, 따라붙다, 달하다
販売一位の会社に追いつきました。　판매 1위 회사를 따라잡았습니다.

총 9획 追 追 追 追 追 追 追 追 追

0883 초5/N1 　救 (구원할 구)

북 치는(攵) 음악을 찾아(求) 영혼을 구원할 사람의 아이큐

음 きゅう ▶ 救援 구원 ｜ 救急車 구급차 ｜ 救出 구출 ｜ 救助 구조
災害救助法による経済支援制度がある。
재해 구조법에 의한 경제 지원 제도가 있다.

훈 すく(う) ▶ 救う 구하다, 살리다
彼が我が社を救ってくれました。　그가 우리 회사를 살렸습니다.

총 11획 救 救 救 救 救 救 救 救 救 救 救

＋ 〜による ~에 의한, ~에 따른 ｜ 〜てくれる ~해 주다[상대방→나]

0884 초3/N3 　助 (도울 조)

학업을 도울 또(且) 하나의 힘(力)은 연필 한 다스

음 じょ ▶ 助言 조언 ｜ 助手 조수 ｜ 助力 조력 ｜ 援助 원조 ｜ 救助 구조
援助してくれる会社を探しています。　원조해 줄 회사를 찾고 있습니다.

훈 たす(かる), たす(ける), すけ ▶ 助かる 살아나다, 목숨을 건지다, 도움이 되다 ｜
助ける 구하다, 돕다 ｜ 助っ人 일을 돕는 사람, 조력자
期日を守ってくれて助かりました。
기일을 지켜 줘서 도움이 됐습니다(덕분에 살았습니다).

총 7획 助 助 助 助 助 助 助

＋ 探す 찾다

읽기 다음 한자를 히라가나로 쓰세요.

01 価格 → _____ 02 税金 → _____

03 株式 → _____ 04 禁煙 → _____

05 衛星 → _____ 06 具体的 → _____

쓰기 밑줄 친 히라가나를 한자로 쓰세요.

07 来年の販売けいかくを立てようと思います。 → _____

08 もっとねだんを安くしてください。 → _____

09 彼は韓国企業をほうもんしたことがあります。

→ _____

10 安全についてちょうさする必要があります。 → _____

듣기 다음 문장을 듣고 빈칸을 채우세요.

Track39

11 去年から輸入額が_____。

12 先月に比べて、_____。

13 納期は_____設定しました。

14 _____輸入しています。

01 <u>予算</u>を使い切ってしまいました。

① ようさん 　　② けいさん 　　③ よさん 　　④ けっさん

02 商品開発に長い年月を<u>費</u>やしました。

① つやしました 　② ひやしました 　③ ついやしました 　④ いやしました

03 貯蓄型保険に<u>加入</u>しました。

① ちょうちく 　　② ちょちく 　　③ ちょきん 　　④ じょうちく

04 海外貿易で<u>利益</u>を得ました。

① りいき 　　② りゆき 　　③ りぶん 　　④ りえき

05 所得税を去年より多く<u>納</u>めました。

① ながめました 　② おさめました 　③ つとめました 　④ いためました

06 もう一つ条件を<u>くわえて</u>ください。

① 加えて 　　② 力えて 　　③ 付えて 　　④ 増えて

07 彼は会社を二つ<u>けいえい</u>しています。

① 経営 　　② 経過 　　③ 経済 　　④ 計営

08 運送の<u>おうふく</u>時間はどれくらいですか。

① 往副 　　② 王福 　　③ 主復 　　④ 往復

09 事業規模を<u>かくちょう</u>することができました。

① 拡長 　　② 広張 　　③ 拡張 　　④ 広長

10 需要と<u>きょうきゅう</u>のバランスが大切です。

① 共給 　　② 供給 　　③ 給料 　　④ 協給

27 | 정치, 법(1)

Track40

政(せい)
바른 정사를 위해 억울한
백성이 북을 치며 say

治(ち)
물 폭탄 태풍이 덮친
나라를 어찌 다스릴지

則(そく)
조개를 칼로 어떻게 자를지
마음의 법칙들이 솟구친다

昭(しょう)
날 밝을 때 칼로 상자를
베는 쇼

단어 복습 퀴즈 다음 한자를 바르게 읽은 것을 고르세요.

1 輸入 ▶ ⓐ ゆにゅう   ⓑ ゆにゅ

2 設備 ▶ ⓐ せつび   ⓑ せいび

3 共同 ▶ ⓐ きょうとう   ⓑ きょうどう

4 禁止 ▶ ⓐ きんし   ⓑ きんえん

5 決定 ▶ ⓐ けってい   ⓑ げってい

6 実績 ▶ ⓐ じつせき   ⓑ じっせき

7 国際 ▶ ⓐ こくさい   ⓑ こっさい

8 検査 ▶ ⓐ しょうさ   ⓑ けんさ

0885 · 초5/N3

⌨ 바른(正) 정사를 위해 억울한 백성이 북을 치며(攵) say

政
정사 정

음 **せい, しょう** ▶ **政権** 정권 │ **政策** 정책 │ **政治** 정치 │ **政党** 정당 │ **政府** 정부 │ **政令** 정령, 각령 │ **行政** 행정 │ **国政** 국정 │ **財政** 재정 │ **摂政** 섭정

新政権が誕生しました。 신정권이 탄생했습니다.

훈 **まつりごと** ▶ **政** 정사, 정치

昔の中国の政についてのドラマを見た。 옛날 중국 정사에 대한 드라마를 봤다.

[총 9획] 政 政 政 政 政 政 政 政 政

+ ～についての ~에 관한 │ ドラマ(drama) 드라마

0886 · 초4/N3

⌨ 물(氵) 폭탄 태풍(台)이 덮친 나라를 어찌 다스릴지

治
다스릴 치

음 **じ, ち** ▶ **政治** 정치 │ **治安** 치안 │ **治療** 치료 │ **自治** 자치 │ **全治** 전치, 완쾌 │ **統治** 통치 │ **法治** 법치

日本は法治国家です。 일본은 법치국가입니다.

훈 **おさ(まる), おさ(める), なお(る), なお(す)** ▶ **治まる** 진정되다, 다스려지다, 가라앉다 │ **治める** 다스리다, 지배하다, 진정시키다, 치료하다 │ **治る** 낫다 │ **治す** 고치다

暴動を治めました。 폭동을 진정시켰습니다.

[총 8획] 治 治 治 治 治 治 治 治

0887 · 초3/N4

⌨ 스무(卄) 명이 숨어(乚) 쉴 수 있는 인간 세상

世
인간 세

음 **せい, せ** ▶ **世紀** 세기 │ **世界** 세계 │ **世間** 세간 │ **世代** 세대 │ **出世** 출세

そのニュースは世界中で話題です。 그 뉴스는 전 세계에서 화제입니다.

훈 **よ** ▶ **世の中** 세상, 사회 │ **世論・世論** 여론

世論調査を実施しました。 여론조사를 실시했습니다.

[총 5획] 世 世 世 世 世

+ ニュース(news) 뉴스 │ 世界中 전 세계, 온 세계

0888 · 초3/N4

⌨ 밭(田)을 소개(介) 받은 덕에 내 지경이 확장됐다 스카이까지

界
지경 계

음 **かい** ▶ **境界** 경계 │ **業界** 업계 │ **限界** 한계 │ **臨界** 임계 │ **世界** 세계

今の政治ではもう限界かもしれない。 지금 정치로는 이제 한계일지도 모른다.

世界の政治についての新聞記事を読んだ。
세계 정치에 대한 신문 기사를 읽었다.

[총 9획] 界 界 界 界 界 界 界 界 界

+ ～かもしれない ~일지도 모른다

⌨ 하나(一)의 일을 그치게(止) 된 바른 이유를 대쇼

正

바를 정

🔊 しょう, せい ▶ **お正月** 설날[양력] | **正面** 정면 | **正義** 정의 | **正門** 정문 |
公正 공정 | **不正** 부정

公正取引委員会の認定を受けました。 공정거래위원회의 인정을 받았습니다.

🔊 ただ(しい), ただ(す), まさ ▶ **正しい** 바르다, 올바르다 | **正す** 바로잡다, 고치다 |
正に 정말로, 확실히

国民は正しい政治を求めています。 국민은 올바른 정치를 바라고 있습니다.

[총 5획] 正 正 正 正 正

　　　　　　　　　　　　　　　　　　　　　　　　+ **求める** 바라다, 요구하다, 구하다

⌨ 책상(ㄱ) 밑에 작은 의자(口)를 넣는 게 과연 옳을까

可

옳을 가

🔊 か ▶ **可決** 가결 | **可能** 가능 | **可否** 가부 | **許可** 허가 | **認可** 인가 | **不可** 불가

法案が可決されました。 법안이 가결되었습니다.
道路の使用許可を取りました。 도로의 사용 허가를 땄습니다.

[총 5획] 可 可 可 可 可

　　　　+ **可決される** 가결되다[**可決する**의 수동형] | **許可を取る** 허가를 따다, 허가를 받아 내다

⌨ 물(氵) 흐르듯 가고(去) 있는 법을 수호

法

법 법

🔊 ほう, はっ, ほっ ▶ **法案** 법안 | **法則** 법칙 | **法律** 법률 | **法令** 법령 | **司法**
사법 | **文法** 문법 | **方法** 방법 | **法度** 법도 | **法身** 법신, 법계의 이치와 일치하는 부처의 몸

法律事務所を設立しました。 법률 사무소를 설립했습니다.
息子は司法試験に合格しました。 아들은 사법시험에 합격했습니다.

[총 8획] 法 法 法 法 法 法 法 法

⌨ 조금 걸어가서(彳) 붓(聿)으로 법칙을 세우고 말을 잇지

律

법칙 률

🔊 りつ, りち ▶ **律令** 율령 | **一律** 일률 | **規律** 규율 | **自律** 자율 | **調律** 조율 |
法律 법률 | **律儀** 성실하고 의리가 두터움

規律を守ってください。 규율을 지켜 주세요.
法律に基づいて外国人の入国審査を行う。
법률에 근거하여 외국인의 입국 심사를 시행한다.

[총 9획] 律 律 律 律 律 律 律 律 律

+ **守る** 지키다, 유지하다 | **〜に基づいて** 〜에 근거(기초)하여 | **行う** 시행하다, 실시하다, 취급하다

0893 초5/N3

⌨ 남편(夫)이 매일 보는(見) 법 규정의 키포인트

規

음 き ▶ 規格 규격 | 規制 규제 | 規則 규칙 | 規定 규정 | 規模 규모 | 規律 규율 |
正規 정규 | 法規 법규 | ★定規 정규, 자[측정 도구]

規則に従って働くのは当然のことです。 규칙에 따라서 일하는 것은 당연합니다.

大規模な変革を行いました。 대규모의 변혁을 시행했습니다.

법 규

[총 11획] 規 規 規 規 規 規 規 規 規 規 規

+ ～に従って ～에 따라서 | こと 것, 일[일, 상황, 사건, 추상적인 사항] | 行う 시행하다, 실시하다, 취급하다

0894 초5/N2

⌨ 조개(貝)를 칼(刂)로 어떻게 자를지 마음의 법칙들이 솟구친다

則

음 そく ▶ 規則 규칙 | 原則 원칙 | 校則 교칙 | 反則 반칙 | 法則 법칙

非核三原則について説明しました。 비핵 3원칙에 대해서 설명했습니다.

その学校は校則が厳しいです。 그 학교는 교칙이 엄격합니다.

[총 9획] 則 則 則 則 則 則 則 則 則

법칙 칙

+ ～について ～에 대해서, ～에 관해서 | 厳しい 엄격하다

0895 초3/N3

⌨ 법에 맞게 화살(弋)을 제조한 장인(工)이 시키는 대로

式

음 しき ▶ 式典 식전, 의식 | 株式 주식 | 形式 형식 | 結婚式 결혼식 | 公式 공식 |
数式 수식 | 正式 정식 | 洋式 서양식 | 様式 양식, 격식 | 和式 일본식

形式的な謝罪で終わらせてはいけない。 형식적인 사죄로 끝내서는 안 된다.

首脳会談の開催を正式に発表しました。

정상회담 개최를 정식으로 발표했습니다.

법 식

[총 6획] 式 式 式 式 式 式

+ 終わらせる 끝내다 | ～てはいけない ～해서는 안 된다

0896 초4/N1

⌨ 굽은(曲) 마음을 바르게 하는 8(八)개의 법 조항일 텐데…

典

음 てん ▶ 典型 전형 | 経典 경전 | 古典 고전 | 辞典 사전 | 事典 사전[百科事典

(백과사전)의 줄임말] | 式典 식전, 의식 | 特典 특전

典型的な判決結果です。 전형적인 판결 결과입니다.

記念式典を行う予定です。 기념 식전을 실시할 예정입니다.

법 전

[총 8획] 典 典 典 典 典 典 典 典

⌨ 법을 모르는 집(宀)에 예쁜(丰) 그물망(罒)이 없어 마음(心)이 켕

🔊 けん ▶ **憲兵** 헌병 | **憲法** 헌법 | **違憲** 위헌 | **合憲** 합헌 | **立憲** 입헌

五月三日の憲法記念日は祝日です。 5월 3일 헌법 기념일은 공휴일입니다.

裁判所が違憲判決を出しました。 법원이 위헌판결을 냈습니다.

[총 16획] 憲 憲 憲 憲 憲 憲 憲 憲 憲 憲 憲 憲 憲 憲 憲 憲

법 헌

+ 裁判所 법원. 재판소 | 出す 내다, 내놓다

⌨ 한(一) 명의 호반이 그칠(止) 줄 모르는 화살(弋)로 진검승부

🔊 ぶ, む ▶ **武器** 무기 | **武士** 무사 | **武装** 무장 | **武勇** 무용 | **武力** 무력 | **文武** 문무 | **武者** 무사

「武力と暴力は許さない」と批判した。
"무력과 폭력은 허락하지 않겠다"라고 비판했다.

武装解除に関するニュースを見ました。 무장해제에 관한 뉴스를 봤습니다.

[총 8획] 武 武 武 武 武 武 武 武

호반 무

+ 許す 허락하다, 용서하다

⌨ 목숨 걸고 모여서(亼) 꿈을 향해 두드리는(叩) 메이저리그

🔊 めい, みょう ▶ **命題** 명제, 과제 | **命名** 명명, 이름을 붙임 | **命令** 명령 | **命じる** 명령하다, 명하다 | **運命** 운명 | **宿命** 숙명 | **生命** 생명 | **任命** 임명 | **寿命** 수명

事務次官に任命されました。 사무차관으로 임명받았습니다.

🔊 いのち ▶ **命** 목숨, 생명 | **命がけ** 필사, 결사, 목숨을 걺

その人は国のために命を捧げました。
그 사람은 나라를 위해서 목숨을 바쳤습니다.

[총 8획] 命 命 命 命 命 命 命 命

목숨 명

+ 任命される 임명받다[任命する의 수동형]

⌨ 모인(亼) 사람들로 하여금 왕에게 받은 병부(卩)로 임명하래

🔊 れい ▶ **令嬢** 따님 | **号令** 호령, 구령 | **指令** 지령 | **司令** 사령 | **法令** 법령 | **命令** 명령

不当な命令を拒否する権利があります。
부당한 명령을 거부할 권리가 있습니다.

司令官が声明を発表しました。 사령관이 성명을 발표했습니다.

[총 5획] 令 令 令 令 令

하여금 령

+ 不当だ 부당하다

0901 · 초4/N1

🖮 조금 걸어서(彳) 열(十) 개의 그물(罒)에 마음(心)의 덕 쌓기

음 **とく** ▶ **徳用** 덕용, 쓰기 좋고 값이 쌈 | **悪徳** 악덕 | **人徳** 인덕 | **道徳** 도덕 | **背徳**
배덕 | **美徳** 미덕 | **不徳** 부덕, 부도덕

全て私の不徳の致すところです。 모두 저의 부덕의 소치입니다.

その行為は道徳的な問題になっている。 그 행위는 도덕적인 문제가 되고 있다.

徳 덕(德)

총 14획 徳 徳 徳 徳 徳 徳 徳 徳 徳 徳 徳 徳 徳 徳

+ **全て** 전부, 모두 | **不徳の致すところ** 부덕의 소치, 스스로가 덕이 없음을 반성할 때 쓰는 말

0902 · 초3/N1

🖮 날(日) 밝을 때 칼(刀)로 상자(口)를 베는 쇼

음 **しょう** ▶ **昭和** 쇼와[1926년 12월 25일에서 1989년 1월 7일까지의 일본 연호]

昭和はいつから始まりましたか。 쇼와(昭和)는 언제부터 시작되었습니까?

昭和記念公園は国営です。 쇼와 기념 공원은 국영(공원)입니다.

밝을 소

총 9획 昭 昭 昭 昭 昭 昭 昭 昭 昭

+ **国営** 국영, 나라에서 경영함

0903 · 초4/N1

🖮 장인(工)의 힘(力)으로 공을 세운다 했고

음 **こう, く** ▶ **功績** 공적 | **功労** 공로 | **奏功** 주공, 뜻을 이룸, 공을 세움 | **年功** 연공,
여러 해 동안의 공로, 여러 해 동안 익힌 기술 | **功徳** 공덕

彼の生涯はもちろん功績についても調べた。
그의 생애는 물론 공적에 대해서도 조사했다.

文化功労者に選ばれました。 문화 공로자로 선발되었습니다.

공 공

총 5획 功 功 功 功 功

+ **〜はもちろん** ~은(는) 물론(이고) | **調べる** 조사하다 | **選ばれる** 선택받다[選ぶ의 수동형]

0904 · 초4/N2

🖮 작은(⺌) 꽃잎으로 덮은(冖) 영화로운 나무(木)를 살까

음 **えい** ▶ **栄光** 영광 | **栄転** 영전[전보다 더 좋은 자리로 옮김] | **栄誉** 명예 | **栄養** 영양
| **光栄** 영광, 광영 | **繁栄** 번영

彼は国民栄誉賞をもらいました。 그는 국민 명예(표창)상을 받았습니다.

훈 **さか(える), は(え), は(える)** ▶ **栄える** 번영하다, 번창하다 | **栄える** 두드러지다 |
見栄え 불품이 좋음

どうしたら国が栄えますか。 어떻게 하면 나라가 번창합니까?

영화 영(榮)

총 9획 栄 栄 栄 栄 栄 栄 栄 栄 栄

+ **どうしたら** 어떻게 하면

⌨ 제사(祭) 때 집(宀) 분위기를 살필 때 집을 샀지

察

살필 찰

🔊 さつ ▸ **観察** 관찰 | **警察** 경찰 | **検察** 검찰 | **診察** 진찰 | **推察** 추찰, 미루어 살핌, 짐작 | **洞察** 통찰 | ★**察知** 찰지, 헤아려 앎 | ★**察する** 헤아리다, 살피다

あの検事は観察眼に優れています。 저 검사는 관찰안이 뛰어납니다.

容疑者の心理を推察しました。 용의자의 심리를 짐작했습니다.

[총 14획] 察察察察察察察察察察察察察察

　　+ **観察眼** 관찰안, 사물을 살펴보는 눈 | **〜に優れる** 〜에 뛰어나다

⌨ 양(羊)을 돌보는 나(我)의 생각이 옳을 거라는 기쁨

義

옳을 의

🔊 ぎ ▸ **義兄** 의형 | **義務** 의무 | **義理** 의리 | **意義** 의의 | **奥義** 오의, 비법 | **講義** 강의 | **主義** 주의 | **正義** 정의

国民の三大義務とは何ですか。 국민의 3대 의무란 무엇입니까?

民主主義の実践は国によって異なる。 민주주의의 실천은 나라에 따라 다르다.

[총 13획] 義義義義義義義義義義義義義

　　+ **〜とは** 〜라는 것은 | **〜によって** 〜에 따라, 〜에 의해

⌨ 지금 필요한 건 한마디(寸)로 길(道)을 인도할 지도자

導

인도할 도(導)

🔊 どう ▸ **導入** 도입 | **指導** 지도 | **主導** 주도 | **先導** 선도 | **半導体** 반도체 | **誘導** 유도

事務総長が各国の指導者に勧告した。 사무총장이 각국의 지도자에게 권고했다.

🔊 みちび(く) ▸ **導く** 안내하다, 인도하다

政治の道に導いてくれました。 정치의 길로 인도해 주었습니다.

[총 15획] 導導導導導導導導導導導導導導導

⌨ 그 사람(イ)은 공원 입구(口)에 나무(木)를 심으며 자연을 지킬 호인

保

지킬 보

🔊 ほ ▸ **保育** 보육 | **保険** 보험 | **保健** 보건 | **保護** 보호 | **保持** 보지, 보유 | **保証** 보증 | **保障** 보장 | **保存** 보존 | **保有** 보유 | **確保** 확보 | **担保** 담보

安全保障条約について話しました。 안전보장조약에 대해 이야기했습니다.

🔊 たも(つ) ▸ **保つ** 유지되다, 유지하다

政党のバランスを保っています。 정당의 밸런스를 유지하고 있습니다.

[총 9획] 保保保保保保保保保

　　+ バランス(balance) 밸런스, 균형

0909 초4/N2

⌨ 천으로 덮은(冖) 수레(車) 뒤에 잘생긴 군사를 보고 심쿵

음 ぐん ▶ 軍人 군인 | 軍隊 군대 | 軍備 군비 | 軍部 군부 | 陸軍 육군 | 海軍 해군 | 空軍 공군 | アメリカ軍 미군

軍隊を派遣するニュースが流れました。
군대를 파견하는 뉴스가 흘러나왔습니다.

軍部の司令官として駐在しています。 군부 사령관으로서 주재하고 있습니다.

軍
군사 군

총 9획 軍軍軍軍軍軍軍軍軍

+ 流れる 흐르다, 흘러나오다 | ～として ～(으)로서, ～의 자격으로서, ～의 입장에서

0910 초4/N2

⌨ 언덕(丘) 위에 있는 8(八)명의 군사를 부를 땐 Hey!

음 へい, ひょう ▶ 兵役 병역 | 兵器 병기 | 兵士 병사 | 核兵器 핵무기 | 徴兵 징병 | 歩兵 보병, 졸병 | 兵庫県 효고현[지명]

日本には兵役の義務がありません。 일본에는 병역의 의무가 없습니다.

兵庫県の知事になりました。 효고현의 지사가 되었습니다.

兵
군사 병

총 7획 兵兵兵兵兵兵兵

+ 知事 지사[都道府県(도도부현)의 장관을 말함] | ～になる ～이(가) 되다

0911 초5/N2

⌨ 언덕(厂)의 수풀(林) 공사가 그치고(止) 겨울을 지낼 계획이래

음 れき ▶ 歴史 역사 | 歴代 역대 | 歴任 역임 | 学歴 학력 | 経歴 경력 | 職歴 직력, 직업 경력 | 病歴 병력 | 履歴 이력

それは歴史に残る事件です。 그것은 역사에 남을 사건입니다.

外務大臣を歴任しました。 외무장관을 역임했습니다.

歴
지낼 력(歴)

총 14획 歴歴歴歴歴歴歴歴歴歴歴歴歴歴

+ 外務大臣 외무장관, 외무대신

0912 초5/N2

⌨ 역사 속(中)의 한 점(丶)을 찍은 사기

음 し ▶ 史学 사학, 역사학 | 史実 사실 | 史上 (역)사상 | 史跡 사적 | 史料 사료 | 国史 국사 | 世界史 세계사 | 歴史 역사

史上最悪の独裁者は誰ですか。 역사상 최악의 독재자는 누구입니까?

歴史の教科書が改訂されました。 역사 교과서가 개정되었습니다.

史
사기 사

총 5획 史史史史史

⌨ 그로 하여금(令) 머리(頁)를 들고 군대를 거느릴 관료

領

🔊 りょう ▶ 領空 영공 ｜ 領主 영주 ｜ 領収書 영수증 ｜ 領土 영토 ｜ 領内 영내, 영

토의 안 ｜ 占領 점령 ｜ 大統領 대통령 ｜ 要領 요령

領土問題はとても難しい課題です。　영토 문제는 매우 어려운 과제입니다.

アメリカの次期大統領は誰ですか。　미국의 차기 대통령은 누구입니까?

거느릴 령

[총 14획] 領 領 領 領 領 領 領 領 領 領 領 領 領 領

⌨ 시골 집(宀)에 있는 기특한(奇) 조카에게 부칠 쿠키

寄

🔊 き ▶ 寄稿 기고 ｜ 寄港 기항 ｜ 寄宿 기숙 ｜ 寄生 기생 ｜ 寄贈・寄贈 기증, 증정 ｜

寄付 기부 ｜ 寄与 기여

経済雑誌に寄稿しました。　경제 잡지에 기고했습니다.

🔊 よ(る), よ(せる) ▶ 寄る 다가가다, 모이다, 들르다 ｜ 寄り道 돌아가는 길, 가는 길에 들름

｜ 最寄り 가장 가까움, 근처 ｜ 寄せる 밀려오다, 다가오다, 접근하다, 의탁하다

最寄りの駅で政治家が演説をしています。

가장 가까운 역에서 정치가가 연설을 하고 있습니다.

부칠 기

[총 11획] 寄 寄 寄 寄 寄 寄 寄 寄 寄 寄 寄

⌨ 다행히(幸) 농부의 아픔을 다스리도록(𠬝) 은혜 갚을 마음의 호의

報

🔊 ほう ▶ 報告 보고 ｜ 報酬 보수 ｜ 報道 보도 ｜ 応報 응보 ｜ 吉報 길보, 희소식 ｜

情報 정보 ｜ 電報 전보 ｜ 予報 예보 ｜ 朗報 낭보, 기쁜 소식

捜査報告書を見てから検討します。　수사 보고서를 보고 나서 검토하겠습니다.

🔊 むく(いる) ▶ 報いる 보답하다, 갚다, 보복하다 ｜ 報い 응보, 보답, 보수

犯人は悪行の報いを受けた。　범인은 악행의 응보를 받았다.

갚을 보

[총 12획] 報 報 報 報 報 報 報 報 報 報 報 報

⌨ 친구와 옷(衤)이 겹칠 때 다시(复) 집에 돌아가 옷을 걸어 둔 후크

複

🔊 ふく ▶ 複合 복합 ｜ 複雑 복잡 ｜ 複数 복수 ｜ 複製 복제 ｜ 重複・重複 중복

複雑な国際関係について理解する必要がある。

복잡한 국제 관계에 대해서 이해할 필요가 있다.

今の政治について複合的に考えましょう。

지금의 정치에 대해 복합적으로 생각해 봅시다.

겹칠 복

[총 14획] 複 複 複 複 複 複 複 複 複 複 複 複 複 複

0917 초5/N1

⌨ 말한(言) 대로 평범한(平) 삶이라 평할 수 있다면 효과적

🔊 ひょう ▶ 評価 평가 | 評議 평의 | 評判 평판 | 評論 평론 | 好評 호평 | 講評
강평 | 批評 비평 | 不評 불평 | 論評 논평

あの長官は肯定的な評価を受けました。 그 장관은 긍정적인 평가를 받았습니다.

彼は外交評論家として活躍しています。
그는 외교 평론가로서 활약하고 있습니다.

評

평할 평

(총 12획) 評 評 評 評 評 評 評 評 評 評 評 評

+ 評価を受ける 평가를 받다 | ～として ～(으)로서, ～의 자격으로서, ～의 입장에서

0918 초4/N1

⌨ 언덕(阝)의 무리들이 드디어(㒸) 선보인 무에타이

🔊 たい ▶ 隊員 대원 | 隊長 대장 | 音楽隊 음악대 | 楽隊 악대 | 軍隊 군대 |
軍楽隊 군악대 | 自衛隊 자위대 | 除隊 제대 | 部隊 부대

自衛隊員によって助けられました。 자위 대원에 의해 구조되었습니다.

部隊を派遣しました。 부대를 파견했습니다.

隊

무리 대

(총 12획) 隊 隊 隊 隊 隊 隊 隊 隊 隊 隊 隊 隊

+ ～によって ～에 따라서, ～에 의해서 | 助けられる 구조되다[助ける의 수동형]

0919 초5/N4

⌨ 풀 세(艹) 개로 덮은(冖) 입구(口)에 흙(土)으로 된 집 앞 도로

🔊 どう ▶ 堂々 당당히, 거침없이, 버젓이 | 議事堂 의사당 | 講堂 강당 | 食堂 식당 |
聖堂 성당

堂々と交渉すると述べました。 당당하게 교섭할 거라고 말했습니다.

国会議事堂で会うことにしました。 국회의사당에서 만나기로 했습니다.

堂

집 당

(총 11획) 堂 堂 堂 堂 堂 堂 堂 堂 堂 堂 堂

+ 述べる 말하다, 진술하다, 기술하다

0920 초5/N2

⌨ 언덕(坴)의 형세가 둥근(丸) 모양은 힘(力)의 세력을 뜻한다

🔊 せい ▶ 勢力 세력 | 威勢 위세, 기운 | 運勢 운세 | 虚勢 허세 | 姿勢 자세 |
情勢 정세, 형세 | 多勢 다세, 많은 사람

政府は強い姿勢で臨みました。 정부는 강한 자세로 임했습니다.

🔊 いきお(い) ▶ 勢い 기세, 힘, 세력, 기운

彼は今勢いのある議員です。 그는 지금 힘이 있는 의원입니다.

勢

형세 세

(총 13획) 勢 勢 勢 勢 勢 勢 勢 勢 勢 勢 勢 勢 勢

+ 勢いのある 힘이 있는, 파워 있는, 세력이 강한

DAY | SUBJECT

28 | 정치, 법(2)

Track41

批(ひ)
손으로 견주어 비평할
작품들이 히트

判(はん)
반토막이 된 칼만 보고
어찌 판단할지 난항

証(しょう)
말한 대로 올바른 증거를
입증하는 쇼케이스

賛(さん)
왕에게 나아가 바친 패물은
나라를 도울 만한 큰 재산

단어 복습 퀴즈 다음 한자를 바르게 읽은 것을 고르세요.

1 政治 ▶ ⓐ せいじ ⓑ せいふ

2 正しい ▶ ⓐ たたしい ⓑ ただしい

3 法律 ▶ ⓐ ほりつ ⓑ ほうりつ

4 命令 ▶ ⓐ めいれい ⓑ めれい

5 警察 ▶ ⓐ けいさい ⓑ けいさつ

6 大統領 ▶ ⓐ だいとうりょう ⓑ だいとりょ

7 複雑 ▶ ⓐ ふくさつ ⓑ ふくざつ

8 評価 ▶ ⓐ ひょうか ⓑ ひょか

정답 ⓐ 8 ⓑ 7 ⓑ 6 ⓑ 5 ⓐ 4 ⓑ 3 ⓑ 2 ⓐ 1

0921 초2/N4

強 강할 강(強)

⌨ 강할 땐 활(弓)로 사사로이(ム) 벌레(虫)를 잡지요

음 きょう, ごう ▶ **強化** 강화 | **強行** 강행 | **強豪** 강호 | **強制** 강제 | **強力** 강력 | **勉強** 공부 | **補強** 보강 | **強引** 강행, 억지로 함 | **強盗** 강도

ストライキを強行するか迷っている。 파업을 강행할지 말지 고민하고 있다.

훈 つよ(い), つよ(まる), つよ(める), し(いる) ▶ **強い** 강하다, 세다 | **強気** 강경함, 강세, 오름세 | **強まる** 강해지다 | **強める** 강화하다 | **強いる** 강요하다

警戒を強めなければなりません。 경계를 강화해야 합니다.

총 11획 強 強 強 強 強 強 強 強 強 強 強

+ ストライキ(strike) 스트라이크, 동맹파업 | 〜なければなりません 〜하지 않으면 안 됩니다

0922 초2/N2

弱 약할 약

⌨ 약할 것 같은 활(弓)로 얼음(冫) 쏘기를 2번 반복하네, 자꾸

음 じゃく ▶ **弱者** 약자 | **弱小** 약소 | **弱点** 약점 | **強弱** 강약 | **脆弱** 취약 | **病弱** 병약 | **貧弱** 빈약

それが政治的な弱点です。 그것이 정치적인 약점입니다.

훈 よわ(い), よわ(る), よわ(まる), よわ(める) ▶ **弱い** 약하다 | **弱気** 마음이 약함, 약세 | **弱虫** 겁쟁이 | **弱る** 약해지다 | **弱まる** 약해지다 | **弱める** 약하게 하다

野党からの批判で弱気になってはいけません。
야당의 비판으로 약해지면 안 됩니다.

총 10획 弱 弱 弱 弱 弱 弱 弱 弱 弱 弱

0923 초6/N1

批 비평할 비

⌨ 손(扌)으로 견주어(比) 비평할 작품들이 히트

음 ひ ▶ **批准** 비준 | **批判** 비판 | **批判主義** 비판주의 | **批評** 비평, 비난

政治について批判しました。 정치에 대해 비판했습니다.
あの議員の批評には定評があります。 저 의원의 비평은 정평이 나 있습니다.

총 7획 批 批 批 批 批 批 批

+ 〜について 〜에 대해서 | 定評がある 정평이 나 있다

0924 초5/N3

判 판단할 판

⌨ 반(半)토막이 된 칼(刂)만 보고 어찌 판단할지 난항

음 はん, ばん ▶ **判断** 판단 | **判定** 판정 | **裁判** 재판 | **審判** 심판 | **批判** 비판 | **評判** 평판, 세상의 평

国民の判断に委ねます。 국민의 판단에 맡기겠습니다.
選挙制度を批判する人がいる。 선거제도를 비판하는 사람이 있다.

총 7획 判 判 判 判 判 判 判

裁

마를 재

⌨ 열(十) 개의 창(戈)에도 찢어지지 않게 옷(衣)을 마를 사이

🔵 **음** さい ▶ **裁定** 재정 | **裁判** 재판 | **裁縫** 재봉 | **裁量** 재량 | **決裁** 결재 | **仲裁** 중재 | **体裁** 외관, 체면

最高裁判所に上訴しました。 대법원에 상소했습니다.

🟢 **훈** さば(く), た(つ) ▶ **裁く** 심판하다, 재판하다, 중재하다 | **裁つ** 재단하다

ここは昔、罪人を裁く場所でした。
여기는 예전에 죄인을 심판하는 장소였습니다.

총 12획　裁 裁 裁 裁 裁 裁 裁 裁 裁 裁 裁 裁

宣

베풀 선

⌨ 집(宀)에서 2(二)번씩 매일(日) 잔치를 베풀 셈이니

🔵 **음** せん ▶ **宣教** 선교 | **宣言** 선언 | **宣告** 선고 | **宣誓** 선서 | **宣伝** 선전, 홍보

緊急事態宣言が解除されました。 긴급 사태 선언이 해제되었습니다.
選挙の宣伝カーを見ました。 선거 홍보 차를 봤습니다.

총 9획　宣 宣 宣 宣 宣 宣 宣 宣 宣

＋ 解除される 해제되다[解除する의 수동형] | カー(car) 차, 승용차

警

경계할 경

⌨ 진실로 공경하는(敬) 말(言)도 하며 경계할게

🔵 **음** けい ▶ **警戒** 경계 | **警告** 경고 | **警察** 경찰 | **警備** 경비 | **警報** 경보

再三の警告にもかかわらず無視した。 여러 번 경고했음에도 불구하고 무시했다.
ここからは警戒地域です。 여기부터는 경계 지역입니다.

총 19획　警 警 警 警 苟 苟 苟 警 警 警 苟 敬 敬 警 警 警 警 警 警

＋ 再三 재삼, 여러 번 | 〜にもかかわらず 〜에도 불구하고

党

무리 당(黨)

⌨ 세 개의 작은 불꽃(⺌)을 덮은(冖) 형(兄) 무리의 토론

🔵 **음** とう ▶ **党員** 당원 | **党首** 당수 | **党派** 당파 | **自民党** 자민당 | **政党** 정당 | **野党** 야당 | **与党** 여당

自民党は与党です。 자민당은 여당입니다.
あなたの支持する政党はどこですか。 당신이 지지하는 정당은 어디입니까?

총 10획　党 党 党 党 党 党 党 党 党 党

＋ 支持する 지지하다

0929 초6/N1

⌨ 코피(血)를 나란히(承) 흘린 농구팀 무리의 슈터

衆

무리 중

음 しゅう, しゅ ▶ 衆議院 중의원 | 衆人 중인 | 合衆国 합중국 | 観衆 관중 | 群衆 군중 | 公衆 공중 | 大衆 대중 | 民衆 민중 | 衆生 중생

衆議院選挙の投票を行いました。 중의원 선거 투표를 실시했습니다.

アメリカ合衆国の大統領は誰ですか。 미합중국의 대통령은 누구입니까?

총 12획 衆 衆 衆 衆 衆 衆 衆 衆 衆 衆 衆 衆

+ 行う 행하다, 실시하다 | アメリカ合衆国 미합중국

0930 초4/N2

⌨ 저건 임금(君)이 기르는 양(羊)의 무리군

群

무리 군

음 ぐん ▶ 群衆 군중 | 群集 군집 | 群生 군생 | 群像 군상 | 大群 대군, 큰 무리 | 抜群 발군

群衆が歴史を動かす時代です。 군중이 역사를 움직이는 시대입니다.

훈 む(れる), む(れ), むら ▶ 群れる 떼를 짓다, 군집하다 | 群れ 떼, 무리, 동아리 | 群がる 떼 지어 모이다, 군집하다

抗議者の群れが押し寄せた。 항의자의 무리가 몰려왔다.

총 13획 群 群 群 群 群 群 群 群 群 群 群 群 群

+ 動かす 움직이다, 움직이게 하다 | 押し寄せる 몰려오다, 밀려오다, 밀어닥치다

0931 초6/N1

⌨ 강물(氵)이 갈래(𠂢)로 나뉘어 두 갈래가 된다 하네요

派

갈래 파

음 は ▶ 派遣 파견 | 派生 파생 | 派閥 파벌 | 党派 당파 | 立派 훌륭함, 뛰어남

政党にはそれぞれの派閥があります。 정당에는 각각의 파벌이 있습니다.

息子は立派な国会議員になりました。 아들은 훌륭한 국회의원이 되었습니다.

총 9획 派 派 派 派 派 派 派 派 派

0932 초6/N1

⌨ 문(門) 앞에서 각각(各) 들어가는 곳은 자기 집인 것 같구

閣

집 각

음 かく ▶ 閣議 각의[내각 회의] | 閣内 각내, 내각의 내부 | 閣僚 각료 | 組閣 조각[내각을 조직함] | 内閣 내각 | 入閣 입각

緊急閣僚会議を開きました。 긴급 각료 회의를 열었습니다.

新内閣を組閣しました。 신내각을 조직했습니다.

총 14획 閣 閣 閣 閣 閣 閣 閣 閣 閣 閣 閣 閣 閣 閣

⌨ 나무(木) 지팡이(一) 하나(一)로 새(隹)를 쫓는 권세의 곤봉

権

음 けん, ごん ▸ **権威** 권위 | **権限** 권한 | **権利** 권리 | **権力** 권력 | **人権** 인권 | **政権** 정권 | **選挙権** 선거권 | **特権** 특권 | **権化** 권화, 화신[불교]

権威を持って対応しなければなりません。 권위를 갖고 대응해야 합니다.

政権交代が行われました。 정권이 교체되었습니다.

권세 권(權)

총 15획 権 権 権 権 権 権 権 権 権 権 権 権 権 権 権

+ 行われる 시행되다[行う의 수동형]

⌨ 말(言)하는 게 옳은지(義) 의논할 상대의 기운

議

음 ぎ ▸ **議員** 의원 | **議会** 의회 | **議論** 의논 | **会議** 회의 | **協議** 협의 | **抗議** 항의 | **審議** 심의 | **討議** 토의

会議室で**議論**を交わし合った。 회의실에서 의논을 서로 주고받았다.

新政権に**抗議**をしました。 신정권에 항의했습니다.

의논할 의

총 20획 議

+ 交わし合う 서로 주고받다(교환하다), 서로 나누다

⌨ 싸움이 그치고(艮) 쉬엄쉬엄 가서(辶) 물러날 땐 마음이 시리죠

退

음 たい ▸ **退院** 퇴원 | **退学** 퇴학 | **退去** 퇴거 | **退場** 퇴장 | **退陣** 퇴진 | **引退** 은퇴 | **辞退** 사퇴 | **進退** 진퇴 | **早退** 조퇴

彼は**退陣**することになりました。 그는 퇴진하게 되었습니다.

훈 しりぞ(く), しりぞ(ける) ▸ **退く** 물러나다, 비키다 | **退ける** 물리치다, 격퇴하다

大臣の**役職**から**退き**ました。 대신(장관)의 직책에서 물러났습니다.

물러날 퇴(退)

총 9획 退 退 退 退 退 退 退 退 退

+ ～になる ～이(가) 되다 | 役職 직책, 직무, 관리직

⌨ 대를 이어(承) 세(三) 개의 사업을 이을 쇼군

承

음 しょう ▸ **承諾** 승낙 | **承知** 알아들음, 이해, 납득함 | **承認** 승인 | **起承転結** 기승전결 | **継承** 계승 | **伝承** 전승 | **了承** 승낙

その**裁判**の**件**については**承知**しました。 그 재판 건에 대해서는 알겠습니다.

훈 うけたまわ(る) ▸ **承る** 삼가 받다, 삼가 듣다[겸양 표현]

弁護士からの**伝言**を**承り**ました。 변호사로부터 전갈을 받았습니다.

이을 승

총 8획 承 承 承 承 承 承 承 承

+ 伝言 전언, 전갈

0937 초6/N1

臨

임할 림

⌨ 신하(臣)의 지팡이(一)와 물건(品)으로 시합에 임할 노조

🔊 りん ▶ **臨海** 임해 | **臨時** 임시 | **臨床** 임상 | **臨席** 임석, 참석 | **君臨** 군림

臨時国会を召集することにしました。 임시국회를 소집하기로 했습니다.

🔊 のぞ(む) ▶ **臨む** 면하다, 임하다

万全を期して司法試験に臨みました。 만전을 기하고 사법시험에 임했습니다.

총 18획 臨 臨 臨 臨 臨 臨 臨 臨 臨 臨 臨 臨 臨 臨 臨 臨 臨 臨

＋ ～ことにする ～하기로 하다 | 万全を期す 만전을 기하다

0938 초6/N1

策

꾀 책

⌨ 꾀를 내어 대나무(⺮)와 가시나무(朿)를 샀구

🔊 さく ▶ **策略** 책략, 계략 | **散策** 산책 | **政策** 정책 | **対策** 대책

策略にはまって失脚しました。 계략에 빠져서 실각했습니다.

政策を大きく転換しました。 정책을 크게 전환했습니다.

총 12획 策 策 策 策 策 策 策 策 策 策 策 策

＋ 策略にはまる 계략에 빠지다

0939 초5/N2

準

준할 준

⌨ 물(氵) 위에 있는 새(隹) 열(十) 마리에 준할 수준

🔊 じゅん ▶ **準備** 준비 | **準優勝** 준우승 | **基準** 기준 | **照準** 조준 | **水準** 수준 | **標準** 표준 | **平準** 평준

選挙の準備をしています。 선거 준비를 하고 있습니다.

基準を満たしていない立候補者が多い。
기준을 충족시키지 않은 입후보자가 많다.

총 13획 準 準 準 準 準 準 準 準 準 準 準 準 準

0940 초5/N3

備

갖출 비

⌨ 사람(亻)과 풀(⺿)과 언덕(厂)과 쓸(用) 물건을 갖출 준비

🔊 び ▶ **備考** 비고 | **備蓄** 비축 | **備品** 비품 | **完備** 완비 | **軍備** 군비 | **準備** 준비 | **整備** 정비 | **設備** 설비 | **装備** 장비

首脳会議の準備を進めています。 수뇌 회의 준비를 진행하고 있습니다.

🔊 そな(わる), そな(える) ▶ **備わる** 갖추어지다, 구비하다 | **備える** 갖추다, 구비하다

災害に備えて非常食を買いましょう。 재해에 대비하여 비상식량을 삽시다.

총 12획 備 備 備 備 備 備 備 備 備 備 備 備

＋ 進める 나아가다, 진행하다

📖 허물은 그물망(罒)으로 덮는 게 아닌데(非), 이픔이면

음 ざい ▶ 罪悪 죄악 | 罪人 죄인 | 犯罪 범죄 | 無罪 무죄 | 有罪 유죄

去年に比べてネット犯罪が増えました。 작년에 비해 인터넷 범죄가 늘었습니다.

훈 つみ ▶ 罪 죄, 벌, 형벌

A議員が罪を犯すはずがない。 A의원이 죄를 저지를 리가 없다.

罪 허물 죄

총 13획 罪罪罪罪罪罪罪罪罪罪罪罪罪

+ 増える 늘어나다, 증가하다 | はずがない ~할 리(가) 없다

📖 말한(言) 대로 올바른(正) 증거를 입증하는 쇼케이스

음 しょう ▶ 証拠 증거 | 証明 증명 | 確証 확증 | 許可証 허가증 | 認証 인증 | 保証 보증

被害者の自宅に証拠が残っていました。
피해자의 자택에 증거가 남아 있었습니다.

彼が犯人でないことを証明してみせます。
그가 범인이 아니라는 것을 증명해 보이겠습니다.

証 증거 증(證)

총 12획 証証証証証証証証証証証証

📖 열(十) 가지 또(又) 다시 지탱할 수 있는 힘을 키울 시간

음 し ▶ 支援 지원 | 支給 지급 | 支持 지지 | 支度 준비 | 支店 지점 | 収支 수지

発展途上国への支援を行いました。 개발도상국의 지원을 실시했습니다.

훈 ささ(える) ▶ 支える 지탱하다, 버티다, 유지하다

地域外交を支えるために努力します。
지역 외교를 지탱하기 위해 노력하겠습니다.

支 지탱할 지

총 4획 支支支支

📖 선비(士)의 마음(心)과 뜻을 담은 시

志

음 し ▶ 志願 지원 | 志望 지망 | 意志 의지 | 遺志 유지[고인의 생전에 이루지 못한 뜻] | 闘志 투지 | 同志 동지

父の遺志を継いで立候補しました。 아버지의 유지를 이어 입후보했습니다.

훈 こころざ(す), こころざし ▶ 志す 뜻을 세우다, 지향하다 | 志 뜻, 후의

政治家を志して政治学科に進学した。 정치가에 뜻을 두고 정치학과에 진학했다.

志 뜻 지

총 7획 志志志志志志志

□□ 0945　초5/N3

⌨ 왕에게 나아가(夫) 바친 패(貝)물은 나라를 도울 만한 큰 재산

賛

도울 찬(贊)

음 さん ▶ 賛辞 찬사 ｜ 賛成 찬성 ｜ 賛同 찬동 ｜ 賛美 찬미 ｜ 協賛 협찬 ｜ 自賛 자찬 ｜ 絶賛 절찬, 극찬

賛成多数で可決されました。　찬성 다수로 가결되었습니다.

協賛企業を募集しています。　협찬 기업을 모집하고 있습니다.

총 15획 賛 賛 賛 賛 賛 賛 賛 賛 賛 賛 賛 賛 賛 賛 賛

＋ 可決される 가결되다[可決する의 수동형]

□□ 0946　초5/N3

⌨ 막대 세(三) 개를 뚫어(丨) 조개(貝)를 굽다 태워서 꾸짖을 새

責

꾸짖을 책

음 せき ▶ 責任 책임 ｜ 責務 책무 ｜ 引責 인책[잘못된 일의 책임을 스스로 짐] ｜ 自責 자책 ｜ 重責 중책 ｜ 問責 문책

責任問題を追及されました。　책임 문제를 추궁받았습니다.

훈 せ(める) ▶ 責める 꾸짖다, 채근하다, 나무라다

容疑者を責めても問題は解決しない。　용의자를 꾸짖어도 문제는 해결이 안 된다.

총 11획 責 責 責 責 責 責 責 責 責 責 責

＋ 追及される 추궁받다(당하다)[追及する의 수동형] ｜ しない 하지 않다[する의 부정형]

□□ 0947　초4/N3

⌨ 홑(単)저고리와 창(戈)으로 싸움하다 전쟁 발생

戦

싸움 전(戰)

음 せん ▶ 戦争 전쟁 ｜ 戦隊 전대[군사] ｜ 戦闘 전투 ｜ 合戦 전투, 접전 ｜ 苦戦 고전 ｜ 作戦 작전 ｜ 挑戦 도전

戦争は二度と起こってはいけません。　전쟁은 두 번 다시 일어나서는 안 됩니다.

훈 いくさ, たたか(う) ▶ 戦 전쟁, 싸움, 전투 ｜ 戦う 싸우다, 전쟁하다

今回の選挙は激しい戦いになるだろう。　이번 선거는 격렬한 싸움이 될 것이다.

총 13획 戦 戦 戦 戦 戦 戦 戦 戦 戦 戦 戦 戦 戦

＋ 二度と 두 번 다시 ｜ ～てはいけません ～해서는 안 됩니다 ｜ ～になる ～이(가) 되다 ｜ だろう ～이겠지

□□ 0948　초4/N3

⌨ 칼(⺈)로 돼지머리(⺕)를 뚫어(丨) 먹으려고 다툴 때란 걸 알았소

争

다툴 쟁

음 そう ▶ 争奪 쟁탈 ｜ 争点 쟁점 ｜ 競争 경쟁 ｜ 戦争 전쟁 ｜ 紛争 분쟁

世界では今でも紛争が起きている。　세계에서는 지금도 분쟁이 일어나고 있다.

훈 あらそ(う) ▶ 争う 다투다, 경쟁하다

争いのない世界になることを望みます。　다툼이 없는 세상이 되길 바랍니다.

총 6획 争 争 争 争 争 争

＋ 望む 바라다, 소망하다, 원하다

敗

패할 패

⌨ 조개(貝)를 치면(攵) 내기에서 패할 거야

🔊 はい ▶ 敗因 패인 | 敗者 패자 | 敗戦 패전 | 敗北 패배 | 勝敗 승패 | 腐敗 부패 | ★完敗 완패 | ★惨敗 참패 | ★失敗 실패, 실수

総選挙での敗北を認めました。 총선거에서의 패배를 인정했습니다.

🔊 やぶ(れる) ▶ 敗れる 패하다, 지다

対立候補に敗れました。 대립 후보에게 졌습니다.

총 11획 敗敗敗敗敗敗敗敗敗敗敗

逆

거스를 역(逆)

⌨ 쉬엄쉬엄 가서(辶) 풀(屮)을 잡아 왼손(屮)으로 강을 거스를까

🔊 ぎゃく ▶ 逆効果 역효과 | 逆転 역전 | 逆転勝ち 역전승 | 逆反応 역반응 | 逆風 역풍 | 逆流 역류 | 反逆 반역

選挙で逆転のチャンスを狙っています。 선거에서 역전의 기회를 노리고 있습니다.

🔊 さか, さか(らう) ▶ 逆立ち 물구나무서기 | 逆らう 거역하다, 반항하다, 거스르다

権力に逆らって首になりました。 권력에 반항해서 해고당했습니다.

총 9획 逆逆逆逆逆逆逆逆逆

+ チャンス(chance) 기회 | 狙う 노리다, 겨냥하다 | 首になる 해고당하다

防

막을 방

⌨ 언덕(阝) 방향(方)으로 가서 싸움을 막을 방법을 알아보오

🔊 ぼう ▶ 防疫 방역 | 防火 방화 | 防御 방어 | 防災 방재 | 防止 방지 | 国防 국방 | 堤防 제방 | 予防 예방

感染拡大を防止しましょう。 감염이 확대되는 것을 방지합시다.

🔊 ふせ(ぐ) ▶ 防ぐ 막다, 방지하다

人口流出を防ぐいい対策はありませんか。
인구 유출을 막는 좋은 대책은 없습니까?

총 7획 防防防防防防防

犯

범할 범

⌨ 개(犭)를 새긴 병부(㔾)를 범할 범죄에 대항

🔊 はん ▶ 犯罪 범죄 | 犯人 범인 | 共犯 공범 | 防犯 방범 | 侵犯 침범

防犯カメラを設置しました。 방범 카메라를 설치했습니다.

🔊 おか(す) ▶ 犯す 어기다, 범하다

法律を犯して議員を辞職しました。 법(률)을 어기고 의원직을 사퇴했습니다.

총 5획 犯犯犯犯犯

0953 초5/N2

暴

사나울 폭

⌨ 날(日)마다 공손하지(恭) 않는 왠지 사나울 것 같은 후보

음 ぼう, ばく ▸ 暴言 폭언 | 暴動 폭동 | 暴風 폭풍 | 暴力 폭력 | 暴露 폭로

市民による暴動が起きたそうだ。 시민에 의한 폭동이 일어났다고 한다.

훈 あば(れる), あば(く) ▸ 暴れる 날뛰다, 설치다 | 暴く 폭로하다

道で暴れていた人が警官に捕まった。
길에서 난폭하게 굴던 사람이 경찰에게 붙잡혔다.

[총 15획] 暴 暴 暴 暴 暴 暴 暴 暴 暴 暴 暴 暴 暴 暴 暴

+ 捕まる 붙잡히다

0954 초6/N2

乱

어지러울 란(亂)

⌨ 혀(舌)가 타 들어가 듯 숨을(乚) 곳 없이 어지러운 민란

음 らん ▸ 乱射 난사 | 乱暴 난폭함 | 乱立 난립 | 混乱 혼란 | 反乱 반란

反乱軍がクーデターを起こしました。 반란군이 쿠데타를 일으켰습니다.

훈 みだ(れる), みだ(す) ▸ 乱れる 흐트러지다 | 乱す 어지럽히다

規律を乱すのはやめてください。 규율을 어지럽히는 건 그만하세요.

[총 7획] 乱 乱 乱 乱 乱 乱 乱

+ クーデター 쿠데타, 무력 정변 | 起こす 일으키다 | やめる 그만두다, 관두다

0955 초5/N1

統

거느릴 통

⌨ 인연의 실(糸)로 채운(充) 토지를 거느릴 사람들의 전통

음 とう ▸ 統一 통일 | 統括 통괄 | 統計 통계 | 統合 통합 | 統制 통제 | 統治
통치 | 系統 계통 | 血統 혈통 | 大統領 대통령 | 伝統 전통

統一地方選挙が実施されました。 통일 지방선거가 실시되었습니다.

훈 す(べる) ▸ 統べる 통합하다, 통치하다, 지배하다

天下を統べるまであと一歩だった。
천하를 통솔하기까지 한 발자국만 내딛으면 됐었다.

[총 12획] 統 統 統 統 統 統 統 統 統 統 統 統

+ 実施される 실시되다[実施する의 수동형]

0956 초5/N1

検

검사할 검(檢)

⌨ 나무(木)숲에 있는 나무를 다(僉) 검사할 때 먹은 캔디

음 けん ▸ 検挙 검거 | 検査 검사 | 検索 검색 | 検察 검찰 | 検事 검사 | 検証
검증 | 検討 검토 | 検問 검문 | 点検 점검

法案を検討しています。 법안을 검토하고 있습니다.

弟は検事として検察庁で働いている。
남동생은 검사로서 검찰청에서 일하고 있다.

[총 12획] 検 検 検 検 検 検 検 検 検 検 検 検

DAY 27~28 확인 테스트

읽기 다음 한자를 히라가나로 쓰세요.

01 許可　→ _____　　02 観察　→ _____

03 報告　→ _____　　04 強行　→ _____

05 失敗　→ _____　　06 犯罪　→ _____

쓰기 밑줄 친 히라가나를 한자로 쓰세요.

07 そのニュースはせかい中で話題です。　→ _____

08 みんしゅしゅぎの実践は国によって異なる。　→ _____

09 かいぎしつで議論を交わし合った。　→ _____

10 彼が犯人でないことをしょうめいしてみせます。

　　　　　　　　　　　　　　　　　　→ _____

듣기 다음 문장을 듣고 빈칸을 채우세요.

Track42

11 政治の道に_____。

12 政党のバランスを_____。

13 選挙の_____。

14 法案を_____。

정답 1 きょか 2 かんさつ 3 ほうこく 4 きょうこう 5 しっぱい 6 はんざい 7 世界 8 民主主義
9 会議室 10 証明 11 進んでいきました 12 保っています 13 準備をしています 14 検討しています

304

01 規則に従って働くのは当然のことです。
　① ぎそく　　　② きぞく　　　③ きそく　　　④ きはん

02 五月三日の憲法記念日は祝日です。
　① けんぽ　　　② けんぽう　　③ けんほう　　④ けんきょ

03 それは歴史に残る事件です。
　① れいし　　　② こくし　　　③ れきし　　　④ れきじ

04 緊急事態宣言が解除されました。
　① せんでん　　② せんげん　　③ せんご　　　④ せんけん

05 臨時国会を召集することにしました。
　① りんし　　　② にんじ　　　③ りんじ　　　④ にんし

06 国民の三大ぎむとは何ですか。
　① 義霧　　　　② 儀務　　　　③ 議務　　　　④ 義務

07 政府は強いしせいで臨みました。
　① 姿勢　　　　② 市勢　　　　③ 市制　　　　④ 姿性

08 せきにん問題を追及されました。
　① 責士　　　　② 績任　　　　③ 責任　　　　④ 績仕

09 感染拡大をぼうししましょう。
　① 方止　　　　② 紡止　　　　③ 帽子　　　　④ 防止

10 再三のけいこくにもかかわらず無視した。
　① 警占　　　　② 警官　　　　③ 広告　　　　④ 警告

DAY | SUBJECT

29 | 동사

置(ち)
이 가방을 어디에 둘지

持(じ)
내가 가질지

荷(か)
아니면 내가 멜까?

用(よう)
음~ 그냥 내가 쓸게요

단어 복습 퀴즈 다음 한자를 바르게 읽은 것을 고르세요.

1 批評 ▸ ⓐ ひひょう ⓑ ひはん
2 判断 ▸ ⓐ はんたん ⓑ はんだん
3 裁判 ▸ ⓐ さいはん ⓑ さいばん
4 政党 ▸ ⓐ せいどう ⓑ せいとう

5 議論 ▸ ⓐ ぎろん ⓑ ぎのん
6 証拠 ▸ ⓐ しょこ ⓑ しょうこ
7 賛成 ▸ ⓐ さんせい ⓑ さんせき
8 戦争 ▸ ⓐ せんそ ⓑ せんそう

정답 1 ⓐ 2 ⓑ 3 ⓑ 4 ⓑ 5 ⓐ 6 ⓑ 7 ⓐ 8 ⓑ

⌨ 지팡이(ノ)를 짚다가 흙(土)에서 발견한 곧 태어날 동물이…

生

날 생

음 せい, しょう ▶ **生徒** 생도, 학생 | **生物** 생물 | **学生** 학생 | **人生** 인생 | **先生** 선생(님) | **一生** 일생, 평생 | **生じる** 발생하다

A先生は学生たちによい影響を与えた。 A선생님은 학생들에게 좋은 영향을 주었다.

훈 い(きる), い(かす), い(ける), う(まれる), う(む), お(う), は(える), は(やす), なま, き ▶ **生きる** 살다 | **生き生き** 생생한 모양 | **生かす** 살리다 | **生ける** 꽂다, 살리다 | **生け花** 꽃꽂이 | **生まれる** 태어나다 | **生む** 낳다 | **生える** 자라다 | **生やす** 자라게 하다, 기르다 | **生卵** 날계란 | **生地** 본래의 성질, 옷감, 천

人生を生き生きと楽しく生きています。 인생을 활기차게 즐겁게 살고 있습니다.

총 5획 生 生 生 生 生

+ 与える 주다, 수여하다, 내주다

⌨ 살 바를 뼈(歹)로 만든 비수(ヒ)에 죽을 시도

死

죽을 사

음 し ▶ **死体** 시체 | **死亡** 사망 | **安楽死** 안락사 | **惨死** 참사 | **生死** 생사 | **必死** 필사 | **病死** 병사

必死になって勉強しました。 필사적으로 공부했습니다.

훈 し(ぬ) ▶ **死ぬ** 죽다

ペットが死んだら悲しいです。 애완동물이 죽으면 슬픕니다.

총 6획 死 死 死 死 死 死

+ 必死になる 필사적이 되다 | ペット(pet) 애완동물 | 死んだら 죽는다면, 죽으면[死ぬ의 가정형]

⌨ 다섯(乂) 번 나무(木) 몽둥이(殳)로 쳐서 벌레를 죽일 수 있어, 고로케

殺

죽일 살/빠를 쇄(殺)

음 さつ, さい, せつ ▶ **殺害** 살해 | **殺人** 살인 | **暗殺** 암살 | **自殺** 자살 | **相殺** 상쇄 | **殺生** 살생

ここは自殺防止に関する相談センターです。
여기는 자살 예방에 관한 상담 센터입니다.

훈 ころ(す) ▶ **殺す** 죽이다

毛皮は動物を殺して作られたものです。
모피는 동물을 죽여서 만들어진 것입니다.

총 10획 殺 殺 殺 殺 殺 殺 殺 殺 殺 殺

+ センター(center) 센터 | 作られる 만들어지다[作る의 수동형]

⌨ 입구(口)에서 호호(乎) 하며 나를 부를 이가 없고

음 こ ▶ 呼応 호응 | 呼吸 호흡 | 点呼 점호 | 連呼 연호, 같은 말을 되풀이해서 외침

深呼吸をしてみてください。 심호흡을 해 보세요.

훈 よ(ぶ) ▶ 呼ぶ 부르다 | 呼び出し 호출 | 呼び鈴 초인종

タクシーをお呼びいたします。 택시를 불러 드리겠습니다.

부를 호

총 8획 呼 呼 呼 呼 呼 呼 呼 呼

⌨ 돌아갈 땐 칼(刂)과 빗자루(帚)를 들고 복귀

음 き ▶ 帰化 귀화 | 帰国 귀국 | 帰省 귀성 | 帰宅 귀가 | 復帰 복귀

新幹線が帰省客で混み合っています。 신칸센이 귀성객으로 붐비고 있습니다.

훈 かえ(る), かえ(す) ▶ 帰る 돌아가다 | 帰す 돌려보내다 | 里帰り 친정 나들이 |
日帰り 당일치기

今日は10時までに帰るつもりです。 오늘은 10시까지 돌아갈 생각입니다.

돌아갈 귀(歸)

총 10획 帰 帰 帰 帰 帰 帰 帰 帰 帰 帰

+ 混み合う 붐비다, 혼잡하다, 북적이다 | ～までに ～까지

⌨ 비가 그치면(止) 사람들의 발걸음이 적어지는(少) 호텔

음 ほ, ぶ, ふ ▶ 歩道 보도 | 散歩 산책 | 徒歩 도보 | 万歩計 만보계 | 歩合 비율,
수수료 | 歩 졸[일본 장기]

毎日一時間、散歩をしています。 매일 1시간 산책을 하고 있습니다.

훈 ある(く), あゆ(む) ▶ 歩く 걷다 | 歩む 걷다

ゆっくり歩いた方がいいです。 천천히 걷는 편이 좋습니다.

걸음 보(步)

총 8획 歩 歩 歩 歩 歩 歩 歩 歩

+ ～た方がいい ～하는 편이 좋다[과거형 접속]

⌨ 흙(土) 위에 발(止)자국을 남기며 달릴 때 미소

음 そう ▶ 走行 주행 | 走者 주자 | 競走 경주 | 逃走 도주

運動会で徒競走をしました。 운동회에서 달리기 경주를 했습니다.

훈 はし(る) ▶ 走る 달리다, 뛰다

自分のペースを保って走りました。 자기 페이스를 유지하면서 달렸습니다.

달릴 주

총 7획 走 走 走 走 走 走 走

+ 徒競走 달리기 경주, 뜀박질 경주 | ペース(pace) 페이스, 걸음걸이, 보조 | 保つ 유지하다, 지키다

⌨ 땅 위(上)를 뚫고(丨) 지나가는 차가 그칠 시간

止

그칠 지

음 し ▶ 止血 지혈 ｜ 禁止 금지 ｜ 中止 중지 ｜ 停止 정지

ここに駐車禁止と書いてあります。 여기에 '주차금지'라고 쓰여 있습니다.

훈 と(まる), と(める) ▶ 止まる 멈추다, 서다 ｜ 止める 멈추다, 세우다 ｜ 通行止め 통행금지

学校の前に白い車が止まっています。 학교 앞에 하얀 차가 서 있습니다.

총 4획　止 止 止 止

+ 書いてある 쓰여 있다

⌨ 토(土)요일에 사사로이(厶) 학생들과 어디 갈꺼?

去

갈 거

음 きょ, こ ▶ 去年 작년 ｜ 除去 제거 ｜ 退去 퇴거 ｜ 過去 과거

過去のことは早く忘れてください。 과거의 일은 빨리 잊으세요.

훈 さ(る) ▶ 去る 떠나가다, 가다, 지나가다 ｜ 立ち去る 떠나가다, 물러가다

彼は何も言わずに去りました。 그는 아무 말도 하지 않고 떠났습니다.

총 5획　去 去 去 去 去

+ 〜ずに 〜하지 않고[부정형 접속]

⌨ 쉬엄쉬엄 가서(辶) 입 삐뚤어지게(咼) 마시며 길을 지날까

過

지날 과(過)

음 か ▶ 過去 과거 ｜ 過激 과격 ｜ 過程 과정 ｜ 過労 과로 ｜ 経過 경과 ｜ 通過 통과

経過を見てから退院を決めましょう。 경과를 보고 나서 퇴원을 정합시다.

훈 す(ぎる), す(ごす), あやま(つ), あやま(ち) ▶ 過ぎる 지나가다 ｜ 過ごす 보내다, 지내다 ｜ 過つ 잘못하다, 실수하다 ｜ 過ち 실수, 잘못, 실패

学校生活を楽しく過ごしています。 학교생활을 즐겁게 보내고 있습니다.

총 12획　過 過 過 過 過 過 過 過 過 過 過 過

+ 〜てから 〜하고 나서 ｜ 楽しい 즐겁다

⌨ 주검(尸)으로 말미암아(由) 문제 해결에 이를 시점

届

이를 계(届)

훈 とど(く), とど(ける) ▶ 届く 배달되다, 도착하다 ｜ 届ける 보내다, 신고하다 ｜ 婚姻届 혼인신고 ｜ 出生届 출생신고(서)

明日の朝、荷物が届く予定です。 내일 아침 짐이 도착할 예정입니다.

娘の出生届を出してきました。 딸의 출생신고(서)를 내고 왔습니다.

총 8획　届 届 届 届 届 届 届 届

□□ 0968 　초2/N3

⌨ 입구(口) 안의 작은 입구(口)로 빙글빙글 돌아올 애

음 かい, え ▶ 回収 회수 │ 回送 회송 │ 回転 회전 │ 回答 회답 │ 一回 1회, 한 번 │ 今回 이번 │ 次回 다음 번 │ 回心 회심

明日までに回答をいただけますか。　내일까지 회답을 받을 수 있습니까?

훈 まわ(る), まわ(す) ▶ 回る 돌다, 회전하다 │ 回す 돌리다, 회전시키다 │ 歩き回る 여기저기 (걸어) 돌아다니다

友達とあちこち歩き回りました。　친구와 여기저기 돌아다녔습니다.

回
돌아올 회

총 6획 　回 回 回 回 回 回

+ いただけます 받을 수 있습니다[いただく의 가능형] │ あちこち 여기저기

□□ 0969 　초4/N3

⌨ 그 사람(イ)이 몸 마디(寸)에 힘을 줄 때마다 후광

음 ふ ▶ 付近 부근, 근처 │ 付与 부여 │ 寄付 기부 │ 交付 교부 │ 添付 첨부

この付近に銀行はありますか。　이 근처에 은행이 있습니까?

훈 つ(く), つ(ける) ▶ 付く 붙다, 묻다 │ 付ける 붙이다, 대다 │ 受付 접수

ペンキが服に付いてしまいました。　페인트가 옷에 묻어 버렸습니다.

付
줄 부

총 5획 　付 付 付 付 付

+ ペンキ(paint) 페인트 │ ～てしまう ～해 버리다

□□ 0970 　초3/N4

⌨ 꼴(刍)을 많이 먹인 소로 마음(心) 급할 땐 서두르이소

음 きゅう ▶ 急行 급행 │ 急用 급한 용무 │ 緊急 긴급 │ 早急・早急 조급 │ 特急 특급

急用ができたので帰ります。　급한 일이 생겨서 돌아가겠습니다.

훈 いそ(ぐ) ▶ 急ぐ 서두르다

遅れないように急ぎましょう。　늦지 않도록 서두릅시다.

急
급할 급(急)

총 9획 　急 急 急 急 急 急 急 急 急

+ できる (없던 것이) 생기다, 가능하다 │ ～ので ～이어서, ～이기 때문에 │ ～ないように ～하지 않도록[부정형 접속]

□□ 0971 　초3/N4

⌨ 조금 걸어서(彳) 절(寺)이 보일 때까지 기다릴 타이밍

음 たい ▶ 待機 대기 │ 待遇 대우 │ 期待 기대 │ 招待 초대 │ 接待 접대 │ 優待 우대

結婚式に招待されました。　결혼식에 초대받았습니다.

훈 ま(つ) ▶ 待つ 기다리다 │ 待合室 대합실 │ 待ち続ける 계속 기다리다

待合室で一時間も待たされました。　대합실에서 1시간이나 기다렸습니다.

待
기다릴 대

총 9획 　待 待 待 待 待 待 待 待 待

+ 待たされる (어쩔 수 없이, 억지로) 기다리다[待つ의 사역 수동형]

□□ 0972　초1/N5

⌨ 눈(目) 좋은 어진 사람(儿)이 볼 영화는 I CAN

見

볼 견

🔊 けん ▸ 見学 견학 ｜ 見物 구경 ｜ 意見 의견 ｜ 外見 외견 ｜ 発見 발견 ｜ 偏見 편견

パン工場を見学しに行きました。 빵 공장을 견학하러 갔습니다.

🔊 み(る), み(える), み(せる) ▸ 見る 보다 ｜ 見本 견본 ｜ お見舞い 병문안, 문병 ｜

見える 보이다 ｜ 見せる 보이다, 나타내다

四時に友達と映画を見る予定です。 4시에 친구와 영화를 볼 예정입니다.

총 7획　見 見 見 見 見 見 見

＋ パン 빵 ｜ 〜に行く 〜하러 가다

□□ 0973　초2/N4

⌨ 먼(冂) 산에 있는 나무 두(二) 개를 뚫어(丨) 쓸 거예요

用

쓸 용

🔊 よう ▸ 用意 준비 ｜ 用事 용무, 볼일 ｜ 使用 사용 ｜ 実用 실용 ｜ 日用品 생필품 ｜

利用 이용

用事があるので、早く家を出ました。 볼일이 있어서 일찍 집을 나왔습니다.

🔊 もち(いる) ▸ 用いる 사용하다, 이용하다, 쓰다

この式を用いて計算してみなさい。 이 식을 사용하여 계산해 보시오.

총 5획　用 用 用 用 用

□□ 0974　초3/N4

⌨ 문(門) 입구(口)에서 길을 물을 때 뭔가…

問

물을 문

🔊 もん ▸ 問診 문진 ｜ 問題 문제 ｜ 疑問 의문 ｜ 質問 질문 ｜ 設問 설문 ｜ 訪問 방문

質問があれば何でも聞いてください。 질문이 있으면 뭐든지 물어보세요.

🔊 と(う), と(い), とん ▸ 問う 묻다 ｜ 問い 질문, 문제 ｜ 問い合わせ 문의 ｜ 問屋

도매상

今日は問い合わせがたくさんありました。 오늘은 문의가 많이 있었습니다.

총 11획　問 問 問 問 問 問 問 問 問 問 問

＋ あれば 있으면[ある의 가정형]

□□ 0975　초3/N3

⌨ 손톱(爫)을 덮을(冖) 매니큐어를 또(又) 받을 수 있으니 웃게

受

받을 수

🔊 じゅ ▸ 受験 수험 ｜ 受信 수신 ｜ 受診 진찰을 받음 ｜ 授受 수수, 주고받음

受験票を必ず持参してください。 수험표를 반드시 지참해 주세요.

🔊 う(ける), う(かる) ▸ 受ける 받다, (시험을) 치르다 ｜ 受付 접수 ｜ 受かる 합격하다

今英語の授業を受けています。 지금 영어 수업을 받고 있습니다.

총 8획　受 受 受 受 受 受 受 受

照

비칠 조

⌨ 밝게(昭) 비칠 불(灬)꽃놀이 쇼

🔊 しょう ▶ 照会 조회 │ 照明 조명 │ 参照 참조 │ 対照 대조

アプリで残高照会ができます。 어플로 잔고 조회를 할 수 있습니다.

🔊 て(る), て(らす), て(れる) ▶ 照る 밝게 빛나다, 비치다 │ 照らす 비추다 │ 照れる
쑥스러워하다, 수줍어하다 │ 照れ屋 수줍음을 잘 타는 사람 │ 日照り 가뭄

ライトで舞台を照らしました。 라이트로 무대를 비췄습니다.

총 13획 照 照 照 照 照 照 照 照 照 照 照 照 照

+ ～ができる ~을(를) 할 수 있다[する의 가능형] │ ライト(light) 라이트

勝

이길 승

⌨ 매달(月) 이길 수 있는 기회는 게으른(券) 선수에겐 쇼

🔊 しょう ▶ 勝敗 승패 │ 勝利 승리 │ 決勝 결승 │ 優勝 우승

Bチームが決勝に進出しました。 B팀이 결승에 진출했습니다.

🔊 か(つ), まさ(る) ▶ 勝つ 이기다 │ 勝る 낫다, 뛰어나다 │ ★勝手 제멋대로임

昨日の試合で勝ったそうです。 어제 시합에서 이겼다고 합니다.

총 12획 勝 勝 勝 勝 勝 勝 勝 勝 勝 勝 勝 勝

+ チーム(team) 팀

負

질 부

⌨ 칼(⺈)로 조개(貝) 손질하다 내기에 질 때 후회

🔊 ふ ▶ 負債 부채 │ 負担 부담 │ 自負 자부 │ 勝負 승부 │ 抱負 포부

勝負は最後の十秒で決まりました。 승부는 마지막 10초에서 결정되었습니다.

🔊 ま(ける), ま(かす), お(う) ▶ 負ける 지다 │ 負かす 지게 하다, 이기다 │ 負う
(짐을) 지다, (비난이나 상처 등을) 입다

負けてもいいからベストを尽くそう。 져도 괜찮으니까 최선을 다하자.

총 9획 負 負 負 負 負 負 負 負 負

+ ベスト(best) 베스트 │ 尽くそう 다하자, 다해야지[尽くす의 의지형]

討

칠 토

⌨ 말(言) 한마디(寸)가 가슴을 칠 때 감정을 토해 내

🔊 とう ▶ 討議 토의 │ 討論 토론 │ 検討 검토 │ 征討 정벌, 토벌

検討後、ご連絡いたします。 검토 후, 연락드리겠습니다.

🔊 う(つ) ▶ 討つ 토벌하다, 베어 죽이다

この映画は親の敵を討つ内容です。 이 영화는 부모의 원수를 갚는 내용입니다.

총 10획 討 討 討 討 討 討 討 討 討 討

鳴

울 명

⌨ 입(口)으로 새(鳥) 소리를 내며 울 때 눈물이 나

음 ▶ めい ▶ 共鳴 공명 | 悲鳴 비명

突然、悲鳴が聞こえてきました。 갑자기 비명이 들려왔습니다.

훈 ▶ な(く), な(る), な(らす) ▶ 鳴く (새·벌레 등이) 울다 | 鳴き声 울음소리 | 鳴る 소리가 나다, 울리다 | 地鳴り 지반이 흔들려 일어나는 땅울림 | 鳴らす 소리를 내다, (평판·명성 등을) 떨치다

朝から蝉が鳴いています。 아침부터 매미가 울고 있습니다.

총 14획 鳴 鳴 鳴 鳴 鳴 鳴 鳴 鳴 鳴 鳴 鳴 鳴 鳴 鳴

+ 聞こえる 들리다 | 蝉 매미

挙

들 거(擧)

⌨ 사업을 일으키면(兴) 손(手) 들어, 아가~

음 ▶ きょ ▶ 挙手 거수 | 挙動 거동 | 快挙 쾌거 | 選挙 선거

国民には選挙の権利があります。 국민에게는 선거의 권리가 있습니다.

훈 ▶ あ(がる), あ(げる) ▶ 挙がる (범인이) 잡히다, 검거되다, (증거가) 드러나다 | 挙げる (손을) 들다, (식을) 올리다

授業で手を挙げて発表しました。 수업에서 손을 들고 발표했습니다.

총 10획 挙 挙 挙 挙 挙 挙 挙 挙 挙 挙

荷

멜 하

⌨ 풀(艹)잎이 가득한 가방을 어찌(何) 멜까

음 ▶ か ▶ 荷重 하중 | 集荷 집하 | 出荷 출하 | 入荷 입하

出荷時間を決めなければなりません。 출하 시간을 정해야 합니다.

훈 ▶ に ▶ 荷作り 짐을 꾸림, 포장 | 荷物 짐

荷物が多いので預けてもいいですか。 짐이 많아서 맡겨도 됩니까?

총 10획 荷 荷 荷 荷 荷 荷 荷 荷 荷 荷

+ ～なければなりません ～해야 합니다[부정형 접속] | ～てもいいです ～해도 좋습니다, ～해도 됩니다

拾

주울 습

⌨ 손(扌)을 모으고 힘을 합하여(合) 쓰레기를 주울 수 있슈

음 ▶ しゅう, じゅう ▶ 収拾 수습 | 拾得 습득 | 拾 십, 열

事態の収拾に努めています。 사태 수습에 노력하고 있습니다.

훈 ▶ ひろ(う) ▶ 拾う 줍다

ごみ拾いのボランティアに参加した。 쓰레기 줍기 봉사 활동에 참가했다.

총 9획 拾 拾 拾 拾 拾 拾 拾 拾 拾

+ ボランティア(volunteer) 자원봉사

⌨ 손(扌)에 흙(土)을 묻힌 후, 나무 마디(寸)는 가질 생각인지

음 じ ▶ 持参 지참 | 持続 지속 | 持病 지병 | 維持 유지 | 所持 소지

持続的な関係を維持しています。 지속적인 관계를 유지하고 있습니다.

훈 も(つ) ▶ 持つ 들다, 가지다, 지속하다 | 持ち主 소유주 | 金持ち 부자 | 気持ち 기분

温泉に入って気持ちがいいです。 온천에 들어가서 기분이 좋습니다.

持

가질 **지**

총9획 持 持 持 持 持 持 持 持 持

⌨ 쉬엄쉬엄 가서(辶) 한 돌이키려야(反) 돌이킬 수 없는 행동

음 へん ▶ 返却 반환 | 返金 돈을 갚음 | 返事 대답, 답장 | 返信 반신, 회신 | 返答 대답, 응답

金曜日までに返事をしてください。 금요일까지 답장을 해 주세요.

훈 かえ(す), かえ(る) ▶ 返す 돌려주다 | 返る 되돌아가다

借りていた本を図書館に返しました。 빌린 책을 도서관에 반납했습니다.

返

돌이킬 **반(返)**

총7획 返 返 返 返 返 返 返

+ 借りる 빌리다

⌨ 사람(イ)이 주살(弋)처럼 서서 대신할 수 있다이

음 たい, だい ▶ 交代 교대 | 代表 대표 | 代理 대리 | 近代 근대 | 現代 현대 | 時代 시대

大学時代の同窓会に行ってきました。 대학 시절 동창회에 다녀왔습니다.

훈 か(わる), か(える), しろ, よ ▶ 代わる 대신하다, 바뀌다 | 代える 바꾸다, 교환하다 | 代わり 대신, 대리 | 代物 물건, 상품 | 君が代 기미가요[일본 국가] | 千代 천년

課長の代わりに会議に出席しました。 과장님 대신에 회의에 참석했습니다.

代

대신할 **대**

총5획 代 代 代 代 代

+ ～の代わりに ~대신에, ~을(를) 대신하여

⌨ 하나(一)의 점(丶)을 찍어 물(氺)을 구할 사람의 모토

음 きゅう ▶ 求職 구직 | 求人 구인 | 請求 청구 | 追求 추구 | 要求 요구

求人情報を見て応募しました。 구인 정보를 보고 응모했습니다.

훈 もと(める) ▶ 求める 구하다, 바라다, 요구하다

その国は自由を求めています。 그 나라는 자유를 바라고 있습니다.

求

구할 **구**

총7획 求 求 求 求 求 求 求

□□ 0988 초6/N1

⌨ 조금 걷다(彳) 여덟(八) 명이 짝(龰)을 이뤄 좇을 몽타주

음 じゅう, しょう, じゅ ▶ 従業員 종업원 | 従順 순종 | 主従 주종 | 服従 복종 |
従容 태연하고 침착한 모양

当社は従業員500人以上の会社です。
당사는 종업원이 500명 이상 되는 회사입니다.

훈 したが(う), したが(える) ▶ 従う 따르다 | 従える 따르게 하다, 데리고 가다

案内に従って登録してください。 안내에 따라 등록해 주세요.

총 10획 従従従従従従従従従従

좇을 종(従)

+ ~に従って ~에 따라(서)

□□ 0989 초6/N3

⌨ 말씀(言)을 참으며(忍) 들을 때 알게 된 해프닝

음 にん ▶ 認証 인증 | 認知 인지 | 認定 인정 | 確認 확인 | 誤認 오인

注文や配送状況を確認しました。 주문이랑 배송 상황을 확인했습니다.

훈 みと(める) ▶ 認める 인정하다, 인지하다

上司に認められて昇進しました。 상사에게 인정받아서 승진했습니다.

알 인

총 14획 認認認認認認認認認認認認認認

+ ~や ~(이)랑, ~며 | 認められる 인정받다[認める의 수동형]

□□ 0990 초6/N3

⌨ 언덕(阝)에 눈이 내릴(夅) 때 항복했고

음 こう ▶ 降雨 강우 | 降水 강수 | 降伏 항복 | 下降 하강 | 投降 투항

明日の降水確率は30%です。 내일의 강수 확률은 30%입니다.

훈 ふ(る), お(りる), お(ろす) ▶ 降る (비나 눈 등이) 내리다 | 降りる (전철 등에서) 내리
다 | 降ろす 내리게 하다

今にも雨が降りそうな天気ですね。 당장이라도 비가 내릴 것 같은 날씨네요.

내릴 강/항복할 항

총 10획 降降降降降降降降降降

+ 今にも 지금이라도, 당장이라도 | 降りそうだ 내릴 것 같다[추측, 양태의 そうだ]

□□ 0991 초4/N3

⌨ 그물망(罒)을 곧은(直) 방향으로 어디에 둘지

음 ち ▶ 位置 위치 | 処置 처치 | 設置 설치 | 配置 배치 | 放置 방치

寝室の家具の配置を悩んでいます。 침실 가구 배치를 고민하고 있습니다.

훈 お(く) ▶ 置く 두다, 놓다 | 物置 광, 곳간

キャンプ用品は物置の中に置いてある。 캠프 용품은 곳간(창고) 안에 놓아 뒀다.

둘 치

총 13획 置置置置置置置置置置置置置

DAY | SUBJECT
30 | 기타

Track44

否 (ひ)
사실이 아닐 거라고 입으로
짜증 내는 히스테리

○○ mall

諸 (しょ)
말한 대로 놈들이 잡힌
곳은 모두 쇼핑몰

分 (ぶん)
8조각으로 칼로 나눌 분량

宗 (しゅう)
집 마루에 보이는
귀여운 슈퍼맨

단어 복습 퀴즈 다음 한자를 바르게 읽은 것을 고르세요.

1 呼ぶ ▸ ⓐ よぶ　　ⓑ ほぶ

2 帰る ▸ ⓐ かへる　ⓑ かえる

3 止める ▸ ⓐ とめる　ⓑ しめる

4 届く ▸ ⓐ ととく　ⓑ とどく

5 急ぐ ▸ ⓐ いそぐ　ⓑ およぐ

6 用いる ▸ ⓐ よういる　ⓑ もちいる

7 勝つ ▸ ⓐ がつ　　ⓑ かつ

8 返す ▸ ⓐ かえす　ⓑ かす

정답 1ⓐ 2ⓑ 3ⓐ 4ⓑ 5ⓐ 6ⓑ 7ⓑ 8ⓐ

□□ 0992 | 초5/N3

⌨ 나무(丿) 양쪽에 세(三) 가시를 꽂은 건 아닐 거야 분명히

非

아닐 비

음 ひ ▶ **非常** 비상 | **非常識** 비상식, 상식을 벗어남, 몰상식 | **非難** 비난 | **非売品** 비매품 | **是非** 꼭, 제발

非常口の位置を確認してください。 비상구의 위치를 확인해 주세요.

是非家に遊びにきてください。 꼭 집에 놀러 오세요.

총 8획 非 非 非 非 非 非 非 非

□□ 0993 | 초4/N4

⌨ 한(一) 줄기의 세 뿌리(个)는 먹는 게 아닐 거야

不

아닐 불/부

음 ふ, ぶ ▶ **不安** 불안 | **不幸** 불행 | **不思議** 불가사의함, 이상함 | **不祥事** 불상사 | **不正** 부정 | **不足** 부족 | **不当** 부당 | **不動産** 부동산 | **不便** 불편 | **不良** 불량 | **寝不足** 수면 부족

不思議なことが起こりました。 이상한 일이 일어났습니다.

交通が不便なのでタクシーに乗りました。
교통이 불편하기 때문에 택시를 탔습니다.

총 4획 不 不 不 不

□□ 0994 | 초4/N3

⌨ 나무(木) 한(一) 그루만 심은 게 아닐 거란 의미

未

아닐 미

음 み ▶ **未熟** 미숙 | **未定** 미정 | **未満** 미만 | **未来** 미래

未来に希望を持ちましょう。 미래에 희망을 가집시다.

18歳未満はこの映画が見られません。 18세 미만은 이 영화를 볼 수 없습니다.

총 5획 未 未 未 未 未

+ 〜が見られる 〜을(를) 볼 수 있다[見る의 가능형]

□□ 0995 | 초6/N3

⌨ 사실이 아닐(不) 거라고 입(口)으로 짜증 내는 히스테리

否

아닐 부

음 ひ ▶ **否定** 부정 | **否認** 부인 | **安否** 안부 | **可否** 가부 | **拒否** 거부

イベント開催の可否を決めました。 이벤트 개최의 가부를 결정했습니다.

훈 いな ▶ **否** 아니, 아니오 | **〜や否や〜** 〜하자마자

外に出るや否や雨が降り出しました。
밖에 나오자마자 비가 내리기 시작했습니다.

총 7획 否 否 否 否 否 否 否

+ 降り出す (비·눈이) 내리기 시작하다

□□ 0996　초2/N4

自

스스로 자

⌨ 뚜껑(ノ) 있는 3단 상자(目)는 스스로 사지

🔊 じ, し ▶ 自己 자기 | 自信 자신 | 自宅 자택 | 自動 자동 | 自分 자기, 자신 |
自分自身 자기 자신 | 自由 자유 | 各自 각자 | 自然 자연

自信を持って頑張ってください。 자신을 갖고 열심히 하세요.

🔊 みずか(ら) ▶ 自ら 스스로

自ら志願して海外ボランティアに行った。
스스로 지원해서 해외 봉사하러 갔다.

총 6획 自 自 自 自 自 自

＋ ボランティア(volunteer) 자원봉사 | 〜に行く ~하러 가다

□□ 0997　초3/N3

他

다를 타

⌨ 사람(イ)마다 끝말잇기(也) 단어는 다를 수 있다

🔊 た ▶ 他界 타계 | 他国 타국, 타향 | 他殺 타살 | 他動詞 타동사 | 他人 타인

他人の目はあまり気にしないでください。
다른 사람의 눈을 너무 신경 쓰지 마세요.

🔊 ほか ▶ 他 그 밖, 이외

他に何か準備することはありませんか。 그 밖에 뭔가 준비할 것은 없습니까?

총 5획 他 他 他 他 他

□□ 0998　초3/N4

者

놈 자(者)

⌨ 흙(土) 위에 막대기(ノ)로 매일(日) 그리는 놈이 찍은 모노 드라마

🔊 しゃ ▶ 学者 학자 | 記者 기자 | 作者 작자, 지은이 | 初心者 초심자 | 著者 저자
| 患者 환자

車に初心者マークをつけました。 차에 초보자 마크를 붙였습니다.

🔊 もの ▶ 者 사람 | 若者 젊은이 | 人気者 인기 있는 사람, 인기인

彼はクラスの人気者です。 그는 반에서 (가장) 인기 있는 사람입니다.

총 8획 者 者 者 者 者 者 者 者

＋ マークをつける 마크(mark)를 붙이다

□□ 0999　초6/N2

諸

모두 제(諸)

⌨ 말한(言) 대로 놈(者)들이 잡힌 곳은 모두 쇼핑몰

🔊 しょ ▶ 諸君 여러분 | 諸国 여러 나라 | 諸説 여러 가지 설, 소문, 의견 | 諸島 여러 섬,
제도

これについては諸説があります。 이것에 대해서는 여러 (가지) 설이 있습니다.

沖縄諸島に遊びに行きたいです。 오키나와섬에 놀러 가고 싶습니다.

총 15획 諸 諸 諸 諸 諸 諸 諸 諸 諸 諸 諸 諸 諸 諸 諸

□□ 1000 · 초6/N1

⌨ 가로(一), 세로(丨), 점(丶), 한 마디마디가 중요한 필순

음 **すん** ▶ **寸劇** 촌극, 토막극 │ **寸前** 직전, 바로 전 │ **寸断** 잘게 끊음, 토막토막 자름 │ **一寸** 잠시, 잠깐, 짧은 거리, 적은 양

彼の怒りは爆発寸前でした。 그의 분노는 폭발 직전이었습니다.

本当に一寸先は闇ですね。 정말로 한 치 앞도 모르겠네요.

▣ 총 3획 寸 寸 寸

마디 촌

+ 一寸先は闇 한 치 앞도 모름, 앞으로의 일은 전혀 알 수 없음

□□ 1001 · 초6/N1

⌨ 긴 점(丶)이 있는 주검(尸)을 자로 잰 블랙 샤크

음 **しゃく** ▶ **尺度** 척도, 자, 기준 │ **尺八** 통소 │ **一尺** 1척 │ **縮尺** 축척

自分の尺度で人を測ってはいけません。
자신의 잣대로 사람을 판단해서는 안 됩니다.

縮尺の計算方法について習ったばかりです。
축척 계산법에 대해서 배운 지 얼마 안 됐습니다.

자 척

▣ 총 4획 尺 尺 尺 尺

+ ～てはいけません ～해서는 안 됩니다 │ ～たばかりです ～한 지 얼마 안 됐습니다

□□ 1002 · 초4/N4

⌨ 한(一) 구멍(丶)으로써 뚫은(丨) 사람(人)이 있다

음 **い** ▶ **以外** 이외 │ **以後** 이후 │ **以上** 이상 │ **以前** 이전 │ **以来** 이래, 이후

テストで90点以上を目指しています。
시험에서 90점 이상을 목표로 하고 있습니다.

K君とは卒業して以来、会っていません。
K군과는 졸업한 이래 만나지 않았습니다.

써 이

▣ 총 5획 以 以 以 以 以

□□ 1003 · 초3/N3

⌨ 날 일(日)과 뚫을 곤(丨)을 합하면 말미암을 유(由)

음 **ゆ, ゆう, ゆい** ▶ **由来** 유래 │ **経由** 경유 │ **自由** 자유 │ **不自由** 부자유 │ **理由** 이유 │ **由緒** 유서

ドバイ経由で帰りました。 두바이를 경유해서 돌아왔습니다.

훈 **よし** ▶ **由** 까닭, 원인

それは私の知る由もありません。 그것은 제가 잘 알지 못합니다.

말미암을 유

▣ 총 5획 由 由 由 由 由

+ ドバイ(Dubai) 두바이 │ 知る由もない 잘 알지 못하다, 알 까닭(도리)이 없다

⌨ 왼쪽(ㄔ) 무대를 뚫은(丨) 흙(土)이 쌓여 있을 거란 걸 알아

在

있을 재

음 **ざい** ▶ **在学** 재학 ｜ **在庫** 재고 ｜ **在職** 재직 ｜ **現在** 현재 ｜ **所在** 소재 ｜ **存在** 존재 ｜ **滞在** 체재, 체류

現在、別荘に滞在しています。 현재, 별장에 머물고 있습니다.

훈 **あ(る)** ▶ **在る** 있다, (사물이) 존재하다

本社は東京に在ります。 본사는 도쿄에 있습니다.

총 6획　在 在 在 在 在 在

+ **別荘** 별장

⌨ 공연이 있을 때 왼쪽(ㄔ) 귀를 뚫은(丨) 아들(子) 손자

存

있을 존

음 **そん, ぞん** ▶ **存在** 존재 ｜ **存続** 존속 ｜ **既存** 기존 ｜ **依存** 의존 ｜ **存じる** 알다, 생각하다[겸양 표현] ｜ **存命** 존명 ｜ **保存** 보존, 저장

彼は私にとって大切な存在です。 그는 나에게 있어 소중한 존재입니다.
彼女は依存心が強い人です。 그녀는 의존하려는 마음이 강한 사람입니다.

총 6획　存 存 存 存 存 存

+ **依存心** 의존심, 의존하려는 마음

⌨ 8(八)조각으로 칼(刀)로 나눌 분량

分

나눌 분

음 **ぶん, ふん, ぶ** ▶ **分解** 분해 ｜ **分析** 분석 ｜ **分担** 분담 ｜ **分離** 분리 ｜ **分類** 분류 ｜ **気分** 기분 ｜ **半分** 반, 절반 ｜ **身分** 신분 ｜ **分別** 분별 ｜ **五分** 5분 ｜ **五分五分** 어슷비슷함, 비등함 ｜ ★**何分** 몇 분

データを分析した結果を報告しました。 데이터를 분석한 결과를 보고했습니다.

훈 **わ(かる), わ(かつ), わ(ける), わ(かれる)** ▶ **分かる** 알다, 이해하다 ｜ **分かつ** 나누다, 분배하다 ｜ **分ける** 나누다 ｜ **分かれる** 나뉘다

チームを二つに分けてください。 팀을 두 개로 나눠 주세요.

총 4획　分 分 分 分

⌨ 미래를 기약할 그(其) 달(月)의 키워드

期

기약할 기

음 **き, ご** ▶ **期間** 기간 ｜ **期待** 기대 ｜ **期末** 기말 ｜ **学期** 학기 ｜ **時期** 시기 ｜ **最後** 최후, 마지막

あなたの活躍を期待しています。 당신의 활약을 기대하고 있습니다.
新学期が始まりました。 신학기가 시작되었습니다.

총 12획　期 期 期 期 期 期 期 期 期 期 期

1008 | 초2/N5

何

어찌 하

⌨ 사람(イ)이 어찌하는 것이 옳을(可)까

음 か ▶ 幾何学 기하학
幾何学模様のデザインを考えた。 기하학적 무늬 디자인을 고안했다.

훈 なに, なん ▶ 何が 무엇이 | 何か 뭔가, 무엇인지 | 何で 무엇으로 | 何個 몇 개 |
何時 몇 시 | 何曜日 무슨 요일 | 何日 며칠 | 何で 왜
何から始めればいいか言ってください。 뭐부터 시작하면 좋을지 말해 주세요.

총7획 何 何 何 何 何 何 何

+ 考える 생각하다, 고안하다 | 始めれば 시작하면[始める의 가정형]

1009 | 초3/N3

申

거듭 신

⌨ 날(日)마다 뚫어도(丨) 거듭 막혀서 못 쓰겠어

음 しん ▶ 申告 신고 | 申請 신청 | 答申 답신 | 内申 내신[남 모르게 상신함]
税金申告をしました。 세금 신고를 했습니다.

훈 もう(す) ▶ 申す・申し上げる 말씀드리다, 여쭙대[겸양어] | 申し込む 신청하다
明日までに申し込みをしてください。 내일까지 신청해 주세요.

총5획 申 申 申 申 申

+ 〜までに 〜까지[최종 기한]

1010 | 초2/N1

汽

물 끓는 김 기

⌨ 물 끓는 김이 올라오면 물(氵)의 기운(气)을 세게 키워

음 き ▶ 汽車 기차 | 汽船 기선 | 汽笛 기적, 고동
子供に汽車のおもちゃを買ってあげました。
아이에게 기차 장난감을 사 주었습니다.
汽笛の音が聞こえてきました。 기적 소리가 들려왔습니다.

총7획 汽 汽 汽 汽 汽 汽 汽

+ 〜てあげる (상대방에게) 〜해 주다

1011 | 초3/N3

表

겉 표

⌨ 두(二) 막대를 세워(丨) 옷(衣)을 겉으로 걸어

음 ひょう ▶ 表現 표현 | 表紙 표지 | 表情 표정 | 表面 표면 | 辞表 사표 | 図表
도표 | 代表 대표 | 発表 발표
代表選手に選ばれました。 대표 선수로 뽑혔습니다.

훈 おもて, あらわ(れる), あらわ(す) ▶ 表 앞면, 표면, 바깥쪽 | 表れる 나타나다 |
表す 나타내다
これは平和を表すイラストです。 이것은 평화를 나타내는 일러스트입니다.

총8획 表 表 表 表 表 表 表 表

⌨ 인간(イ)의 사사로움(ム)과 악행을 부인한 부처의 수행은 혹독해

음 **ぶつ** ▸ 仏教 불교 ｜ 仏像 불상 ｜ 石仏 석불, 돌부처 ｜ ★仏語 불어

タイは仏教の国です。 태국은 불교 국가입니다.

훈 **ほとけ** ▸ 仏 부처, 석가 ｜ 仏心 불심, 부처의 자비심

「仏の顔も三度まで」ということわざがある。
'부처님 얼굴도 세 번까지'라는 속담이 있다.

부처 불(佛)

총4획 仏仏仏仏

＋ 仏の顔も三度まで 부처님 얼굴도 세 번까지[아무리 착한 사람도 지나치게 굴면 결국 화를 낸다]

⌨ 거듭(申) 보이는(ネ) 귀신이 무서운 신부

음 **しん, じん** ▸ 神経 신경 ｜ 神父 신부[가톨릭] ｜ 神話 신화 ｜ 精神 정신 ｜ 神社 신사

患者のための精神的なケアが必要です。
환자를 위한 정신적인 케어가 필요합니다.

훈 **かみ, かん, こう** ▸ 神 신 ｜ 神様 신의 높임말, 하나님 ｜ 神主 신주, 신관 ｜ 神々しい

엄숙하다, 거룩하다, 숭고하다, 성스럽다

私は神を信じています。 나는 신을 믿고 있습니다.

귀신 신(神)

총9획 神神神神神神神神神

＋ 〜のための 〜을(를) 위한 ｜ ケア(care) 케어 ｜ 必要だ 필요하다

⌨ 집(宀) 마루에 보이는(示) 귀여운 슈퍼맨

음 **しゅう, そう** ▸ 宗教 종교 ｜ 宗徒 신도 ｜ 宗派 종파 ｜ 改宗 개종 ｜ 宗家 종가

世界の宗教について調べている。 세계의 종교에 대해 조사하고 있다.

最近、彼女は改宗しました。 최근, 그녀는 개종했습니다.

총8획 宗宗宗宗宗宗宗宗

마루 종

⌨ 그 사람(イ)이 돌이켜(反) 보는 모든 것은 거짓일까

음 **か, け** ▸ 仮説 가설 ｜ 仮想 가상 ｜ 仮定 가정 ｜ 仮面 가면 ｜ 仮病 꾀병

仮病を使って講義を欠席した。 꾀병을 부리고 강의를 결석했다.

훈 **かり** ▸ 仮契約 가계약 ｜ 仮払い 가불

今日、仮契約をしました。 오늘 가계약을 했습니다.

거짓 가(假)

총6획 仮仮仮仮仮仮

＋ 仮病を使う 꾀병을 부리다

□□ 1016　초6/N1

俵

나누어 줄 표

⌨ 그 사람(イ)이 겉(表)으로 나누어 줄 선물의 효능

🔊 ひょう ▶ 一俵 낱섬, 한 가마 | 三俵 세 가마 | 土俵 스모를 하는 판, 씨름판

相撲を取ろうと土俵に上がった。 스모를 하려고 판에 올라갔다.

🔊 たわら ▶ 俵 섬, 가마니 | 米俵 쌀섬, 쌀가마니 | 炭俵 숯섬, 숯 가마니

一キロの米俵を贈りました。 1킬로의 쌀가마니를 보냈습니다.

[총 10획] 俵 俵 俵 俵 俵 俵 俵 俵 俵 俵

+ 贈る 보내다, 선사하다, 주다

□□ 1017　초6/N1

誠

정성 성

⌨ 말한(言) 것은 이루는(成) 정성을 보이세

🔊 せい ▶ 誠意 성의 | 誠実 성실 | 誠心 성심 | 忠誠 충성

誠心誠意仕事に取り組みます。 성심성의껏 일에 임하겠습니다.

🔊 まこと ▶ 誠 참, 진리, 진심 | 誠に 참으로, 정말로

この度は誠にありがとうございました。 이번에는 정말(로) 감사했습니다.

[총 13획] 誠 誠 誠 誠 誠 誠 誠 誠 誠 誠 誠 誠 誠

+ 取り組む (열심히 일에) 임하다, 힘쓰다, 주력하다 | この度 이번, 금번

□□ 1018　초6/N3

誤

그르칠 오(誤)

⌨ 그르칠 말(言)로 인해 오(吳)씨 성이 바뀌고

🔊 ご ▶ 誤解 오해 | 誤算 오산, 착오 | 誤読 오독, 잘못 읽음 | 錯誤 착오

誤解を解くために話し合いました。 오해를 풀기 위해 서로 대화했습니다.

🔊 あやま(る) ▶ 誤る 실수하다, 그릇되다, 실패하다

誤った先入観は捨てた方がいいです。 그릇된 선입관은 버리는 편이 좋습니다.

[총 14획] 誤 誤 誤 誤 誤 誤 誤 誤 誤 誤 誤 誤 誤 誤

+ 話し合う 대화하다, 의논하다 | 先入観 선입관, 고정관념

□□ 1019　초6/N1

至

이를 지

⌨ 팔뚝(ﾑ)에 흙(土)을 묻히고 산에 이를 시간

🔊 し ▶ 至急 지급, 시급히 | 至極 지극 | 必至 필연, 불가피 | 夏至 하지 | ★冬至 동지

結果を至急お送りします。 결과를 빠른 시일 안에 보내드리겠습니다.

🔊 いた(る) ▶ 至る 다다르다, 도달하다, 되다 | 至る所 도처, 가는 곳마다 | 至って 매우, 대단히

私は至って元気です。 저는 매우 건강합니다.

[총 6획] 至 至 至 至 至 至

+ お送りします 보내드리겠습니다[겸양 표현]

⌨ 북방(壬)의 장인(工)이 구멍을 뚫고(丨) 드리울 실타래

垂

드리울 수

🔊 **すい** ▶ 垂線 수직선 | 垂直 수직 | 胃下垂 위하수[위의 위치 이상 증세] | 懸垂 매달림

体育の時間に垂直跳びをしました。 체육 시간에 제자리높이뛰기를 했습니다.

🔊 **た(れる), た(らす)** ▶ 垂れる 드리워지다, 늘어지다 | 垂らす 늘어뜨리다, 드리우다

まず釣り糸を垂らしてください。 먼저 낚싯줄을 드리우세요.

[총 8획] 垂 垂 垂 垂 垂 垂 垂 垂

＋ 垂直跳び 제자리높이뛰기

⌨ 장막 걷고 풀(艹)밭에서 햇빛(旲)을 수건(巾)으로 막구

幕

장막 막

🔊 **まく, ばく** ▶ 暗幕 암막 | 開幕 개막 | 終幕 종막 | 序幕 서막 | 閉幕 폐막 | 幕府 막부 | 幕僚 막료

暗幕カーテンを買いに行こうと思います。 암막 커튼을 사러 가려고 합니다.

博覧会は無事に閉幕しました。 박람회는 무사히 막을 내렸습니다.

[총 13획] 幕 幕 幕 幕 幕 幕 幕 幕 幕 幕 幕 幕 幕

＋ カーテン(curtain) 커튼, 휘장, 장막 | 의지형 + と思います ~하려고 합니다

⌨ 옛(古)날에 사람을 친(攵) 연고로 집행유예

故

연고 고

🔊 **こ** ▶ 故郷 고향 | 故障 고장 | 故人 고인, 죽은 사람 | 事故 사고

事故現場を通りがかりました。 사고 현장을 때마침 지나갔습니다.

🔊 **ゆえ** ▶ 故 까닭, 이유 | 故に 그러므로, 따라서

その国は火山が多い、故に地震も多い。
그 나라는 화산이 많다. 그러므로 지진도 많다.

[총 9획] 故 故 故 故 故 故 故 故 故

＋ 通りがかる (때마침) 지나가다

⌨ 손(扌)으로 이(是) 수레를 끌 수 있다면 좋대

提

끌 제

🔊 **てい** ▶ 提案 제안 | 提起 제기 | 提議 제의 | 提供 제공 | 提携 제휴 | 提示 제시 | 提出 제출 | 前提 전제

新しいプロジェクトを提案しました。 새로운 프로젝트를 제안했습니다.

🔊 **さ(げる)** ▶ 提げる 들다

紙袋を手に提げて歩いています。 종이 백을 손에 들고 걷고 있습니다.

[총 12획] 提 提 提 提 提 提 提 提 提 提 提 提

＋ プロジェクト(project) 프로젝트 | 紙袋 종이 백, 종이봉투 | 手に提げる (봉지 · 주머니 등을) 손에 들다

📖 산 따라 물 따라갈 때 물(氵)과 산속 늪(合)이 있소

沿

물 따라갈 연(沿)

🔊 えん ▶ 沿海 연해 | 沿革 연혁 | 沿岸 연안, 강이나 바닷가 일대 | 沿線 연선, 큰길 근처, 노선 주변 | 沿道 연도, 길가

中央線沿線に住んでいます。 중앙선 주변에 살고 있습니다.

🔊 そ(う) ▶ 沿う 따르다, ~주위에 있다 | ★海沿い 바닷가, 해안 | ★山沿い 산 주변

海沿いのカフェで友達に会いました。 바닷가 카페에서 친구를 만났습니다.

총 8획 沿 沿 沿 沿 沿 沿 沿 沿

+ ~に住んでいる ~에 살고 있다 | カフェ(café) 카페

📖 나무(木)에서 빠르게(亟) 자란 새를 극진히 보살핀 기와집 주인

極

극진할 극

🔊 きょく, ごく ▶ 極限 극한, 한계점 | 極東 극동 | 南極 남극 | 北極 북극 | 極秘 극비 | 至極 지극히, 아주

北極と南極に関する記事を読んだ。 북극과 남극에 관한 기사를 읽었다.

🔊 きわ(まる), きわ(める), きわ(み) ▶ 極まる 극도에 이르다, ~하기 짝이 없다 | 極める 극하다, 더없이 ~하다 | 極み 극한, 끝 | 極めて 극히, 더할 나위 없이

失敗する可能性は極めて低いです。 실패할 가능성은 지극히 낮습니다

총 12획 極 極 極 極 極 極 極 極 極 極 極 極

+ ~に関する ~에 관한 | 読む 읽다 | 低い 낮다

📖 무성한(茂) 숲에서 신하(臣)를 만나 기쁨을 감출 수 없어 안아 줘

蔵

감출 장(藏)

🔊 ぞう ▶ 蔵書 장서 | 所蔵 소장 | 貯蔵 저장 | 埋蔵 매장 | 冷蔵 냉장

飲み物は冷蔵庫の中に入っています。 음료는 냉장고 안에 들어 있습니다.

🔊 くら ▶ 蔵 창고 | 酒蔵 술 창고 | ワイン蔵 와인 창고

酒蔵見学に行ってみたい。 술 창고 견학을 하러 가보고 싶다.

총 15획 蔵 蔵 蔵 蔵 蔵 蔵 蔵 蔵 蔵 蔵 蔵 蔵 蔵 蔵 蔵

+ 入る 들어오다, 들어가다

읽기 다음 한자를 히라가나로 쓰세요.

01 見学　　→ _____　　02 勝負　　→ _____

03 返事　　→ _____　　04 未満　　→ _____

05 理由　　→ _____　　06 表現　　→ _____

쓰기 밑줄 친 히라가나를 한자로 쓰세요.

07 　<ruby>学校<rt>がっこう</rt></ruby>の<ruby>前<rt>まえ</rt></ruby>に<ruby>白<rt>しろ</rt></ruby>い<ruby>車<rt>くるま</rt></ruby>が<u>とまって</u>います。　　→ _____

08 　<ruby>温泉<rt>おんせん</rt></ruby>に<ruby>入<rt>はい</rt></ruby>って<u>きもち</u>がいいです。　　→ _____

09 　<u>じしん</u>を<ruby>持<rt>も</rt></ruby>って<ruby>頑張<rt>がんば</rt></ruby>ってください。　　→ _____

10 　<u>げんざい</u>、<ruby>別荘<rt>べっそう</rt></ruby>に<ruby>滞在<rt>たいざい</rt></ruby>しています。　　→ _____

Track45

듣기 다음 문장을 듣고 빈칸을 채우세요.

11 　<ruby>学校生活<rt>がっこうせいかつ</rt></ruby>を<ruby>楽<rt>たの</rt></ruby>しく_____。

12 　_____<ruby>登録<rt>とうろく</rt></ruby>してください。

13 　<ruby>外<rt>そと</rt></ruby>に_____<ruby>雨<rt>あめ</rt></ruby>が<ruby>降<rt>ふ</rt></ruby>り<ruby>出<rt>だ</rt></ruby>しました。

14 　あなたの<ruby>活躍<rt>かつやく</rt></ruby>を_____。

01 ゆっくり歩いた方がいいです。

① あるいた   ② ほいた   ③ いそいだ   ④ あゆいた

02 自分のペースを保って走りました。

① はりました   ② そうりました   ③ はしりました   ④ へりました

03 その国は自由を求めています。

① みつめて   ② もとめて   ③ つとめて   ④ みとめて

04 不思議なことが起こりました。

① ひしぎ   ② ふしぎ   ③ ふしき   ④ ふさぎ

05 新しいプロジェクトを提案しました。

① せいあん   ② てあん   ③ ていあん   ④ けいあん

06 きゅうようができたので帰ります。

① 休養   ② 急用   ③ 用事   ④ 急目

07 しつもんがあれば何でも聞いてください。

① 質問   ② 質聞   ③ 新問   ④ 質門

08 テストで90点いじょうを目指しています。

① 以上   ② 似上   ③ 異常   ④ 以状

09 ごかいを解くために話し合いました。

① 後悔   ② 五回   ③ 五階   ④ 誤解

10 だいひょう選手に選ばれました。

① 第表   ② 代表   ③ 代評   ④ 大表

정답 1① 2③ 3② 4② 5③ 6② 7① 8① 9④ 10②

부록

JLPT 한자 읽기 문제
한눈에 보는 초등학교 학년별 한자표
찾아보기

JLPT 한자 읽기 문제 1회

問題1 ＿＿＿のことばの読み方として最もよいものを、1・2・3・4から一つ
えらびなさい。

1 今朝6時半に起きてジョギングをしました。

    1 ばん   2 はん   3 ほん   4 あん

2 今度の週末は何か予定がありますか。

    1 いちど   2 こんど   3 ごんど   4 いまど

3 この人形は私にとって特別なものです。

    1 どくべつ   2 もつべつ   3 とくべつ   4 べつべつ

4 質問がある人は手をあげてください。

    1 きつもん   2 かいもん   3 しちもん   4 しつもん

5 あの絵は誰の作品ですか。

    1 つくひん   2 さくひん   3 さくしな   4 ざくひん

6 先輩の結婚式に招待されました。

    1 しょたい   2 しょうたい   3 そうたい   4 しょうかい

7 彼女はいつも笑顔で挨拶します。

    1 えかお   2 わらがお   3 えがお   4 えいがお

8 あの選手は金メダルを取ったそうです。

    1 せんじゅ   2 せんしゅう   3 せんしゅ   4 ぜんしゅう

9 あの商品は税込みでいくらですか。

    1 ぜいこみ   2 せいこみ   3 ぜいきみ   4 ぜいいみ

10 湖の前で撮った写真です。

    1 みずいけ   2 みずゆみ   3 みずうみ   4 こうげつ

問題2 ＿＿＿＿のことばを漢字で書くとき、最もよいものを、1・2・3・4から一つえらびなさい。

11 祖父は来月しゅじゅつをする予定です。

1 手術 　　　　2 美術 　　　　3 芸術 　　　　4 技術

12 弟のけつえき型は○型です。

1 血夜 　　　　2 皿液 　　　　3 血液 　　　　4 皿夜

13 さいしょは緊張しましたが、今はもう慣れました。

1 最初 　　　　2 最近 　　　　3 最始 　　　　4 最低

14 このあいだ、友達と温泉に行って来ました。

1 門 　　　　　2 問 　　　　　3 聞 　　　　　4 間

15 今日はちょうしが悪いので、早く帰らせていただきます。

1 週子 　　　　2 調子 　　　　3 周子 　　　　4 長子

16 お客様、何かおさがしでしょうか。

1 持し 　　　　2 深し 　　　　3 探し 　　　　4 休し

17 この山はけわしい方です。

1 験しい 　　　2 険しい 　　　3 検しい 　　　4 苦しい

18 そうぞうもしていなかったことが起こった。

1 現象 　　　　2 相像 　　　　3 思象 　　　　4 想像

19 このビルは有名な建築家によってたてられました。

1 立てられました 　　　　　　2 待てられました
3 建てられました 　　　　　　4 律てられました

20 いくらしっぱいしてもまた立ち上がります。

1 夫敗 　　　　2 矢枚 　　　　3 失敗 　　　　4 夫枚

問題1 _____のことばの読み方として最もよいものを、１・２・３・４から一つ
えらびなさい。

1 私の趣味はギターを弾くことです。

   1 しゅうみ   2 しゅみ   3 ちゅうみ   4 ちゅみ

2 青木さんは昨日夜遅くまで残業したそうです。

   1 のうぎょう   2 そつぎょう   3 ざんぎょう   4 さんぎょう

3 弟の専攻は法律学です。

   1 ほうりつ   2 ぼうりつ   3 ほうりち   4 ほりつ

4 両替するのをうっかり忘れてしまった。

   1 りょがえ   2 りょうかえ   3 りょうがえ   4 りょうかい

5 東京の家賃は上がり続けています。

   1 いえちん   2 えちん   3 やちん   4 かちん

6 明日は息子の入学式があります。

   1 にゅがくしき   2 にゅうかくしき
   3 にゅうがくしき   4 そつぎょうしき

7 会議中に冗談を言わないでください。

   1 じょうだん   2 ぞうだん   3 じょだん   4 じょうたん

8 彼女は明るくて積極的な性格です。

   1 せつごくてき   2 しょうきょくてき
   3 せいかくてき   4 せっきょくてき

9 空港へ友達を見送りに行きましょう。

   1 みまいり   2 みおくり   3 みあいり   4 みそうり

10 携帯が故障したので、修理をしなければならない。

   1 すり   2 しゅうり   3 しゅり   4 きゅうり

問題2 ＿＿＿＿のことばを漢字で書くとき、最もよいものを、1・2・3・4から一つえらびなさい。

11 水曜日までにほうこく書を提出してください。

1 方告 　　　2 広告 　　　3 幸告 　　　4 報告

12 彼にがっかりしてなみだが出そうです。

1 波 　　　2 洪 　　　3 戻 　　　4 涙

13 映画のかんそうを自由に話してください。

1 感相 　　　2 乾燥 　　　3 感想 　　　4 乾草

14 にもつを預かっていただけますか。

1 何物 　　　2 荷物 　　　3 見物 　　　4 可物

15 せいせきが上がって先生にほめられました。

1 成績 　　　2 成積 　　　3 性績 　　　4 盛責

16 最近私は政治にかんしんを持っています。

1 関心 　　　2 感心 　　　3 歓心 　　　4 間心

17 このボタンを押すとじどうで開きます。

1 事動 　　　2 自働 　　　3 児童 　　　4 自動

18 もうすぐピアノのはっぴょう会があるので、一生懸命練習している。

1 発表 　　　2 発標 　　　3 発票 　　　4 発俵

19 全ての問題をかいけつすることはできないと思います。

1 解結 　　　2 解決 　　　3 角決 　　　4 解快

20 せっかくの休みなのに、急にセミナーにしゅっせきすることになった。

1 欠席 　　　2 出発 　　　3 出勤 　　　4 出席

정답 및 해석

1회

1 2	**2** 2	**3** 3	**4** 4	**5** 2
6 2	**7** 3	**8** 3	**9** 1	**10** 3
11 1	**12** 3	**13** 1	**14** 4	**15** 2
16 3	**17** 2	**18** 4	**19** 3	**20** 3

문제 1 _____의 단어 읽기로 가장 적당한 것을 1 · 2 · 3 · 4에서 하나 고르시오.

1 오늘 아침 6시 반에 일어나서 조깅을 했습니다.

2 이번 주말은 뭔가 예정이 있습니까?

3 이 인형은 나에게 있어 특별한 것입니다.

4 질문이 있는 사람은 손을 들어 주세요.

5 저 그림은 누구의 작품입니까?

6 선배의 결혼식에 초대받았습니다.

7 그녀는 언제나 웃는 얼굴로 인사합니다.

8 저 선수는 금메달을 땄다고 합니다.

9 저 상품은 세금 포함해서 얼마입니까?

10 호수 앞에서 찍은 사진입니다.

문제 2 _____의 단어를 한자로 쓸 때, 가장 적당한 것을 1 · 2 · 3 · 4에서 하나 고르시오.

11 할아버지는 다음 달 수술을 할 예정입니다.

12 남동생의 혈액형은 O형입니다.

13 처음은 긴장했지만 지금은 벌써 익숙해졌어요.

14 요사이 친구들과 온천에 다녀왔습니다.

15 오늘은 컨디션이 안 좋기 때문에, 빨리 돌아가겠습니다.

16 손님, 무엇을 찾으십니까?

17 이 산은 험한 편입니다.

18 상상도 하지 않았던 일이 일어났다.

19 이 빌딩은 유명한 건축가에 의해 지어졌습니다.

20 아무리 실패해도 다시 일어섭니다.

2회

1 2	**2** 3	**3** 1	**4** 3	**5** 3
6 3	**7** 1	**8** 4	**9** 2	**10** 2
11 4	**12** 4	**13** 3	**14** 2	**15** 1
16 1	**17** 4	**18** 1	**19** 2	**20** 4

문제 1 _____의 단어 읽기로 가장 적당한 것을 1 · 2 · 3 · 4에서 하나 고르시오.

1 제 취미는 기타를 치는 것입니다.

2 아오키 씨는 어제 밤 늦게까지 야근했다고 합니다.

3 남동생의 전공은 법률학입니다.

4 환전하는 것을 깜빡 잊어버렸다.

5 도쿄의 집세는 계속 오르고 있습니다.

6 내일은 아들의 입학식이 있습니다.

7 회의 중에 농담을 하지 마세요.

8 그녀는 밝고 적극적인 성격입니다.

9 공항에 친구를 배웅하러 갑시다.

10 휴대폰이 고장 나서 수리를 하지 않으면 안 된다.

문제 2 _____의 단어를 한자로 쓸 때, 가장 적당한 것을 1 · 2 · 3 · 4에서 하나 고르시오.

11 수요일까지 보고서를 제출해 주세요.

12 그에게 실망해서 눈물이 나올 것 같아요.

13 영화의 감상을 자유롭게 이야기해 주세요.

14 짐을 맡아 주시겠어요?

15 성적이 올라서 선생님께 칭찬받았습니다.

16 요즘 나는 정치에 관심을 갖고 있습니다.

17 이 버튼을 누르면 자동으로 열립니다.

18 이제 곧 피아노 발표회가 있어서 열심히 연습하고 있다.

19 모든 문제를 해결할 수는 없다고 생각합니다.

20 모처럼의 휴일인데, 갑자기 세미나에 출석하게 되었다.

초등학교 1학년 한자 (80자)

□21쪽 N5	□21쪽 N5	□21쪽 N5	□21쪽 N5	□22쪽 N5	□22쪽 N5	□22쪽 N5	□22쪽 N5
一	二	三	四	五	六	七	八
한 일	두 이	석 삼	넉 사	다섯 오	여섯 륙/육	일곱 칠	여덟 팔
□23쪽 N5	□23쪽 N5	□23쪽 N5	□23쪽 N5	□13쪽 N5	□11쪽 N5	□11쪽 N5	□11쪽 N5
九	十	百	千	年	日	月	火
아홉 구	열 십	일백 백	일천 천	해 년	날 일	달 월	불 화
□11쪽 N5	□12쪽 N5	□12쪽 N5	□12쪽 N5	□155쪽 N5	□155쪽 N5	□155쪽 N5	□155쪽 N5
水	木	金	土	上	下	左	右
물 수	나무 목	쇠 금	흙 토	윗 상	아래 하	왼 좌	오른 우
□178쪽 N5	□158쪽 N5	□178쪽 N5	□195쪽 N5	□113쪽 N5	□113쪽 N5	□135쪽 N5	□135쪽 N5
大	中	小	車	出	入	学	校
큰 대	가운데 중	작을 소	수레 차/거	날 출	들 입	배울 학	학교 교
□14쪽 N5	□307쪽 N5	□136쪽 N4	□136쪽 N4	□199쪽 N4	□185쪽 N5	□184쪽 N4	□184쪽 N4
先	生	文	字	音	白	赤	青
먼저 선	날 생	글월 문	글자 자	소리 음	흰 백	붉을 적	푸를 청
□53쪽 N4	□53쪽 N3	□53쪽 N4	□54쪽 N4	□54쪽 N4	□241쪽 N5	□241쪽 N5	□241쪽 N5
口	耳	目	手	足	男	女	人
입 구	귀 이	눈 목	손 수	발 족	사내 남	여자 녀	사람 인
□138쪽 N5	□246쪽 N5	□253쪽 N3	□241쪽 N5	□105쪽 N4	□96쪽 N2	□102쪽 N2	□311쪽 N5
本	名	王	子	犬	虫	貝	見
근본 본	이름 명	임금 왕	아들 자	개 견	벌레 충	조개 패	볼 견
□91쪽 N5	□91쪽 N4	□62쪽 N5	□93쪽 N5	□15쪽 N4	□113쪽 N4	□91쪽 N5	□91쪽 N5
天	空	気	雨	夕	早	山	川
하늘 천	빌 공	기운 기	비 우	저녁 석	이를 조	뫼 산	내 천
□92쪽 N2	□92쪽 N2	□96쪽 N4	□96쪽 N3	□99쪽 N2	□95쪽 N4	□162쪽 N4	□161쪽 N2
森	林	花	草	竹	田	町	村
수풀 삼	수풀 림	꽃 화	풀 초	대 죽	밭 전	밭두둑 정	마을 촌
□188쪽 N2	□92쪽 N3	□193쪽 N2	□24쪽 N5	□251쪽 N4	□226쪽 N5	□286쪽 N4	□209쪽 N5
玉	石	糸	円	力	立	正	休
구슬 옥	돌 석	실 사	둥글 원	힘 력	설 립	바를 정	쉴 휴

초등학교 2학년 한자 (160자)

□242쪽 N5	□242쪽 N5	□242쪽 N4	□242쪽 N4	□243쪽 N4	□243쪽 N4	□131쪽 N4	□245쪽 N5
父	母	兄	弟	姉	妹	親	友
아버지 부	어머니 모	형 형	아우 제	손위 누이 자	손아래 누이 매	친할 친	벗 우

□156쪽 N5	□156쪽 N5	□156쪽 N5	□156쪽 N5	□16쪽 N4	□16쪽 N4	□16쪽 N4	□16쪽 N4
東	西	南	北	春	夏	秋	冬
동녘 동	서녘 서	남녘 남	북녘 북	봄 춘	여름 하	가을 추	겨울 동

□115쪽 N4	□13쪽 N5	□157쪽 N3	□157쪽 N5	□157쪽 N5	□157쪽 N5	□318쪽 N5	□181쪽 N4
古	今	内	外	前	後	自	方
옛 고	이제 금	안 내	바깥 외	앞 전	뒤 후	스스로 자	모 방

□114쪽 N4	□114쪽 N4	□295쪽 N4	□295쪽 N2	□114쪽 N3	□114쪽 N4	□178쪽 N3	□178쪽 N2
多	少	強	弱	遠	近	太	細
많을 다	적을 소	강할 강	약할 약	멀 원	가까울 근	클 태	가늘 세

□115쪽 N5	□115쪽 N5	□232쪽 N4	□232쪽 N4	□121쪽 N4	□118쪽 N5	□124쪽 N4	□263쪽 N5
行	来	売	買	同	長	広	高
다닐 행	올 래	팔 매	살 매	한가지 동	길 장	넓을 광	높을 고

□13쪽 N5	□13쪽 N4	□12쪽 N4	□14쪽 N4	□15쪽 N4	□15쪽 N4	□15쪽 N5	□14쪽 N5
毎	週	曜	朝	昼	夜	午	時
매양 매	돌 주	빛날 요	아침 조	낮 주	밤 야	낮 오	때 시

□179쪽 N5	□320쪽 N5	□72쪽 N4	□105쪽 N3	□71쪽 N4	□96쪽 N4	□313쪽 N3	□82쪽 N2
半	分	牛	馬	魚	鳥	鳴	羽
반 반	나눌 분	소 우	말 마	물고기 어	새 조	울 명	깃 우

□55쪽 N2	□71쪽 N3	□72쪽 N2	□71쪽 N4	□71쪽 N5	□73쪽 N4	□190쪽 N1	□42쪽 N4
毛	米	麦	肉	食	茶	刀	切
털 모	쌀 미	보리 맥	고기 육	밥 식	차 다/차	칼 도	끊을 절/모두 체

□31쪽 N4	□54쪽 N4	□55쪽 N3	□55쪽 N3	□57쪽 N3	□147쪽 N3	□227쪽 N3	□254쪽 N4
心	体	頭	首	顔	知	合	元
마음 심	몸 체	머리 두	머리 수	얼굴 안	알 지	합할 합	으뜸 원

□221쪽 N4	□221쪽 N4	□135쪽 N4	□160쪽 N4	□254쪽 N4	□98쪽 N3	□159쪽 N3	□159쪽 N4
会	社	教	室	公	園	市	場
모일 회	모일 사	가르칠 교	집 실	공평할 공	동산 원	저자 시	마당 장

□251쪽 N5	□168쪽 N4	□189쪽 N2	□160쪽 N2	□159쪽 N4	□26쪽 N4	□163쪽 N2	□161쪽 N1
国	家	門	戸	店	台	寺	里
나라 국	집 가	문 문	집 호	가게 점	토대 대	절 사	마을 리
□162쪽 N4	□93쪽 N4	□93쪽 N3	□94쪽 N2	□94쪽 N2	□94쪽 N3	□108쪽 N3	□116쪽 N4
京	風	雪	雲	星	光	晴	明
서울 경	바람 풍	눈 설	구름 운	별 성	빛 광	맑을 청/갤 청	밝을 명
□95쪽 N4	□254쪽 N3	□95쪽 N2	□92쪽 N2	□97쪽 N2	□101쪽 N4	□177쪽 N4	□185쪽 N2
野	原	谷	岩	池	海	色	黄
들 야	근원 원	골짜기 곡	바위 암	못 지	바다 해	빛 색	누를 황
□185쪽 N4	□180쪽 N3	□179쪽 N2	□179쪽 N2	□27쪽 N3	□84쪽 N2	□136쪽 N4	□136쪽 N5
黒	形	角	丸	点	線	言	語
검을 흑	모양 형	뿔 각	둥글 환	점 점	줄 선	말씀 언	말씀 어
□137쪽 N5	□137쪽 N5	□226쪽 N3	□115쪽 N4	□145쪽 N5	□84쪽 N4	□18쪽 N3	□228쪽 N3
読	書	記	新	聞	紙	番	組
읽을 독	글 서	기록할 기	새로울 신	들을 문	종이 지	차례 번	짤 조
□199쪽 N4	□199쪽 N3	□199쪽 N2	□200쪽 N3	□200쪽 N4	□33쪽 N3	□39쪽 N4	□309쪽 N4
歌	声	楽	絵	画	交	通	止
노래 가	소리 성	노래 악/ 즐거울 락	그림 회	그림 화	사귈 교	통할 통	그칠 지
□308쪽 N4	□308쪽 N4	□162쪽 N4	□97쪽 N4	□200쪽 N4	□265쪽 N4	□264쪽 N2	□265쪽 N3
走	歩	道	地	図	計	算	数
달릴 주	걸을 보	길 도	땅 지	그림 도	셀 계	셈 산	셈 수
□212쪽 N3	□311쪽 N4	□93쪽 N5	□146쪽 N5	□321쪽 N1	□195쪽 N3	□310쪽 N3	□308쪽 N4
活	用	電	話	汽	船	回	帰
살 활	쓸 용	번개 전	말씀 화	물 끓는 김 기	배 선	돌아올 회	돌아갈 귀
□257쪽 N3	□44쪽 N5	□222쪽 N4	□77쪽 N4	□145쪽 N4	□145쪽 N4	□255쪽 N4	□143쪽 N3
直	間	工	作	思	考	理	科
곧을 직	사이 간	장인 공	지을 작	생각 사	생각할 고	다스릴 리	과목 과
□201쪽 N3	□24쪽 N5	□190쪽 N1	□190쪽 N1	□120쪽 N3	□264쪽 N3	□321쪽 N5	□145쪽 N4
才	万	弓	矢	引	当	何	答
재주 재	일만 만	활 궁	화살 시	끌 인	마땅할 당	어찌 하	대답할 답

초등학교 3학년 한자 (200자)

□312쪽 N3	□312쪽 N3	□117쪽 N2	□117쪽 N4	□126쪽 N3	□126쪽 N1	□64쪽 N3	□268쪽 N3	□43쪽 N3	□41쪽 N3
勝	負	軽	重	寒	暑	登	落	反	対
이길 승	질 부	가벼울 경	무거울 중	찰 한	더울 서	오를 등	떨어질 락	돌이킬 반	대할 대
□33쪽 N3	□65쪽 N4	□39쪽 N3	□256쪽 N3	□320쪽 N3	□310쪽 N4	□17쪽 N3	□31쪽 N3	□41쪽 N3	□45쪽 N3
感	動	幸	福	期	待	予	想	相	談
느낄 감	움직일 동	다행 행	복 복	기약할 기	기다릴 대	미리 예	생각 상	서로 상	말씀 담
□232쪽 N4	□116쪽 N4	□270쪽 N4	□116쪽 N4	□210쪽 N4	□163쪽 N4	□87쪽 N2	□163쪽 N2	□64쪽 N3	□233쪽 N3
開	始	発	終	着	駅	鉄	橋	乗	客
열 개	비로소 시	필 발	마칠 종	붙을 착	역 역	쇠 철	다리 교	탈 승	손 객
□61쪽 N4	□161쪽 N4	□224쪽 N4	□318쪽 N4	□62쪽 N3	□161쪽 N3	□281쪽 N3	□61쪽 N2	□252쪽 N3	□54쪽 N3
病	院	医	者	薬	局	流	血	全	身
병 병	집 원	의원 의	놈 자	약 약	판 국	흐를 류	피 혈	온전할 전	몸 신
□82쪽 N2	□55쪽 N3	□53쪽 N2	□59쪽 N3	□119쪽 N3	□209쪽 N3	□73쪽 N4	□73쪽 N3	□207쪽 N4	□255쪽 N4
皮	歯	鼻	指	消	息	飲	酒	写	真
가죽 피	이 치	코 비	가리킬 지	사라질 소	쉴 식	마실 음	술 주	베낄 사	참 진
□211쪽 N3	□64쪽 N3	□263쪽 N4	□63쪽 N3	□63쪽 N3	□85쪽 N3	□310쪽 N4	□123쪽 N3	□139쪽 N2	□147쪽 N4
遊	泳	安	打	投	球	急	速	練	習
놀 유	헤엄칠 영	편안할 안	칠 타	던질 투	공 구	급할 급	빠를 속	익힐 련	익힐 습
□211쪽 N3	□143쪽 N4	□117쪽 N2	□138쪽 N2	□138쪽 N1	□229쪽 N4	□231쪽 N4	□231쪽 N4	□221쪽 N4	□221쪽 N4
宿	題	悪	筆	詩	集	研	究	仕	事
잘 숙	제목 제	악할 악/미워할 오	붓 필	시 시	모을 집	갈 연	연구할 구	섬길 사	일 사
□46쪽 N3	□162쪽 N3	□65쪽 N3	□158쪽 N3	□223쪽 N3	□223쪽 N4	□214쪽 N4	□227쪽 N4	□270쪽 N3	□258쪽 N3
進	路	転	向	商	業	運	送	配	係
나아갈 진	길 로	구를 전	향할 향	장사 상	업 업	옮길 운	보낼 송	나눌 배	맬 계
□311쪽 N3	□46쪽 N3	□314쪽 N3	□187쪽 N4	□187쪽 N4	□313쪽 N2	□192쪽 N3	□85쪽 N2	□313쪽 N2	□314쪽 N4
受	取	返	品	物	荷	箱	板	拾	持
받을 수	가질 취	돌이킬 반	물건 품	물건 물	멜 하	상자 상	널빤지 판	주울 습	가질 지
□285쪽 N4	□285쪽 N4	□227쪽 N3	□97쪽 N2	□289쪽 N1	□41쪽 N3	□101쪽 N4	□210쪽 N4	□257쪽 N4	□257쪽 N4
世	界	列	島	昭	和	洋	服	漢	族
인간 세	지경 계	벌일 렬	섬 도	밝을 소	화할 화	큰바다 양	옷 복	한나라 한	겨레 족

□253쪽 N3	□251쪽 N4	□25쪽 N2	□27쪽 N1	□259쪽 N3	□140쪽 N3	□322쪽 N3	□160쪽 N1	□258쪽 N3	□287쪽 N3
君	主	階	級	平	等	神	宮	礼	式
임금 군	주인 주	섬돌 계	등급 급	평평할 평	무리 등	귀신 신	집 궁	예도 례	법 식
□252쪽 N2	□222쪽 N4	□314쪽 N4	□321쪽 N3	□281쪽 N3	□48쪽 N3	□75쪽 N3	□259쪽 N3	□142쪽 N4	□288쪽 N3
委	員	代	表	追	放	苦	役	使	命
맡길 위	인원 원	대신할 대	겉 표	쫓을 추	놓을 방	쓸 고	부릴 역	하여금 사	목숨 명
□255쪽 N4	□75쪽 N3	□27쪽 N3	□57쪽 N3	□116쪽 N3	□246쪽 N3	□228쪽 N3	□150쪽 N3	□270쪽 N3	□276쪽 N3
意	味	両	面	暗	号	調	整	決	定
뜻 의	맛 미	두 량	낯 면	어두울 암	이름 호	고를 조	가지런할 정	결정할 결	정할 정
□209쪽 N4	□163쪽 N3	□211쪽 N4	□165쪽 N4	□258쪽 N3	□160쪽 N4	□165쪽 N2	□166쪽 N3	□165쪽 N2	□26쪽 N1
住	所	旅	館	部	屋	県	都	区	丁
살 주	바 소	나그네 려	집 관	떼 부	집 옥	고을 현	도읍 도	구역 구	고무래 정
□165쪽 N2	□98쪽 N2	□97쪽 N2	□170쪽 N3	□101쪽 N2	□102쪽 N2	□77쪽 N2	□104쪽 N2	□98쪽 N3	□184쪽 N2
州	坂	岸	港	湖	波	根	植	葉	緑
고을 주	언덕 판	언덕 안	항구 항	호수 호	물결 파	뿌리 근	심을 식	잎 엽	푸를 록
□125쪽 N2	□27쪽 N4	□94쪽 N3	□78쪽 N2	□98쪽 N3	□103쪽 N2	□95쪽 N2	□72쪽 N1	□83쪽 N2	□86쪽 N4
温	度	陽	湯	庭	農	畑	豆	油	銀
따뜻할 온	법도 도/헤아릴 탁	볕 양	끓일 탕	뜰 정	농사 농	화전 전	콩 두	기름 유	은 은
□83쪽 N2	□278쪽 N3	□166쪽 N2	□72쪽 N1	□123쪽 N3	□309쪽 N4	□307쪽 N4	□83쪽 N2	□87쪽 N2	□183쪽 N3
皿	具	庫	羊	美	去	死	氷	炭	化
그릇 명	갖출 구	곳집 고	양 양	아름다울 미	갈 거	죽을 사	얼음 빙	숯 탄	될 화
□321쪽 N3	□319쪽 N3	□202쪽 N1	□200쪽 N3	□17쪽 N3	□121쪽 N4	□245쪽 N2	□135쪽 N3	□81쪽 N3	□118쪽 N2
申	由	笛	曲	昔	有	童	育	実	短
거듭 신	말미암을 유	피리 적	굽을 곡	옛 석	있을 유	아이 동	기를 육	열매 실	짧을 단
□32쪽 N3	□124쪽 N3	□48쪽 N3	□281쪽 N3	□311쪽 N4	□210쪽 N4	□140쪽 N4	□77쪽 N4	□193쪽 N2	□118쪽 N3
悲	深	守	助	問	起	勉	注	柱	横
슬플 비	깊을 심	지킬 수	도울 조	물을 문	일어날 기	힘쓸 면	부을 주	기둥 주	가로 횡
□18쪽 N1	□18쪽 N3	□269쪽 N2	□26쪽 N2	□318쪽 N3	□158쪽 N2	□202쪽 N2	□177쪽 N3	□191쪽 N1	□137쪽 N2
第	次	倍	秒	他	央	祭	様	帳	章
차례 제	버금 차	곱 배	분초 초	다를 타	가운데 앙	제사 제	모양 양	휘장 장	글 장

초등학교 4학년 한자 (202자)

□127쪽 N1	□127쪽 N1	□289쪽 N2	□151쪽 N1	□182쪽 N2	□189쪽 N2	□24쪽 N2	□108쪽 N3	□202쪽 N3	□285쪽 N3
健	康	栄	養	包	帯	兆	候	完	治
굳셀 건	편안할 강	영화 영	기를 양	쌀 포	띠 대	조 조	기후 후	완전할 완	다스릴 치
□150쪽 N3	□287쪽 N1	□310쪽 N3	□226쪽 N2	□188쪽 N2	□149쪽 N2	□146쪽 N4	□142쪽 N4	□36쪽 N1	□81쪽 N3
辞	典	付	録	印	刷	試	験	結	果
말씀 사	법 전	줄 부	기록할 록	도장 인	인쇄할 쇄	시험할 시	시험 험	맺을 결	실과 과
□148쪽 N3	□251쪽 N3	□170쪽 N3	□19쪽 N2	□237쪽 N3	□44쪽 N3	□302쪽 N3	□233쪽 N3	□289쪽 N1	□289쪽 N1
単	位	席	順	積	極	失	敗	成	功
홑 단	자리 위	자리 석	순할 순	쌓을 적	극진할 극	잃을 실	패할 패	이룰 성	공 공
□45쪽 N3	□124쪽 N2	□317쪽 N3	□216쪽 N3	□121쪽 N2	□148쪽 N3	□43쪽 N3	□43쪽 N3	□317쪽 N3	□34쪽 N3
最	低	未	満	無	欠	必	要	不	変
가장 최	낮을 저	아닐 미	찰 만	없을 무	이지러질 결	반드시 필	요긴할 요	아닐 불/부	변할 변
□231쪽 N3	□231쪽 N3	□278쪽 N3	□81쪽 N4	□83쪽 N1	□194쪽 N2	□271쪽 N2	□212쪽 N3	□236쪽 N4	□81쪽 N2
労	働	給	料	器	械	量	産	建	材
일할 로	일할 통	줄 급	헤아릴 료	그릇 기	기계 계	헤아릴 량	낳을 산	세울 건	재료 재/재목 재
□271쪽 N2	□85쪽 N3	□188쪽 N2	□141쪽 N3	□108쪽 N2	□66쪽 N1	□36쪽 N3	□189쪽 N3	□131쪽 N3	□273쪽 N3
各	種	衣	類	季	節	約	束	便	利
각각 각	씨 종	옷 의	무리 류	계절 계	마디 절	맺을 약	묶을 속	편할 편	이로울 리
□46쪽 N2	□298쪽 N3	□194쪽 N3	□44쪽 N3	□286쪽 N3	□141쪽 N1	□67쪽 N3	□313쪽 N1	□234쪽 N3	□268쪽 N3
協	議	機	関	法	案	選	挙	参	加
화합할 협	의논할 의	베틀 기	관계할 관	법 법	책상 안	가릴 선	들 거	참여할 참	더할 가
□203쪽 N3	□34쪽 N4	□216쪽 N3	□290쪽 N3	□38쪽 N2	□44쪽 N3	□234쪽 N3	□148쪽 N3	□125쪽 N3	□32쪽 N3
差	別	観	察	希	望	残	念	冷	笑
다를 차	나눌 별	볼 관	살필 찰	바랄 희	바랄 망	남을 잔	생각 념	찰 랭	웃을 소
□47쪽 N2	□301쪽 N3	□301쪽 N3	□103쪽 N3	□291쪽 N2	□291쪽 N2	□293쪽 N1	□195쪽 N1	□35쪽 N4	□139쪽 N2
競	争	戦	陸	軍	兵	隊	旗	特	訓
다툴 경	다툴 쟁	싸움 전	뭍 륙	군사 군	군사 병	무리 대	기 기	특별할 특	가르칠 훈
□280쪽 N1	□171쪽 N4	□223쪽 N1	□288쪽 N2	□203쪽 N3	□237쪽 N3	□214쪽 N3	□42쪽 N3	□195쪽 N2	□204쪽 N1
標	的	司	令	伝	達	連	続	輪	唱
표할 표	과녁 적	맡을 사	하여금 령	전할 전	통달할 달	잇닿을 련	계속 속/이을 속	바퀴 륜	부를 창

□244쪽 N2	□244쪽 N2	□243쪽 N3	□212쪽 N3	□257쪽 N3	□254쪽 N2	□246쪽 N1	□297쪽 N2	□35쪽 N3	□151쪽 N3
児	孫	夫	老	民	臣	氏	群	信	徒
아이 **아**	손자 **손**	지아비 **부**	늙을 **로**	백성 **민**	신하 **신**	성씨 **씨**	무리 **군**	믿을 **신**	무리 **도**
□99쪽 N1	□99쪽 N1	□74쪽 N1	□138쪽 N4	□103쪽 N1	□74쪽 N2	□73쪽 N4	□85쪽 N2	□75쪽 N2	□171쪽 N1
松	梅	梨	英	芽	菜	飯	塩	香	倉
소나무 **송**	매화 **매**	배나무 **리**	꽃부리 **영**	싹 **아**	나물 **채**	밥 **반**	소금 **염**	향기 **향**	곳집 **창**
□105쪽 N1	□105쪽 N1	□225쪽 N2	□192쪽 N1	□103쪽 N1	□192쪽 N2	□131쪽 N2	□125쪽 N3	□124쪽 N2	□126쪽 N1
熊	鹿	漁	巣	牧	管	固	熱	浅	清
곰 **웅**	사슴 **록**	고기 잡을 **어**	새집 **소**	칠 **목**	대롱 **관**	굳을 **고**	더울 **열**	얕을 **천**	맑을 **청**
□119쪽 N3	□119쪽 N3	□14쪽 N3	□141쪽 N2	□107쪽 N3	□319쪽 N4	□159쪽 N2	□158쪽 N2	□35쪽 N2	□256쪽 N2
初	末	昨	卒	然	以	底	側	仲	副
처음 **초**	끝 **말**	어제 **작**	마칠 **졸**	그럴 **연**	써 **이**	밑 **저**	곁 **측**	버금 **중**	버금 **부**
□38쪽 N2	□38쪽 N3	□33쪽 N3	□271쪽 N3	□314쪽 N3	□270쪽 N4	□142쪽 N3	□315쪽 N3	□32쪽 N1	□211쪽 N2
祝	願	好	努	求	借	覚	置	泣	浴
빌 **축**	원할 **원**	좋을 **호**	힘쓸 **노**	구할 **구**	빌릴 **차**	깨달을 **각**	둘 **치**	울 **읍**	목욕할 **욕**
□64쪽 N3	□67쪽 N3	□79쪽 N2	□312쪽 N2	□106쪽 N3	□274쪽 N3	□109쪽 N3	□203쪽 N1	□191쪽 N1	□130쪽 N2
飛	散	焼	照	折	共	景	票	鏡	勇
날 **비**	흩을 **산**	불사를 **소**	비칠 **조**	꺾을 **절**	한가지 **공**	볕 **경**	표 **표**	거울 **경**	날랠 **용**
□202쪽 N2	□289쪽 N1	□224쪽 N1	□275쪽 N2	□106쪽 N3	□24쪽 N1	□266쪽 N2	□139쪽 N2	□146쪽 N3	□143쪽 N3
芸	德	博	富	害	億	貨	課	説	例
재주 **예**	덕 **덕**	넓을 **박**	부유할 **부**	해할 **해**	억 **억**	재물 **화**	공부할 **과**	말씀 **설**/ 달랠 **세**	법식 **례**
□171쪽 N2	□167쪽 N2	□47쪽 N2	□194쪽 N2	□167쪽 N1	□191쪽 N2	□167쪽 N1	□170쪽 N1	□256쪽 N3	□37쪽 N2
周	辺	改	札	街	灯	径	井	官	省
두루 **주**	가 **변**	고칠 **개**	편지 **찰**	거리 **가**	등불 **등**	지름길 **경**	우물 **정**	벼슬 **관**/ 관청 **관**	살필 **성**/ 덜 **생**
□247쪽 N1	□130쪽 N3	□248쪽 N1	□193쪽 N1	□167쪽 N1	□247쪽 N1	□35쪽 N3	□31쪽 N3	□247쪽 N1	□246쪽 N1
奈	良	沖	縄	岐	阜	静	岡	愛	媛
어찌 **내/나**	어질 **량**	화할 **충**	노끈 **승**	갈림길 **기**	언덕 **부**	고요할 **정**	언덕 **강**	사랑 **애**	여자 **원**
□249쪽 N1	□170쪽 N2	□248쪽 N1	□236쪽 N1	□247쪽 N3	□248쪽 N1	□248쪽 N1	□249쪽 N1	□249쪽 N1	□249쪽 N1
茨	城	佐	賀	阪	滋	埼	崎	潟	栃
가시나무 **자**	성 **성**	도울 **좌**	하례할 **하**	언덕 **판**	불을 **자**	갑 **기**	험할 **기**	개펄 **석**	상수리나무 **회**
□166쪽 N1	□166쪽 N3								
郡	府								
고을 **군**	마을 **부**								

초등학교 5학년 한자 (193자)

□280쪽 N1	□187쪽 N3	□301쪽 N3	□252쪽 N3	□292쪽 N3	□33쪽 N3	□222쪽 N3	□223쪽 N3	□181쪽 N3	□181쪽 N1
条	件	責	任	報	告	職	務	状	態
가지 조	물건 건	꾸짖을 책	맡길 임	갚을 보	고할 고	직분 직	힘쓸 무	형상 상	모습 태
□67쪽 N2	□201쪽 N3	□279쪽 N2	□119쪽 N3	□324쪽 N1	□226쪽 N3	□292쪽 N2	□182쪽 N3	□106쪽 N3	□275쪽 N3
効	能	再	現	提	示	複	雜	破	格
본받을 효	능할 능	두 재	나타날 현	끌 제	보일 시	겹칠 복	섞일 잡	깨뜨릴 파	격식 격
□317쪽 N3	□213쪽 N3	□236쪽 N3	□204쪽 N3	□201쪽 N2	□288쪽 N2	□201쪽 N3	□225쪽 N2	□290쪽 N1	□147쪽 N3
非	常	識	演	技	武	術	講	義	師
아닐 비	항상 상	알 식	펼 연	재주 기	호반 무	재주 술	읽을 강/욀 강	옳을 의	스승 사
□276쪽 N1	□67쪽 N2	□276쪽 N3	□39쪽 N1	□309쪽 N3	□275쪽 N3	□299쪽 N2	□299쪽 N3	□19쪽 N2	□17쪽 N2
往	復	余	興	過	程	準	備	永	久
갈 왕	회복할 복/다시 부	남을 여	일 흥	지날 과	한도 정	준할 준	갖출 비	길 영	오랠 구
□49쪽 N1	□42쪽 N2	□129쪽 N2	□45쪽 N2	□292쪽 N3	□172쪽 N2	□286쪽 N3	□107쪽 N2	□75쪽 N1	□36쪽 N1
応	接	快	適	寄	航	可	燃	酸	素
응할 응	이을 접	쾌할 쾌	맞을 적	부칠 기	배 항	옳을 가	탈 연	실 산	본디 소
□267쪽 N3	□267쪽 N2	□264쪽 N2	□120쪽 N3	□265쪽 N3	□266쪽 N3	□264쪽 N2	□57쪽 N2	□269쪽 N2	□273쪽 N1
経	営	貿	易	資	財	税	額	損	益
지날 경	경영할 영	무역할 무	바꿀 역/쉬울 이	재물 자	재물 재	세금 세	이마 액	덜 손	더할 익
□268쪽 N3	□268쪽 N2	□290쪽 N1	□128쪽 N3	□302쪽 N3	□300쪽 N3	□302쪽 N2	□171쪽 N2	□302쪽 N2	□106쪽 N1
増	減	保	険	犯	罪	逆	境	防	災
더할 증	덜 감	지킬 보	험할 험	범할 범	허물 죄	거스를 역	지경 경	막을 방	재앙 재
□224쪽 N1	□48쪽 N1	□291쪽 N2	□291쪽 N2	□258쪽 N2	□303쪽 N1	□292쪽 N2	□290쪽 N2	□31쪽 N1	□293쪽 N2
弁	護	歴	史	総	統	領	導	情	勢
고깔 변/말씀 변	도울 호	지낼 력	사기 사	다 총	거느릴 통	거느릴 령	인도할 도	뜻 정	형세 세
□303쪽 N2	□285쪽 N3	□17쪽 N2	□217쪽 N3	□300쪽 N1	□224쪽 N1	□61쪽 N2	□279쪽 N3	□279쪽 N2	□204쪽 N3
暴	政	旧	慣	志	士	圧	制	際	限
사나울 폭	정사 정	옛 구	익숙할 관	뜻 지	선비 사	누를 압	절제할 제	즈음 제	한할 한
□287쪽 N3	□287쪽 N2	□303쪽 N1	□280쪽 N2	□233쪽 N2	□235쪽 N1	□182쪽 N2	□183쪽 N4	□78쪽 N2	□320쪽 N2
規	則	検	査	比	率	均	質	混	在
법 규	법칙 칙	검사할 검	조사할 사	견줄 비	비율 률/거느릴 솔	고를 균	바탕 질	섞을 혼	있을 재

□293쪽 N1	□263쪽 N1	□295쪽 N3	□42쪽 N3	□228쪽 N2	□301쪽 N3	□49쪽 N3	□300쪽 N1	□45쪽 N3	□57쪽 N3
評	価	判	断	賞	賛	確	証	許	容
평할 평	값 가	판단할 판	끊을 단	상 줄 상	도울 찬	굳을 확	증거 증	허락할 허	얼굴 용
□38쪽 N1	□43쪽 N3	□228쪽 N1	□34쪽 N3	□279쪽 N1	□277쪽 N3	□76쪽 N2	□307쪽 N3	□41쪽 N3	□276쪽 N2
謝	絶	属	性	基	因	毒	殺	解	禁
사례할 사	끊을 절	무리 속	성품 성	터 기	인할 인	독 독	죽일 살/빠를 쇄	풀 해	금할 금
□322쪽 N1	□273쪽 N2	□143쪽 N3	□229쪽 N2	□109쪽 N2	□180쪽 N2	□213쪽 N1	□209쪽 N3	□172쪽 N1	□293쪽 N4
仮	設	構	築	造	型	独	居	舎	堂
거짓 가	베풀 설	얽을 구	쌓을 축	지을 조	모형 형	홀로 독	살 거	집 사	집 당
□244쪽 N3	□243쪽 N3	□244 N3	□172쪽 N1	□137쪽 N1	□149쪽 N2	□149쪽 N2	□149쪽 N2	□229쪽 N1	□274쪽 N3
妻	婦	祖	墓	句	刊	版	編	修	得
아내 처	며느리 부	할아버지 조	무덤 묘	글귀 구	새길 간	판목 판	엮을 편	닦을 수	얻을 득
□76쪽 N2	□235쪽 N3	□236쪽 N1	□82쪽 N2	□84쪽 N2	□278쪽 N2	□217쪽 N1	□215쪽 N2	□87쪽 N2	□86쪽 N2
粉	精	製	布	綿	績	織	採	鉱	銅
가루 분	정할 정	지을 제	베 포/펼 포	솜 면	길쌈할 적	짤 직	캘 채	쇳돌 광	구리 동
□99쪽 N1	□104쪽 N2	□104쪽 N1	□66쪽 N1	□65쪽 N1	□56쪽 N1	□101쪽 N2	□76쪽 N1	□271쪽 N2	□126쪽 N1
桜	枝	幹	脈	肥	眼	河	液	測	潔
앵두 앵	가지 지	줄기 간	줄기 맥	살찔 비	눈 안	물 하	진 액	헤아릴 측	깨끗할 결
□127쪽 N3	□274쪽 N4	□265쪽 N3	□130쪽 N2	□235쪽 N2	□217쪽 N1	□266쪽 N2	□300쪽 N3	□281쪽 N1	□277쪽 N1
貧	貸	費	豊	耕	飼	貯	支	救	衛
가난할 빈	빌릴 대	쓸 비	풍년 풍	밭 갈 경	기를 사	쌓을 저	지탱할 지	구원할 구	지킬 위
□179쪽 N2	□180쪽 N2	□322쪽 N2	□180쪽 N3	□214쪽 N2	□148쪽 N3	□233쪽 N2	□182쪽 N2	□25쪽 N1	□18쪽 N1
象	像	仏	似	停	留	団	囲	個	序
코끼리 상	모양 상	부처 불	닮을 사	머무를 정	머무를 류	둥글 단	에워쌀 위	낱 개	차례 서
□123쪽 N2	□324쪽 N1	□26쪽 N1	□142쪽 N2	□32쪽 N3	□213쪽 N3	□140쪽 N2	□203쪽 N2	□49쪽 N3	□141쪽 N1
厚	故	紀	略	喜	夢	述	迷	招	授
두터울 후	연고 고	벼리 기	간략할 략	기쁠 희	꿈 몽	펼 술	미혹할 미	초대할 초/부를 초	줄 수
□214쪽 N2	□48쪽 N1	□273쪽 N2							
移	張	輸							
옮길 이	베풀 장	보낼 수							

초등학교 6학년 한자 (191자)

□62쪽 N1	□245쪽 N1	□245쪽 N4	□130쪽 N3	□181쪽 N1	□212쪽 N1	□129쪽 N2	□129쪽 N3	□58쪽 N2	□65쪽 N1
己	我	私	欲	姿	誕	幼	若	骨	筋
몸 기	나 아	사사 사	하고자 할 욕	모습 자	낳을 탄	어릴 유	같을 약	뼈 골	힘줄 근

□56쪽 N1	□56쪽 N3	□58쪽 N2	□59쪽 N1	□56쪽 N3	□58쪽 N2	□59쪽 N1	□59쪽 N2	□308쪽 N3	□66쪽 N3
舌	背	胃	腸	腹	臟	肺	胸	呼	吸
혀 설	등 배/배반할 배	밥통 위/위 위	창자 장	배 복	오장 장	허파 폐	가슴 흉	부를 호	마실 흡

□58쪽 N2	□172쪽 N2	□312쪽 N1	□140쪽 N3	□151쪽 N3	□278쪽 N3	□216쪽 N1	□216쪽 N1	□317쪽 N3	□315쪽 N3
腦	裏	討	論	探	訪	秘	密	否	認
골 뇌	속 리	칠 토	논할 론	찾을 탐	방문할 방	숨길 비	빽빽할 밀	아닐 부	알 인

□213쪽 N3	□120쪽 N3	□296쪽 N3	□63쪽 N1	□169쪽 N3	□169쪽 N2	□237쪽 N1	□118쪽 N1	□117쪽 N1	□173쪽 N3
困	難	警	視	庁	署	操	縱	善	処
곤할 곤	어려울 난	경계할 경	볼 시	관청 청	마을 서	잡을 조	세로 종	착할 선	곳 처

□206쪽 N1	□206쪽 N1	□205쪽 N3	□123쪽 N3	□324쪽 N1	□324쪽 N1	□323쪽 N3	□139쪽 N2	□146쪽 N2	□235쪽 N2
展	覽	俳	優	垂	幕	誤	訳	詞	誌
펼 전	볼 람	배우 배	넉넉할 우	드리울 수	장막 막	그르칠 오	번역할 역	말 사	기록할 지

□151쪽 N2	□318쪽 N2	□25쪽 N2	□25쪽 N2	□150쪽 N2	□187쪽 N2	□207쪽 N4	□205쪽 N2	□210쪽 N3	□194쪽 N2
著	諸	冊	枚	券	卷	映	劇	座	机
나타날 저	모두 제	책 책	낱 매	문서 권	책 권	비칠 영	심할 극	앉을 좌/자리 좌	책상 궤

□173쪽 N1	□189쪽 N3	□168쪽 N3	□168쪽 N2	□168쪽 N1	□107쪽 N1	□107쪽 N2	□177쪽 N1	□267쪽 N1	□104쪽 N1
穴	窓	宅	宇	宙	源	泉	模	株	樹
구멍 혈	창 창	집 택/댁 댁	집 우	집 주	근원 원	샘 천	본뜰 모	그루 주	나무 수

□319쪽 N1	□319쪽 N1	□66쪽 N2	□193쪽 N2	□192쪽 N1	□86쪽 N1	□74쪽 N2	□74쪽 N2	□102쪽 N2	□76쪽 N1
尺	寸	針	棒	磁	鋼	卵	乳	砂	糖
자 척	마디 촌	바늘 침	막대 봉	자석 자	강철 강	알 란	젖 유	모래 사	엿 당

□77쪽 N1	□109쪽 N1	□84쪽 N1	□36쪽 N1	□82쪽 N2	□184쪽 N2	□185쪽 N2	□177쪽 N1	□78쪽 N3	□269쪽 N1
穀	蚕	絹	純	革	紅	灰	染	洗	縮
곡식 곡	누에 잠	비단 견	순수할 순	가죽 혁	붉을 홍	재 회	물들 염	씻을 세	줄일 축

□79쪽 N1	□79쪽 N2	□46쪽 N3	□274쪽 N1	□188쪽 N1	□263쪽 N3	□266쪽 N1	□206쪽 N1	□191쪽 N2	□325쪽 N2
熟	蒸	収	納	錢	値	賃	遺	宝	蔵
익을 숙	찔 증	거둘 수	들일 납	돈 전	값 치	품삯 임	남길 유	보배 보	감출 장

□252쪽 N1	□147쪽 N1	□255쪽 N1	□37쪽 N1	□323쪽 N1	□128쪽 N2	□37쪽 N2	□127쪽 N1	□128쪽 N1	□129쪽 N1
仁	恩	忠	孝	誠	尊	敬	貴	嚴	朗
어질 인	은혜 은	충성할 충	효도 효	정성 성	높을 존	공경할 경	귀할 귀	엄할 엄	밝을 랑
□121쪽 N1	□173쪽 N1	□169쪽 N2	□296쪽 N2	□297쪽 N1	□253쪽 N1	□253쪽 N1	□256쪽 N1	□297쪽 N1	□19쪽 N2
異	鄕	域	党	派	皇	后	陛	衆	將
다를 이	시골 향	지경 역	무리 당	갈래 파	임금 황	임금 후/왕후 후	대궐 섬돌 폐	무리 중	장수 장
□19쪽 N2	□113쪽 N3	□108쪽 N3	□169쪽 N3	□173쪽 N2	□222쪽 N1	□150쪽 N3	□299쪽 N1	□225쪽 N2	□309쪽 N2
翌	晩	暮	段	層	就	勤	臨	郵	届
다음날 익	늦을 만	저물 모	층계 단	층 층	나아갈 취	부지런할 근	임할 림	우편 우	이를 계
□275쪽 N1	□269쪽 N3	□183쪽 N3	□109쪽 N1	□259쪽 N3	□34쪽 N3	□322쪽 N1	□296쪽 N1	□288쪽 N1	□205쪽 N3
班	割	刻	創	亡	忘	宗	宣	憲	供
나눌 반	벨 할	새길 각	비롯할 창	망할 망	잊을 망	마루 종	베풀 선	법 헌	이바지할 공
□323쪽 N1	□62쪽 N1	□286쪽 N2	□315쪽 N2	□298쪽 N2	□295쪽 N1	□234쪽 N2	□277쪽 N1	□215쪽 N2	□120쪽 N1
俵	傷	律	從	承	批	担	拡	拜	推
나누어 줄 표	다칠 상	법칙 률	좇을 종	이을 승	비평할 비	멜 담	넓힐 확	절 배	밀 추
□215쪽 N2	□206쪽 N1	□190쪽 N2	□102쪽 N1	□325쪽 N1	□267쪽 N3	□131쪽 N1	□87쪽 N3	□315쪽 N3	□47쪽 N1
捨	揮	干	潮	沿	済	激	除	降	障
버릴 사	휘두를 휘	방패 간	밀물 조	물 따라갈 연	건널 제	격할 격	덜 제	내릴 강/항복할 항	막을 장
□280쪽 N1	□277쪽 N1	□217쪽 N2	□237쪽 N2	□296쪽 N1	□259쪽 N3	□234쪽 N2	□232쪽 N3	□297쪽 N1	□229쪽 N2
盛	盟	補	裝	裁	頂	預	閉	閣	簡
성할 성	맹세 맹	기울 보	꾸밀 장	마를 재	정수리 정	맡길 예/미리 예	닫을 폐	집 각	대쪽 간
□323쪽 N1	□37쪽 N1	□86쪽 N2	□227쪽 N1	□320쪽 N3	□128쪽 N3	□303쪽 N2	□183쪽 N2	□205쪽 N2	□225쪽 N2
至	聖	片	系	存	危	乱	並	延	專
이를 지	거룩할 성/성인 성	조각 편	맬 계	있을 존	위태할 위	어지러울 란	나란히 병	늘일 연	오로지 전
□63쪽 N1	□204쪽 N1	□298쪽 N3	□215쪽 N1	□61쪽 N3	□299쪽 N1	□125쪽 N1	□49쪽 N3	□47쪽 N1	□298쪽 N3
看	奏	退	射	痛	策	暖	疑	敵	権
볼 간	아뢸 주	물러날 퇴	쏠 사	아플 통	꾀 책	따뜻할 난	의심할 의	대적할 적	권세 권

□39쪽 N1
奮
떨칠 분

찾아보기

346

맛있는 일본어 상용한자 1026

문선희 저

암기장

맛있는 books

DAY	SUBJECT
01	**때, 순서**

☐☐ 0001 초1 N5	日	날 **일**	🔊 にち, じつ	🔊 ひ, か
☐☐ 0002 초1 N5	月	달 **월**	🔊 げつ, がつ	🔊 つき
☐☐ 0003 초1 N5	火	불 **화**	🔊 か	🔊 ひ, ほ
☐☐ 0004 초1 N5	水	물 **수**	🔊 すい	🔊 みず
☐☐ 0005 초1 N5	木	나무 **목**	🔊 もく, ぼく	🔊 き, こ
☐☐ 0006 초1 N5	金	쇠 **금**	🔊 きん, こん	🔊 かね, かな
☐☐ 0007 초1 N5	土	흙 **토**	🔊 ど, と	🔊 つち
☐☐ 0008 초2 N4	曜	빛날 **요**	🔊 よう	
☐☐ 0009 초2 N5	毎	매양 **매(每)**	🔊 まい	
☐☐ 0010 초2 N4	週	돌 **주(週)**	🔊 しゅう	
☐☐ 0011 초2 N5	今	이제 **금**	🔊 こん, きん	🔊 いま
☐☐ 0012 초1 N5	年	해 **년**	🔊 ねん	🔊 とし
☐☐ 0013 초1 N5	先	먼저 **선**	🔊 せん	🔊 さき
☐☐ 0014 초4 N3	昨	어제 **작**	🔊 さく	
☐☐ 0015 초2 N5	時	때 **시**	🔊 じ	🔊 とき
☐☐ 0016 초2 N4	朝	아침 **조**	🔊 ちょう	🔊 あさ
☐☐ 0017 초2 N4	昼	낮 **주(晝)**	🔊 ちゅう	🔊 ひる

□□ 0018 초2 N5	午	낮 **오**	읍 ご		
□□ 0019 초1 N4	夕	저녁 **석**	읍 せき	훈 ゆう
□□ 0020 초2 N4	夜	밤 **야**	읍 や	훈 よる, よ
□□ 0021 초2 N4	春	봄 **춘**	읍 しゅん	훈 はる
□□ 0022 초2 N4	夏	여름 **하**	읍 か, げ	훈 なつ
□□ 0023 초2 N4	秋	가을 **추**	읍 しゅう	훈 あき
□□ 0024 초2 N4	冬	겨울 **동**	읍 とう	훈 ふゆ
□□ 0025 초5 N2	旧	옛 **구**(舊)	읍 きゅう	
□□ 0026 초3 N3	昔	옛 **석**	읍 せき, しゃく	훈 むかし
□□ 0027 초3 N3	予	미리 **예**(豫)	읍 よ	
□□ 0028 초5 N2	久	오랠 **구**	읍 きゅう, く	훈 ひさ(しい)
□□ 0029 초3 N3	次	버금 **차**	읍 じ, し	훈 つぎ, つ(ぐ)
□□ 0030 초3 N1	第	차례 **제**	읍 だい	
□□ 0031 초5 N1	序	차례 **서**	읍 じょ	
□□ 0032 초2 N3	番	차례 **번**	읍 ばん	
□□ 0033 초4 N2	順	순할 **순**	읍 じゅん	
□□ 0034 초6 N2	翌	다음날 **익**	읍 よく	
□□ 0035 초5 N2	永	길 **영**	읍 えい	훈 なが(い)
□□ 0036 초6 N2	将	장수 **장**/ 장차 **장**(將)	읍 しょう	

DAY | **SUBJECT**

02 | 수, 단위

☐☐ 0037 초1 N5	一	한 **일**	음 いち, いっ	훈 ひと, ひと(つ)
☐☐ 0038 초1 N5	二	두 **이**	음 に	훈 ふた, ふた(つ)
☐☐ 0039 초1 N5	三	석 **삼**	음 さん	훈 み, みっ(つ)
☐☐ 0040 초1 N5	四	넉 **사**	음 し	훈 よ, よっ(つ)
☐☐ 0041 초1 N5	五	다섯 **오**	음 ご	훈 いつ, いつ(つ)
☐☐ 0042 초1 N5	六	여섯 **륙/육**	음 ろく	훈 む, むっ(つ)
☐☐ 0043 초1 N5	七	일곱 **칠**	음 しち	훈 なな, なな(つ)
☐☐ 0044 초1 N5	八	여덟 **팔**	음 はち	훈 や, やっ(つ)
☐☐ 0045 초1 N5	九	아홉 **구**	음 く, きゅう	훈 ここの, ここの(つ)
☐☐ 0046 초1 N5	十	열 **십**	음 じゅう, じっ	훈 と, とお
☐☐ 0047 초1 N5	百	일백 **백**	음 ひゃく	
☐☐ 0048 초1 N5	千	일천 **천**	음 せん	훈 ち
☐☐ 0049 초2 N5	万	일만 **만**(萬)	음 まん, ばん	
☐☐ 0050 초4 N2	億	억 **억**	음 おく	
☐☐ 0051 초4 N2	兆	조 **조**	음 ちょう	훈 きざ(す), きざ(し)
☐☐ 0052 초1 N5	円	둥글 **원**(圓)	음 えん	훈 まる(い)
☐☐ 0053 초6 N2	冊	책 **책**	음 さつ, さく	

☐☐ 0054 초5 N2	個	낱 **개**	음 こ
☐☐ 0055 초6 N2	枚	낱 **매**	음 まい
☐☐ 0056 초3 N2	階	섬돌 **계**	음 かい
☐☐ 0057 초3 N2	秒	분초 **초**	음 びょう
☐☐ 0058 초5 N1	紀	벼리 **기**	음 き
☐☐ 0059 초2 N4	台	토대 **대**(臺)	음 だい, たい
☐☐ 0060 초2 N1	丁	고무래 **정**	음 ちょう, てい
☐☐ 0061 초3 N3	両	두 **량**(兩)	음 りょう
☐☐ 0062 초2 N3	点	점 **점**(點)	음 てん
☐☐ 0063 초3 N4	度	법도 **도**/ 헤아릴 **탁**	음 ど, たく　　훈 たび
☐☐ 0064 초3 N1	級	등급 **급**	음 きゅう

😊 **같은 발음 다른 한자 1**

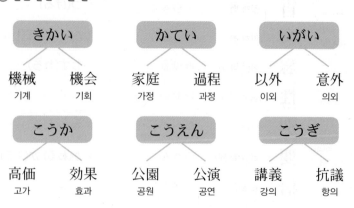

きかい
機械　機会
기계　기회

かてい
家庭　過程
가정　과정

いがい
以外　意外
이외　의외

こうか
高価　効果
고가　효과

こうえん
公園　公演
공원　공연

こうぎ
講義　抗議
강의　항의

DAY | SUBJECT
03 | **연애, 감정, 성품**

☐☐ 0065 초2 N4	心	마음 심	음 しん	훈 こころ
☐☐ 0066 초3 N3	想	생각 상	음 そ, そう	
☐☐ 0067 초4 N3	愛	사랑 애	음 あい	
☐☐ 0068 초5 N3	情	뜻 정(情)	음 じょう	훈 なさ(け)
☐☐ 0069 초5 N3	喜	기쁠 희	음 き	훈 よろこ(ぶ)
☐☐ 0070 초3 N3	悲	슬플 비	음 ひ	훈 かな(しい), かな(しむ)
☐☐ 0071 초4 N3	笑	웃을 소	음 しょう	훈 わら(う), え(む)
☐☐ 0072 초4 N1	泣	울 읍	음 きゅう	훈 な(く)
☐☐ 0073 초4 N3	好	좋을 호	음 こう	훈 この(む), す(く)
☐☐ 0074 초3 N3	感	느낄 감	음 かん	
☐☐ 0075 초5 N3	告	고할 고	음 こく	훈 つ(げる)
☐☐ 0076 초2 N3	交	사귈 교	음 こう	훈 か(わす), まじ(わる)
☐☐ 0077 초6 N3	忘	잊을 망	음 ぼう	훈 わす(れる)
☐☐ 0078 초5 N3	性	성품 성	음 せい, しょう	
☐☐ 0079 초4 N4	別	나눌 별	음 べつ	훈 わか(れる)
☐☐ 0080 초4 N3	変	변할 변(變)	음 へん	훈 か(わる), か(える)
☐☐ 0081 초4 N3	信	믿을 신	음 しん	

□□ 0082 초4 N2	仲	버금 **중**	음 ちゅう	훈 なか
□□ 0083 초4 N3	静	고요할 **정**(靜)	음 せい, じょう	훈 しず(か), しず(める)
□□ 0084 초4 N4	特	특별할 **특**	음 とく	
□□ 0085 초4 N1	結	맺을 **결**	음 けつ	훈 むす(ぶ), ゆ(う)
□□ 0086 초4 N3	約	맺을 **약**	음 やく	
□□ 0087 초6 N2	純	순수할 **순**	음 じゅん	
□□ 0088 초5 N1	素	본디 **소**	음 そ, す	
□□ 0089 초6 N1	孝	효도 **효**	음 こう	
□□ 0090 초6 N2	敬	공경할 **경**	음 けい	훈 うやま(う)
□□ 0091 초6 N1	聖	거룩할 **성**/ 성인 **성**	음 せい	
□□ 0092 초4 N2	省	살필 **성**/덜 **생**	음 せい, しょう	훈 はぶ(く)
□□ 0093 초4 N2	希	바랄 **희**	음 き	
□□ 0094 초5 N1	謝	사례할 **사**	음 しゃ	훈 あやま(る)
□□ 0095 초4 N2	祝	빌 **축**(祝)	음 しゅく, しゅう	훈 いわ(う)
□□ 0096 초4 N3	願	원할 **원**	음 がん	훈 ねが(う)
□□ 0097 초3 N3	幸	다행 **행**	음 こう	훈 しあわ(せ)
□□ 0098 초2 N4	通	통할 **통**(通)	음 つう	훈 かよ(う), とお(る)
□□ 0099 초5 N1	興	일 **흥**	음 こう, きょう	훈 おこ(る), おこ(す)
□□ 0100 초6 N1	奮	떨칠 **분**	음 ふん	훈 ふる(う)

DAY
04 | SUBJECT
관계

☐☐ 0101 초3 N3	相	서로 **상**	음 そう, しょう	훈 あい
☐☐ 0102 초3 N3	対	대할 **대**(對)	음 たい, つい	
☐☐ 0103 초3 N3	和	화할 **화**	음 わ	훈 やわ(らげる)
☐☐ 0104 초5 N3	解	풀 **해**	음 かい, げ	훈 と(く), と(ける)
☐☐ 0105 초5 N3	断	끊을 **단**(斷)	음 だん	훈 ことわ(る), た(つ)
☐☐ 0106 초2 N4	切	끊을 **절**/ 모두 **체**	음 せつ, さい	훈 き(れる), き(る)
☐☐ 0107 초5 N2	接	이을 **접**	음 せつ	훈 つ(ぐ)
☐☐ 0108 초4 N3	続	계속 **속**/ 이을 **속**(續)	음 ぞく	훈 つづ(く), つづ(ける)
☐☐ 0109 초4 N3	必	반드시 **필**	음 ひつ	훈 かなら(ず)
☐☐ 0110 초4 N3	要	요긴할 **요**	음 よう	훈 い(る), かなめ
☐☐ 0111 초3 N3	反	돌이킬 **반**	음 はん, ほん	훈 そ(る), そ(らす)
☐☐ 0112 초5 N3	絶	끊을 **절**	음 ぜつ	훈 た(える), た(つ)
☐☐ 0113 초4 N3	失	잃을 **실**	음 しつ	훈 うしな(う)
☐☐ 0114 초4 N3	望	바랄 **망**	음 ぼう, もう	훈 のぞ(む)
☐☐ 0115 초2 N5	間	사이 **간**	음 かん, けん	훈 あいだ, ま
☐☐ 0116 초4 N3	関	관계할 **관**(關)	음 かん	훈 かか(わる), せき
☐☐ 0117 초4 N3	最	가장 **최**	음 さい	훈 もっと(も)

□□ 0118 초5 N3	許	허락할 **허**	음 きょ	훈 ゆる(す)
□□ 0119 초3 N3	談	말씀 **담**	음 だん	
□□ 0120 초5 N3	適	맞을 **적**(適)	음 てき	
□□ 0121 초3 N3	進	나아갈 **진**(進)	음 しん	훈 すす(む), すす(める)
□□ 0122 초3 N3	取	가질 **취**	음 しゅ	훈 と(る)
□□ 0123 초4 N2	協	화합할 **협**	음 きょう	
□□ 0124 초6 N3	収	거둘 **수**(收)	음 しゅう	훈 おさ(まる), おさ(める)
□□ 0125 초4 N2	競	다툴 **경**	음 きょう, けい	훈 きそ(う), せ(る)
□□ 0126 초6 N1	敵	대적할 **적**	음 てき	훈 かたき
□□ 0127 초4 N2	改	고칠 **개**	음 かい	훈 あらた(める)
□□ 0128 초6 N1	障	막을 **장**	음 しょう	훈 さわ(る)
□□ 0129 초3 N3	守	지킬 **수**	음 しゅ, す	훈 まも(る), も(り)
□□ 0130 초5 N1	護	도울 **호**	음 ご	
□□ 0131 초5 N1	張	베풀 **장**	음 ちょう	훈 は(る)
□□ 0132 초3 N3	放	놓을 **방**	음 ほう	훈 はな(す), はな(れる)
□□ 0133 초5 N1	応	응할 **응**(應)	음 おう	훈 こた(える)
□□ 0134 초5 N3	招	초대할 **초**/ 부를 **초**	음 しょう	훈 まね(く)
□□ 0135 초6 N3	疑	의심할 **의**	음 ぎ	훈 うたが(う)
□□ 0136 초5 N3	確	굳을 **확**	음 かく	훈 たし(か), たし(かめる)

DAY 05 | **SUBJECT 신체**

□□ 0137 초1 N3	耳	귀 이	음 じ	훈 みみ
□□ 0138 초1 N4	目	눈 목	음 もく	훈 め, ま
□□ 0139 초1 N4	口	입 구	음 こう, く	훈 くち
□□ 0140 초3 N2	鼻	코 비	음 び	훈 はな
□□ 0141 초1 N4	手	손 수	음 しゅ	훈 て, た
□□ 0142 초1 N4	足	발 족	음 そく	훈 あし, た(りる)
□□ 0143 초3 N3	身	몸 신	음 しん	훈 み
□□ 0144 초2 N4	体	몸 체(體)	음 たい, てい	훈 からだ
□□ 0145 초2 N3	首	머리 수	음 しゅ	훈 くび
□□ 0146 초2 N3	頭	머리 두	음 とう, ず	훈 あたま, かしら
□□ 0147 초2 N2	毛	털 모	음 もう	훈 け
□□ 0148 초3 N3	歯	이 치(齒)	음 し	훈 は
□□ 0149 초5 N1	眼	눈 안	음 がん, げん	훈 まなこ
□□ 0150 초6 N1	舌	혀 설	음 ぜつ	훈 した
□□ 0151 초6 N3	背	등 배/배반할 배	음 はい	훈 せ, そむ(く)
□□ 0152 초6 N3	腹	배 복	음 ふく	훈 はら
□□ 0153 초3 N3	面	낯 면	음 めん	훈 おも, おもて

□□ 0154 초5 N3	容	얼굴 **용**	🔊 よう	
□□ 0155 초2 N3	顔	얼굴 **안**	🔊 がん	🔊 かお
□□ 0156 초5 N2	額	이마 **액**	🔊 がく	🔊 ひたい
□□ 0157 초6 N2	骨	뼈 **골**	🔊 こつ	🔊 ほね
□□ 0158 초6 N2	脳	골 **뇌**(腦)	🔊 のう	
□□ 0159 초6 N2	胃	밥통 **위**/위 **위**	🔊 い	
□□ 0160 초6 N2	臓	오장 **장**(臟)	🔊 ぞう	
□□ 0161 초6 N2	胸	가슴 **흉**	🔊 きょう	🔊 むね, むな
□□ 0162 초6 N1	肺	허파 **폐**	🔊 はい	
□□ 0163 초6 N1	腸	창자 **장**	🔊 ちょう	
□□ 0164 초3 N3	指	가리킬 **지**	🔊 し	🔊 ゆび, さ(す)

😊 같은 발음 다른 한자 2

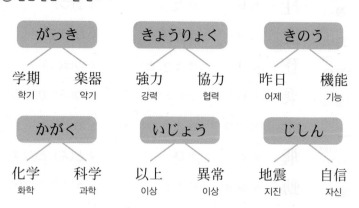

がっき		きょうりょく		きのう	
学期 학기	楽器 악기	強力 강력	協力 협력	昨日 어제	機能 기능

かがく		いじょう		じしん	
化学 화학	科学 과학	以上 이상	異常 이상	地震 지진	自信 자신

11

DAY
06 | **SUBJECT** 건강, 운동

□□ 0165 초3 N4	病	병 **병**	음 びょう, へい	훈 や(む), やまい
□□ 0166 초6 N3	痛	아플 **통**	음 つう	훈 いた(い), いた(む)
□□ 0167 초3 N2	血	피 **혈**	음 けつ	훈 ち
□□ 0168 초5 N2	圧	누를 **압**(壓)	음 あつ	
□□ 0169 초6 N1	傷	다칠 **상**	음 しょう	훈 きず, いた(む)
□□ 0170 초3 N3	薬	약 **약**(藥)	음 やく	훈 くすり
□□ 0171 초1 N5	気	기운 **기**(氣)	음 き, け	
□□ 0172 초6 N1	己	몸 **기**	음 こ, き	훈 おのれ
□□ 0173 초6 N1	看	볼 **간**	음 かん	
□□ 0174 초6 N1	視	볼 **시**(視)	음 し	
□□ 0175 초3 N3	打	칠 **타**	음 だ	훈 う(つ)
□□ 0176 초3 N3	投	던질 **투**	음 とう	훈 な(げる)
□□ 0177 초3 N3	登	오를 **등**	음 とう, と	훈 のぼ(る)
□□ 0178 초3 N3	乗	탈 **승**(乘)	음 じょう	훈 の(る), の(せる)
□□ 0179 초3 N3	泳	헤엄칠 **영**	음 えい	훈 およ(ぐ)
□□ 0180 초4 N3	飛	날 **비**	음 ひ	훈 と(ぶ), と(ばす)
□□ 0181 초3 N4	動	움직일 **동**	음 どう	훈 うご(く), うご(かす)

☐☐ 0182 초3 N4	転	구를 전(轉)	음 てん	훈 ころ(がる), ころ(がす)
☐☐ 0183 초5 N1	肥	살찔 비	음 ひ	훈 こ(える), こ(やす)
☐☐ 0184 초6 N1	筋	힘줄 근	음 きん	훈 すじ
☐☐ 0185 초5 N1	脈	줄기 맥	음 みゃく	
☐☐ 0186 초4 N1	節	마디 절	음 せつ, せち	훈 ふし
☐☐ 0187 초6 N2	針	바늘 침	음 しん	훈 はり
☐☐ 0188 초6 N3	吸	마실 흡	음 きゅう	훈 す(う)
☐☐ 0189 초5 N2	効	본받을 효(效)	음 こう	훈 き(く)
☐☐ 0190 초4 N3	散	흩을 산	음 さん	훈 ち(る), ち(らかる)
☐☐ 0191 초4 N3	選	가릴 선(選)	음 せん	훈 えら(ぶ)
☐☐ 0192 초5 N2	復	회복할 복/ 다시 부	음 ふく	

☺ 장단음 문제에 자주 출제되는 한자 1

選手	せんしゅ 선수		先週	せんしゅう 지난주
交換	こうかん 교환		旅行	りょこう 여행
貴重	きちょう 귀중		観光	かんこう 관광
企業	きぎょう 기업		空港	くうこう 공항
研究	けんきゅう 연구		高級	こうきゅう 고급
経営	けいえい 경영		去年	きょねん 작년

13

DAY 07 | SUBJECT 음식, 요리

☐☐ 0193 초2 N3	米	쌀 미	음 べい, まい	훈 こめ
☐☐ 0194 초2 N5	食	밥 식	음 しょく, じき	훈 た(べる), く(う)
☐☐ 0195 초2 N4	魚	물고기 어	음 ぎょ	훈 うお, さかな
☐☐ 0196 초2 N4	肉	고기 육	음 にく	
☐☐ 0197 초2 N4	牛	소 우	음 ぎゅう	훈 うし
☐☐ 0198 초3 N1	羊	양 양	음 よう	훈 ひつじ
☐☐ 0199 초3 N1	豆	콩 두	음 ず, とう	훈 まめ
☐☐ 0200 초2 N2	麦	보리 맥(麥)	음 ばく	훈 むぎ
☐☐ 0201 초4 N4	飯	밥 반(飯)	음 はん	훈 めし
☐☐ 0202 초3 N4	飲	마실 음(飮)	음 いん	훈 の(む)
☐☐ 0203 초2 N4	茶	차 다/차	음 さ, ちゃ	
☐☐ 0204 초3 N3	酒	술 주	음 しゅ	훈 さけ, さか
☐☐ 0205 초6 N2	卵	알 란	음 らん	훈 たまご
☐☐ 0206 초6 N2	乳	젖 유	음 にゅう	훈 ちち, ち
☐☐ 0207 초4 N1	梨	배나무 리	음 り	훈 なし
☐☐ 0208 초4 N2	菜	나물 채	음 さい	훈 な
☐☐ 0209 초3 N4	味	맛 미	음 み	훈 あじ, あじ(わう)

☐☐ 0210 [초4] N2	香	향기 **향**	음 こう	훈 かお(り), かお(る)
☐☐ 0211 [초3] N3	苦	쓸 **고**	음 く	훈 くる(しい), にが(い)
☐☐ 0212 [초5] N1	酸	실 **산**	음 さん	훈 す(い)
☐☐ 0213 [초5] N2	毒	독 **독**(毒)	음 どく	
☐☐ 0214 [초5] N2	液	진 **액**	음 えき	
☐☐ 0215 [초6] N1	糖	엿 **당**	음 とう	
☐☐ 0216 [초5] N2	粉	가루 **분**	음 ふん	훈 こ, こな
☐☐ 0217 [초3] N2	根	뿌리 **근**	음 こん	훈 ね
☐☐ 0218 [초6] N1	穀	곡식 **곡**(穀)	음 こく	
☐☐ 0219 [초2] N4	作	지을 **작**	음 さく, さ	훈 つく(る)
☐☐ 0220 [초3] N4	注	부을 **주**	음 ちゅう	훈 そそ(ぐ)
☐☐ 0221 [초3] N2	湯	끓일 **탕**	음 とう	훈 ゆ
☐☐ 0222 [초6] N3	洗	씻을 **세**	음 せん	훈 あら(う)
☐☐ 0223 [초5] N2	混	섞을 **혼**	음 こん	훈 こ(む), ま(ぜる)
☐☐ 0224 [초6] N1	熟	익을 **숙**	음 じゅく	훈 う(れる)
☐☐ 0225 [초6] N2	蒸	찔 **증**	음 じょう	훈 む(す), む(れる)
☐☐ 0226 [초4] N2	焼	불사를 **소**(燒)	음 しょう	훈 や(く), や(ける)

DAY

08 | SUBJECT 도구, 재료

□□ 0227 초4 N2	材	재료 **재**/ 재목 **재**	음 ざい	
□□ 0228 초4 N4	料	헤아릴 **료**	음 りょう	
□□ 0229 초4 N3	果	실과 **과**	음 か	훈 は(たす), は(てる)
□□ 0230 초3 N3	実	열매 **실(實)**	음 じつ	훈 み, みの(る)
□□ 0231 초2 N2	羽	깃 **우**	음 う	훈 は, はね
□□ 0232 초3 N2	皮	가죽 **피**	음 ひ	훈 かわ
□□ 0233 초6 N2	革	가죽 **혁**	음 かく	훈 かわ
□□ 0234 초5 N2	布	베 **포**/펼 **포**	음 ふ	훈 ぬの
□□ 0235 초3 N2	氷	얼음 **빙**	음 ひょう	훈 こおり, ひ
□□ 0236 초3 N2	油	기름 **유**	음 ゆ	훈 あぶら
□□ 0237 초3 N2	皿	그릇 **명**		훈 さら
□□ 0238 초4 N1	器	그릇 **기(器)**	음 き	훈 うつわ
□□ 0239 초2 N4	紙	종이 **지**	음 し	훈 かみ
□□ 0240 초6 N1	絹	비단 **견**	음 けん	훈 きぬ
□□ 0241 초5 N2	綿	솜 **면**	음 めん	훈 わた
□□ 0242 초2 N2	線	줄 **선**	음 せん	
□□ 0243 초3 N3	球	공 **구**	음 きゅう	훈 たま

☐☐ 0244 초3 N2	板	널빤지 **판**	음 はん, ばん	훈 いた
☐☐ 0245 초4 N2	塩	소금 **염**(鹽)	음 えん	훈 しお
☐☐ 0246 초4 N3	種	씨 **종**	음 しゅ	훈 たね
☐☐ 0247 초6 N2	片	조각 **편**	음 へん	훈 かた
☐☐ 0248 초3 N4	銀	은 **은**	음 ぎん	
☐☐ 0249 초5 N2	銅	구리 **동**	음 どう	
☐☐ 0250 초6 N1	鋼	강철 **강**	음 こう	훈 はがね
☐☐ 0251 초3 N2	鉄	쇠 **철**(鐵)	음 てつ	
☐☐ 0252 초5 N2	鉱	쇳돌 **광**(鑛)	음 こう	
☐☐ 0253 초3 N2	炭	숯 **탄**	음 たん	훈 すみ
☐☐ 0254 초6 N3	除	덜 **제**	음 じょ, じ	훈 のぞ(く)

😊 장단음 문제에 자주 출제되는 한자 2

緊張	きんちょう 긴장		場所	ばしょ 장소
条件	じょうけん 조건		流行	りゅうこう 유행
用意	ようい 준비		募集	ぼしゅう 모집
提出	ていしゅつ 제출		情報	じょうほう 정보
招待	しょうたい 초대		途中	とちゅう 도중
証明	しょうめい 증명		冗談	じょうだん 농담

DAY **SUBJECT**

09 | 자연(1)

			음	훈
☐☐ 0255 초1 N5	山	뫼 산	음 さん	훈 やま
☐☐ 0256 초1 N5	川	내 천	음 せん	훈 かわ
☐☐ 0257 초1 N5	天	하늘 천	음 てん	훈 あま, あめ
☐☐ 0258 초1 N4	空	빌 공	음 くう	훈 そら, あ(く)
☐☐ 0259 초1 N2	森	수풀 삼	음 しん	훈 もり
☐☐ 0260 초1 N2	林	수풀 림	음 りん	훈 はやし
☐☐ 0261 초2 N2	岩	바위 암(巖)	음 がん	훈 いわ
☐☐ 0262 초1 N3	石	돌 석	음 せき, しゃく	훈 いし
☐☐ 0263 초1 N5	雨	비 우	음 う	훈 あめ, あま
☐☐ 0264 초2 N4	風	바람 풍	음 ふう, ふ	훈 かぜ, かざ
☐☐ 0265 초2 N3	雪	눈 설(雪)	음 せつ	훈 ゆき
☐☐ 0266 초2 N5	電	번개 전	음 でん	
☐☐ 0267 초2 N2	雲	구름 운	음 うん	훈 くも
☐☐ 0268 초2 N3	光	빛 광	음 こう	훈 ひかり, ひか(る)
☐☐ 0269 초2 N2	星	별 성	음 せい, しょう	훈 ほし
☐☐ 0270 초3 N3	陽	볕 양	음 よう	
☐☐ 0271 초2 N2	谷	골짜기 곡	음 こく	훈 たに

□□ 0272 초1 N4	田	밭 전	음 でん	훈 た
□□ 0273 초2 N4	野	들 야	음 や	훈 の
□□ 0274 초3 N2	畑	화전 전		훈 はたけ, はた
□□ 0275 초1 N3	草	풀 초	음 そう	훈 くさ
□□ 0276 초1 N4	花	꽃 화	음 か	훈 はな
□□ 0277 초1 N2	虫	벌레 충(蟲)	음 ちゅう	훈 むし
□□ 0278 초2 N4	鳥	새 조	음 ちょう	훈 とり
□□ 0279 초3 N2	島	섬 도	음 とう	훈 しま
□□ 0280 초2 N2	池	못 지	음 ち	훈 いけ
□□ 0281 초2 N4	地	땅 지	음 ち, じ	
□□ 0282 초3 N2	岸	언덕 안	음 がん	훈 きし
□□ 0283 초3 N2	坂	언덕 판	음 はん	훈 さか
□□ 0284 초2 N3	園	동산 원	음 えん	훈 その
□□ 0285 초3 N3	庭	뜰 정	음 てい	훈 にわ
□□ 0286 초3 N3	葉	잎 엽	음 よう	훈 は
□□ 0287 초1 N2	竹	대 죽	음 ちく	훈 たけ
□□ 0288 초4 N1	梅	매화 매(梅)	음 ばい	훈 うめ
□□ 0289 초4 N1	松	소나무 송	음 しょう	훈 まつ
□□ 0290 초5 N1	桜	앵두 앵(櫻)	음 おう	훈 さくら

DAY **10** | SUBJECT **자연(2)**

□□ 0291 초2 N4	海	바다 해(海)	음 かい	훈 うみ
□□ 0292 초3 N4	洋	큰바다 양	음 よう	
□□ 0293 초5 N2	河	물 하	음 か, が	훈 かわ
□□ 0294 초3 N2	湖	호수 호	음 こ	훈 みずうみ
□□ 0295 초1 N2	貝	조개 패		훈 かい
□□ 0296 초3 N2	波	물결 파	음 は	훈 なみ
□□ 0297 초6 N1	潮	밀물 조	음 ちょう	훈 しお
□□ 0298 초6 N2	砂	모래 사	음 さ, しゃ	훈 すな
□□ 0299 초3 N2	農	농사 농	음 のう	
□□ 0300 초4 N2	陸	뭍 륙	음 りく	
□□ 0301 초4 N1	牧	칠 목	음 ぼく	훈 まき
□□ 0302 초4 N1	芽	싹 아	음 が	훈 め
□□ 0303 초3 N2	植	심을 식	음 しょく	훈 う(わる), う(える)
□□ 0304 초6 N1	樹	나무 수	음 じゅ	
□□ 0305 초5 N2	枝	가지 지	음 し	훈 えだ
□□ 0306 초5 N1	幹	줄기 간	음 かん	훈 みき
□□ 0307 초1 N4	犬	개 견	음 けん	훈 いぬ

☐☐ 0308 [초2] N3	馬	말 마	음 ば	훈 うま, ま
☐☐ 0309 [초4] N1	鹿	사슴 록	음 ろく	훈 しか, か
☐☐ 0310 [초4] N1	熊	곰 웅		훈 くま
☐☐ 0311 [초5] N1	災	재앙 재	음 さい	훈 わざわ(い)
☐☐ 0312 [초4] N3	害	해할 해	음 がい	
☐☐ 0313 [초4] N3	折	꺾을 절	음 せつ	훈 お(れる), お(る)
☐☐ 0314 [초5] N3	破	깨뜨릴 파	음 は	훈 やぶ(れる), やぶ(る)
☐☐ 0315 [초6] N1	源	근원 원	음 げん	훈 みなもと
☐☐ 0316 [초6] N2	泉	샘 천	음 せん	훈 いずみ
☐☐ 0317 [초4] N3	然	그럴 연	음 ぜん, ねん	
☐☐ 0318 [초5] N2	燃	탈 연	음 ねん	훈 も(える), も(やす)
☐☐ 0319 [초4] N2	季	계절 계	음 き	
☐☐ 0320 [초4] N3	候	기후 후	음 こう	훈 そうろう
☐☐ 0321 [초2] N3	晴	맑을 청/ 갤 청(晴)	음 せい	훈 は(れる), は(らす)
☐☐ 0322 [초6] N3	暮	저물 모	음 ぼ	훈 く(れる), く(らす)
☐☐ 0323 [초4] N3	景	볕 경	음 けい	
☐☐ 0324 [초6] N1	蚕	누에 잠(蠶)	음 さん	훈 かいこ
☐☐ 0325 [초6] N1	創	비롯할 창	음 そう	
☐☐ 0326 [초5] N2	造	지을 조(造)	음 ぞう	훈 つく(る)

DAY | SUBJECT
11 | **반대어**

☐☐ 0327 초1 N4	早	이를 **조**	음 そう, さっ	훈 はや(い), はや(める)
☐☐ 0328 초6 N3	晩	늦을 **만**	음 ばん	
☐☐ 0329 초1 N5	入	들 **입**	음 にゅう	훈 はい(る), い(れる)
☐☐ 0330 초1 N5	出	날 **출**	음 しゅつ, すい	훈 で(る), だ(す)
☐☐ 0331 초2 N4	多	많을 **다**	음 た	훈 おお(い)
☐☐ 0332 초2 N4	少	적을 **소**	음 しょう	훈 すく(ない), すこ(し)
☐☐ 0333 초2 N3	遠	멀 **원**(遠)	음 えん, おん	훈 とお(い)
☐☐ 0334 초2 N4	近	가까울 **근**(近)	음 きん	훈 ちか(い)
☐☐ 0335 초2 N4	新	새로울 **신**	음 しん	훈 あたら(しい), あら(た)
☐☐ 0336 초2 N4	古	옛 **고**	음 こ	훈 ふる(い), ふる(す)
☐☐ 0337 초2 N5	行	다닐 **행**	음 こう, ぎょう	훈 い(く), おこな(う)
☐☐ 0338 초2 N5	来	올 **래**(來)	음 らい	훈 く(る), きた(る)
☐☐ 0339 초2 N4	明	밝을 **명**	음 めい, みょう	훈 あか(るい), あ(ける)
☐☐ 0340 초3 N3	暗	어두울 **암**	음 あん	훈 くら(い)
☐☐ 0341 초3 N4	始	비로소 **시**	음 し	훈 はじ(まる), はじ(める)
☐☐ 0342 초3 N4	終	마칠 **종**	음 しゅう	훈 お(わる), お(える)
☐☐ 0343 초3 N2	軽	가벼울 **경**(輕)	음 けい	훈 かる(い), かろ(やか)

☐☐ 0344 초3 N4	重	무거울 **중**	음 じゅう, ちょう	훈 おも(い), かさ(なる)
☐☐ 0345 초6 N1	善	착할 **선**	음 ぜん	훈 よ(い)
☐☐ 0346 초3 N4	悪	악할 **악**/ 미워할 **오**(惡)	음 あく, お	훈 わる(い)
☐☐ 0347 초2 N5	長	길 **장**	음 ちょう	훈 なが(い)
☐☐ 0348 초3 N2	短	짧을 **단**	음 たん	훈 みじか(い)
☐☐ 0349 초6 N1	縦	세로 **종**(縱)	음 じゅう	훈 たて
☐☐ 0350 초3 N3	横	가로 **횡**(橫)	음 おう	훈 よこ
☐☐ 0351 초4 N3	初	처음 **초**	음 しょ	훈 はじ(め), はじ(めて)
☐☐ 0352 초4 N3	末	끝 **말**	음 まつ	훈 すえ
☐☐ 0353 초5 N3	現	나타날 **현**	음 げん	훈 あらわ(れる), あらわ(す)
☐☐ 0354 초3 N3	消	사라질 **소**	음 しょう	훈 き(える), け(す)
☐☐ 0355 초6 N3	難	어려울 **난**(難)	음 なん	훈 むずか(しい), かた(い)
☐☐ 0356 초5 N3	易	바꿀 **역**/ 쉬울 **이**	음 えき, い	훈 やさ(しい)
☐☐ 0357 초6 N1	推	밀 **추**	음 すい	훈 お(す)
☐☐ 0358 초2 N3	引	끌 **인**	음 いん	훈 ひ(く), ひ(ける)
☐☐ 0359 초3 N4	有	있을 **유**	음 ゆう, う	훈 あ(る)
☐☐ 0360 초4 N2	無	없을 **무**	음 む, ぶ	훈 な(い)
☐☐ 0361 초2 N4	同	한가지 **동**	음 どう	훈 おな(じ)
☐☐ 0362 초6 N1	異	다를 **이**	음 い	훈 こと(なる)

DAY 12 | **SUBJECT** 형용사

☐☐ 0363 초3 N3	美	아름다울 미	음 び	훈 うつく(しい)
☐☐ 0364 초6 N3	優	넉넉할 우	음 ゆう	훈 やさ(しい), すぐ(れる)
☐☐ 0365 초3 N3	速	빠를 속(速)	음 そく	훈 はや(い), はや(める)
☐☐ 0366 초5 N2	厚	두터울 후	음 こう	훈 あつ(い)
☐☐ 0367 초2 N4	広	넓을 광(廣)	음 こう	훈 ひろ(い), ひろ(げる)
☐☐ 0368 초4 N2	低	낮을 저	음 てい	훈 ひく(い)
☐☐ 0369 초3 N3	深	깊을 심	음 しん	훈 ふか(い), ふか(まる)
☐☐ 0370 초4 N2	浅	얕을 천(淺)	음 せん	훈 あさ(い)
☐☐ 0371 초3 N2	温	따뜻할 온(溫)	음 おん	훈 あたた(かい), あたた(める)
☐☐ 0372 초6 N1	暖	따뜻할 난	음 だん	훈 あたた(かい), あたた(める)
☐☐ 0373 초4 N3	熱	더울 열	음 ねつ	훈 あつ(い)
☐☐ 0374 초4 N3	冷	찰 랭	음 れい	훈 つめ(たい), ひ(える)
☐☐ 0375 초3 N3	寒	찰 한	음 かん	훈 さむ(い)
☐☐ 0376 초3 N1	暑	더울 서(暑)	음 しょ	훈 あつ(い)
☐☐ 0377 초4 N2	清	맑을 청(淸)	음 せい, しょう	훈 きよ(い), きよ(める)
☐☐ 0378 초5 N1	潔	깨끗할 결	음 けつ	훈 いさぎよ(い)
☐☐ 0379 초4 N1	健	굳셀 건	음 けん	훈 すこ(やか)

□□ 0380 초4 N1	康	편안할 **강**	음 こう	
□□ 0381 초5 N3	貧	가난할 **빈**	음 ひん, びん	훈 まず(しい)
□□ 0382 초6 N1	貴	귀할 **귀**	음 き	훈 とうと(い), とうと(ぶ)
□□ 0383 초6 N2	尊	높을 **존**(尊)	음 そん	훈 とうと(い), とうと(ぶ)
□□ 0384 초6 N1	厳	엄할 **엄**(嚴)	음 げん, ごん	훈 きび(しい), おごそ(か)
□□ 0385 초6 N3	危	위태할 **위**	음 き	훈 あぶ(ない), あや(うい)
□□ 0386 초5 N3	険	험할 **험**(險)	음 けん	훈 けわ(しい)
□□ 0387 초6 N2	幼	어릴 **유**	음 よう	훈 おさな(い)
□□ 0388 초6 N3	若	같을 **약**	음 じゃく, にゃく	훈 わか(い), も(しくは)
□□ 0389 초5 N2	快	쾌할 **쾌**	음 かい	훈 こころよ(い)
□□ 0390 초6 N1	朗	밝을 **랑**	음 ろう	훈 ほが(らか)
□□ 0391 초4 N2	勇	날랠 **용**	음 ゆう	훈 いさ(む)
□□ 0392 초5 N2	豊	풍년 **풍**	음 ほう	훈 ゆた(か)
□□ 0393 초4 N3	良	어질 **량**	음 りょう	훈 よ(い)
□□ 0394 초6 N3	欲	하고자 할 **욕**	음 よく	훈 ほ(しい), ほっ(する)
□□ 0395 초4 N2	固	굳을 **고**	음 こ	훈 かた(い), かた(まる)
□□ 0396 초4 N3	便	편할 **편**	음 べん, びん	훈 たよ(り)
□□ 0397 초6 N1	激	격할 **격**	음 げき	훈 はげ(しい)
□□ 0398 초2 N4	親	친할 **친**	음 しん	훈 おや, した(しい)

DAY

13 | SUBJECT 교육, 출판(1)

□□ 0399 [초1] N5	学	배울 **학**(學)	음 がく	훈 まな(ぶ)
□□ 0400 [초1] N5	校	학교 **교**	음 こう	
□□ 0401 [초2] N4	教	가르칠 **교**(教)	음 きょう	훈 おし(える), おそ(わる)
□□ 0402 [초3] N3	育	기를 **육**	음 いく	훈 そだ(つ), そだ(てる)
□□ 0403 [초2] N4	言	말씀 **언**	음 げん, ごん	훈 い(う), こと
□□ 0404 [초2] N5	語	말씀 **어**	음 ご	훈 かた(らう), かた(る)
□□ 0405 [초1] N4	文	글월 **문**	음 ぶん, もん	훈 ふみ
□□ 0406 [초1] N4	字	글자 **자**	음 じ	
□□ 0407 [초2] N5	読	읽을 **독**(讀)	음 どく, とう	훈 よ(む)
□□ 0408 [초2] N5	書	글 **서**	음 しょ	훈 か(く)
□□ 0409 [초3] N2	章	글 **장**	음 しょう	
□□ 0410 [초5] N1	句	글귀 **구**	음 く	
□□ 0411 [초3] N2	筆	붓 **필**	음 ひつ	훈 ふで
□□ 0412 [초3] N1	詩	시 **시**	음 し	
□□ 0413 [초1] N5	本	근본 **본**	음 ほん	훈 もと
□□ 0414 [초4] N4	英	꽃부리 **영**	음 えい	
□□ 0415 [초3] N2	練	익힐 **련**(練)	음 れん	훈 ね(る)

☐☐ 0416 초4 N2	訓	가르칠 **훈**	음 くん	
☐☐ 0417 초6 N1	訳	번역할 **역**(譯)	음 やく	훈 わけ
☐☐ 0418 초4 N2	課	공부할 **과**	음 か	
☐☐ 0419 초6 N3	論	논할 **론**	음 ろん	
☐☐ 0420 초5 N2	述	펼 **술**(述)	음 じゅつ	훈 の(べる)
☐☐ 0421 초3 N4	勉	힘쓸 **면**	음 べん	
☐☐ 0422 초3 N3	等	무리 **등**	음 とう	훈 ひと(しい)
☐☐ 0423 초4 N3	類	무리 **류**(類)	음 るい	훈 たぐい
☐☐ 0424 초4 N1	案	책상 **안**	음 あん	
☐☐ 0425 초4 N2	卒	마칠 **졸**	음 そつ	
☐☐ 0426 초5 N1	授	줄 **수**	음 じゅ	훈 さず(かる), さず(ける)
☐☐ 0427 초5 N2	略	간략할 **략**	음 りゃく	
☐☐ 0428 초4 N4	験	시험 **험**(驗)	음 けん	
☐☐ 0429 초4 N3	覚	깨달을 **각**(覺)	음 かく	훈 おぼ(える), さ(める)
☐☐ 0430 초3 N4	使	하여금 **사**	음 し	훈 つか(う)
☐☐ 0431 초2 N3	科	과목 **과**	음 か	
☐☐ 0432 초3 N4	題	제목 **제**	음 だい	
☐☐ 0433 초4 N3	例	법식 **례**	음 れい	훈 たと(える)
☐☐ 0434 초5 N3	構	얽을 **구**	음 こう	훈 かま(える), かま(う)

DAY 14 | SUBJECT 교육, 출판(2)

☐☐ 0435 초2 N5	聞	들을 문	🔊 ぶん, もん	🔊 き(こえる), き(く)
☐☐ 0436 초2 N4	答	대답할 답	🔊 とう	🔊 こた(える), こた(え)
☐☐ 0437 초2 N4	思	생각 사	🔊 し	🔊 おも(う)
☐☐ 0438 초2 N4	考	생각할 고	🔊 こう	🔊 かんが(える)
☐☐ 0439 초2 N5	話	말씀 화	🔊 わ	🔊 はな(す), はなし
☐☐ 0440 초6 N2	詞	말 사	🔊 し	
☐☐ 0441 초4 N3	説	말씀 설/ 달랠 세	🔊 せつ, ぜい	🔊 と(く)
☐☐ 0442 초4 N4	試	시험할 시	🔊 し	🔊 こころ(みる), ため(す)
☐☐ 0443 초2 N4	知	알 지	🔊 ち	🔊 し(る)
☐☐ 0444 초3 N4	習	익힐 습	🔊 しゅう	🔊 なら(う)
☐☐ 0445 초5 N3	師	스승 사	🔊 し	
☐☐ 0446 초6 N1	恩	은혜 은	🔊 おん	
☐☐ 0447 초4 N3	念	생각 념	🔊 ねん	
☐☐ 0448 초5 N3	留	머무를 류	🔊 りゅう, る	🔊 とど(まる), とど(める)
☐☐ 0449 초4 N3	欠	이지러질 결 (缺)	🔊 けつ	🔊 か(ける), か(く)
☐☐ 0450 초4 N3	単	홀 단(單)	🔊 たん	
☐☐ 0451 초4 N2	刷	인쇄할 쇄	🔊 さつ	🔊 す(る)

□□ 0452 초5 N2	刊	새길 **간**	🔊 かん	
□□ 0453 초5 N2	版	판목 **판**	🔊 はん	
□□ 0454 초5 N2	編	엮을 **편**	🔊 へん	🔊 あ(む)
□□ 0455 초4 N3	辞	말씀 **사**(辭)	🔊 じ	🔊 や(める)
□□ 0456 초6 N2	券	문서 **권**	🔊 けん	
□□ 0457 초3 N1	整	가지런할 **정**	🔊 せい	🔊 ととの(う)
□□ 0458 초6 N3	勤	부지런할 **근** (勤)	🔊 きん, ごん	🔊 つと(まる), つと(める)
□□ 0459 초6 N3	探	찾을 **탐**	🔊 たん	🔊 さぐ(る), さが(す)
□□ 0460 초4 N1	養	기를 **양**	🔊 よう	🔊 やしな(う)
□□ 0461 초6 N2	著	나타날 **저**(著)	🔊 ちょ	🔊 あらわ(す)
□□ 0462 초4 N3	徒	무리 **도**	🔊 と	

☺ **발음에 주의해야 하는 한자 1**

値段	ねだん 가격		合図	あいず 신호
人間	にんげん 인간		青空	あおぞら 푸른 하늘
時計	とけい 시계		部屋	へや 방
再来週	さらいしゅう 다다음 주		息子	むすこ 아들
上手	じょうず 잘함		下手	へた 서투름
土産	みやげ 선물		風邪	かぜ 감기

DAY
15 | **SUBJECT**
위치, 장소(1)

□□ 0463 초1 N5	上	윗 **상**	음 じょう	훈 うえ, あ(げる)
□□ 0464 초1 N5	下	아래 **하**	음 か, げ	훈 さ(がる), した
□□ 0465 초1 N5	左	왼 **좌**	음 さ	훈 ひだり
□□ 0466 초1 N5	右	오른 **우**	음 う, ゆう	훈 みぎ
□□ 0467 초2 N5	東	동녘 **동**	음 とう	훈 ひがし
□□ 0468 초2 N5	西	서녘 **서**	음 せい, さい	훈 にし
□□ 0469 초2 N5	南	남녘 **남**	음 なん	훈 みなみ
□□ 0470 초2 N5	北	북녘 **북**	음 ほく	훈 きた
□□ 0471 초2 N3	内	안 **내**(內)	음 ない, だい	훈 うち
□□ 0472 초2 N5	外	바깥 **외**	음 がい, げ	훈 はず(す), そと
□□ 0473 초2 N5	前	앞 **전**	음 ぜん	훈 まえ
□□ 0474 초2 N5	後	뒤 **후**	음 ご, こう	훈 うし(ろ), あと
□□ 0475 초4 N3	側	곁 **측**	음 そく	훈 がわ
□□ 0476 초3 N3	向	향할 **향**	음 こう	훈 む(かう), む(ける)
□□ 0477 초1 N5	中	가운데 **중**	음 ちゅう, じゅう	훈 なか
□□ 0478 초3 N2	央	가운데 **앙**	음 おう	
□□ 0479 초4 N2	底	밑 **저**	음 てい	훈 そこ

□□ 0480 초2 N3	市	저자 **시**	음 し	훈 いち
□□ 0481 초2 N4	場	마당 **장**	음 じょう	훈 ば
□□ 0482 초2 N4	店	가게 **점**	음 てん	훈 みせ
□□ 0483 초2 N2	戸	집 **호**(戶)	음 こ	훈 と
□□ 0484 초2 N4	室	집 **실**	음 しつ	훈 むろ
□□ 0485 초3 N1	宮	집 **궁**	음 きゅう, ぐう	훈 みや
□□ 0486 초3 N4	屋	집 **옥**	음 おく	훈 や
□□ 0487 초3 N4	院	집 **원**	음 いん	
□□ 0488 초3 N3	局	판 **국**	음 きょく	
□□ 0489 초1 N2	村	마을 **촌**	음 そん	훈 むら
□□ 0490 초2 N1	里	마을 **리**	음 り	훈 さと
□□ 0491 초2 N4	京	서울 **경**	음 きょう, けい	
□□ 0492 초1 N4	町	밭두둑 **정**	음 ちょう	훈 まち
□□ 0493 초2 N4	道	길 **도**(道)	음 どう	훈 みち
□□ 0494 초3 N3	路	길 **로**	음 ろ	훈 じ
□□ 0495 초3 N3	所	바 **소**(所)	음 しょ	훈 ところ
□□ 0496 초2 N2	寺	절 **사**	음 じ	훈 てら
□□ 0497 초3 N4	駅	역 **역**(驛)	음 えき	
□□ 0498 초3 N2	橋	다리 **교**	음 きょう	훈 はし

DAY
16 | SUBJECT 위치, 장소(2)

□□ 0499 초3 N4	館	집 관(館)	음 かん	훈 やかた
□□ 0500 초3 N2	区	구역 구(區)	음 く	
□□ 0501 초3 N2	州	고을 주	음 しゅう	훈 す
□□ 0502 초3 N2	県	고을 현(縣)	음 けん	
□□ 0503 초4 N1	郡	고을 군	음 ぐん	
□□ 0504 초3 N3	都	도읍 도(都)	음 と, つ	훈 みやこ
□□ 0505 초4 N2	府	마을 부	음 ふ	
□□ 0506 초3 N2	庫	곳집 고	음 こ, く	
□□ 0507 초4 N1	街	거리 가	음 がい, かい	훈 まち
□□ 0508 초4 N1	径	지름길 경(徑)	음 けい	
□□ 0509 초4 N1	岐	갈림길 기	음 き	
□□ 0510 초4 N2	辺	가 변(邊)	음 へん	훈 あた(り), べ
□□ 0511 초6 N2	宇	집 우	음 う	
□□ 0512 초6 N1	宙	집 주	음 ちゅう	
□□ 0513 초2 N4	家	집 가	음 か, け	훈 いえ, や
□□ 0514 초6 N3	宅	집 택/댁 댁	음 たく	
□□ 0515 초6 N2	庁	관청 청(廳)	음 ちょう	

□□ 0516 초6 N2	署	마을 서(署)	음 しょ	
□□ 0517 초6 N2	域	지경 역	음 いき	
□□ 0518 초6 N3	段	층계 단	음 だん	
□□ 0519 초4 N3	席	자리 석	음 せき	
□□ 0520 초4 N2	城	성 성	음 じょう	훈 しろ
□□ 0521 초3 N3	港	항구 항(港)	음 こう	훈 みなと
□□ 0522 초4 N1	井	우물 정	음 せい, しょう	훈 い
□□ 0523 초4 N4	的	과녁 적	음 てき	훈 まと
□□ 0524 초4 N2	周	두루 주	음 しゅう	훈 まわ(り)
□□ 0525 초4 N1	倉	곳집 창	음 そう	훈 くら
□□ 0526 초5 N2	境	지경 경	음 きょう, けい	훈 さかい
□□ 0527 초5 N1	墓	무덤 묘	음 ぼ	훈 はか
□□ 0528 초5 N1	舍	집 사(舍)	음 しゃ	
□□ 0529 초5 N2	航	배 항	음 こう	
□□ 0530 초6 N2	裏	속 리	음 り	훈 うら
□□ 0531 초6 N1	郷	시골 향(鄕)	음 きょう, ごう	
□□ 0532 초6 N1	穴	구멍 혈	음 けつ	훈 あな
□□ 0533 초6 N2	層	층 층(層)	음 そう	
□□ 0534 초6 N3	処	곳 처(處)	음 しょ	

DAY 17 | **SUBJECT** 모양, 색깔

□□ 0535 초6 N1	模	본뜰 모	음 も, ぼ	
□□ 0536 초3 N3	様	모양 양(様)	음 よう	훈 さま
□□ 0537 초6 N1	染	물들 염	음 せん	훈 そ(まる), そ(める)
□□ 0538 초2 N4	色	빛 색	음 しょく, しき	훈 いろ
□□ 0539 초1 N5	大	큰 대	음 だい, たい	훈 おお, おお(きい)
□□ 0540 초1 N5	小	작을 소	음 しょう	훈 ちい(さい), こ
□□ 0541 초2 N3	太	클 태	음 た, たい	훈 ふと(い), ふと(る)
□□ 0542 초2 N2	細	가늘 세	음 さい	훈 ほそ(い), こま(かい)
□□ 0543 초2 N5	半	반 반	음 はん	훈 なか(ば)
□□ 0544 초2 N2	角	뿔 각	음 かく	훈 かど, つの
□□ 0545 초2 N2	丸	둥글 환	음 がん	훈 まる, まる(い)
□□ 0546 초5 N2	象	코끼리 상	음 しょう, ぞう	
□□ 0547 초2 N3	形	모양 형	음 けい, ぎょう	훈 かた, かたち
□□ 0548 초5 N2	型	모형 형	음 けい	훈 かた
□□ 0549 초5 N2	像	모양 상	음 ぞう	
□□ 0550 초5 N3	似	닮을 사	음 じ	훈 に(る)
□□ 0551 초5 N3	状	형상 상(狀)	음 じょう	

□□ 0552 초5 N1	態	모습 태	음 たい	
□□ 0553 초2 N4	方	모 방	음 ほう	훈 かた
□□ 0554 초6 N1	姿	모습 자	음 し	훈 すがた
□□ 0555 초4 N2	包	쌀 포(包)	음 ほう	훈 つつ(む)
□□ 0556 초5 N2	囲	에워쌀 위(圍)	음 い	훈 かこ(う), かこ(む)
□□ 0557 초5 N3	雑	섞일 잡(雜)	음 ざつ, ぞう	
□□ 0558 초5 N2	均	고를 균	음 きん	
□□ 0559 초6 N3	刻	새길 각	음 こく	훈 きざ(む)
□□ 0560 초3 N3	化	될 화	음 か, け	훈 ば(ける), ば(かす)
□□ 0561 초6 N2	並	나란히 병(竝)	음 へい	훈 なら(ぶ), なら(べる)
□□ 0562 초5 N4	質	바탕 질	음 しつ, しち	
□□ 0563 초1 N4	赤	붉을 적	음 せき	훈 あか, あか(い)
□□ 0564 초1 N4	青	푸를 청(靑)	음 せい, しょう	훈 あお, あお(い)
□□ 0565 초6 N2	紅	붉을 홍	음 こう, く	훈 べに, くれない
□□ 0566 초3 N2	緑	푸를 록(綠)	음 りょく, ろく	훈 みどり
□□ 0567 초2 N2	黄	누를 황(黃)	음 おう, こう	훈 き, こ
□□ 0568 초1 N5	白	흰 백	음 はく, びゃく	훈 しろ, しろ(い)
□□ 0569 초2 N4	黒	검을 흑(黑)	음 こく	훈 くろ, くろ(い)
□□ 0570 초6 N2	灰	재 회	음 かい	훈 はい

DAY
18 | SUBJECT 물건, 사물

□□ 0571 초3 N4	物	물건 물	음 ぶつ, もつ	훈 もの
□□ 0572 초5 N3	件	물건 건	음 けん	
□□ 0573 초3 N4	品	물건 품	음 ひん	훈 しな
□□ 0574 초6 N2	巻	책 권(卷)	음 かん	훈 ま(く), ま(き)
□□ 0575 초4 N2	印	도장 인	음 いん	훈 しるし
□□ 0576 초4 N2	衣	옷 의	음 い	훈 ころも
□□ 0577 초1 N2	玉	구슬 옥	음 ぎょく	훈 たま
□□ 0578 초6 N1	銭	돈 전(錢)	음 せん	훈 ぜに
□□ 0579 초4 N2	帯	띠 대(帶)	음 たい	훈 お(びる), おび
□□ 0580 초4 N3	束	묶을 속	음 そく	훈 たば
□□ 0581 초6 N3	窓	창 창	음 そう	훈 まど
□□ 0582 초2 N2	門	문 문	음 もん	훈 かど
□□ 0583 초2 N1	矢	화살 시	음 し	훈 や
□□ 0584 초2 N1	弓	활 궁	음 きゅう	훈 ゆみ
□□ 0585 초6 N2	干	방패 간	음 かん	훈 ひ(る), ほ(す)
□□ 0586 초2 N1	刀	칼 도	음 とう	훈 かたな
□□ 0587 초6 N2	宝	보배 보(寶)	음 ほう	훈 たから

□□ 0588 초3 N1	帳	휘장 **장**	음 ちょう	
□□ 0589 초4 N1	鏡	거울 **경**	음 きょう	훈 かがみ
□□ 0590 초4 N2	灯	등불 **등**(燈)	음 とう	훈 ひ
□□ 0591 초3 N3	箱	상자 **상**		훈 はこ
□□ 0592 초4 N2	管	대롱 **관**	음 かん	훈 くだ
□□ 0593 초6 N1	磁	자석 **자**	음 じ	
□□ 0594 초4 N1	巣	새집 **소**(巢)	음 そう	훈 す
□□ 0595 초1 N2	糸	실 **사**(絲)	음 し	훈 いと
□□ 0596 초4 N1	縄	노끈 **승**(繩)	음 じょう	훈 なわ
□□ 0597 초6 N2	棒	막대 **봉**	음 ぼう	
□□ 0598 초3 N2	柱	기둥 **주**	음 ちゅう	훈 はしら
□□ 0599 초4 N3	機	베틀 **기**	음 き	훈 はた
□□ 0600 초4 N2	械	기계 **계**	음 かい	
□□ 0601 초4 N2	札	편지 **찰**	음 さつ	훈 ふだ
□□ 0602 초6 N2	机	책상 **궤**	음 き	훈 つくえ
□□ 0603 초1 N5	車	수레 **차/거**	음 しゃ	훈 くるま
□□ 0604 초4 N2	輪	바퀴 **륜**	음 りん	훈 わ
□□ 0605 초2 N3	船	배 **선**(船)	음 せん	훈 ふね, ふな
□□ 0606 초4 N1	旗	기 **기**	음 き	훈 はた

DAY 19 | SUBJECT 문화, 예술

		뜻/음	음독	훈독
□□ 0607 초1 N4	音	소리 음	おん, いん	おと, ね
□□ 0608 초2 N3	声	소리 성(聲)	せい	こえ, こわ
□□ 0609 초2 N4	楽	노래 악/즐거울 락(樂)	がく, らく	たの(しい), たの(しむ)
□□ 0610 초2 N4	歌	노래 가	か	うた, うた(う)
□□ 0611 초3 N3	曲	굽을 곡	きょく	ま(がる), ま(げる)
□□ 0612 초2 N4	画	그림 화(畵)	が, かく	
□□ 0613 초2 N3	絵	그림 회(繪)	かい, え	
□□ 0614 초2 N4	図	그림 도(圖)	ず, と	はか(る)
□□ 0615 초2 N3	才	재주 재	さい	
□□ 0616 초5 N3	能	능할 능	のう	
□□ 0617 초5 N2	技	재주 기	ぎ	わざ
□□ 0618 초5 N3	術	재주 술	じゅつ	
□□ 0619 초3 N2	祭	제사 제	さい	まつ(る), まつ(り)
□□ 0620 초4 N2	芸	재주 예(藝)	げい	
□□ 0621 초4 N3	完	완전할 완	かん	
□□ 0622 초3 N1	笛	피리 적	てき	ふえ
□□ 0623 초4 N1	票	표 표	ひょう	

☐☐ 0624 [초4] N3	差	다를 **차**	🔊 さ	🔈 さ(す)
☐☐ 0625 [초4] N3	伝	전할 **전**(傳)	🔊 でん	🔈 つた(わる), つた(える)
☐☐ 0626 [초5] N3	迷	미혹할 **미**(迷)	🔊 めい	🔈 まよ(う)
☐☐ 0627 [초4] N1	唱	부를 **창**	🔊 しょう	🔈 とな(える)
☐☐ 0628 [초5] N3	演	펼 **연**	🔊 えん	
☐☐ 0629 [초6] N1	奏	아뢸 **주**	🔊 そう	🔈 かな(でる)
☐☐ 0630 [초5] N3	限	한할 **한**	🔊 げん	🔈 かぎ(る)
☐☐ 0631 [초6] N3	供	이바지할 **공**	🔊 きょう, く	🔈 そな(える), とも
☐☐ 0632 [초6] N1	俳	배우 **배**	🔊 はい	
☐☐ 0633 [초6] N2	延	늘일 **연**	🔊 えん	🔈 の(ばす), の(びる)
☐☐ 0634 [초6] N2	劇	심할 **극**	🔊 げき	
☐☐ 0635 [초6] N1	覧	볼 **람**(覽)	🔊 らん	
☐☐ 0636 [초6] N1	遺	남길 **유**(遺)	🔊 い, ゆい	
☐☐ 0637 [초6] N1	展	펼 **전**	🔊 てん	
☐☐ 0638 [초6] N1	揮	휘두를 **휘**	🔊 き	
☐☐ 0639 [초6] N4	映	비칠 **영**	🔊 えい	🔈 うつ(る), うつ(す)
☐☐ 0640 [초3] N4	写	베낄 **사**(寫)	🔊 しゃ	🔈 うつ(る), うつ(す)

DAY
20 | SUBJECT 여가, 일상

□□ 0641 초1 N5	休	쉴 휴	음 きゅう	훈 やす(まる), やす(む)	
□□ 0642 초3 N3	息	쉴 식	음 そく	훈 いき	
□□ 0643 초5 N3	居	살 거	음 きょ	훈 い(る)	
□□ 0644 초3 N4	住	살 주	음 じゅう	훈 す(む), す(まう)	
□□ 0645 초6 N3	座	앉을 좌/ 자리 좌	음 ざ	훈 すわ(る)	
□□ 0646 초3 N4	着	붙을 착	음 ちゃく	훈 き(る), つ(く)	
□□ 0647 초3 N4	服	옷 복	음 ふく		
□□ 0648 초3 N4	起	일어날 기	음 き	훈 お(きる), お(こす)	
□□ 0649 초4 N2	浴	목욕할 욕	음 よく	훈 あ(びる), あ(びせる)	
□□ 0650 초3 N3	宿	잘 숙	음 しゅく	훈 やど, やど(る)	
□□ 0651 초3 N4	旅	나그네 려(旅)	음 りょ	훈 たび	
□□ 0652 초3 N3	遊	놀 유(遊)	음 ゆう	훈 あそ(ぶ)	
□□ 0653 초4 N3	老	늙을 로	음 ろう	훈 お(いる), ふ(ける)	
□□ 0654 초2 N3	活	살 활	음 かつ		
□□ 0655 초4 N3	産	낳을 산	음 さん	훈 う(まれる), う(む)	
□□ 0656 초6 N1	誕	낳을 탄	음 たん		
□□ 0657 초5 N3	夢	꿈 몽	음 む	훈 ゆめ	

☐☐ 0658 초5 N1	独	홀로 독(獨)	음 どく	훈 ひと(り)
☐☐ 0659 초5 N3	常	항상 상	음 じょう	훈 つね, とこ
☐☐ 0660 초6 N3	困	곤할 곤	음 こん	훈 こま(る)
☐☐ 0661 초4 N3	連	잇달을 련(連)	음 れん	훈 つ(れる), つら(なる)
☐☐ 0662 초5 N2	移	옮길 이	음 い	훈 うつ(る), うつ(す)
☐☐ 0663 초3 N4	運	옮길 운(運)	음 うん	훈 はこ(ぶ)
☐☐ 0664 초5 N2	停	머무를 정	음 てい	
☐☐ 0665 초6 N2	捨	버릴 사(捨)	음 しゃ	훈 す(てる)
☐☐ 0666 초6 N2	拝	절 배(拜)	음 はい	훈 おが(む)
☐☐ 0667 초5 N2	採	캘 채	음 さい	
☐☐ 0668 초6 N1	射	쏠 사	음 しゃ	훈 い(る)
☐☐ 0669 초4 N3	満	찰 만(滿)	음 まん	훈 み(ちる), み(たす)
☐☐ 0670 초6 N1	秘	숨길 비	음 ひ	훈 ひ(める)
☐☐ 0671 초6 N1	密	빽빽할 밀	음 みつ	
☐☐ 0672 초4 N3	観	볼 관(觀)	음 かん	
☐☐ 0673 초6 N2	補	기울 보	음 ほ	훈 おぎな(う)
☐☐ 0674 초5 N1	織	짤 직	음 しょく, しき	훈 お(る)
☐☐ 0675 초5 N3	慣	익숙할 관	음 かん	훈 な(れる), な(らす)
☐☐ 0676 초5 N1	飼	기를 사(飼)	음 し	훈 か(う)

DAY
21 | SUBJECT 일, 직업(1)

□□ 0677 초2 N4	会	모일 회(會)	昌 かい, え	畏 あ(う)
□□ 0678 초2 N4	社	모일 사(社)	昌 しゃ	畏 やしろ
□□ 0679 초3 N4	仕	섬길 사	昌 し	畏 つか(える)
□□ 0680 초3 N4	事	일 사	昌 じ	畏 こと
□□ 0681 초2 N4	工	장인 공	昌 こう, く	
□□ 0682 초3 N4	員	인원 원	昌 いん	
□□ 0683 초6 N1	就	나아갈 취	昌 しゅう, じゅ	畏 つ(く), つ(ける)
□□ 0684 초5 N3	職	직분 직	昌 しょく	
□□ 0685 초3 N4	業	업 업	昌 ぎょう, ごう	畏 わざ
□□ 0686 초3 N3	商	장사 상	昌 しょう	畏 あきな(う)
□□ 0687 초5 N3	務	힘쓸 무	昌 む	畏 つと(まる), つと(める)
□□ 0688 초4 N1	司	맡을 사	昌 し	
□□ 0689 초5 N1	弁	고깔 변/ 말씀 변(辯)	昌 べん	
□□ 0690 초5 N1	士	선비 사	昌 し	
□□ 0691 초4 N1	博	넓을 박(博)	昌 はく, ばく	
□□ 0692 초3 N4	医	의원 의(醫)	昌 い	
□□ 0693 초4 N2	漁	고기 잡을 어	昌 ぎょ, りょう	

□□ 0694 초6 N2	郵	우편 **우**	음 ゆう	
□□ 0695 초5 N2	講	읽을 **강**/욀 **강**	음 こう	
□□ 0696 초6 N2	專	오로지 **전**(專)	음 せん	훈 もっぱ(ら)
□□ 0697 초5 N3	示	보일 **시**	음 し, じ	훈 しめ(す)
□□ 0698 초1 N4	立	설 **립**	음 りつ	훈 た(つ), た(てる)
□□ 0699 초2 N3	記	기록할 **기**	음 き	훈 しる(す)
□□ 0700 초4 N2	錄	기록할 **록**(錄)	음 ろく	
□□ 0701 초6 N1	系	맬 **계**	음 けい	
□□ 0702 초3 N3	列	벌일 **렬**	음 れつ	
□□ 0703 초2 N3	合	합할 **합**	음 ごう, がっ	훈 あ(う), あ(わせる)
□□ 0704 초3 N4	送	보낼 **송**(送)	음 そう	훈 おく(る)
□□ 0705 초2 N3	組	짤 **조**	음 そ	훈 く(む), くみ
□□ 0706 초3 N3	調	고를 **조**	음 ちょう	훈 しら(べる), ととの(える)
□□ 0707 초5 N1	屬	무리 **속**(屬)	음 ぞく	
□□ 0708 초5 N2	賞	상 줄 **상**	음 しょう	
□□ 0709 초5 N1	修	닦을 **수**	음 しゅう, しゅ	훈 おさ(まる), おさ(める)
□□ 0710 초5 N2	築	쌓을 **축**	음 ちく	훈 きず(く)
□□ 0711 초6 N2	簡	대쪽 **간**	음 かん	
□□ 0712 초3 N4	集	모을 **집**	음 しゅう	훈 あつ(まる), あつ(める)

DAY **SUBJECT**

22 | 일, 직업(2)

□□ 0713 [초4] N3	労	일할 로(勞)	㉿ ろう	
□□ 0714 [초4] N3	働	일할 동	㉿ どう	㉞ はたら(く)
□□ 0715 [초3] N4	研	갈 연(硏)	㉿ けん	㉞ と(ぐ)
□□ 0716 [초3] N4	究	연구할 구	㉿ きゅう	㉞ きわ(める)
□□ 0717 [초2] N4	売	팔 매(賣)	㉿ ばい	㉞ う(れる), う(る)
□□ 0718 [초2] N4	買	살 매	㉿ ばい	㉞ か(う)
□□ 0719 [초3] N4	開	열 개	㉿ かい	㉞ ひら(く), あ(く)
□□ 0720 [초6] N3	閉	닫을 폐	㉿ へい	㉞ し(まる), し(める)
□□ 0721 [초3] N3	客	손 객	㉿ きゃく, かく	
□□ 0722 [초5] N2	団	둥글 단(團)	㉿ だん, とん	
□□ 0723 [초5] N2	比	견줄 비	㉿ ひ	㉞ くら(べる)
□□ 0724 [초4] N3	成	이룰 성	㉿ せい, じょう	㉞ な(る), な(す)
□□ 0725 [초4] N3	残	남을 잔(殘)	㉿ ざん	㉞ のこ(る), のこ(す)
□□ 0726 [초4] N3	参	참여할 참(參)	㉿ さん	㉞ まい(る)
□□ 0727 [초6] N2	預	맡길 예/ 미리 예	㉿ よ	㉞ あず(かる), あず(ける)
□□ 0728 [초6] N2	担	멜 담(擔)	㉿ たん	㉞ かつ(ぐ), にな(う)
□□ 0729 [초5] N2	耕	밭 갈 경	㉿ こう	㉞ たがや(す)

☐☐ 0730 초5 N3	精	정할 **정**(精)	음 せい, しょう
☐☐ 0731 초5 N1	率	비율 **률**/ 거느릴 **솔**	음 りつ, そつ	훈 ひき(いる)
☐☐ 0732 초6 N2	誌	기록할 **지**	음 し
☐☐ 0733 초5 N1	製	지을 **제**	음 せい
☐☐ 0734 초4 N1	賀	하례할 **하**	음 が
☐☐ 0735 초4 N4	建	세울 **건**	음 けん, こん	훈 た(つ), た(てる)
☐☐ 0736 초5 N3	識	알 **식**	음 しき
☐☐ 0737 초4 N3	積	쌓을 **적**	음 せき	훈 つ(もる), つ(む)
☐☐ 0738 초6 N1	操	잡을 **조**	음 そう	훈 みさお, あやつ(る)
☐☐ 0739 초6 N2	装	꾸밀 **장**(裝)	음 そう, しょう	훈 よそお(う)
☐☐ 0740 초4 N3	達	통달할 **달**(達)	음 たつ

☺ **발음에 주의해야 하는 한자 2**

昨日	きのう 어제		今年	ことし 올해
今朝	けさ 오늘 아침		大人	おとな 어른
友達	ともだち 친구		果物	くだもの 과일
手品	てじな 마술, 속임수		黄金	おうごん 황금
景色	けしき 경치		白髪	しらが 백발
芝生	しばふ 잔디		八百屋	やおや 채소 가게

DAY
23 | SUBJECT 사람, 이름

□□ 0741 [초1] N5	人	사람 **인**	음 じん, にん	훈 ひと
□□ 0742 [초1] N5	子	아들 **자**	음 し, す	훈 こ
□□ 0743 [초1] N5	男	사내 **남**	음 だん, なん	훈 おとこ
□□ 0744 [초1] N5	女	여자 **녀**	음 じょ, にょう	훈 おんな, め
□□ 0745 [초2] N5	父	아버지 **부**	음 ふ	훈 ちち
□□ 0746 [초2] N5	母	어머니 **모**	음 ぼ	훈 はは
□□ 0747 [초2] N4	兄	형 **형**	음 きょう, けい	훈 あに
□□ 0748 [초2] N4	弟	아우 **제**	음 だい, で	훈 おとうと
□□ 0749 [초2] N4	姉	손위 누이 **자** (姉)	음 し	훈 あね
□□ 0750 [초2] N4	妹	손아래 누이 **매**	음 まい	훈 いもうと
□□ 0751 [초4] N3	夫	지아비 **부**	음 ふ, ふう	훈 おっと
□□ 0752 [초5] N3	婦	며느리 **부**(婦)	음 ふ	
□□ 0753 [초5] N3	妻	아내 **처**	음 さい	훈 つま
□□ 0754 [초5] N3	祖	할아버지 **조** (祖)	음 そ	
□□ 0755 [초4] N2	孫	손자 **손**	음 そん	훈 まご
□□ 0756 [초4] N2	児	아이 **아**(兒)	음 じ, に	
□□ 0757 [초3] N2	童	아이 **동**	음 どう	훈 わらべ

□□ 0758 초6 N4	私	사사 **사**	음 し	훈 わたくし, わたし
□□ 0759 초6 N1	我	나 **아**	음 が	훈 われ, わ
□□ 0760 초2 N5	友	벗 **우**	음 ゆう	훈 とも
□□ 0761 초1 N5	名	이름 **명**	음 めい, みょう	훈 な
□□ 0762 초4 N1	氏	성씨 **씨**	음 し	훈 うじ
□□ 0763 초3 N3	号	이름 **호**(號)	음 ごう	
□□ 0764 초4 N1	媛	여자 **원**	음 えん	훈 ひめ
□□ 0765 초4 N1	奈	어찌 **내/나**	음 な	
□□ 0766 초4 N1	岡	언덕 **강**		훈 おか
□□ 0767 초4 N1	阜	언덕 **부**	음 ふ	
□□ 0768 초4 N3	阪	언덕 **판**	음 はん	훈 さか
□□ 0769 초4 N1	沖	화할 **충**	음 ちゅう	훈 おき
□□ 0770 초4 N1	滋	불을 **자**	음 じ	
□□ 0771 초4 N1	佐	도울 **좌**	음 さ	
□□ 0772 초4 N1	埼	갑 **기**		훈 さい
□□ 0773 초4 N1	崎	험할 **기**		훈 さき
□□ 0774 초4 N1	潟	개펄 **석**		훈 かた
□□ 0775 초4 N1	茨	가시나무 **자**		훈 いばら
□□ 0776 초4 N1	栃	상수리나무 **회**		훈 とち

DAY
24 | SUBJECT 나라, 지위

☐☐ 0777 초2 N5	国	나라 **국**(國)	음 こく	훈 くに
☐☐ 0778 초1 N4	力	힘 **력**	음 りょく, りき	훈 ちから
☐☐ 0779 초4 N3	位	자리 **위**	음 い	훈 くらい
☐☐ 0780 초3 N4	主	주인 **주**	음 しゅ, す	훈 ぬし, おも
☐☐ 0781 초3 N3	全	온전할 **전**	음 ぜん	훈 すべ(て), まった(く)
☐☐ 0782 초6 N1	仁	어질 **인**	음 じん	
☐☐ 0783 초3 N2	委	맡길 **위**	음 い	훈 ゆだ(ねる)
☐☐ 0784 초5 N3	任	맡길 **임**	음 にん	훈 まか(す), まか(せる)
☐☐ 0785 초1 N3	王	임금 **왕**	음 おう	
☐☐ 0786 초3 N3	君	임금 **군**	음 くん	훈 きみ
☐☐ 0787 초6 N1	皇	임금 **황**	음 こう, おう	
☐☐ 0788 초6 N1	后	임금 **후**/ 왕후 **후**	음 こう	훈 きさき
☐☐ 0789 초4 N2	臣	신하 **신**	음 しん, じん	
☐☐ 0790 초2 N4	公	공평할 **공**	음 こう	훈 おおやけ
☐☐ 0791 초2 N4	元	으뜸 **원**	음 げん, がん	훈 もと
☐☐ 0792 초2 N3	原	근원 **원**	음 げん	훈 はら
☐☐ 0793 초6 N1	忠	충성할 **충**	음 ちゅう	

□□ 0794 初3 N4	意	뜻 의	음 い	
□□ 0795 初2 N4	理	다스릴 리	음 り	
□□ 0796 初3 N4	真	참 진(眞)	음 しん	훈 ま
□□ 0797 初4 N2	副	버금 부	음 ふく	
□□ 0798 初3 N3	福	복 복(福)	음 ふく	
□□ 0799 初4 N3	官	벼슬 관/ 관청 관	음 かん	
□□ 0800 初6 N1	陛	대궐 섬돌 폐	음 へい	
□□ 0801 初4 N3	民	백성 민	음 みん	훈 たみ
□□ 0802 初3 N4	族	겨레 족	음 ぞく	
□□ 0803 初3 N4	漢	한나라 한(漢)	음 かん	
□□ 0804 初2 N3	直	곧을 직	음 ちょく, じき	훈 なお(る), なお(す)
□□ 0805 初3 N3	係	맬 계	음 けい	훈 かか(る), かか(り)
□□ 0806 初5 N2	総	다 총(總)	음 そう	
□□ 0807 初3 N3	部	떼 부	음 ぶ	
□□ 0808 初3 N3	礼	예도 례(禮)	음 れい, らい	
□□ 0809 初3 N3	役	부릴 역	음 やく, えき	
□□ 0810 初6 N3	頂	정수리 정	음 ちょう	훈 いただ(く), いただき
□□ 0811 初3 N3	平	평평할 평	음 へい, びょう	훈 たい(ら), ひら
□□ 0812 初6 N3	亡	망할 망	음 ぼう, もう	훈 な(い)

49

DAY
25 | **SUBJECT** 무역, 경제(1)

□□ 0813 초2 N5	高	높을 고	음 こう	훈 たか(い), たか(める)	
□□ 0814 초3 N4	安	편안할 안	음 あん	훈 やす(い)	
□□ 0815 초5 N1	価	값 가(價)	음 か	훈 あたい	
□□ 0816 초6 N3	値	값 치	음 ち	훈 ね, あたい	
□□ 0817 초2 N3	当	마땅할 당(當)	음 とう	훈 あ(たる), あ(てる)	
□□ 0818 초5 N2	税	세금 세	음 ぜい		
□□ 0819 초5 N2	貿	무역할 무	음 ぼう		
□□ 0820 초2 N2	算	셈 산	음 さん		
□□ 0821 초2 N4	計	셀 계	음 けい	훈 はか(る), はか(らう)	
□□ 0822 초2 N3	数	셈 수(數)	음 すう	훈 かず, かぞ(える)	
□□ 0823 초5 N3	費	쓸 비	음 ひ	훈 つい(える), つい(やす)	
□□ 0824 초5 N3	資	재물 자	음 し		
□□ 0825 초6 N1	賃	품삯 임	음 ちん		
□□ 0826 초5 N2	貯	쌓을 저	음 ちょ		
□□ 0827 초5 N3	財	재물 재	음 ざい, さい		
□□ 0828 초4 N2	貨	재물 화	음 か		
□□ 0829 초5 N3	経	지날 경(經)	음 けい, きょう	훈 へ(る)	

☐☐ 0830 초6 N3	済	건널 **제**(濟)	음 さい	훈 す(む), す(ます)
☐☐ 0831 초5 N2	営	경영할 **영**(營)	음 えい	훈 いとな(む)
☐☐ 0832 초6 N1	株	그루 **주**		훈 かぶ
☐☐ 0833 초5 N3	増	더할 **증**(增)	음 ぞう	훈 ふ(える), ふ(やす)
☐☐ 0834 초4 N3	加	더할 **가**	음 か	훈 くわ(わる), くわ(える)
☐☐ 0835 초3 N3	落	떨어질 **락**	음 らく	훈 お(ちる), お(とす)
☐☐ 0836 초5 N2	減	덜 **감**	음 げん	훈 へ(る), へ(らす)
☐☐ 0837 초6 N3	割	벨 **할**	음 かつ	훈 わ(れる), わ(る)
☐☐ 0838 초5 N2	損	덜 **손**	음 そん	훈 そこ(なう), そこ(ねる)
☐☐ 0839 초6 N1	縮	줄일 **축**	음 しゅく	훈 ちぢ(む), ちぢ(める)
☐☐ 0840 초3 N2	倍	곱 **배**	음 ばい	
☐☐ 0841 초3 N3	配	나눌 **배**	음 はい	훈 くば(る)
☐☐ 0842 초3 N3	決	결정할 **결**	음 けつ	훈 き(まる), き(める)
☐☐ 0843 초4 N4	借	빌릴 **차**	음 しゃく	훈 か(りる)
☐☐ 0844 초3 N4	発	필 **발**(發)	음 はつ, ほつ	
☐☐ 0845 초4 N2	各	각각 **각**	음 かく	훈 おのおの
☐☐ 0846 초4 N2	量	헤아릴 **량**	음 りょう	훈 はか(る)
☐☐ 0847 초5 N2	測	헤아릴 **측**	음 そく	훈 はか(る)
☐☐ 0848 초4 N3	努	힘쓸 **노**	음 ど	훈 つと(める)

51

DAY
26 | SUBJECT 무역, 경제(2)

☐☐ 0849 초5 N2	輸	보낼 **수**(輸)	음 ゆ	
☐☐ 0850 초5 N2	設	베풀 **설**	음 せつ	훈 もう(ける)
☐☐ 0851 초4 N3	利	이로울 **리**	음 り	훈 き(く)
☐☐ 0852 초5 N1	益	더할 **익**	음 えき, やく	
☐☐ 0853 초5 N4	貸	빌릴 **대**	음 たい	훈 か(す)
☐☐ 0854 초5 N3	得	얻을 **득**	음 とく	훈 え(る), う(る)
☐☐ 0855 초6 N1	納	들일 **납**(納)	음 のう, なっ	훈 おさ(まる), おさ(める)
☐☐ 0856 초4 N3	共	한가지 **공**	음 きょう	훈 とも
☐☐ 0857 초4 N3	富	부유할 **부**	음 ふ, ふう	훈 と(む), とみ
☐☐ 0858 초5 N3	程	한도 **정**	음 てい	훈 ほど
☐☐ 0859 초6 N1	班	나눌 **반**	음 はん	
☐☐ 0860 초5 N3	格	격식 **격**	음 かく, こう	
☐☐ 0861 초5 N2	禁	금할 **금**	음 きん	
☐☐ 0862 초3 N3	定	정할 **정**	음 てい, じょう	훈 さだ(まる), さだ(める)
☐☐ 0863 초5 N3	余	남을 **여**(餘)	음 よ	훈 あま(る), あま(す)
☐☐ 0864 초5 N1	往	갈 **왕**	음 おう	
☐☐ 0865 초5 N1	衛	지킬 **위**	음 えい	

□□ 0866 초5 N3	因	인할 **인**	음 いん	훈 よ(る)
□□ 0867 초6 N1	拡	넓힐 **확(擴)**	음 かく	
□□ 0868 초6 N1	盟	맹세 **맹**	음 めい	
□□ 0869 초4 N3	給	줄 **급**	음 きゅう	
□□ 0870 초5 N2	績	길쌈할 **적**	음 せき	
□□ 0871 초6 N3	訪	방문할 **방**	음 ほう	훈 たず(ねる)
□□ 0872 초3 N3	具	갖출 **구(具)**	음 ぐ	
□□ 0873 초5 N2	再	두 **재**	음 さい, さ	훈 ふたた(び)
□□ 0874 초5 N1	基	터 **기**	음 き	훈 もと, もとい
□□ 0875 초5 N3	際	즈음 **제**	음 さい	훈 きわ
□□ 0876 초5 N3	制	절제할 **제**	음 せい	
□□ 0877 초5 N1	条	가지 **조(條)**	음 じょう	
□□ 0878 초6 N1	盛	성할 **성**	음 せい, じょう	훈 も(る), さか(ん)
□□ 0879 초4 N1	標	표할 **표**	음 ひょう	
□□ 0880 초5 N2	査	조사할 **사**	음 さ	
□□ 0881 초3 N3	流	흐를 **류**	음 りゅう, る	훈 なが(れる), なが(す)
□□ 0882 초3 N3	追	쫓을 **추(追)**	음 つい	훈 お(う)
□□ 0883 초5 N1	救	구원할 **구**	음 きゅう	훈 すく(う)
□□ 0884 초3 N3	助	도울 **조**	음 じょ	훈 たす(かる), たす(ける)

DAY | SUBJECT
27 | **정치, 법(1)**

☐☐ 0885 초5 N3	政	정사 **정**	읽 せい, しょう	훈 まつりごと
☐☐ 0886 초4 N3	治	다스릴 **치**	읽 じ, ち	훈 おさ(める), なお(す)
☐☐ 0887 초3 N4	世	인간 **세**	읽 せい, せ	훈 よ
☐☐ 0888 초3 N4	界	지경 **계**	읽 かい	
☐☐ 0889 초1 N4	正	바를 **정**	읽 しょう, せい	훈 ただ(しい), ただ(す)
☐☐ 0890 초5 N3	可	옳을 **가**	읽 か	
☐☐ 0891 초4 N3	法	법 **법**	읽 ほう	
☐☐ 0892 초6 N2	律	법칙 **률**	읽 りつ	
☐☐ 0893 초5 N3	規	법 **규**	읽 き	
☐☐ 0894 초5 N2	則	법칙 **칙**	읽 そく	
☐☐ 0895 초3 N3	式	법 **식**	읽 しき	
☐☐ 0896 초4 N1	典	법 **전**	읽 てん	
☐☐ 0897 초6 N1	憲	법 **헌**	읽 けん	
☐☐ 0898 초5 N2	武	호반 **무**	읽 ぶ, む	
☐☐ 0899 초3 N3	命	목숨 **명**	읽 めい, みょう	훈 いのち
☐☐ 0900 초4 N2	令	하여금 **령**	읽 れい	
☐☐ 0901 초4 N1	德	덕 **덕**(德)	읽 とく	

☐☐ 0902 초3 N1	昭	밝을 소	읍 しょう	
☐☐ 0903 초4 N1	功	공 공	읍 こう, く	
☐☐ 0904 초4 N2	栄	영화 영(榮)	읍 えい	훈 さか(える), は(える)
☐☐ 0905 초4 N3	察	살필 찰	읍 さつ	
☐☐ 0906 초5 N1	義	옳을 의	읍 ぎ	
☐☐ 0907 초5 N2	導	인도할 도(導)	읍 どう	훈 みちび(く)
☐☐ 0908 초5 N1	保	지킬 보	읍 ほ	훈 たも(つ)
☐☐ 0909 초4 N2	軍	군사 군	읍 ぐん	
☐☐ 0910 초4 N2	兵	군사 병	읍 へい, ひょう	
☐☐ 0911 초5 N2	歴	지낼 력(歷)	읍 れき	
☐☐ 0912 초5 N2	史	사기 사	읍 し	
☐☐ 0913 초5 N2	領	거느릴 령	읍 りょう	
☐☐ 0914 초5 N3	寄	부칠 기	읍 き	훈 よ(る), よ(せる)
☐☐ 0915 초5 N3	報	갚을 보	읍 ほう	훈 むく(いる)
☐☐ 0916 초5 N2	複	겹칠 복	읍 ふく	
☐☐ 0917 초5 N1	評	평할 평	읍 ひょう	
☐☐ 0918 초4 N1	隊	무리 대	읍 たい	
☐☐ 0919 초5 N4	堂	집 당	읍 どう	
☐☐ 0920 초5 N2	勢	형세 세	읍 せい	훈 いきお(い)

DAY
28 | SUBJECT 정치, 법(2)

□□ 0921 초2 N4	強	강할 강(强)	음 きょう, ごう	훈 つよ(い), つよ(まる)
□□ 0922 초2 N2	弱	약할 약	음 じゃく	훈 よわ(い), よわ(まる)
□□ 0923 초6 N1	批	비평할 비	음 ひ	
□□ 0924 초5 N3	判	판단할 판	음 はん, ばん	
□□ 0925 초6 N1	裁	마를 재	음 さい	훈 さば(く), た(つ)
□□ 0926 초6 N1	宣	베풀 선	음 せん	
□□ 0927 초6 N3	警	경계할 경	음 けい	
□□ 0928 초6 N2	党	무리 당(黨)	음 とう	
□□ 0929 초6 N1	衆	무리 중	음 しゅう, しゅ	
□□ 0930 초4 N2	群	무리 군	음 ぐん	훈 む(れる), む(れ)
□□ 0931 초6 N1	派	갈래 파	음 は	
□□ 0932 초6 N1	閣	집 각	음 かく	
□□ 0933 초6 N3	権	권세 권(權)	음 けん, ごん	
□□ 0934 초4 N3	議	의논할 의	음 ぎ	
□□ 0935 초6 N3	退	물러날 퇴(退)	음 たい	훈 しりぞ(く)
□□ 0936 초6 N2	承	이을 승	음 しょう	훈 うけたまわ(る)
□□ 0937 초6 N1	臨	임할 림	음 りん	훈 のぞ(む)

□□ 0938 초6 N1	策	꾀 **책**	🔈 さく	
□□ 0939 초5 N2	準	준할 **준**	🔈 じゅん	
□□ 0940 초5 N3	備	갖출 **비**	🔈 び	🔈 そな(える)
□□ 0941 초5 N3	罪	허물 **죄**	🔈 ざい	🔈 つみ
□□ 0942 초5 N1	証	증거 **증**(證)	🔈 しょう	
□□ 0943 초5 N3	支	지탱할 **지**	🔈 し	🔈 ささ(える)
□□ 0944 초5 N1	志	뜻 **지**	🔈 し	🔈 こころざし
□□ 0945 초5 N3	賛	도울 **찬**(贊)	🔈 さん	
□□ 0946 초5 N3	責	꾸짖을 **책**	🔈 せき	🔈 せ(める)
□□ 0947 초4 N3	戦	싸움 **전**(戰)	🔈 せん	🔈 いくさ, たたか(う)
□□ 0948 초4 N3	争	다툴 **쟁**	🔈 そう	🔈 あらそ(う)
□□ 0949 초4 N3	敗	패할 **패**	🔈 はい	🔈 やぶ(れる)
□□ 0950 초5 N2	逆	거스를 **역**(逆)	🔈 ぎゃく	🔈 さか(らう)
□□ 0951 초5 N2	防	막을 **방**	🔈 ぼう	🔈 ふせ(ぐ)
□□ 0952 초5 N3	犯	범할 **범**	🔈 はん	🔈 おか(す)
□□ 0953 초5 N2	暴	사나울 **폭**	🔈 ぼう, ばく	🔈 あば(れる), あば(く)
□□ 0954 초6 N2	乱	어지러울 **란** (亂)	🔈 らん	🔈 みだ(れる), みだ(す)
□□ 0955 초5 N1	統	거느릴 **통**	🔈 とう	🔈 す(べる)
□□ 0956 초5 N1	検	검사할 **검**(檢)	🔈 けん	

DAY
29 | SUBJECT 동사

번호	한자	뜻·음	음독	훈독
□□ 0957 초1 N5	生	날 생	음 せい, しょう	훈 い(きる), う(まれる)
□□ 0958 초3 N4	死	죽을 사	음 し	훈 し(ぬ)
□□ 0959 초5 N3	殺	죽일 살/ 빠를 쇄(殺)	음 さつ, せつ	훈 ころ(す)
□□ 0960 초6 N3	呼	부를 호	음 こ	훈 よ(ぶ)
□□ 0961 초2 N4	帰	돌아갈 귀(歸)	음 き	훈 かえ(る), かえ(す)
□□ 0962 초2 N4	歩	걸음 보(步)	음 ほ, ぶ	훈 ある(く), あゆ(む)
□□ 0963 초2 N4	走	달릴 주	음 そう	훈 はし(る)
□□ 0964 초2 N4	止	그칠 지	음 し	훈 と(まる), と(める)
□□ 0965 초3 N4	去	갈 거	음 きょ, こ	훈 さ(る)
□□ 0966 초5 N3	過	지날 과(過)	음 か	훈 す(ぎる), あやま(ち)
□□ 0967 초6 N2	届	이를 계(屆)		훈 とど(く), とど(ける)
□□ 0968 초2 N3	回	돌아올 회	음 かい, え	훈 まわ(る), まわ(す)
□□ 0969 초4 N3	付	줄 부	음 ふ	훈 つ(く), つ(ける)
□□ 0970 초3 N4	急	급할 급(急)	음 きゅう	훈 いそ(ぐ)
□□ 0971 초3 N4	待	기다릴 대	음 たい	훈 ま(つ)
□□ 0972 초1 N5	見	볼 견	음 けん	훈 み(る), み(せる)
□□ 0973 초2 N4	用	쓸 용	음 よう	훈 もち(いる)

□□ 0974 초3 N4	問	물을 문	음 もん	훈 と(う), と(い)
□□ 0975 초3 N3	受	받을 수	음 じゅ	훈 う(ける), う(かる)
□□ 0976 초4 N2	照	비칠 조	음 しょう	훈 て(る), て(らす)
□□ 0977 초3 N3	勝	이길 승	음 しょう	훈 か(つ), まさ(る)
□□ 0978 초3 N3	負	질 부	음 ふ	훈 ま(ける), お(う)
□□ 0979 초6 N1	討	칠 토	음 とう	훈 う(つ)
□□ 0980 초2 N3	鳴	울 명	음 めい	훈 な(く), な(る)
□□ 0981 초4 N1	挙	들 거(擧)	음 きょ	훈 あ(がる), あ(げる)
□□ 0982 초2 N2	荷	멜 하	음 か	훈 に
□□ 0983 초3 N2	拾	주울 습	음 しゅう, じゅう	훈 ひろ(う)
□□ 0984 초3 N4	持	가질 지	음 じ	훈 も(つ)
□□ 0985 초3 N3	返	돌이킬 반(返)	음 へん	훈 かえ(す), かえ(る)
□□ 0986 초3 N4	代	대신할 대	음 たい, だい	훈 か(わる), か(える)
□□ 0987 초4 N3	求	구할 구	음 きゅう	훈 もと(める)
□□ 0988 초6 N1	従	좇을 종(從)	음 じゅう, しょう	훈 したが(う), したが(える)
□□ 0989 초6 N3	認	알 인	음 にん	훈 みと(める)
□□ 0990 초6 N3	降	내릴 강/ 항복할 항	음 こう	훈 ふ(る), お(りる)
□□ 0991 초4 N3	置	둘 치	음 ち	훈 お(く)

DAY

30 | SUBJECT 기타

□□ 0992 초5 N3	非	아닐 **비**	음 ひ	
□□ 0993 초4 N4	不	아닐 **불/부**	음 ふ, ぶ	
□□ 0994 초4 N3	未	아닐 **미**	음 み	
□□ 0995 초6 N3	否	아닐 **부**	음 ひ	훈 いな
□□ 0996 초2 N4	自	<u>스스로</u> **자**	음 じ, し	훈 みずか(ら)
□□ 0997 초3 N3	他	다를 **타**	음 た	훈 ほか
□□ 0998 초3 N4	者	놈 **자**(者)	음 しゃ	훈 もの
□□ 0999 초6 N2	諸	모두 **제**(諸)	음 しょ	
□□ 1000 초6 N1	寸	마디 **촌**	음 すん	
□□ 1001 초6 N1	尺	자 **척**	음 しゃく	
□□ 1002 초4 N4	以	써 **이**	음 い	
□□ 1003 초3 N3	由	말미암을 **유**	음 ゆ, ゆう	훈 よし
□□ 1004 초5 N3	在	있을 **재**	음 ざい	훈 あ(る)
□□ 1005 초6 N3	存	있을 **존**	음 そん, ぞん	
□□ 1006 초2 N5	分	나눌 **분**	음 ぶん, ふん	훈 わ(かる), わ(ける)
□□ 1007 초3 N3	期	기약할 **기**	음 き, ご	
□□ 1008 초2 N5	何	어찌 **하**	음 か	훈 なに, なん

☐☐ 1009 초3 N3	申	거듭 **신**	음 しん	훈 もう(す)
☐☐ 1010 초2 N1	汽	물 끓는 김 **기**	음 き	
☐☐ 1011 초3 N3	表	겉 **표**	음 ひょう	훈 おもて, あらわ(す)
☐☐ 1012 초5 N2	仏	부처 **불**(佛)	음 ぶつ	훈 ほとけ
☐☐ 1013 초3 N3	神	귀신 **신**(神)	음 しん, じん	훈 かみ, かん
☐☐ 1014 초6 N1	宗	마루 **종**	음 しゅう, そう	
☐☐ 1015 초5 N1	仮	거짓 **가**(假)	음 か, け	훈 かり
☐☐ 1016 초6 N1	俵	나누어 줄 **표**	음 ひょう	훈 たわら
☐☐ 1017 초6 N1	誠	정성 **성**	음 せい	훈 まこと
☐☐ 1018 초6 N3	誤	그르칠 **오**(誤)	음 ご	훈 あやま(る)
☐☐ 1019 초6 N1	至	이를 **지**	음 し	훈 いた(る)
☐☐ 1020 초6 N1	垂	드리울 **수**	음 すい	훈 た(れる), た(らす)
☐☐ 1021 초6 N1	幕	장막 **막**	음 まく, ばく	
☐☐ 1022 초5 N1	故	연고 **고**	음 こ	훈 ゆえ
☐☐ 1023 초5 N1	提	끌 **제**	음 てい	훈 さ(げる)
☐☐ 1024 초6 N1	沿	물 따라갈 **연** (沿)	음 えん	훈 そ(う)
☐☐ 1025 초4 N2	極	극진할 **극**	음 きょく, ごく	훈 きわ(まる)
☐☐ 1026 초6 N2	蔵	감출 **장**(藏)	음 ぞう	훈 くら

☺ 모양이 비슷한 한자 1 – 같은 발음

┌ 腹 ふく　腹痛 ふくつう 복통

└ 復 ふく　往復 おうふく 왕복

┌ 供 きょう　提供 ていきょう 제공

└ 共 きょう　公共 こうきょう 공공

┌ 建 けん　建設 けんせつ 건설

└ 健 けん　健康 けんこう 건강

┌ 制 せい　制服 せいふく 제복

└ 製 せい　製品 せいひん 제품

┌ 第 だい　第一 だいいち 제일

└ 弟 だい　兄弟 きょうだい 형제

┌ 相 そう　相互 そうご 상호

└ 想 そう　想像 そうぞう 상상

┌ 新 しん　新聞 しんぶん 신문

└ 親 しん　親戚 しんせき 친척

┌ 果 か　結果 けっか 결과

└ 課 か　課長 かちょう 과장

┌ 験 けん　試験 しけん 시험

├ 険 けん　保険 ほけん 보험

└ 検 けん　検査 けんさ 검사

┌ 求 きゅう　求人 きゅうじん 구인

├ 救 きゅう　救助 きゅうじょ 구조

└ 球 きゅう　地球 ちきゅう 지구

☺ 모양이 비슷한 한자 2 – 다른 발음

末 まつ　　週末 しゅうまつ 주말

未 み　　未来 みらい 미래

牛 うし　　牛 うし 소

午 ご　　午後 ごご 오후

問 もん　　問題 もんだい 문제

間 かん　　時間 じかん 시간

輪 わ　　指輪 ゆびわ 반지

輪 ゆ　　輸入 ゆにゅう 수입

象 しょう　　現象 げんしょう 현상

像 ぞう　　現像 げんぞう 현상

仕 し　　仕事 しごと 일

任 にん　　任務 にんむ 임무

録 ろく　　録音 ろくおん 녹음

緑 りょく　　緑茶 りょくちゃ 녹차

夫 おっと　　夫 おっと 남편

失 しつ　　失礼 しつれい 실례

直 ちょく　　直接 ちょくせつ 직접

値 ち　　価値 かち 가치

刀 かたな　　刀 かたな 칼

力 ちから　　力 ちから 힘

か

火曜日 かようび 화요일
価値 かち 가치
家族 かぞく 가족
加入 かにゅう 가입
仮定 かてい 가정
科学 かがく 과학
過失 かしつ 과실
貨物 かもつ 화물
以下 いか 이하
変化 へんか 변화
休暇 きゅうか 휴가
結果 けっか 결과

きょう

教室 きょうしつ 교실
協力 きょうりょく 협력
興味 きょうみ 흥미
兄弟 きょうだい 형제
共有 きょうゆう 공유
京都 きょうと 교토
競技 きょうぎ 경기
提供 ていきょう 제공
影響 えいきょう 영향
勉強 べんきょう 공부
故郷 こきょう 고향
状況 じょうきょう 상황

こう

公園 こうえん 공원
高価 こうか 고가
購入 こうにゅう 구입
香水 こうすい 향수
交通 こうつう 교통
工事 こうじ 공사
郊外 こうがい 교외
行動 こうどう 행동
成功 せいこう 성공
専攻 せんこう 전공
健康 けんこう 건강
参考 さんこう 참고

しょう

商品 しょうひん 상품
紹介 しょうかい 소개
勝負 しょうぶ 승부
証明 しょうめい 증명
正面 しょうめん 정면
消防 しょうぼう 소방
故障 こしょう 고장
優勝 ゆうしょう 우승
大小 だいしょう 대소
文章 ぶんしょう 문장
対象 たいしょう 대상
衣装 いしょう 의상